창조적 마케팅전략 수립을 위한

마케팅조사

김 재 수 · 오 장 균

형지사

책을 펴내면서

기업 활동의 범위가 글로벌화 됨에 따라 시장의 영역이 빠르게 확대되면서 기업의 마케팅 조사 능력이 중요하게 대두되고 있고, 이는 마케팅 영역에서뿐만 아니라 기업 전체에서 경쟁력의 원천이 되고 있다. 더욱이 급격하게 변화하는 시장을 빠르고 정확하게 파악하여 전략적 의사결정을 내리는 기업이 경쟁우위를 점유하게 되어 경쟁에서 승리하게 된다.

그럼에도 불구하고 많은 기업이 마케팅 영역에서 실패를 거듭하는 것을 볼 수 있는데, 이것은 마케팅조사를 하지 않거나 경영자의 직관에 의존하는 경우가 대부분이고, 마케팅조사를 한다고 하더라도 미비한 조사를 수행하여 잘못된 결과에 기초하여 마케팅전략을 수립하고 실행하기 때문이다.

이러한 현실에서 마케팅조사는 시장 현실을 이해할 수 있는 정확한 정보를 제공하여 주기 때문에 보다 객관적이고 과학적인 사고에 기반을 두고 이루어져야 하며, 경영자들뿐만 아니라 마케팅 관리자들에게 필수적으로 이수해야 하는 과정이다.

본 저서는 마케팅 의사결정의 관점에서 마케팅조사 전반에 대한 이해를 제시하고자 하였다는 점에서 차별화되고 있다. 마케팅 관리자들이 마케팅 상황에 근접하도록 저술하고자 하였고, 복잡한 통계 지식을 제시하기 보다는 마케팅조사에서 주로 많이 사용되고 있는 통계기법을 정확하게 이해하도록 사례를 제시하면서 접근하였다. 또한 마케팅 조사자들이 SPSS 통계패키지 18.0을 가지고 실제로 분석할 수 있도록 사례를 제시하여 매뉴얼을 소개하여 독자들이 쉽게 이해할 수 있도록 저술하였다.

본 저서는 크게 6부로 구성하였다. 제1부에서는 마케팅 의사결정과 조사와의 관계를 바탕으로 올바른 의사결정을 수행하기 위해 정보시스템 하에서 조사과정이 어떻게 이루어지는지를 살펴보았다. 제2부에서는 조사 설계와 자료원에 대한 기술로 의사결정 단계에서 탐색조사, 기술조사, 인과조사가 어떻게 관계되며, 어떠한 자료원이 있는지 살펴보았다. 제3부에서는 자료수집 절차에 대한 기술로 마케팅에서 정확한 측정이 이루어지는 과정을 신뢰성과 타당성의 개념을 중심으로 기술하고, 소비자 태도측정에 대해 자세히 기술하였다. 인과관계조사에서 가장 많이 사용하는 실험법에 대해 기술하고, 설문지 작성법에 대해 기술하였다. 제4부에서는 자료 수집을 위한 표본추출, 현장조사 및 인터넷상에서 On-Line조사에 대해 기술하였다. 제5부에서는 자료분석 준비과정으로, 특히, SPSS(Statistical Package for Social Science) 18.0 버전을 이용하여 통계분석을 하기 위한 준비과정에 대해 기술하였다. 제6부에서는 SPSS 18.0 프로그램을 이용하여 자료를 분석하는 방법과 분석된 결과를 어떻게 해석해야 하는지 하는 방법을 구체적으로 기술하였다. 분석방법은 적합성 검증, 기술 통계분석, 비모수 통계검정, 카이자승검정, 집단 간 차이분석인 t-분석과 분산분석, 변수 간 관련성 분석인 상관분석과 회귀분석, 요인 · 군집 · 판별분석, 다차원척도법에 대해 기술하였다. 제7부에서는 마케팅조사보고서를 어떻게 작성하는지에 대해 기술하였다.

본 저서의 독자층은 마케팅조사를 통해 앞날의 진로를 개척하고 종사하고자 하는 경영학도들이 될 수 있을 뿐만 아니라 기업에 종사하면서 마케팅과 마케팅조사에 대한 이해를 넓히고자 하는 마케팅 실무가들이 될 수 있다.

실증적 분석에서는 SPSS 18.0 프로그램에서 나타난 매뉴얼이 많은 참고가 되었다. 본서가 출판될 수 있도록 시장조사론을 수강하면서 활발한 토의에 임해 준 성결대학교 경영학 전공의 학부학생들에게 감사드리고, 출판을 격려해 주신 유성열 사장님께 감사드린다. 이 글을 읽는 독자들과의 지속적인 대화를 통하여 본 저서를 발전시켜 갈 것임을 약속드린다.

2013년 8월

연구실에서 저자들 씀

차 례

제 1 부

마케팅 의사결정과 마케팅조사

제 1 장 마케팅조사의 개요

도입 사례 : 코카콜라의 신제품 New Coke의 실패

1. New Coke의 실패

1985년 코카콜라사의 거대한 자본을 투입하여 신제품을 창출하여 시장에 출시하였으나 시장 실패에 직면하게 된다. 이는 잘못된 마케팅조사방법을 수행한 결과로 실패한 마케팅조사로서 가장 유명한 사례 중의 하나로 평가되고 있다.

1985년 코카콜라사는 99년 사이의 성공적인 성과를 가져온 기본 규칙 '최초의 콜라를 망치지 말라(don't mess with mother Coke)'를 무시하고, 보다 향긋하고 단맛의 New Coke라는 상표를 시장에 출시하였다. 그리고 집중적인 광고와 홍보로 새로운 맛이라는 것을 강조하였다. 새로 도입된 신제품이라는 호기심 때문에 New Coke는 비교적 잘 팔렸다. 그러나 확산 초기에 곧 매출액은 떨어지기 시작하고, 소비자들의 반발에 부딪쳤다. 분노한 소비자들로부터 1,500통 이상의 항의 전화와 편지가 코카콜라사에 쏟아져 들어왔다. '오랫동안 코카콜라를 마셔온 고객들(old cola drinkers)' 집단은 반대 문구가 새겨져 있는 T셔츠를 시민들에게 나누어주기까지 하면서 본래의 콜라 제조법으로 돌아가지 않으면 손해배상소송을 하겠다고 위협하였다.

이러한 소비자들의 저항에 직면하여 코카콜라사는 3개월 후 New Coke와 차별화하여 이전의 코카콜라를 'Coke Classic'이라고 하여 생산하기로 결정하였다. 이 본래의 콜라는 슈퍼마켓의 진열대에서 새로운 콜라 사이에 진열하여 판매되었다. 회사는 새로운 콜라가 주력상표라고 했지만, 소비자들의 반응은 달랐다. 1985년 말에 슈퍼마켓에서 Coke Classic이 New Coke에 비해 2배 이상 많이 팔렸다. 1986년 중반에 이르러 Coke의 가장 중요한 두 고객인 McDonald사와 Kentucky Chicken사가 그들의 레스토랑에서 Coke Classic을 취급하도록 바꾸었다.

이러한 위기에서 회사를 구하기 위한 대응행동이 수립되었다. Coke Classic에 대한 노력을 증가시키고, New Coke는 보조적인 상표로 바꾸었다. 1987년 Coke Classic은 다시 코카콜라의 주력상표가 되었고, 미국의 주도적 청량음료가 되었으며, New Coke는 이 회사에서 펩시를 공격하는 공격용 상표가 되었다. 이 회사의 광고는 New Coke와 펩시의 맛을 비교해서 New Coke를 강조하였지만, New Coke의 시장점유율은 2%에 불과하였다. 1989년까지 Coke Classic은 New Coke의 10배 이상 판매되었기 때문에 코카콜라사는 New Coke 상표에 대한 광고예산을 반으로 줄였다.

2. 마케팅조사의 실수 – blind test의 맹점

이러한 실패는 마케팅조사의 실수라고 보는 사람이 대부분이었다. 1980년대 초반에 Coke는 청량음료시장에서 선두이긴 했지만, 펩시콜라에 비하여 서서히 시장점유율이 잠식당하고 있었다. 수년 동안 펩시콜라사는 소비자들이 보다 달콤한 맛을 선호한다는 맛 테스트 장면을 보여주는 'Pepsi Challenges' 광고를 TV에 방영함으로써 큰 성공을 거두었다. 1985년 초까지 Coke가 시장을 선도하고 있었지만, 슈퍼마켓에서의 판매는 펩시콜라가 2% 앞서게 되었다. 코카콜라사는 시장점유율을 지키기 위하여 무엇인가를 해야만 했고, 그 해결책이 코카콜라의 맛을 바꾸는 것으로 나타났던 것이다.

코카콜라사는 거대한 신제품 프로젝트에 착수하였다. 새로운 콜라 제조법을 개발하기 위해서 2년 사이의 시간과 4백만 달러를 투입하였고, 약 20만 번의 맛 테스트를 시행하였으며, 최종적으로 결정된 맛에 대해 3만 번의 테스트를 하였다. 블라인드 테스트(blind test) 결과, 60%의 소비자들이 새로운 Coke가 본래의 Coke보다 더 맛이 좋다고 하였고, 52%의 소비자들이 펩시콜라보다 맛이 더 좋다고 하였다. 조사결과는 New Coke가 시장의 선도 상표가 될 것으로 나타났고, 코카콜라사는 자신을 갖고 New Coke를 시장에 출시하였다.

그러나 조사결과를 보면, Coke에 대한 마케팅조사는 초점을 너무 좁게 잡았다. 마케팅조사의 초점은 지나치게 맛에 국한되어 있었으며, 소비자들이 기존의 Coke를 버리고 새로운 Coke로 바꿀 것인지에 대한 소비자들의 마음에 대해서는 관심을 두지 못하였다. 즉, 보이지 않는 Coke의 명성, 역사, 포장, 문화적 유산 및 이미지 등에 대해서 고려하지 못하였다. Coke는 야구장, 핫도그, 애플파이 등과 같이 미국문화의 표상이며, 많은 소비자에게 있어서 맛 이상의 중요한 상징적 의미를 가지고 있었다. 보다 완벽한 마케팅 조사였다면, 이러한 강한 정서적 요소를 발견하였을 것이다.

또한 Coke의 경영자들은 조사결과를 해석하고 전략을 수립하는데 잘못된 판단을 하였다. 그들은 60%의 고객이 New Coke의 맛을 선호한다는 것을 선거에서 한 후보가 다른 후보를 60% 득표로 이긴다는 뜻으로 해석하였다. 그러나 이는 40%의 소비자들은 여전히 본래의 Coke를 원한다는 뜻이기도 하다. 본래의 Coke를 포기함으로써 변화를 원하지 않는 충성스런 고객들의 입맛을 무시하였다. 만약 Coke사가 기존 Coke는 그대로 두고, 상표확장(brand extension)의 일환으로 New Coke를 도입하였다면, 나중에 Cherry Coke가 성공한 것처럼 New Coke도 성공하였을 것이다.

3. 소비자들의 보이지 않는 내부

코카콜라사는 미국에서 가장 크고, 가장 잘 관리되고 있으며, 가장 발달한 마케팅조사 부서를 가지고 있다. 이들의 훌륭한 마케팅조사가 수십 년 동안 청량음료시장에서 이 회사의 지위를 정상으로 유지할 수 있도록 하였다. 그러나 마케팅조사는 완벽한 과학이라고 할 수 없다. 소비자들은 놀라운 그 무엇으로 채워져 있으며, 그들을 이해하는 것은 그 만큼 어려운 일이다. 이러한 코카콜라사가 마케팅조사에서 큰 실수를 범할 수 있다면, 당연히 다른 기업들도 실수를 범할 수 있다는 것이다.

자료원 : Philip Kotler and Gary Armstrong(1991), *Principles of Marketing*, 5th(eds.), Prentice Hall, pp. 89-90에서 추가.

위 코카콜라의 사례는 신제품의 시장도입과 같이 전략적 의사결정을 위해서 마케팅조사를 수행하지만 조사를 잘못 수행할 경우 엄청난 시장 실패를 초래하게 된다는 것을 보여주고 있다. 이 사례에서 볼 수 있듯이 마케팅 상황에서 조사를 올바르게 적용하는지 하지 않는지는 신제품의 시장도입 등 마케팅전략의 수행에 결정적으로 작용할 수 있다.

본 장에서 저자들은 마케팅에 대한 간단한 이해로부터 시작하여 마케팅조사가 관련되는 마케팅시스템을 이해하면서 접근하고자 한다. 그리고 변화하는 마케팅시스템 하에서 의사결정 수행과정과 마케팅조사와의 관계를 이해하고자 한다.

제1절 마케팅과 마케팅시스템

1. 마케팅에 대한 정의

미국 마케팅협회(American Marketing Association; 1985)에서는 마케팅을 다음과 같이 정의하고 있다.

· 마케팅이란 개인과 조직의 목적을 충족시켜 주는 교환(exchange)을 창출하기 위해 아이디어, 제품 및 서비스 개발, 가격 결정, 촉진 및 유통을 계획하고 실행하는 과정이다.

이 정의에서는 마케팅의 근본 개념을 '교환을 창출하는 행위'로 보고, 1960년에 마케팅학자 맥카시(McCarthy)가 제시한 4P's 즉, 제품(Product), 가격(Price), 유통(Place) 및 촉진(Promotion)의 개념을 확장하고 있다. 이러한 마케팅의 근본 개념은 1990년대에 들어서면서 교환으로 보는 시각을 바탕으로 관계(relationship)로 확장되면서 마케팅 범위가 넓어졌다.

기업과 고객과의 교환이 일회적인 거래가 아니라 지속적인 거래를 강조하는 새로운 마케팅 개념이 중요시되고 있다. 전략적 제휴가 마케팅에서 중요한 활동으로 등장하게 되는 등 기업의 마케팅 활동이 맺는 관계의 범위가 넓어지면서 마케팅 범위가 넓어져 왔다.

최근에는 종업원을 내부 고객으로 보고, 기업과 종업원과의 관계를 강조하여 종업원에게 서비스 마인드와 고객지향성을 강조하는 내부마케팅(internal marketing) 개념을 도입하여 내부 고객지향성이 잘 되어야 기업의 외부 고객지향성에서 진정으로 성공할 수 있다는 점이 강조되고 있다.

이와 같이 마케팅 개념이 관계와 네트워크를 강조하는 것은 기업 활동의 글로벌화와 연관되어 있다. 마케팅 활동의 범위가 확장되면서 마케팅은 소비자와의 관계뿐만 아니라 경쟁자와의 관계가 중요하게 되고, 전체적인 영역에 대한 마케팅조사가 중시되고 있다.

또한 미국마케팅협회는 다음과 같이 마케팅 개념을 확장하고 있다.

· 마케팅(2004)이란 고객을 위해 가치를 창조하고, 커뮤니케이션하고 전달하며, 다른 한편으로는 조직과 이해관계자에게 이익이 되도록 고객관계를 관리하는 조직의 기능과 일련의 과정이다.
· 마케팅(2007)이란 고객, 클라이언트, 파트너 그리고 사회 전반에 걸쳐 가치를 갖는 제공물을 창조하고 커뮤니케이션하고 전달하고 교환하는 행위, 제도 및 과정이다.

마케팅 활동의 범위가 넓어지고 마케팅 활동의 성공이 기업 활동의 성공으로 직결되는 정도가 커질수록 기업과 소비자, 기업과 경쟁자와의 관계 등에서 나타나는 마케팅 문제를 마케팅조사에 기반을 두고 해결해야 할 필요가 있다. 또한 불확실성을 극복하기 위해서는 정보가 필요하게 되어 마케팅정보시스템과 마케팅조사가 강조된다.

2. 마케팅시스템

마케팅 활동이 효율적인지, 경쟁업체에 대항해서 실패할 것인지 하는 것은 소비자의 행동반응이 어떻게 변화하여 어떻게 마케팅 성과로 나타나느냐에 달려 있다. 키니어와 테일러(Kinnear & Taylor)는 소비자의 행동반응과 마케팅 성과에 영향을 미치는 변수를 마케팅 믹스 변수와 상황변수로 구분하고 있다.

마케팅 성과는 마케팅 믹스, 상황변수, 소비자 행동반응에 달려 있기 때문에 마케팅 믹스의 요인별 관계조사, 마케팅 상황에 대한 조사, 소비자 행동반응에 대한 조사, 마케팅 성과측정에 관한 조사 등이 마케팅시스템에서 정보를 입수하는 내용이 된다. 이를 보다 자세히 살펴보면 [그림 1-1]과 같은 세부 항목에 대한 조사가 필요하다.

[그림 1-1] 마케팅시스템의 모형

자료원 : Kinnear, T. C. and Taylor, J. R., *Marketing Research: An Applied Research*, New York, McGraw-Hall, 1996, p. 13.

1) 마케팅믹스

마케팅믹스는 기업이 통제 가능한 변수이다. 이는 기업이 변화하는 환경에 대응하기 위해서 마케팅믹스를 조정할 수 있기 때문이다. 즉, 기업은 가격, 제품, 유통, 촉진 등의 변수를 최적의 믹스로 조정할 수 있다.

2) 상황변수

상황변수는 기업이 통제 불가능한 변수이다. 이는 수요 상황, 경쟁 상황, 법적・정치적 상황, 경제적 여건, 기술 여건, 정부 규제, 경쟁기업의 내부자원 등으로 기업이 이를 통제하는 것이 불가능하기 때문이다. 이것이 기업의 마케팅 기회와 문제를 결정하기 때문에 마케팅의 상황 변수를 정확하게 파악하는 것이 중요하다.

3) 소비자 행동반응

소비자의 행동반응은 표적 소비자들이 언제, 얼마나, 어떻게, 왜, 어떤 경로를 거쳐서 구매하는지에 대한 구매 행위를 파악하는 것이다. 이러한 행동반응은 인지, 지식, 호감, 선호, 구매 의도, 구매 등에 의해서 형성되고 있으며, 독립변수에 의해 직접적으로 영향을 받음과 동시에 과거 행동의 결과에 의해서 영향을 받는다. 이러한 변수들은 마케팅 성과에 크게 영향을 미치고 있다.

4) 성과 측정

소비자의 행동반응은 마케팅믹스와 상황요인의 영향을 받으며, 이러한 행동반응은 마케팅 성과를 결정짓게 된다. 마케팅 성과는 매출액, 시장점유율, 원가, 이익, 투자수익률(ROI), 현금 유동성, 소득/분배, 이미지 등을 가지고 측정한다. 효과적인 성과 측정의 개발은 마케팅시스템의 효율적인 관리에 핵심적인 역할을 한다. 따라서 마케팅조사는 성과 측정을 위한 기법과 데이터 원천을 제공하는데 중요한 역할을 한다.

제2절 의사결정 과정에서 사전단계

마케팅조사에서 예비활동은 의사결정 과정의 초기 단계와 조사과정 사이의 효율적인 연결을 지어야 한다[그림 1-2].

[그림 1-2] 의사결정과정과 조사과정의 연계

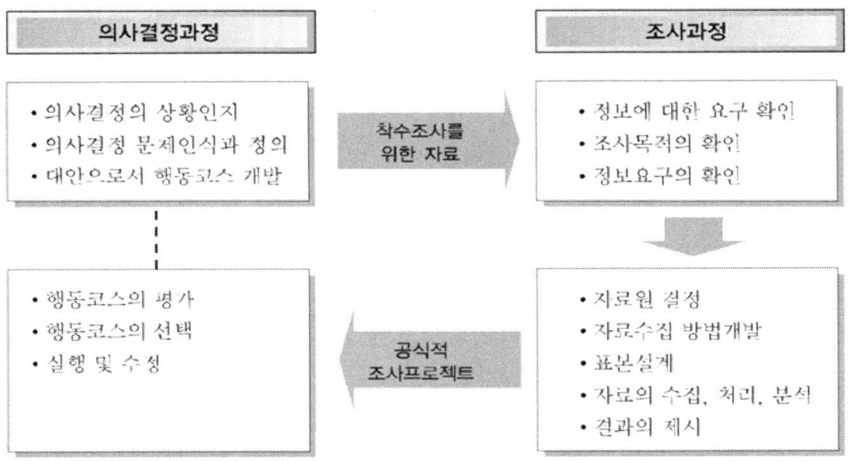

마케팅조사는 마케팅 프로그램의 개발단계 내지 의사결정 단계에 따라 그 내용이 달라진다. 즉, 마케팅 상황이 어떻게 변화하는지 하는 상황 인식과 문제가 무엇인가를 정확하게 파악하는 의사결정 문제의 정의를 통해서 대안으로서 행동코스를 개발하여야 한다. 이러한 대안 마련을 위한 의사결정과 연계하여 대안개발에 필요한 탐색조사를 수행해야 한다.

이렇게 개발된 행동코스를 어떤 기준을 통하여 평가할 것인지, 평가를 바탕으로 선정된 대안을 검정하여 수정할 것인지 등 대안의 실행 및 수정에 관한 의사결정 문제를 해결하기 위한 포괄적 조사를 수행해야 한다. 이러한 의사결정 개발과정에 따라 어떠한 조사를 어떻게 실시할 것인지를 결정해야 한다.

이러한 의사결정과정은 마케팅조사과정과 상호 관계를 가지고 있다. 즉, 마케팅조사과정은 정보에 대한 요구를 확인하고, 조사의 목적을 명확히 하며, 정보요구를 확인하여 어떠한 자료원천이 있는지를 파악하여 결정하고, 자료수집방법을 개발하고, 표본을 설계하여 자료의 수집·분석을 통하여 결과를 보고하는 과정이 이루어져야 한다.

1. 의사결정의 상황인지

의사결정과정에서 사전단계는 의사결정을 위한 상황 인지가 어떻게 마케팅시스템과 관련되는지를 보여주고 있다. 이는 마케팅믹스와 상황요인에 의해 나타나는 기회와 문제, 행동적 반응과 성과 측정을 통해서 나타나는 징후를 연계시켜 상황을 인지해야 한다. 여기서 경영자의 역할은 징후를 바탕으로 마케팅 기회와 문제를 분석하여 의사결정에 대한 상황을 정확히 인지하는 것이다[그림 1-3].

1) 기회와 문제

경영자는 의사결정을 통해서 새로운 기회(opportunities)를 포착할 수 있거나, 위협(threats)을 감소시킬 수 있다는 믿음을 가지고 있을 때 마케팅 문제에 대해 적극적인 관심을 갖게 된다. 즉, 경영자 의지가 어디에 있는지에 따라 성장 기회를 창출할 수도 있고, 몰락의 위기로 몰릴 수도 있다.

마케팅 문제는 어떠한 징후(symptom)를 정확히 파악함으로써 문제의 심각성이나 경영자의 개입 방향과 범위를 결정할 수 있다. 또한 마케팅 문제는 의사결정 문제와 관련되어 설정되어야 하므로 마케팅조사를 수행해야 하는 문제를 명확히 규명하기 위해서는 의사결정을 내려야 하는 상황, 의사결정자의 의도, 의사결정과 관련된 가능한 대안들에 대한 조사, 각 대안의 선택으로 나타날 수 있는 결과의 예상 및 평가 등을 마케팅 의사결정자와 조사자가 함께 파악해야 한다.

[그림 1-3] 의사결정 과정에서 사전단계의 관계

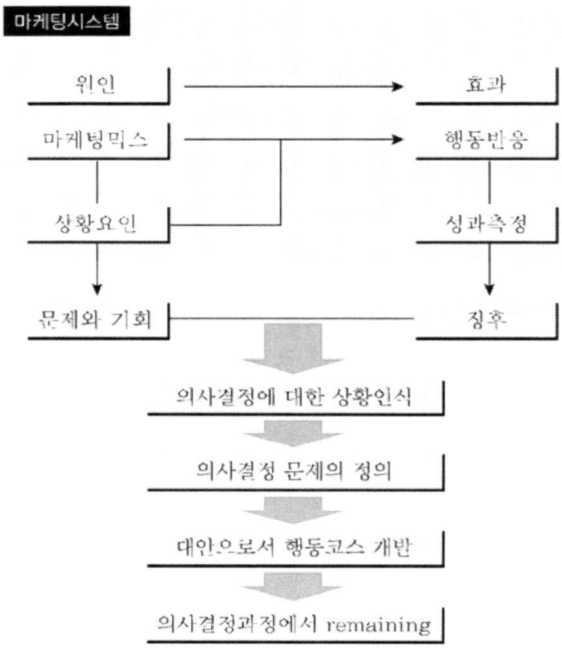

이러한 의사결정 문제에 대해 충분히 검토한 후에 마케팅 조사자는 조사 문제를 규명하고, 의사결정 문제가 명확하게 드러나지 않는 경우에는 의사결정자와의 토의나 탐색조사를 통해서 의사결정 문제를 보다 명확히 규명해야 한다.

따라서 경영자는 마케팅시스템의 전반에 걸쳐서 마케팅 문제나 기회를 예측할 수 있는 정보시스템을 확립해야 한다. 마케팅 활동의 성과와 마케팅 환경변화를 측정하는 것은 마케팅조사에서 가장 선행해야 하는 조사이며 기본적인 조사이다.

2) 징후

징후(symptom)는 특정 기회나 문제가 나타나고 있다는 것을 보여주는 조건을 말한다. 성과 측정은 마케팅 관리에 대한 징후로서 나타난다. 예측 수준에서 판매량이 감소되어 나타난다면, 이는 문제가 아니라 식별될 문제의 징후에 해당한다. 하나의 징후는 특정 문제나 기회의 결과로 보일 수 있기 때문에 판매와 수익이 감소하고 있다는 보고는 기업이 지금 건전하지 않다는 징후에 해당한다.

3) 대체행동과정

의사결정 문제가 명확해지면 대안이 되는 행동과정을 개발할 수 있다. 행동과정은 기업의 자원이 주어진 시간 내에 어떻게 효율적으로 사용될 수 있는지를 설명해 준다. 기업이 현재 상태를 유지하고, 새로운 어떤 것도 하지 않는다는 것은 하나의 행동과정에 해당한다. 혁신적이고 효율적인 행동과정을 위해서는 창조성이 필요하다. 여기서 탐색조사는 혁신적인 행동과정을 식별하는 데 도움을 줄 수 있다.

4) 결정과정의 나머지 단계

여러 가능한 행동과정이 식별되면 이들 행동과정들 사이에서 대안을 선택하기 위해 어떠한 정보가 필요한가? 경영자의 경험과 판단으로 나타나는 정보와 마케팅조사시스템을 통해 얻을 수 있는 정보가 필요하다.

2. 의사결정 문제의 정의

마케팅조사는 마케팅 의사결정에 필요한 정보를 수집하기 위해 수행한다. 마케팅 관리자와 마케팅 조사자 양측이 적절하고 정확한 정보를 획득하기 위해서는 해결하고자 하는 문제와 필요한 정보를 명확히 정의할수록 문제의 규명이 효율적으로 이루어질 수 있다.

이를 위해 마케팅 의사결정 문제가 발생하는 상황, 문제와 문제의 징후, 문제와 관련된 상황에 대한 이해, 필요한 정보에 대한 명확한 판단 등이 선행되어야 한다.

마케팅 관리자는 의사결정에 직접 관련된 문제의 규명에 초점을 두고, 마케팅 조사자는 의사결정에 도움이 되는 정보를 찾으려고 한다. 즉, 어떻게 마케팅 활동을 할 것인지에 대한 직접적인 지침을 마케팅 관리자에게 주는 것이 의사결정 문제인 반면에, 마케팅 조사자들은 마케팅 관리자에게 어떠한 정보를 제공해야 하며, 이러한 정보를 어떻게 획득할 것인지에 대한 지침을 주는 것이 조사문제이다.

마케팅 관리자는 매출액이 급격히 떨어져 그 원인을 탐색한 결과, 촉진이 효과적이지 못해 그런 결과가 나타났을 것이라고 추정하고, 이에 대한 마케팅조사를 요청하였다면, 마케팅 관리자의 의사결정 문제는 촉진이 매출액 감소의 원인인지를 알아내어 새로운 촉진전략을 구상하는 것이다.

마케팅 조사자는 이러한 의사결정 문제의 해결을 위하여 제공해야 하는 정보가 해당 제품에 대한 잠재 소비자들의 인지도와 촉진효과에 대한 정보이다. 여기서 마케팅조사의 문제는 잠재 소비자의 제품인지도 조사와 촉진의 효과적 측정이 될 것이다.

마케팅 의사결정 문제를 어떻게 정의하느냐에 따라 마케팅조사의 방향이 달라질 수 있다. 즉, 모집단, 표본 추출, 조사 설계, 자료의 종류와 성격에 따라 분석방법이 달라질 수 있다. 마케팅조사는 이러한 문제를 해결하고 이를 새로운 마케팅 기회로 포착할 수 있도록 마케팅 문제에 대한 정의와 통찰력을 제공하는 것이다.

따라서 마케팅 문제는 인과관계를 충분히 확인한 후에 마케팅 관리자가 할 과제, 마케팅 의사결정의 방향과 방법을 제시할 수 있어야 한다. 이렇게 문제를 정의하는 과정은 다음과 같은 단계로 파악할 수 있다.

· 어떠한 성격으로 마케팅 현상이 나타나고 있는지를 파악하고,
· 나타난 마케팅 현상의 성질이 어떠한 특성을 갖는지, 이러한 현상을 발생시킨 원인을 파악할 수 있는지를 설명하며,
· 어떠한 요인을 관리하는 것이 효과적인지를 밝히고,
· 현재 나타나고 있는 마케팅 현상의 인과관계를 파악한다.

이러한 마케팅 문제의 정의는 의사결정자와 토의, 산업 전문가, 지식이 있는 개인과 인터뷰, 보조자료 분석 및 정성적 연구를 통하여 수행할 수 있다. 이러한 과정은 연구자로 하여금 마케팅 문제를 이해하는데 도움을 준다.

1) 마케팅 의사결정 문제가 발생하는 상황의 이해

이는 마케팅 성과에 영향을 미칠 수 있는 환경변화가 부정적인 영향을 미치거나 마케팅 기회를 제공할 수 있기 때문이다. 또한 기업 자체에서도 의사결정 문제는 나타나는데, 기업들은 성장을 위하여 지속적인 변화를 추구하게 된다. 즉, 신제품 도입, 가격결정, 유통결정, 촉진결정 등에서 보다 효율적인 방법을 통하여 성장을 추구하게 된다. 이러한 변화 시도는 항상 의사결정 문제를 초래하며, 마케팅조사의 필요성이 제기되는 것이다.

2) 마케팅 의사결정에서 문제와 문제의 징후 구분

이는 현재 나타나고 있는 마케팅 현상과 이를 유발하는 요인이 문제가 되는 것이다. 이것은 기업의 시장점유율이 하락한다든지, 매출액이 감소한다든지, 고객들의 불만족 등이 징후에 해당한다.

3) 문제와 관련된 상황에 대한 충분한 이해

이는 상황분석에 의해 문제의 배경 정보를 수집하고 마케팅조사를

통하여 수집해야 할 정보를 명확히 해야 한다. 특히, 상황분석을 위해서는 마케팅 의사결정자와 마케팅 조사자 사이의 원활한 커뮤니케이션이 필요하다.

4) 필요한 정보에 대해 명확한 판단

이는 의사결정 문제의 정의에 비해 어려움이 있기 때문에 필요한 정보가 무엇인지를 명확하게 정의해야 한다.

제 3 절 마케팅 의사결정과 마케팅조사의 관계

마케팅시스템 하에서 마케팅조사를 효율적으로 수행하면 올바른 의사결정에 도움을 줄 수 있다. 마케팅 현상에 대한 조사를 기반으로 하여 기업의 현재 마케팅 문제와 미래의 방향을 결정지을 수 있기 때문이다. 우선 마케팅 의사결정 과정과 마케팅조사와의 관계를 보자.

마케팅 관리자는 마케팅에 관련된 의사결정을 수행한다. 이러한 의사결정은 마케팅이 이루어지는 시스템에 영향을 미친다. 기업은 마케팅이 수행되는 시스템 가운데 마케팅조사를 수행하면서 마케팅에 관한 정보를 수집하고 이러한 정보가 다시 의사결정에 영향을 준다. 마케팅 의사결정과 마케팅조사와의 관계에서 마케팅조사는 올바른 의사결정을 수행하기 위한 정보 투입으로서 의미가 크다.

마케팅 의사결정자가 경험과 직관을 이용하면서 의사결정을 수행하여 성공하는 경우도 있지만, 그 성공하는 경험과 직관 내부에는 현실에 대한 수많은 객관적인 조사를 수용하고 확정하여 응결된 축적이 있다는 것을 이해할 필요가 있다.

기업이 수행하는 마케팅 믹스(제품, 가격, 유통, 촉진)와 경쟁관계 등 상황적인 요인이 소비자의 행동 반응에 영향을 미치고, 이 영향관계가 성과에 영향을 미치는 마케팅시스템은 기업 활동의 영역이 글로벌화될수록 복잡하게 변해가고 불확실성도 증대된다.

따라서 의사결정자는 불확실성을 줄이기 위해서 마케팅조사를 수행하게 된다. 키니어와 테일러(Kinnear & Taylor)는 마케팅 의사결정과정과 마케팅조사의 관계를 [그림 1-4]와 같이 제시하고 있다.

[그림 1-4] 마케팅 의사결정 과정과 조사의 관계

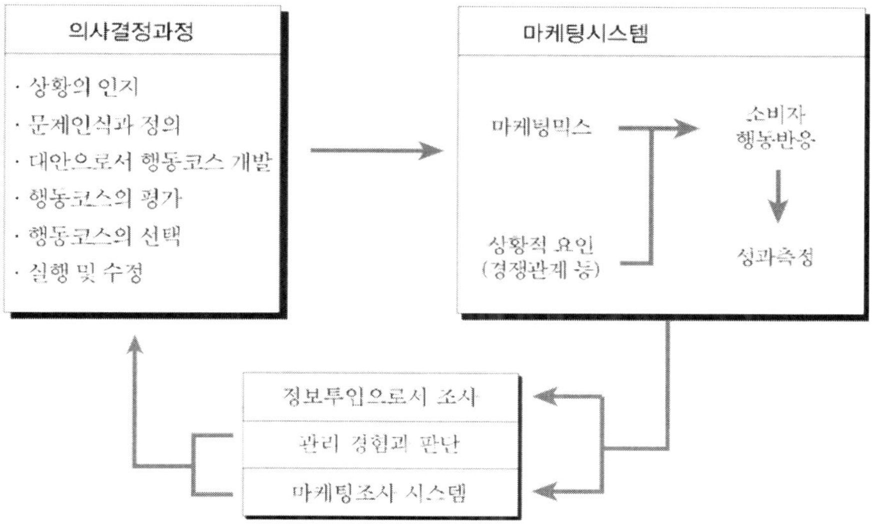

자료원 : Kinnear, T.C. and Taylor, J.R., *Marketing Research: An Applied Research*, New York, McGraw-Hall, 1996, p.17.

1. 의사결정과정

마케팅 관리과정에서 가장 중요한 특성 중의 하나는 마케팅 활동에 대한 의사결정이다. 이러한 의사결정 과정은 마케팅 관리과정에 포함되며, 상호 밀접한 관계를 가지고 있다. 이러한 과정은 [그림 1-5]와 같이 단계적으로 이루어지는 것으로 논의할 수 있다. 즉, 상황의 인지, 문제 인식과 정의, 대안으로서 행동코스 개발, 행동코스의 평가, 행동코스의 선택, 실행 및 수정 등이 그것이다.

[그림 1-5] 의사결정 과정

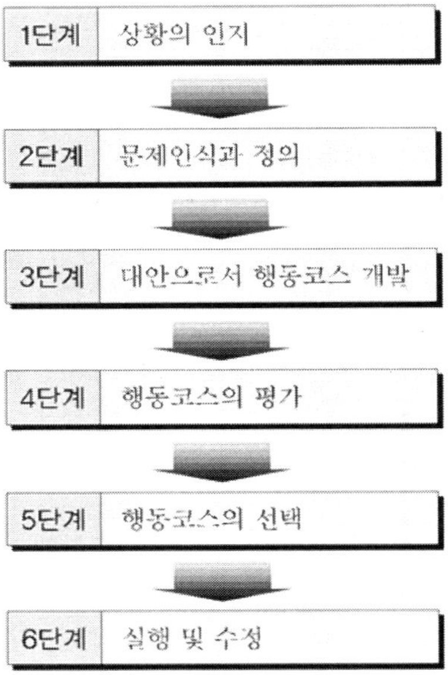

1) 상황의 인지

상황의 인지단계는 마케팅 문제의 도출이나 기회 탐색을 위한 문제를 인식하는 것이다. 마케팅 문제와 기회는 상황요인의 동태적 본질이나 마케팅 프로그램의 수행으로부터 나타날 수 있다. 마케팅 의사결정을 수행하기 위해 의사결정에 관련된 주변 상황을 잘 파악함으로써 문제의 본질이 어디에 있는지를 정확하게 파악해야 한다.

2) 문제 인식과 정의

문제 인식과 정의단계는 마케팅 관리자들이 의사결정에 영향을 미치는 주요 문제를 명확하게 정의할수록 올바른 의사결정을 할 수 있다. 의사결정 과정의 초기 단계에서 마케팅 관리자들은 마케팅 문제와 기회를 효율적으로 정의하면 할수록 이점을 누릴 수 있으나, 그렇지 못하면 마케팅 의사결정의 후기 단계에서 마케팅조사를 효율적으로 수행할 수 없다.

3) 대안으로서 행동코스 개발

대안으로서 행동코스 개발단계에는 마케팅에서 행동코스가 마케팅 믹스 변수의 조화에 대한 상세한 설명이 포함된다. 마케팅 의사결정의 효율성은 대안을 얼마나 고려하는지 하는 문제와 관련이 있다. 따라서 마케팅 조사자들은 많은 대안을 그려해서 최적의 대안을 개발해야 한다.

이 과정은 마케팅 조사자들이 창의적인 사고를 통해서 새로운 아이디어를 중요시 여겨야 한다. 즉, 대안 중에서 선택이 이루어지기 때문에 대안이 창의적일수록 좋은 대안이 선택되어 가장 합리적인 의사결정으로 연결될 수 있다.

실제로 의사결정에서는 행동의 대안을 만드는 것이 대안을 선택하는 것보다 어렵다. 따라서 관리자들은 창의적 과정과 광범위한 대안 개발을 촉진하기 위해서 다양한 마케팅조사방법을 이용해야 한다.

4) 행동코스의 평가

행동코스의 평가단계는 의사결정을 하기 위해서 적어도 2개 이상의 행동코스를 개발해야 하며, 이러한 행동코스가 마케팅 목적을 극대화할 수 있도록 불확실성을 줄일 수 있어야 한다. 이러한 행동코스를 평가하는데 마케팅조사는 유용한 도구이다.

5) 행동코스의 선택

대안으로 개발된 행동코스 중에서 마케팅 목적을 가장 효율적으로 달성할 수 있는 대안을 선택하는 단계이다. 비정형적인 의사결정일수록 불확실성과 위험을 내포하기 때문에 마케팅 조사자들은 행동코스의 선택에서 불확실성을 감소시키는 마케팅 정보에 관심을 기울여야 한다.

6) 실행 및 수정

선택된 대안을 실행하고 수정하는 단계는 마케팅조사가 프로그램의 성과에 영향을 미치는 선택된 행동코스와 상황변수의 효율성을 모니터링하는 수단을 제공한다.

2. 마케팅 관리자의 정보요구

마케팅 관리자의 정보 요구는 계획과 통제 과정을 위해 필수적이며, 이러한 정보 요구의 형태는 〈표 1-1〉과 같은 예를 들 수 있다. 마케팅 관리자는 마케팅시스템의 구조를 이해하고, 마케팅 계획을 수립하기 위하여 표에 나타난 질문의 유형을 효율적으로 관리해야 한다.

〈표 1-1〉 마케팅 의사결정에 필요한 정보의 유형

Ⅰ. 상황분석

A. 시장특성분석
  1. 시장특성
    ① 시장규모와 잠재력
    ② 세분시장의 규모와 특성
    ③ 선택적 수요
    ④ 미래 시장동향
B. 경쟁분석
  1. 누가 경쟁자인가?
  2. 경쟁자의 특성 :
    ① 마케팅 프로그램
    ② 경쟁행동
    ③ 자원
  3. 기업의 주요 강점과 약점
  4. 미래 경쟁적 환경
C. 일반 환경분석
  1. 경제여건과 경기동향
  2. 정보규제와 정책방향

3. 환경, 안전, 컨슈머리즘 관련사항
4. 기술동향
5. 정치적 분위기

D. 기업 내적 환경분석
1. 자사의 마케팅 능력과 기술은 어떤가?
2. 자사의 생산 능력과 기술은 어떤가?
3. 자사의 재무 능력과 기술은 어떤가?
4. 자사의 기술 능력과 기술은 어떤가?
5. 내적 여건의 미래 방향은 어떤가?

II. 마케팅믹스 분석

A. 제품 :
1. 어떤 제품 속성이 중요한가?
2. 어떻게 제품을 차별화해야 하는지?
3. 어떤 세분시장을 목표로 해야 하는지?
4. 서비스, 품질보증 등은 얼마나 중요한가?
5. 제품다양성이나 계열에 대한 필요는 있는지?
6. 포장은 얼마나 중요한가?
7. 경쟁 제품에 대해서 자사 제품이 어떻게 인식되고 있는지?

B. 유통
1. 제품을 어떠한 유형의 중간상이 취급하게 할 것인지?
2. 제품을 취급하는 거래처의 동기유발, 태도는 어떠한가?
3. 도매·소매를 지역별로 얼마나 깊숙이 침투시켜야 할 것인지?
4. 마진율은 얼마가 적당할 것인지?
5. 물적 유통체계는 어떻게 설계할 것인지?

C. 가격
1. 수요의 탄력성은 어떠한가?
2. 어떠한 가격전략이 적당한가?
3. 제품계열별 가격조정은 어떻게 되어야 하는지?
4. 제품별 가격변화는 어느 정도가 적당한가?
5. 경쟁자의 가격위협에 어떻게 대처해야 하는지?
6. 가격이 구매자에게 얼마나 중요한가?

D. 촉진
1. 최적 촉진 예산은 얼마인가?
2. 수요를 자극하는데 있어서 판매촉진, 광고, 인적판매의 효과는 어떠한가?
3. 촉진믹스는 어떻게 할 것인지?
4. 촉진수단의 효율성은 어떻게 측정할 것인지?
5. 가장 효율적인 카피는 무엇인가?
6. 가장 효율적인 미디어는 무엇인가?

Ⅲ. 구매자행동 반응분석

1. 구매행동과 특성 :
   ① 구매자는 무엇을 구매하는지?
   ② 누가 구매자인가?
   ③ 구매자는 어디서 구매하는지?
   ④ 구매자는 왜 구매하는지?
   ⑤ 구매자는 어떻게 구매하는지?
   ⑥ 구매자는 언제 구매하는지?
   ⑦ 구매자는 얼마나 구매하는지?
   ⑧ 미래에 구매자들의 구매행위나 특성은 어떻게 변화할 것인지?
   ⑨ 고객들은 만족하는지?
   ⑩ 고객들은 유지될 것인지?
2. 기업의 마케팅믹스에 대한 반응 :
   ① 소비자들은 자사와 경쟁기업들의 마케팅믹스활동의 변화에 어떻게 반응하는지?
   ② 소비자들은 자사와 경쟁기업의 가격 변화에 어떻게 반응하는지?
   ③ 소비자들은 자사와 경쟁기업의 유통 변화에 어떻게 반응하는지?
   ④ 소비자들은 자사와 경쟁기업의 촉진 변화에 어떻게 반응하는지?

Ⅳ. 성과측정

1. 제품 계열에 의한 현재 판매량은 얼마인가?
2. 제품 계열에 의한 현재 시장점유율은 얼마인가?
3. 고객 유형, 판매 지역 등에 의한 현재 판매량/시장점유율은 얼마인가?
4. 고객들, 유통업자들, 공중들에 의한 본사 제품/기업이미지는 어떠한가?
5. 자사 촉진의 인식수준은 얼마인가?
6. 자사의 상표명의 회상수준은 얼마인가?
7. 우리의 대형 소매업자들 중에서 유통업자 비율은 얼마인가?
8. 유통경로의 비율은 제안된 소매가격 이하로 판매하는 것은 얼마인가? 본사 제품의 평균 소매가격은 얼마인가?
9. 고객의 만족비율은 얼마인가?
10. 현행 고객들의 반복구매 비율은 얼마인가?

이러한 목록은 완전한 것은 아니지만, 행동반응에 대한 영향을 측정하는 마케팅시스템에서 통제 가능한 변수와 통제 불가능한 변수를 나타내고 있다. 마케팅조사는 계획과 통제 기능에 대한 정보를 제공하는 데 있어서 핵심적인 역할을 한다. 즉, 마케팅조사는 계획과정에서 필요한 정보를 제공하는 중요한 내용을 내포하고 있어야 한다.

이러한 정보는 효율적인 의사결정을 위해 지속적으로 갱신되어야 하며, 경영자는 목적을 개발하고, 마케팅 자원을 할당하며, 성과를 감시해야 한다. 특히, 마케팅조사 활동은 계획을 수립하는데 있어서 문제와 기회를 확인할 수 있어야 한다.

3. 정보투입으로서 마케팅조사

기업은 신속하고 정확한 정보를 확보하여 경영 의사결정에 반영하면 할수록 불확실성을 줄일 수 있다. 기업 경영자들은 직관적인 판단에 의해서 의사결정을 하는 경우도 있지만, 기업 활동의 시장 반응에 대한 보다 객관적이고 과학적인 자료에 기반을 두고 의사결정을 하는 것이 중요하다.

이는 경영환경이 글로벌화 되어 가면서 이전보다 더 복잡성이 증가하고 있기 때문이다. 이러한 상황 하에서 마케팅조사에 대한 이해 없이 효율적인 의사결정을 한다는 것이 어렵다.

미국마케팅협회(AMA)에서는 마케팅조사를 다음과 같이 정의하고 있다.

· 마케팅조사란 정보를 통하여 소비자, 고객, 공중을 마케팅 관리자에게 연결하는 것이다. 이 정보는 마케팅 기회와 문제점들을 식별하고 정의하도록 사용되고, 마케팅 활동을 창출하고 재정의하고 평가하게 하며, 마케팅 성과를 감시하는 과정으로서 마케팅에 대한 이해를 증가시킨다.

이러한 정의를 기초로 마케팅조사를 수행하기 위해서는 다음과 같은 이해가 선행되어야 한다.

1) 마케팅시스템에서 일어나는 마케팅 현상을 파악하는 활동

기업 입장에서 시장은 기업이 제공하는 제품을 구입하여 사용하고 있거나 앞으로 구입할 잠재력이 있는 소비자들의 집합이다. 즉, 현재 소비자들과 잠재적 소비자들의 집단을 말한다. 이들은 기업의 마케팅 활동인 제품개발, 가격결정, 촉진결정 및 유통결정 등 마케팅믹스에 반응하고 있다.

또한 소비자들은 수많은 제품 중에서 하나를 선택하는 선택의 자유를 누리면서 생활하고 있기 때문에 마케팅조사를 수행하기 전에 기업 활동에 대한 소비자들의 행동적 반응메커니즘에 대한 이해를 가지고 있어야 한다.

2) 보다 나은 의사결정을 위한 시장에 관한 정보 제공

현대 기업 경영자들이 직면하고 있는 환경은 복잡하고 고도의 불확실성을 포함하고 있기 때문에 이러한 환경 하에서 경쟁우위(competitive advantage)를 누리기 위해서는 문제가 발생하고 있는 현상에 대한 정확한 조사가 이루어져야 한다.

이러한 마케팅조사를 현대 기업구도를 재편시키고 있는 리엔지니어링(reengineering)이나 정보기술(information technology) 등 전략적 의사결정을 합리적으로 수행하기 위한 정보를 제공하는 것으로 이해하여야 한다.

3) 조사 목적은 의사결정에 유용한 정보 제공

마케팅조사의 목적은 자료를 제공하는 것이 아니라, 의사결정을 위한 유용한 정보를 제공하는데 있기 때문에 경영자와 마케팅 조사자 사이에 원만한 커뮤니케이션이 이루어져야 효율적인 조사가 이루어질 수 있다.

일반적으로 조사를 수행하는 사람들은 스텝의 역할을 하면서 통계나 모형 등 양적 자료(quantitative data)분석에 밝으나, 경영자들은 오랜 경험과 축적된 지식에 의존하는 질적 자료(qualitative data)를 중요시 여기기 때문에 조사자와 경영자 사이에는 대화의 괴리(gap)가 나타날 수 있다.

4) 자료수집 이상의 분석 및 해석과정 포함

마케팅조사는 다양한 방법들을 이용하여 자료를 획득하고, 다양한 분석기법으로 수집된 자료를 분석하고 해석하여 전략수립에 도움을 주는 일련의 과정을 의미하기 때문에 분석과 해석에서 명료성을 지녀야 한다.

5) 객관적이고 타당한 정보 수집

마케팅조사 과정에는 진실한 자료에 기반을 둔 객관성(objectivity)과 타당성(validity)이 있는 정보가 입수되어야 한다.

6) 조사절차는 일관성이 중요

마케팅조사는 조사절차가 명확히 규정되고 의도적으로 설정되어 일관성 있는 과정으로 구성되어야 한다. 그러므로 시장에서 일어나는 문제를 파악하고 문제해결에 대한 대안이 객관적인 자료에 근거하여 제시되어야 한다.

4. 의사결정자와 마케팅 조사자

이러한 이해를 바탕으로 볼 때 마케팅조사는 기업이 마케팅시스템하에서 발생하는 마케팅 활동과 관련된 정보를 체계적으로 획득하고, 객관적으로 분석 · 보고하는 과정이다.

따라서 마케팅조사에 익숙한 마케팅 조사자가 필요하게 되는데, 마케팅 조사자는 마케팅 관리자가 의사결정에 필요한 기초 자료를 제공하고, 그들이 보다 나은 의사결정을 하도록 실행 가능한 정보를 제공해야 한다.

기업의 규모가 커지면서 마케팅 조사자와 의사결정자가 분리되어 있는 경우가 많고, 지나치게 분리되어 있을 경우, 마케팅 조사자는 자료의 통계적인 분석에 치우쳐 기업 전체적인 시각에서 전략적으로 요구되는 의사결정에 필요한 질적인 정보의 성격을 모르고, 기능적인 통계분석에 치우칠 수 있다.

한편 의사결정자는 지나치게 전략적인 성격만을 강조하여 세부적으로 돌아가는 시장의 객관적 자료 해석의 의미를 간과하여 조사자와 의사결정자 사이의 괴리(gap)가 나타날 수 있다. 조사를 외부기관에 아웃소싱 하는 경우에도 이러한 현상이 나타날 수 있다.

본 저서는 단순히 자료를 획득하는데 그치지 않고, 자료를 수집하고, 분석을 통하여 유용한 정보를 창출하는 과정을 보여주고자 한다.

제 4 절 마케팅 조사자 윤리성 문제

인간행동을 조사하고자 하는 심리학과 사회학의 연구조사에서 윤리성의 문제가 제기되듯이 마케팅조사에서도 윤리성의 문제가 공식적으로 중요시되고 있다.

장기적인 관점에서 고객의 사적인 권리를 보장하는 것은 고객의 신뢰를 얻을 수 있기 때문에 기업의 수익을 높일 수 있다. 신뢰는 현대 관계마케팅에서 핵심 내용이다. 표적 고객들의 개인적인 정보를 사용하려는 조사자는 사적인 권리보호 체크리스트를 만들어 중요하게 다루어야 한다.

마케팅조사의 윤리성 문제는 개인이나 기관으로서 조사자가 조사과정에서 지켜야 할 사항, 조사결과 나타나는 정보이용자가 지켜야 할 사항, 면접자가 지켜야 할 사항, 응답자에 대한 권리보호 등으로 나누어 볼 수 있다.

1. 조사자가 조사과정에서 지켜야 할 사항

마케팅 조사자는 마케팅조사를 수행하는 데 있어서 다음과 같은 사항을 준수해야 한다. 이는 마케팅조사의 결과에 중대한 영향을 미칠 수 있는 요인이기 때문에 각별히 주의해야 한다.

· 마케팅 조사자는 개인의 존엄성과 개인의 권리를 존중하면서 접근해야 한다. 마케팅조사를 통해서 개인의 사적인 권리를 침해하거나 개인에게 피해를 주어서는 안 된다.
· 마케팅 조사자는 자료원천을 보호해야 한다. 이는 조사 자료를 제공한 응답자의 비밀을 보호해 주어야 한다. 비밀을 보장받지 못한다면 지속적으로 자료를 제공해 주지 못할 가능성이 커진다.
· 마케팅 조사자는 조사목적을 충실히 달성해야 한다. 이는 조사자가 목적을 명확히 하고 조사활동을 수행해야 한다.
· 마케팅 조사자는 조사결과에 대해 책임을 지고, 성실하고 정확하게 보고해야 한다. 이는 자료의 조작이나 개인적인 방향에서 분석되고 해석되어서는 안 된다. 즉, 객관적이고 과학적인 방법을 사용해야 하고 분석된 결과에 대해서는 편견을 배제하고 보고해야 한다.
· 조사 의뢰기관과 경쟁관계에 있는 기관들이 존재함으로 연구조사를 수행하는 데 있어 나타나는 보안을 지켜 주어야 하며, 경제적 이익이 침해되지 않도록 해야 한다.

2. 조사결과 이용자가 지켜야 할 사항

마케팅 조사자는 마케팅조사 또는 조사과정에서 나타난 결과를 이용하는데 있어서 윤리성이 요구되고 있다. 이는 결과의 신뢰도와 관련되어 중요하다.

· 마케팅조사의 결과를 이용하려는 사람은 자료에 의해서 정당화될 수 없거나 자료와 일관성이 없는 결과를 도출하거나 제공해서는 안 된다.
· 마케팅조사의 결과를 개인이나 조직에서 수행되는 업무나 의사결정을 정당화하기 위한 수단으로 이용해서는 안 된다.
· 마케팅 조사자는 조사 설계의 개념과 접근방법 등에서 고유한 특성이 포함되어 있을 때 조사 설계를 한 연구자의 허락 없이 이용해서는 안 된다.

3. 면접자가 지켜야 할 사항

마케팅 조사자는 조사를 위하여 면접을 수행하는 것과 관련된 모든 사항에 대해 응답자 또는 응답자의 응답에 대해 윤리적인 책임이 요구된다.

· 마케팅 면접자는 응답자에 관한 정보나 의뢰 받은 자료를 누설해서는 안 된다.
· 마케팅 조사자는 조사를 통해서 획득된 정보를 개인적인 이익을 위해 이용해서는 안 된다.
· 마케팅 조사자는 응답자와의 면접을 사전에 정해진 조사수칙과 지시사항에 따라 수행해야 한다.

4. 응답자의 사적인 권리보호

마케팅 조사자는 응답자의 사적인 권리를 보호해야 할 윤리적 책임이 요구된다. 이는 응답결과의 신뢰도를 위해서 반드시 준수되어야 한다.

· 마케팅 조사자는 응답자의 거부권을 보장해야 한다.
· 마케팅 조사자는 응답자의 사생활을 침해해서는 안 된다.
· 마케팅 조사자는 면접과정에서 응답자에게 심리적인 압박감을 주어서는 안 된다.

제 5 절 마케팅조사기관

경제가 성장함에 따라 마케팅조사를 수행하는 기관들도 발전하고 있다. 현재 우리나라에 어떠한 마케팅조사 관련 기관들이 존재하는지를 이해함으로써 마케팅조사를 공부하고 어떠한 기관에 직업을 가질 수 있는지를 생각할 수 있다.

1. 마케팅조사기관

기업이 마케팅조사를 수행하는데 있어서 모두 기업 내에서 수행하기는 현실적으로 어려움이 있어 기업 외부에 의뢰하여 조사하는 경우가 많다. 마케팅조사를 누가 수행하는지에 따라 분류하면 [그림 1-6]과 같이 기업 내부조사이거나 기업 외부의 조사기관을 통하여 조사를 수행하는 경우로 볼 수 있다.

2. 기업 내부의 마케팅조사 부서

우리나라의 대기업들은 기업 내부에 마케팅조사를 수행하는 부서를 두고 있다. 이들 조직의 형태는 사내 마케팅조사 부서, 마케팅 팀장, 연구개발부서, 마케팅 의사결정 지원 시스템 등 다양하게 나타나고 있는데, 이들은 자사의 성장 기회를 파악하기 위해 마케팅조사를 활발하게 수행하고 있다.

[그림 1-6] 마케팅조사 산업의 구조

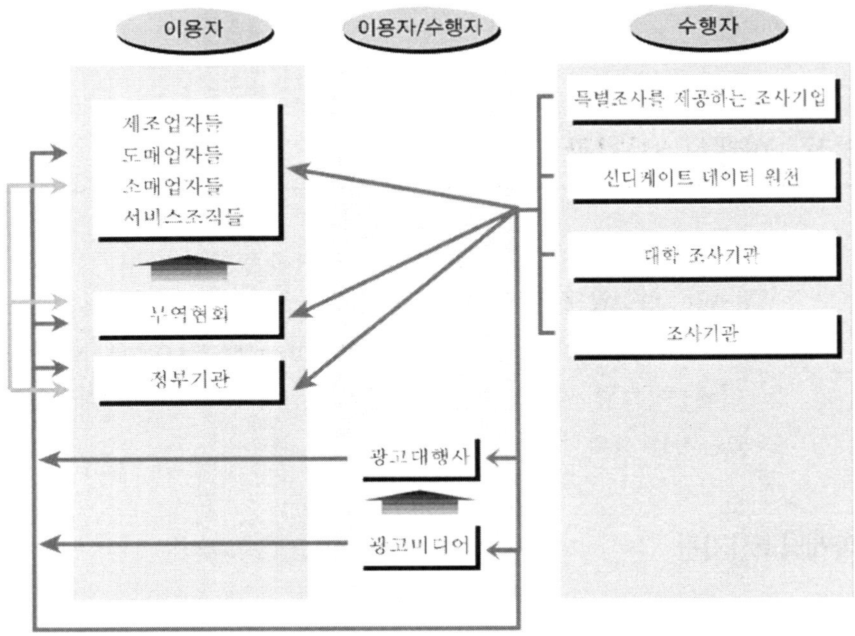

이러한 기업들은 자사 내부의 부서를 통하여 국내의 시장동향 분석에서부터 외국의 소비시장, 원자재시장, 산업동향 분석 등 새로운 성장 기회를 파악하기 위해 지속적으로 마케팅조사를 수행하고 있다.

그러나 기업 내부의 조사부서는 마케팅조사의 특성상 인력 부족, 전문성 결여 등으로 충분하게 이루어지지 못하는 경우가 있어서 마케팅 조사에 기반을 두어 마케팅 전략을 펼치는 것이 중요하며, 중요한 의사결정으로 들어갈수록 외부 전문조사기관을 이용하는 경우가 많다.

3. 기업 외부의 조사기관

이렇게 기업 내부의 조사 능력이 미비하거나, 의사결정 사항이 중요하여 객관적 조사가 필요하다고 판단되는 경우, 전문적인 외부 조사기관에 마케팅조사를 의뢰하여 수행할 수 있다. 이 경우 신디케이트 조사기관, 대학 조사기관, 비영리 기관 및 인터넷 조사기관을 이용할 수 있다.

1) 신디케이트 조사기관 이용

신디케이트 조사기관(syndicated research services supplier)은 공통적인 자료 풀(data pool)을 이용하여 다양한 고객에게 정보를 제공하고 있는 서비스 기업을 말한다.

이러한 자료 풀은 서베이, 일정기간 이상을 정기적인 간격으로 정보를 제공하는 다이어리 패널(diary panels), POS시스템을 이용한 스캐너 자료 및 감사를 통해서 획득할 수 있다.

넬슨코리아(A.C. Nielsen Korea)는 신디케이트 조사로서 슈퍼마켓, 농협연쇄점 및 일반 식품점을 대상으로 식품, 화장품, 담배 등 제품군의 상표점유율, 소매점 구매 및 재고, 소매가격 등을 전국적으로 조사하여 조사결과를 판매한다.

이러한 신디케이트 자료는 저렴한 비용과 빠른 시간에 자료를 수집할 수 있고, 소비자들의 구매의도가 아닌 구매행동에 관한 자료라는 장점을 가지고 있으나, 패널 자료이기 때문에 표본의 대표성이 결여되어 있고, 패널 구성원의 이탈 가능성이 높으며, 응답자의 신원이 노출되기 때문에 편견이 나타날 수 있다는 단점을 가지고 있다.

2) 대학 조사기관 이용

대학 조사기관은 대학에서 연구한 새로운 지식을 이용하여 전문적이고 객관적인 조사활동을 수행할 수 있다. 이는 대학 조사기관의 교수나 연구소 구성원을 이용하는 방법이다. 그러나 이들은 마케팅조사를 전문적인 사업으로 수행하는 데 제약이 따를 수 있다.

3) 비영리 기관 이용

비영리 기관은 국가정책 결정이나 국민통계, 산업통계에 관한 중요한 자료를 제공하고 있다. 이러한 비영리 기관을 이용하여 마케팅조사를 수행할 수 있으며, 각종 공공기관에서 많은 통계자료를 수집하여 마케팅 활동에 유용하게 활용할 수 있다.

통계청에서는 인구, 주택 등 각 분야에서 기초조사를 조사·발표해오고 있고, 한국은행을 비롯한 금융기관에서 발표하는 각종 경제지표, 소비자단체들이 발표하는 각종 소비자지표 등을 이용하여 마케팅조사를 수행할 수 있다.

4) 인터넷 조사기관 이용

마케팅조사를 수행하는 인터넷 조사기관은 인터넷을 이용하여 온라인 마케팅조사를 수행하는 기업을 말한다. 최근 많은 인터넷 조사업체가 출현하고 있지만, 비밀이 보장되어 있는 웹사이트를 기반으로 마케팅조사를 수행하는 기업이 많이 나타나고 있다.

서베이클릭(www.s-click.com), 아이러브인포(www.iloveinfo.co.kr), 아이클릭(www.i-click.co.kr) 등이 인터넷조사 서비스를 제공하고 있다.

제 2 장 마케팅정보시스템과 마케팅조사과정

도입사례 : 월마트의 마케팅정보시스템

WAL★MART®

1. 월마트의 창업

월마트(Wal-Mart)는 잡화점체인으로 시작하였다. 샘 월튼(Sam Walton)이 1962년 새롭게 번성하기 시작한 할인점에 흥미를 가지고 시골지역에서도 할인점이 성공할 수 있을 것이라고 확신하고 동생 James Walton과 함께 Arkansas주 Rogers에 Wal-Mart Discount City라는 이름의 할인점을 개점하면서 시작되었다. 1960년대까지 월마트는 시골지역 무명 할인점체인에 불과하였으며, Wal-Mart Stores사라는 이름으로 법인화한 1970년까지 18개 점포를 소유하였다.

2. 매출액 및 순이익의 성장

1970년대에 들어서면서부터 월마트는 괄목할 만한 속도로 지속적으로 성장해 왔다. 월마트의 매출액은 1970년대에는 30배 이상 증가하였고, 1980년대에도 26배나 증가하였으며, 또한 순이익은 1970년대에는 41배 증가하였고, 1980년대에도 31배 증가하여 월마트의 매출액은 1,000배 증가하였고, 순이익은 1,600배 증가하였다.

1970년대는 미국 할인점시장이 성숙기에 접어들기 시작하면서 업체 간 경쟁이 치열해지고 상당수 할인점체인들이 도산하던 시기였다. 그러한 여건 속에서 월마트가 무난히 성공할 수 있었던 원인은 시골지역에서 성장함으로서 대형업체인 K-마트와의 경쟁을 피할 수 있었던 것이다. 그러나 월마트는 대형할인점 체인이 전무한 Arkanssas, Missouri, Oklahoma지역을 중심으로 성장하였다. 1980년에 이른 월마트는 매출액 16억 달러의 대형체인으로서 Target, Zayre와 함께 미국 할인점 체인의 2위 지위를 다투게 되었고, 지속적으로 성장하여 K-마트를 제치고 세계최대의 소매업체가 되었다. 포천지가 전 세계의 기업을 대상으로 선정한 '글로벌 500'에서 1위를 차지하였으며, 2011년 1월말 매출액은 4,189억 달러에 이르며 영업이익은 255억 달러 이상에 달하는 글로벌 기업이 되었다.

3. 월마트의 마케팅전략

월마트는 조직관리, 재무관리, 마케팅관리 등 모든 분야에서 탁월한 경쟁우위를 갖고 있다. 월마트의 전략적 특징은 다음 네 가지로 요약할 수 있다. 첫째, 최고경영층 및 본부의 점포 현장주의이다. 이는 점포현장에서 보고 느낀 것을 토대로 의사결정을 하여 소비자를 접하는 점포현장과 의사결정을 행하는 본부와의 조화를 이룰 수 있었다. 둘째, 첨단 유통기술의 도입이다. 이는 전산시스템을 도입하여 경영의 과학화 및 효율화를 도모하여 왔으며, POS시스템, 위성통신시스템, 물류관리시스템 등 첨단 유통기술을 도입하여 재고관리, 물류관리, 거래선 관리 등의 효율화를 이루어 관리비용을 절감하였다. 셋째, Everyday Low Price와 Everyday Low Cost이다. 샘 월튼은 바겐세일이 초기에 비싸게 구입한 소비자를 기만하는 것이라며, 바겐세일을 하지 않는 대신 제품을 항상 저렴하게 판매한다는 전략을 시작하였다. 이는 경비절감을 실현하면서 그 효과를 즉시 제품가격에 반영한다는 사고이다. 즉, 월마트는 경비절감의 효과를 이익으로 흡수하지 않고 즉시 그만큼 제품가격을 인하하고 있다. 넷째, 독특한 기업문화이다. 이는 샘 월튼은 직원들을 동료라고 부르며 전 임직원의 일체화를 강조하였다. 정규직원이 아닌 시간제 직원까지도 월마트의 이익 배분제 등 모든 복지시스템에 참여할 자격을 주어 직원들의 동기를 부여하였다.

4. 월마트의 정보시스템

글로벌 유통기업들은 비용절약을 위해 정보시스템을 경쟁적으로 구축하고 있다. 이는 글로벌 기업에서 핵심 역량(core competition)으로 작용하고 있다. 즉, 유통측면에서는 넓은 영역에서 경쟁력을 확보하기 위해서는 비용절약을 위한 정보시스템이 필수적이다. 월마트는 미국의 거대한 글로벌 유통기업이다. 월마트는 일찍이 이러한 정보시스템을 효율적으로 구축하여 경쟁력의 원천으로 삼고 있다.

월마트는 비용절약을 통하여 경쟁력을 확보하려는 목적으로 정보시스템의 구축에 있어서 첨단기술의 도입에 적극적이었다. 유통비용 절감을 위해 물류센터, 위성통신시스템, 컴퓨터센터 등을 경쟁기업에 비해 빠르게 도입하고 있다.

첫째, 월마트의 물적 유통센터의 도입이다. 이는 1970년에 개설된 이후 자동 입·출하 검품시스템, POS시스템 등 최첨단 설비를 적극 도입하여 갖추고 있다. 월마트는 최첨단 물적 유통시설을 통해 물적 유통효율화를 달성함으로써 업계 최고의 서비스를 최저의 비용으로 제공할 수 있었다. 이러한 제품공급시스템을 통해 재고관리 비용을 대폭 줄이는 한편 각 지점에 적시, 적량의 제품을 공급하는 체계를 갖추고 있다.

둘째, 위성통신시스템의 구축이다. 이들은 위성통신을 이용한 일상적인 물적 유통망의 구축은 거래와 관련된 데이터 송수신의 고속화와 정확도를 향상시켜 전송비용의 절감효과를 가져 왔으며, 각 점포와의 효율적 통신연결로 20~30%의 사내통신비용의 절감이 가능해졌다. 정확한 판매정보의 분석을 통해 잘 팔리는 제품과 팔리지 않는 제품을 선정하여 머천다이징 전략을 개선·강화하고 있다. 차량위치 추적시스템으로 수송차량의 빈 차운행을 방지하는 적하장 교차연결시스템(cross docking system)을 통해 생산출하단계에서 매장까지의 제품 흐름을 효율적으로 관리할 수 있었다.

셋째, 컴퓨터센터의 설립이다. 이들은 낮은 가격실현을 위해 판매시점 정보시스템(POS), 전자데이터교환(EDI) 등을 채택하고, 자체적인 위성통신망을 도입하여 낮은 비용체계를 구축하는데 노력을 기울였다. 또한 이들은 혁신적인 제품공급(QR: Quick Response)시스템을 구축하였다. 월마트의 제품공급시스템 구축 가운데 특징적인 것은 QR시스템과 EDI시스템을 들 수 있다. 모든 제품에 바코드시스템을 도입함으로써 재고정보를 실시간으로 파악할 수 있도록 하여 입·출하 작업의 신속화와 재고관리의 효율화에 노력하였다.

5. 월마트의 글로벌화

할인점 체인으로 성장한 월마트는 1980년대에 들어서면서부터 적극적인 사업다각화를 추진해 왔다. 1983년 도매클럽인 Sam Walton Sale Club을 개점한 후 1992년에는 208개 점포를 소유하게 되고 매출액이 94억 달러인 대형 사업부로 성장하게 되었다. 그 이외에도 1987년에는 하이퍼마켓인 Hypermart USA를 개점하였으며 1989년에는 슈퍼마켓과 할인점의 복합 형태인 수퍼센터(Supercenter)를 개점한 바 있다.

이러한 다각화를 통하여 1990년대에는 글로벌 사업을 활발히 전개하고 있다. 2013년 1월말 현재 월마트는 미국 내에 3,804개, 해외에 4,557개 샘즈클럽 609개 등 전체 8,970개 매장을 운영하고 있다.

기업이 성장함에 따라 정보의 중요성을 깨닫게 되면 정보시스템에서 정보를 수집하려고 한다. 이 때 중요시 여기는 것은 경영정보시스템(MIS: management information system)의 구축이다. 전체 경영정보시스템의 하위 시스템으로서 마케팅정보시스템(MkIS: marketing information system)이 구축된다.

본 장에서는 마케팅정보시스템이 제대로 구축되고, 그 하위 시스템으로서 마케팅조사가 수행될수록 조사가 의사결정에 효율적으로 이루어질 수 있다는 전제에서 마케팅정보시스템과 마케팅조사와의 관계를 논하고자 한다.

제1절 마케팅정보시스템의 구조

기업들은 마케팅 관리자들의 관심에 따라 많은 정보를 수집하고 저장하고 관리하고 있다. 많은 기업들은 경영자들의 정보 욕구를 파악하고 이러한 욕구를 충족하기 위하여 마케팅정보시스템을 구축하고 있다.

· 마케팅정보시스템(marketing information system)이란 마케팅 계획, 실행, 통제 방법을 개선할 목적으로 마케팅 의사결정자가 이용하는 것으로 정확하고 적재적소에 필요한 정보를 수집 · 분류 · 분석 · 평가 · 분배하기 위해 사람, 기구, 절차의 지속적이고 상호 작용적인 시스템을 말한다.

마케팅정보시스템은 [그림 2-1]과 같이 나타낼 수 있다. 마케팅 관리자가 조사해야 하는 환경의 구성요소들은 마케팅정보시스템을 구성하는 4개의 하위 시스템 즉, 내부보고 시스템, 마케팅 일상정보시스템, 마케팅조사 시스템, 분석적 마케팅시스템을 통하여 추출되고 분석된다. 이러한 정보는 마케팅 관리자가 마케팅 현상을 분석하고, 기업의 마케팅 활동을 계획, 실행 및 통제하는데 도움을 줄 수 있도록 마케팅 관리자에게 제공된다.

[그림 2-1] 마케팅 정보 시스템

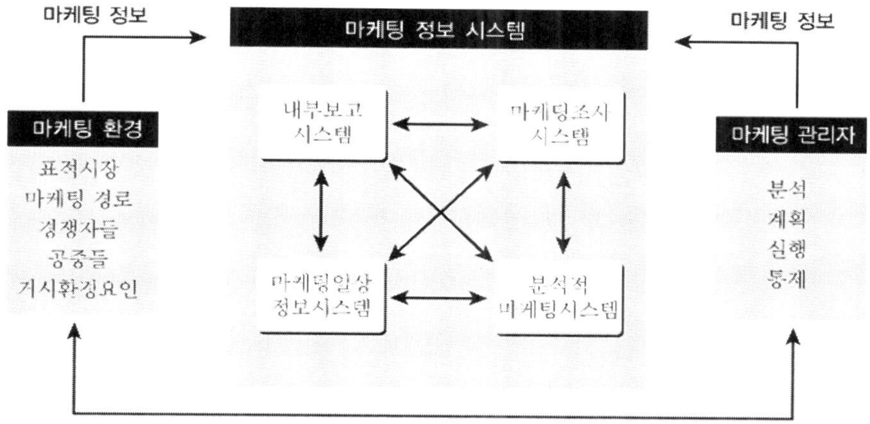

자료원 : Philip Kotler(2000), *Marketing Management: Analysis, Planning*, Implementation, and Control, Prentice-Hall International Editions, p. 103.

1. 내부보고시스템

대부분의 마케팅 관리자들은 마케팅 의사결정을 내리기 위하여 정규적으로 내부보고시스템(internal reports system)에 저장된 정보를 사용한다.

기업의 회계부서는 재무제표를 작성하고 매출, 주문, 원가 및 현금흐름에 관한 상세한 기록을 유지하고 있다. 생산부서는 생산계획, 선적 및 재고에 관하여 보고하고, 판매원 보고서는 재판매업자의 반응, 경쟁사의 활동, 고객만족 또는 서비스 문제에 관하여 보고한다.

이처럼 한 부서에서 작성된 보고서는 다른 부서에 유용한 정보를 제공할 수 있다. 관리자들은 성과를 평가하고 문제와 기회를 탐색하기 위하여 기업 내부의 여러 정보원천들로부터 수집된 정보를 사용할 수 있다.

미국의 시어즈(Sears)사는 내부 정보시스템을 구축하여 강력한 마케팅 수단으로 이용하고 있다. 시어즈사의 마케팅 관리자는 4,000만 고객에 대한 컴퓨터화 된 데이터를 활용하여 설비 구매자, 정원 관리자, 임산부와 같은 다양한 세분시장에 특별한 제품과 서비스의 제공을 촉진하고 있다.

이들은 설비구매 고객들을 접촉하여 일부 설비는 구매하였지만, 설비유지 계약을 체결하지 않은 고객들과 특별 서비스패키지 거래를 맺을 수 있도록 촉진하고 있다. 이러한 내부 보고시스템은 3가지로 구성된다.

- 판매 대리점, 판매상, 고객들이 기업에 주문을 하고, 주문 부서는 청구서를 작성하여 여러 관련 부서에 송부하는 주문-인도-청구의 순환주기이다.
- 판매보고서의 적시성 향상이다. 마케팅 관리자는 판매가 이루어지면, 판매보고서를 작성한다. 이러한 보고서는 작성하는데 시간이 많이 소요되기 때문에 많은 기업들은 적시에 총괄적인 판매-보고시스템을 설계하려 노력하고 있다.
- 사용자 지향적 보고시스템의 설계이다. 이는 진보된 판매 정보시스템을 설계하는 경우에 과도한 정보의 전달이나 지나치게 최근 정보를 취급하려는 욕심보다는 경제적으로 제공 가능한 정보를 제공해야 한다.

이러한 내부보고 시스템을 효율적으로 설계하면, 다른 정보보다 빠르고 값싸게 수집할 수 있다. 그러나 이러한 정보를 사용할 때에는 의사결정에 적합한지를 판단하고 사용해야 한다. 왜냐하면, 이는 다른 목적으로 수집된 것이기 때문이다.

2. 마케팅 일상정보시스템

마케팅 관리자는 마케팅 환경의 변화에 대한 일상적인 정보를 수집하여 사용해야 한다. 이를 위해 어떠한 정보가 필요한지를 결정하고, 환경을 조사함으로써 그 정보를 얻고, 그것을 필요로 하는 마케팅 관리자에게 전달하는 것이다.

· 마케팅 일상정보시스템(marketing intelligence system)이란 관리자들이 마케팅 계획을 수립하고 조정하는데 도움을 주는 마케팅 환경의 변화에 관한 일상 정보를 관리하는 시스템을 말한다.

기업은 다양한 정보원천을 통하여 마케팅 일상정보시스템에 투입되는 자료를 획득할 수 있다. 즉, 관리자, 기술자와 과학자, 구매 대행자 및 판매원 등이 정보원천이 될 수 있다. 또한 공급업자, 재판매업자 및 소비자들이 경쟁사에 대한 중요한 일상정보를 지니고 있을 때 이를 이용할 수 있다.

많은 기업들은 경쟁사가 무엇을 하고 있는지를 알아야 할 필요가 나타남에 따라 경쟁사에 관한 일상정보 수집활동을 수행하고 있다. 이러한 경쟁사에 관한 정보는 경쟁사의 연차보고서, 연설문과 간행물, 전시회, 광고 등에서 일상 정보를 수집할 수 있다.

또한 관련 산업의 전반적 동향은 정부가 지방자치단체에 제공하는 보고서들과 지침서, 산업동향이나 생활지표 조사보고서 등을 통해서 파악할 수 있다. 마케팅 일상정보가 온라인으로 수집되는 단계에 이르렀기 때문에 기업들은 경쟁사의 정보탐색으로부터 그들 자신을 보호하기 위한 노력이 필요하게 되었다.

3. 마케팅조사 시스템

내부보고 시스템과 마케팅 일상정보시스템은 2차 자료로서 마케팅 문제의 해결에 적절하지 않거나 직접적인 관련성이 높지 않을 수 있다. 따라서 1차 자료로서 조사 목적에 적합한 정보를 수집하는 방법으로 마케팅조사를 들 수 있다.

· 마케팅조사 시스템(marketing research system)이란 정보를 통하여 소비자, 고객, 공중 등을 마케팅 담당자와 연결하는 기능이다. 정보는 마케팅 기회와 문제를 확인하여 정의하고, 마케팅 활동을 창안하고 수정하며, 평가하고 마케팅 성과를 측정하고, 마케팅 과정에 대한 이해를 증가시키기 위해 사용된다.

마케팅조사는 마케팅 문제를 해결하기 위하여 필요한 정보를 결정하고, 정보 수집을 위한 방법을 설계하여 자료수집 과정을 관리하고 수행하며, 결과를 분석하고, 그것들의 집행과정과 발견된 내용을 보고하는 것이다.

이러한 마케팅조사는 기업 내부에서 실행되거나 기업 외부의 전문기관에서 수행될 수 있다. 가장 바람직한 마케팅조사는 의사결정에 유용한 정보를 체계적으로 수집해야 한다. 또한 자료의 수집과 결과의 해석은 조사과정에서 조사자의 자의적 판단이나 편견이 개입되어서는 안 되고 객관적이어야 한다. 이러한 조건이 충족되어야 바람직한 마케팅조사가 이루어질 수 있다.

4. 분석적 마케팅시스템

분석적 마케팅시스템(analytical marketing system)은 마케팅 의

사결정지원 시스템을 형성하고 있는 통계뱅크와 모형뱅크가 관련되어 있는 시스템으로서 컴퓨터에 저장되어 있다. 이를 통해 마케팅 조사자는 컴퓨터 단말기를 이용하여 종래에는 접근하기 어려웠던 축적, 저장된 자료를 손쉽게 검색, 처리하여 여러 가지 문제에 대한 해답을 얻을 수 있다. 이에는 통계뱅크, 모형뱅크, 데이터뱅크 등 하위 시스템이 있다.

1) 통계뱅크

통계뱅크(statistical bank)는 자료뱅크에서 검색해 낸 자료를 바탕으로 의미 있는 정보를 추출하기 위해 통계적으로 분석하는 하위 시스템을 말한다. 이는 마케팅 자료를 통계적으로 검정하고 수리적으로 분석하여 마케팅 관리자에게 정보를 제공할 때 통계적 기법을 활용하는 마케팅시스템의 하위 시스템이다. 이러한 통계뱅크의 통계적 기법의 이용가능성은 마케팅 의사결정과정에 크게 영향을 미치고 있다.

2) 모형뱅크

모형뱅크(model bank)는 보다 나은 마케팅 의사결정을 하는데 도움을 줄 수 있는 모형들을 모아 놓은 하위 시스템을 말한다. 즉, 자료뱅크에서 검색한 자료를 마케팅 분석모형에 적용, 분석하기 위해 각종 모형을 설정하고 그것을 보관하였다가 필요할 때 그 모형을 사용하여 분석한 결과로 얻은 마케팅 정보제공 활동을 수행하는 마케팅 정보시스템의 하위 시스템이다.

따라서 이 모형뱅크에는 시장행동의 이해, 시장 결과의 바탕이 되는 요인의 진단, 마케팅 활동의 통제 및 마케팅전략의 계획 등에 사용되는 모형이 있어야 한다.

3) 자료뱅크

자료뱅크(data bank)는 수집된 자료를 검색, 조작 및 변환하는 기능을 수행하는 마케팅 정보시스템의 하위 시스템을 말한다. 이는 자료수집 부문과 자료보관 부문으로 구성되는 자료수집 시스템에 속하는 부문을 의미한다.

따라서 자료뱅크는 여러 개의 파일로 구성되어 있으며, 자료의 정리와 편집, 파일의 설정, 파일의 유지 보관 및 갱신, 정보검색, 자료의 논리적 처리, 자료변환 및 보고서 작성 등의 기초적인 활동을 수행하게 된다. 이는 자료가 컴퓨터에 저장되어 있는 경우에는 데이터베이스(DB)라고 부르기도 한다.

이러한 자료뱅크가 기능을 효율적으로 발휘하려면 유연성을 가져야 하고, 시스템관리가 효율적으로 운영되어야 하며 자료보호가 되어야 하고, 자료에 접근이 쉬워야 한다.

5. 마케팅정보의 네트워크화

기업은 마케팅 활동에서 나타난 정보를 네트워크화해야 한다. 생산자와 소비자의 양자의 대립적 조사가 아니라 이들 사이를 유기적으로 연결하여 융합시키는 동태적 과정(dynamic process)이 필요하다. 이는 기업과 시장 사이에 보다 유연하고 직접적인 정보의 흐름을 형성하는 것이 중요하다. 기업이 적합한 전략적 정보네트워크를 구축함으로써 시장과 기업이 융합되도록 하기 위해서는 내부의 다른 기능의 융합과 외부 다른 기업과의 융합도 실현하는 것이 바람직하다.

이러한 네트워크화는 개별적으로 수행되던 기업의 하위 시스템들을 연결하고 융합시켜 네트워크 경제(economic of networks)를 실현해야 한다. 즉, 기업 내부 네트워크는 기업 활동의 구매 · 생산 · 판매 · R&D 등의 이질적인 기능에서 산출되는 정보를 네트워크로 융합하여 마케팅정보로써의 가치나 의미를 창조하는 과정이다.

마케팅에서는 판매시점 정보시스템(POS)이 있다. 이는 스캐너가 장착된 등록기로 판매 정보를 비롯하여 구매나 배송 등 유통과정에서 발생하는 각종 정보를 단품별로 수집하여 처리 · 분석하여 전달하는 정보시스템이다.

제 2 절 마케팅조사과정

마케팅조사가 주먹구구식에서 객관적이고 과학적인 과정으로 수행될 수 있기 위해서는 과학적 조사과정에 대한 명확한 이해가 선행되어야 한다. 마케팅조사 과정은 [그림 2-2]와 같이 9단계의 과정을 거치면서 진행되며, 정보에 대한 요구, 조사 목적과 정보 요구, 조사 설계와 자료원의 결정, 자료수집 절차, 표본 설계, 자료 수집, 자료 처리, 자료 분석, 그리고 결과 보고서의 작성 등이다. 마케팅조사가 효율적으로 수행되기 위해서는 각 조사 단계별로 효과적인 관리가 이루어져야 한다.

1. 정보에 대한 요구 확인 : 문제제기

마케팅조사 과정의 1단계에서 마케팅 관리자는 의사결정을 통해서 새로운 성장의 기회를 포착할 수 있거나 위협을 감소시킬 수 있을 때 마케팅 문제에 대해 적극적으로 관심을 갖게 된다. 따라서 마케팅 관리자는 마케팅시스템의 전반에 걸쳐서 마케팅 문제나 기회를 예측할 수 있는 정보시스템을 확립해야 한다.

이 단계는 마케팅조사에서 가장 선행되어야 하며, 의사결정자에 필요한 정보를 획득하기 위한 과정이다. 의사결정자에게 필요한 문제를 명확하게 규명하기 위해서는 우선 문제해결에 초점을 두어야 한다. 이러한 문제 해결은 명확한 문제 규명이 선행되어야 하며, 문제 규명이 명확하지 않으면, 조사 설계가 효율적으로 수행될 수 없으며, 정보 수집은 시간과 비용의 낭비를 가져올 뿐이다.

[그림 2-2] 마케팅조사과정

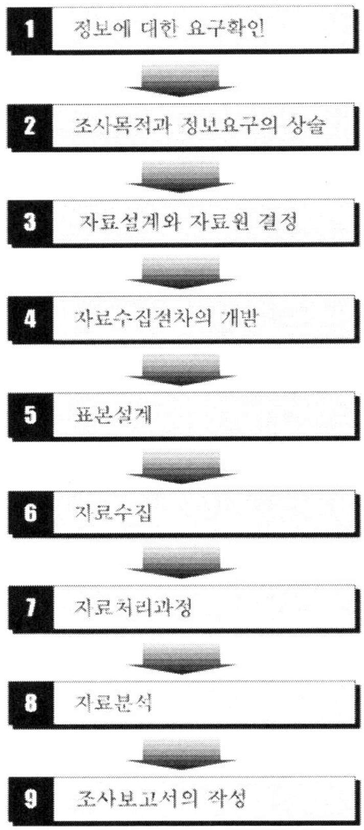

2. 조사 목적과 정보요구 상술

마케팅조사 과정의 2단계는 마케팅 조사자가 경영자의 정보에 대한 욕구를 명확하게 정의하고, 의사결정에 필요한 정보에 대해 합의하면, 조사자는 조사 목적을 구체적으로 설정해야 한다. 이 단계는 전체적인 마케팅조사의 방향을 설정하고, 마케팅 활동을 수행하는 과정에서 나타날 수 있는 문제점을 해결할 수 있으며, 기회를 포착할 수 있는 가장 중요한 단계이다.

이는 조사 문제를 명확히 규정해야 효율적인 마케팅조사가 이루어질 수 있기 때문이다. 즉, 문제를 잘못 규정하거나 너무 광범위하게 또는 너무 협소하게 문제를 설정한다면, 완벽한 마케팅조사를 수행하더라도 조사결과는 마케팅 의사결정에 실질적인 도움을 주지 못할 수 있다.

마케팅조사 문제를 정확히 설정하기 위해서는 탐색조사를 수행하여 해결할 수 있다. 이러한 탐색조사에는 상황분석, 문헌조사, 전문가 의견조사 및 사례연구 등이 자주 이용되고 있다. 조사 문제를 명확하게 규정한 후에는 문제 해결을 위해 이론적 고찰이 체계적으로 이루어져야 하고, 구체적인 조사에 이용할 각종 변수들을 규명하며, 변수들 사이의 관련성을 나타내는 가설 설정이 이루어져야 한다.

3. 조사 설계와 자료원

마케팅조사 과정의 3단계는 마케팅조사의 목적이 설정되면, 조사자는 조사 목적을 달성할 수 있도록 적절한 조사 설계와 자료원을 결정해야 한다. 이 단계는 조사 목적을 달성할 수 있도록 적절한 조사 설계를 수립하는 것이다. 조사 설계의 수립은 시간과 비용을 절약하고, 조사의 효율성을 높이는데 중점을 두어야 한다. 이러한 조사 설계의 수립은 다음과 같은 주요 활동 과제로 이루어진다.

· 규정된 문제에 대해 종합적으로 검토하는 것이고,
· 이용될 조사 유형, 수집할 자료 유형, 자료수집 방법, 조사 대상 및 자료 분석방법이 결정되어야 한다.
· 조사 예산과 조사 일정은 인원, 시간 및 비용을 고려하여 의사결정에 공헌할 수 있도록 이루어져야 한다,
· 마케팅조사 설계의 평가는 신뢰도, 타당성, 결과의 일반화 가능성 등을 기준으로 조사 설계를 평가하는 것으로 조사절차와 기법들

을 실제 상황에 적용시켜 보아야 한다.

· 마케팅 조사자는 특정한 조사문제의 해결을 위해 조사계획을 수립할 때, 여러 가지 대안이 있을 수 있기 때문에 대안 중에서 마케팅 문제의 해결을 위한 정보를 가장 경제적으로 제공할 수 있는 방법을 선택해야 한다.

마케팅조사의 자료원은 1차 자료와 2차 자료가 있다. 1차 자료는 조사자가 조사의 목적을 수행하면서 직접 수집하는 자료이고, 2차 자료는 현재 조사를 수행하고 있는 조사자가 아닌 제 3 자에 의해서 다른 목적으로 수집된 자료이다.

일반적으로 2차 자료는 손쉽고 값싸게 획득할 수 있기 때문에 2차 자료의 효율적인 이용은 마케팅조사가 성공하는데 중요한 변수로 작용한다. 2차 자료는 조사에서 다루고 있는 문제 해결에 직접적으로 관련되는 경우는 적지만, 조사의 평가와 분석에 유용한 지침을 제공해 주는 경우가 많다. 일반적으로 2차 자료는 기업 내에서 먼저 수집하고, 기업 외부의 연구기관이나 공공기관 등 여러 정보원천으로부터 수집할 수 있다.

4. 자료수집 절차의 개발

마케팅조사 과정의 4단계는 자료수집 절차의 개발이다. 이 단계는 마케팅조사에서 2차 자료만으로 효율적인 문제 해결이 어렵기 때문에 특정 조사를 위하여 1차 자료를 수집하게 된다. 이러한 자료의 수집에서 마케팅 조사자는 경영자의 정보요구와 현실적인 자료원을 효율적으로 연계하는 것이 필요하다.

대부분의 마케팅 의사결정은 1차 자료에 의존하는 경우가 많음으로 1차 자료는 정확하고, 신뢰도가 높고, 조사 목적과 직접 관련된 자료를 제시해 주어야 한다. 1차 자료의 수집은 직접적인 방법과 간접적인 방법으로 구분한다.

직접적인 방법은 조사 대상자에게 직접 질문하여 자료를 얻어내는 방법이고, 간접적인 방법은 관찰에 의한 방법이다. 직접적인 방법은 자료 수집을 위한 수단에 따른 면접법, 전화를 이용하는 방법, 그리고 우편을 이용하는 방법 등이 있다.

자료수집 방법이 결정되면 자료 수집을 위해 설문지를 작성해야 한다. 설문지의 작성은 조사 대상자와 자료수집 방법을 고려하여 조사대상자의 수와 질문 방법을 결정하고, 측정 오류를 가능한 한 줄일 수 있도록 작성해야 한다.

5. 표본 설계

자료수집 절차가 결정되면, 마케팅조사 과정의 5단계는 작성된 설문지를 조사할 대상자를 구체적으로 선정하는 표본설계 단계이다. 조사 대상자의 선정 방법은 조사 대상자들이 속해 있는 집단 전체를 조사하는 전수조사(census research)와 그 중에서 일부를 조사하는 표본조사(sampling research)가 있다. 이 때 조사 대상자는 조사결과로 얻어질 정보의 정확성과 조사 수행에 드는 시간과 비용의 관계를 고려하여 결정해야 한다.

그러나 전수조사가 꼭 필요한 경우를 제외하고는 일반적으로 표본조사를 하는 것이 효과적이다. 전수조사는 시간과 비용이 많이 들기 때문에 표본조사를 수행하게 되는데 이 경우는 적절한 표본을 선정하는 것이 가장 중요하다. 표본선정 방법은 조사 내용과 지역적인 범위, 조사 대상자들의 특성에 따라 달라진다.

표본추출 방법은 크게 확률 표본추출 기법과 비확률 표본추출 기법으로 나눈다. 확률 표본추출은 조사 대상자들이 표본으로 추출될 확률이 알려져 있고, 비확률 표본은 그 확률을 알 수 없을 때 사용한다. 각각의 방법은 장·단점을 가지고 있으므로 마케팅조사에서는 조사 상황에 따라 적절한 방법을 선택해야 한다.

6. 자료 수집

마케팅조사 과정의 6단계는 자료 수집으로 조사 설계와 표본 설계에 따라 자료를 수집하는 단계이다. 이 과정은 조사예산이 많이 들고, 조사 결과에 오류가 가장 많이 나타나는 단계이다. 따라서 효율적인 마케팅조사는 숙련된 면접원을 선발하고, 이러한 면접원들이 조사를 정확하게 수행하도록 훈련하며, 조사 일정의 준수와 자료수집 상에서의 오류가 발생하지 않도록 철저히 감독해야 한다.

7. 자료 처리

마케팅조사 과정에서 7단계는 수집된 자료를 통계분석하기 위한 준비단계이다. 이 단계는 우선 부호화 작업(data coding)과 입력 작업을 통하여 자료를 전산 입력하고, 자료의 편집하게 되는데, 자료의 편집은 조사 분석을 수행할 수 있도록 완전하고 일관성 있는 자료를 확보하기 위한 작업으로 자료의 정정, 보완 및 삭제 등이 이루어진다. 즉, 자료 분석을 용이하게 하기 위해서 관찰된 내용에 일정한 숫자를 부여하는 과정이다.

8. 자료의 분석

마케팅조사 과정의 8단계는 자료 분석으로 통계적 기법을 사용하여 수집된 자료들에 대한 분석이 이루어지고 분석 결과에 대한 의미 있는 해석이 이루어져야 한다. 분석 자료는 입력된 자료에 대한 객관적인 분석밖에 나오지 않는다. 그러나 기업의 의사결정 상황에 적용할 수 있는 해석의 능력이 이 단계에서 중요하다.

여기서 중요한 것은 동일한 과정으로 얻어진 동일한 자료라도 분석자에 따라 다르게 해석되어 다른 결과가 도출될 수 있다는 점이다. 따라서 최종적인 자료 해석단계는 신중하게 이루어져야 한다.

9. 조사보고서의 작성

마케팅조사 과정의 마지막 단계는 조사 보고서의 작성이다. 이것은 조사 결과에 대한 해석을 통하여 마케팅 관리자에게 필요한 정보를 제공하기 위한 단계이다. 따라서 조사자는 전반적인 조사과정, 조사결과, 추출한 정보, 요약 및 의사결정을 위한 권장사항 등을 보고서로 작성하여야 한다.

이 보고서는 의사결정에 도움이 되도록 그래프, 차트 등을 이용하여 작성해야 한다. 이 때에 경영자와 조사 담당자 사이에서는 원활한 커뮤니케이션이 이루어져 의사결정에 필요한 정보제공이 이루어져야 한다.

제 3 절 POS시스템의 활용

유통기업에서 많이 사용하고 있는 POS시스템(point of sales system)은 제품의 판매시점에서 무엇이, 얼마나, 언제, 어디서, 어떻게, 얼마에 판매되었는가에 대한 정보를 실시간으로 수집 · 처리하여 점포의 재고수준을 파악함으로써 자동 발주 및 수령 등의 점포 자동화를 이룩하기 위한 시스템의 일부로 개발되었다.

스캐너와 바코드 등 정보기술의 발달로 거래 정보와 마케팅 믹스에 관한 소비자의 반응을 이해할 수 있는 판매시점에서의 판촉활동, 점포 내 전시 등의 마케팅 활동에 대한 정보 및 경쟁 제품의 가격, 판매촉진 활동 등에 대한 경쟁 정보와 같은 새로운 자료의 수집을 가능하게 되었다.

POS 정보는 점포 데이터(store data)와 패널 데이터(panel data)로 분류할 수 있다. 점포 데이터는 특정 점포에서 판매된 품목, 수량, 가격 및 판매시점의 판촉여부 등에 관한 자료로서 일반적으로 전국에서 선정된 표본 점포로부터 월 1회 정도 수집된다. 특히 유통업체들은 점포데이터를 이용하여 경쟁점포의 정보를 알 수 있게 되며, 제품관리와 가격결정에 활용할 수 있다.

제조업체의 입장에서도 이러한 점포 데이터를 통하여 어느 지역에서 어떤 품목이 잘 팔리는지를 파악할 수 있으며, 자사의 시장점유율, 경쟁기업의 가격전략, 경쟁제품의 판매촉진 여부를 파악할 수 있다.

반면에 패널 데이터는 각 가정 단위로 구매한 품목, 수량, 가격 등에 관한 자료이다. 이는 각 개인 단위로 수집되며, 1,000~2,000명의 표본 가정을 선택하여 그 가정의 모든 구매행위를 기록하여 수집하는 것이다.

이러한 수집방법은 패널참여 가정에 카드를 발급하여 물건을 구매할 때 제시하도록 하여 스캐너로 읽어 들임으로써 그들이 구매한 모든 품목, 수량, 가격, 점포에 대해 기록하는 카드방식이 있고, 패널 가정이 구매한 물건을 집으로 가져와 가정용 스캐너로 직접 기록하는 가정 스캐너방식이 있다.

세계적인 할인점들은 대부분 그들의 점포에서 수집한 POS자료(point of sales data)를 제품 판매관리와 재고관리에 이용하고 있다. 편의점들도 비슷한 방식으로 고객에 관한 정보를 관리하고 있고, 백화점은 물론 심지어는 제조업자들도 고객카드를 만들어 구매정보를 수집하여 이를 경영전략에 활용하고 있다. 소매상 내부 및 마케팅조사 기업을 통하여 이러한 정보가 제조업자에게 전달되는 자료의 흐름을 보면 [그림 2-3]과 같다.

소매점에서의 POS 거래는 단말기를 통해 고객들의 구매과정에서 판매된 품목이 기록되고, 가격, 지불방식, 쿠폰사용 등과 같은 정보가 기록된다. 데이터의 흐름을 보면, 품목 이동이나 현금계정 등이 해당 계정에 누적되도록 POS 시스템에 의해 지속적으로 처리된다.

신용카드 프로그램이 제공하는 소매상들은 그들의 신용카드 데이터베이스와 연결하여 청구서 발송을 위한 금액데이터를 교환한다. 품목 이동자료는 일정기간 후에 마감되고 점포 내 처리기(in store processor)에 데이터베이스(DB)로 만들어지거나 본부 메인프레임에 저장된다.

[그림 2-3] 마케팅에서 데이터의 흐름

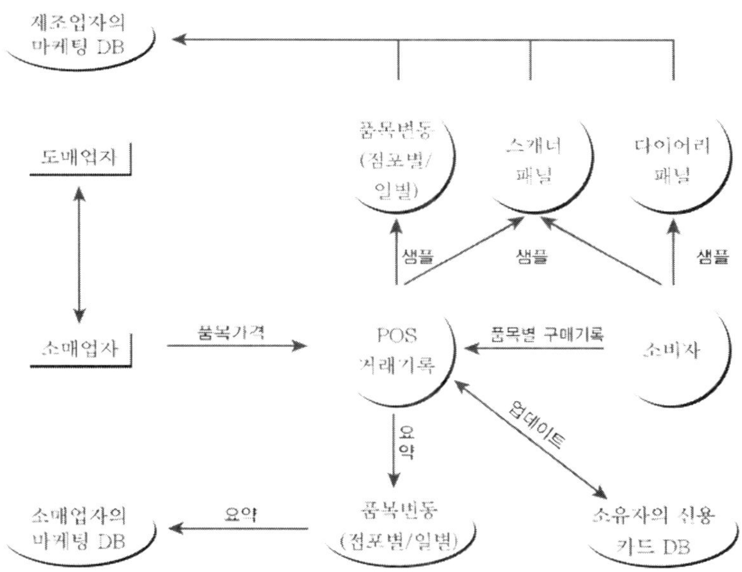

자료원 : Bowersox, D. J., *Food Distribution Center Location: Techniques and Procedure, East Lansing, Bureau of Business and Economic Research, Graduate School of Business Administration*, Michigan State University. 1962, p. 35.

품목이용 데이터베이스가 회계 목적으로 품목 수준의 자료를 제공하는 반면에 소매마케팅 데이터베이스는 제품화에서 계획 담당자와 구매 담당자를 위한 품목 수준의 자료를 제공한다. 마케팅조사 기업은 표본 점포에 장비를 설치하고 POS 단말기와 체크아웃 카운터, POS

컴퓨터 사이의 점포 연결고리에 초점을 둠으로써 POS자료를 얻을 수 있다.

제 2 부

마케팅조사 설계와 인과실험

제 3 장 마케팅조사 설계와 자료원

도입사례 : 위스키 시장의 소비자조사

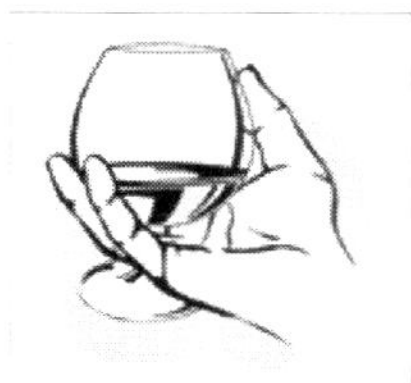

국내 위스키 시장이 '500㎖ 전쟁'으로 후끈 달아오르고 있다. 기존 주류업체는 물론이고 신규 업체들이 용량 350㎖와 700㎖ 이상은 제쳐놓고, 500㎖에 마케팅 초점을 맞추고 있기 때문이다. 관련업계들은 유흥업소들이 500㎖를 선호함에 따라 주류업체들이 기존의 350㎖와 700~750㎖의 출하량을 대폭 줄이고 대신 500㎖를 앞다퉈 판매하고 있다.

올해 한국시장에서 첫 선을 보인 버버리 위스키와 블루하우스는 한국시장을 겨냥해 세계 시장에 내놓지 않은 500㎖를 출시했다. 버버리측은 '350㎖와 700㎖가 정규제품이지만, 한국 위스키시장의 80% 이상을 차지하는 유흥업소가 500㎖ 위스키만 원하고 있어 별도 제작하고 있다'고 밝혔다.

씨그램이 수입하여 판매중인 시바스 리갈도 한국시장을 노리고 500㎖를 생산해 출시하고 있다. 시바스리갈 역시 세계시장에서 유일하게 한국에서만 500㎖를 내놓고 있다. 2001년 말 선보인 커티샥은 한국 소비자들이 곡선 형태의 디자인을 좋아한다는 마케팅조사 결과에 따라 병 모양을 곡선 형태로 바꾼 500㎖를 새로 선보였다.

아영주산이 수입해 판매중인 글렌피딕 12년, 15년, 18년산도 2001년 처음으로 500㎖를 출시한 이후 한국마케팅을 강화하고 있다. 글렌피딕은 소비자들이 술에 타먹을 수 있도록 금가루 팩을 부착하는 독특한 마케팅을 구사하여 소비자들의 눈길을 끌고 있다.

국내 최초로 500㎖를 선보였던 임페리얼은 경쟁이 심화됨에 따라 '임페리얼 키퍼'를 내세워 '500㎖ 시장 지키기'에 나섰다. 임페리얼 키퍼는 가짜 양주를 막기 위해 병뚜껑을 특수하게 제작하여 병에 가짜 술을 담지 못하도록 했다.

발렌타인은 단순히 500㎖ 출시에 그치지 않고, 한국인의 입맛에 맞게 브랜딩을 새롭게 한 '발렌타인 마스터스'를 출시한 상태다. J/B 조니 워커 등도 500㎖를 집중 출시하여 선발업체들과 치열한 경쟁을 벌이고 있다. 윈저 딤플 등도 마찬가지다.

이처럼 위스키 시장에 500㎖ 바람이 불고 있는 것은 유흥업소들이 이익을 남기기가 700㎖보다 500㎖가 쉽기 때문이다. 700㎖는 너무 커 소비자들이 부담을 느끼지만, 500㎖는 거부감이 적고, 양도 적어 소비량이 늘어나는 장점이 있다.

조사 설계는 자료를 수집하고 분석하는데 사용되는 틀(framework)을 말한다. 조사 설계는 조사의 성격이나 목적에 따라 매우 다를 수 있으나, 일반적으로 탐험조사, 기술조사 및 인과조사로 분류할 수 있다.

제1절 의사결정단계와 조사 설계

1. 조사 설계

[그림 3-1]과 같이 의사결정 단계에 따라 필요한 자료의 성격, 수집 방법 및 분석 방법이 달라진다. 즉, 의사결정 단계에 따라 어떠한 자료가 필요하며, 어떠한 절차를 통해서 자료를 얻을 것인지, 분석을 위해서는 어떤 기법이 사용되어야 하는지가 결정된다.

의사결정단계에 따른 조사 설계는 상황인지 및 문제인식의 정의단계에서는 탐색조사가 효과적으로 이용되며, 대안으로서 행동코스 개발 및 행동코스의 평가단계에서는 기술조사나 인과조사가 많이 이용된다.

행동코스의 선택 및 실행 · 수정단계에서는 성과모니터링 방법이 많이 이용되고 있다.

[그림 3-1] 의사결정 단계와 조사 설계

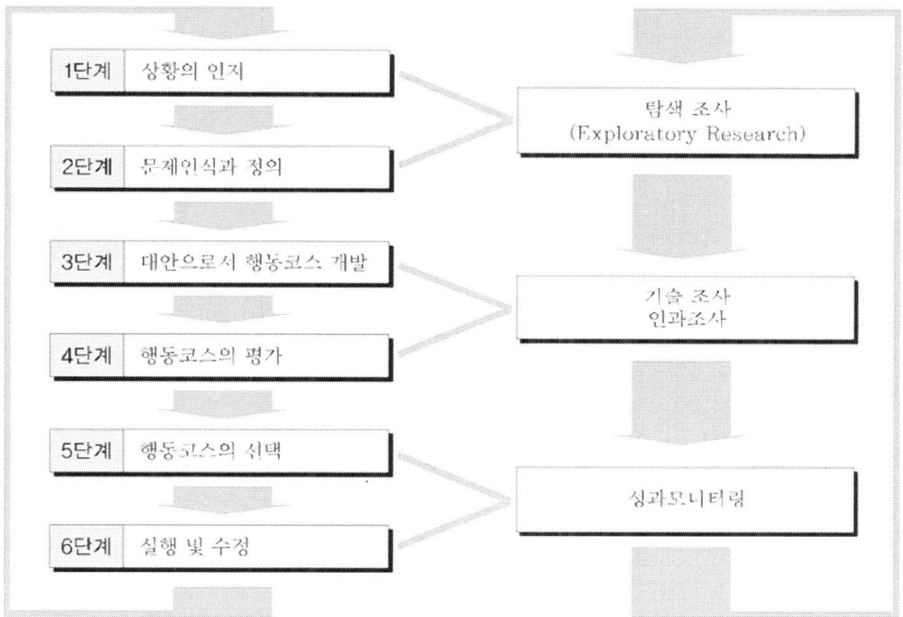

마케팅조사는 문제의 규명, 현상의 기술과 설명, 인과관계의 규명 등을 목적으로 수행할 수 있다. 즉, 마케팅조사는 [그림 3-2]와 같이 추구하는 목적이 무엇인지에 따라 조사의 유형을 탐색조사, 기술조사 및 인과조사로 나눌 수 있고, 그 특징이 다르다.

2. 탐색조사

마케팅조사 문제가 불명확할 때 문제 규명에 통찰과 아이디어를 얻기 위하여 탐색조사(exploratory research)가 이용된다. 명확한 문제 규명은 마케팅조사 결과를 마케팅 의사결정에 효율적으로 이용할 수 있는 조사 계획을 수립할 수 있도록 한다.

[그림 3-2] 조사 설계의 비교

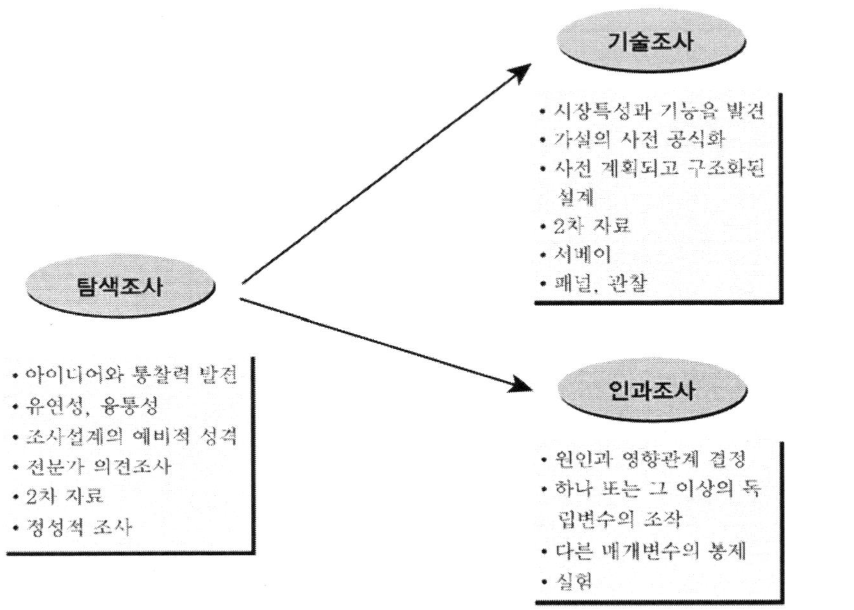

따라서 탐색조사는 문제가 정확히 무엇인지를 파악하기 위한 의사결정과 관련된 변수들을 조사하는 것을 말한다. 즉, 마케팅 문제들이 서로 어떠한 관련성을 가지고 있는지를 개괄적으로 파악하고, 연구를 위한 가설을 설정하기 위해 수행하는 조사이다. 마케팅 조사자가 특정 마케팅 문제에 대해 생소하거나 사전 지식이 부족한 경우에 주어진 문제에 대한 사전 지식을 획득하고, 문제에 익숙해지기 위해 탐색조사를 수행하는 것이다.

마케팅조사에서는 탐색조사를 수행하고 나서 보다 정교한 본 조사를 수행하는 것이 효율적이다. 따라서 탐색조사는 조사 설계를 상세하게 하기 보다는 마케팅 조사자와 마케팅 의사결정자 사이의 협의를 통하여 수행하는 것이 바람직하다.

이러한 탐색조사는 마케팅 문제와 기회의 포착을 위해 수행되고, 보다 정교한 문제와 기회를 파악하기 위하여 상황과 관련된 변수들 사이의 관계에 대한 통찰력을 제공해 준다. 또한 여러 문제와 기회들 사이의 중요도에 따른 우선순위를 파악하게 하고, 주어진 문제와 상황에 대한 마케팅 관리자와 조사자의 이해를 증진시키며, 조사의 수행절차나 행위를 구체화하고, 최종적인 조사 수행과 관련된 정보를 수집하는 등의 특징이 있다.

예를 들면, 삼성전자가 신제품 갤럭시 S4 LTE 단말기를 시판하기로 하였다면, 신제품은 동화상 전송에 적합하게 만드는 것이다. 이 기업의 마케팅 담당자는 소비자들이 실제로 동화상 전송을 유선통신의 전송방식과 구분하여 신제품 갤럭시 S4 LTE 단말기로 사용할 것인지를 알아야 할 필요가 있다. 이 신제품 갤럭시 S4 LTE 단말기를 시장에 시판하기 전에 몇몇 소비자에게 갤럭시 S4 LTE 단말기를 대여해 주고 어떠한 용도로 사용하고 있는지를 조사해 본 결과 소비자들은 전에 사용해 오던 유선통신 방식대로 사용하고 있음을 알게 되었다고 하자.

조사결과를 바탕으로 마케팅 담당자는 갤럭시 S4 LTE 단말기의 기능을 변경시키기 이전에 소비자들의 갤럭시 S4 LTE 서비스의 사용량과 서비스 사용 상황, 그리고 갤럭시 S4 LTE 단말기의 구조변경에 대한 조사가 필요함을 느낄 것이다. 또한 소비자들이 신제품 갤럭시 S4 LTE 단말기를 사용할 때에 동화상 전송을 적극적으로 사용하지 않는 이유를 알아야 한다. 이러한 탐색조사는 문헌조사, 전문가의견조사, 사례조사 등을 이용할 수 있다.

1) 문헌조사

문헌조사(literature search)는 문제를 규명하고 가설을 정립하기 위한 가장 경제적이고 신속한 방법이다. 문헌조사는 연구지, 각종 상업용 잡지, 통계 자료집 및 경영학, 경제학, 사회학, 심리학 및 문화인

류학에 이르기까지 다양한 분야에서 출판된 자료를 이용한다. 즉, 문헌조사를 통하여 얻어지는 자료는 2차 자료이며, 마케팅에서는 소비자, 판매원 등의 개인과 마케팅 활동을 구성하고 있는 환경을 포함하여 다루고 있으므로 자료도 다양하다.

2) 전문가 의견조사

전문가 의견조사(experts opinion)는 주어진 문제에 대해 전문적인 견해와 경험을 가지고 있는 전문가들로부터 정보를 획득하는 방법으로 문헌조사에 대한 보완적인 수단으로 이용한다. 이 방법은 전문가들로부터 일치된 견해나 문제의 해결책을 찾기보다는 문제의 성격에 대한 보다 명확한 이해와 관련 변수들 사이의 관계에 대해 여러 사람들의 견해를 듣고 참조하여 새로운 아이디어를 탐색하고, 문제해결 과정에서 조언을 구하기 위해 실시되는 조사이다.

조사 대상자는 직접 마케팅 업무와 관련 없는 사람도 조사 대상으로 선정될 수 있으나, 일반적으로 조사자의 판단과 편의에 따라 특정인들이 선정되는 것이 보통이다. 어떤 집단 구성원들의 의견이 필요하다고 판단되면, 이들이 조사 대상으로 선정될 수 있으며 일정한 자격기준은 없으나, 마케팅조사에 투입되는 비용과 조사에서 얻을 수 있는 기대이익을 비교하여 시간과 비용을 고려해야 한다.

또한 전문가 의견조사는 양식이나 절차에 의해서 이루어지는 것이 아니기 때문에 문제와 관련된 내용 면에서 전문가들의 의견 제시에 아무런 제한이 없어야 한다. 이러한 전문가 조사는 주로 심층면접법(depth interview)을 이용하여 이루어진다.

3) 사례조사

사례조사(case research)는 마케팅 담당자들이 현재 직면하고 있는 상황과 유사한 사례들을 찾아 깊이 분석하는 방법이다. 이는 주어진 문제에 대한 간접적인 경험과 사전 지식을 획득할 수 있고, 현재 상황에 대한 논리적인 유추에 도움을 줄 수 있는 방법이다. 사례분석은 실제로 일어났던 사건의 기록이나 목격한 사실을 분석하는 경우와 시뮬레이션에 의한 가상적인 현실을 만들어 분석하는 경우가 있다.

사례조사는 문제의 규명과 관련된 변수 사이의 관계를 명확히 해주는데 효과적이지만, 사후적인 조사방법이므로 그 결과가 의사결정에 결정적인 것은 아니며 시사점을 도출할 수 있다. 이 방법은 조사자의 태도가 매우 중요한 역할을 하고, 조사자의 종합 능력에 따라 커다란 영향을 받으며, 집중적으로 수행한다는 특징이 있다.

3. 기술조사

1) 기술조사의 개요

대부분의 마케팅조사는 마케팅 관련 변수들의 특성에 대한 조사가 주로 이루어지고 있다. 마케팅조사에서 이러한 요구를 가장 잘 만족시켜 줄 수 있는 방법이 기술조사(descriptive research)이다.

조사자들이 시장 잠재력에 대한 조사를 하는 경우에 그 제품에 대한 소비자들의 사회 경제적인 특성과 지역적인 분포에 대한 조사가 이루어져야 하고, 시장점유율에 대한 조사를 하는 경우에는 자사와 경쟁사들의 매출액에 대한 조사가 이루어져야 한다.

이러한 기술조사는 마케팅 관련 상황에 대한 특성 파악과 특정 상황의 발생빈도 조사, 마케팅 관련 변수 사이의 상호 관계의 정도 파악으로 제품의 소비량과 소비자의 인구 통계적 특성, 즉 소득이나 연령 사이의 관련성 정도를 조사하는 경우가 이에 해당하며, 마케팅 관련 상황에 대한 예측 등의 특성이 있다. 이는 월별로 제품 판매량의 변화를 조사하여 월별 수요를 예측하는 경우이다. 이 경우는 과거에 나타난 변수 사이의 관련성으로 미래의 상황을 예측하는 것이다.

기술조사는 시간과 수요 사이의 인과관계보다는 예측이 맞을 확률이 높다고 해석하기 때문에 실제로 시장상황에 관련된 예측은 기술조사를 통해 이루어지고 있다. 그러나 기술조사는 예측이 필요한 변수와 관련이 있는 측정 가능한 변수를 찾아내고, 변수들 사이의 관련성을 개괄적으로 파악하는 것에 지니지 않으므로 보다 정확한 예측을 위해서는 인과조사가 필요하다.

이러한 기술조사가 효율적으로 이루어지기 위해서는 의사결정과 관련된 문제와 조사 목적을 명확하게 설정하고 수행해야 한다. 따라서 탐색조사보다는 많은 사전 지식을 가지고 수행해야 하며, 사전에 철저한 계획과 체계적인 절차에 따라 수행해야 한다. 특정 문제와 가설에 대한 보다 정확한 정보를 획득해야 하기 때문에 보다 정교한 조사계획이 요구된다. 정확한 정보는 수집된 자료가 믿을 만하고 체계적인 오차가 적음을 의미함으로 자료의 타당성과 신뢰도가 높아야 한다.

2) 횡단조사와 종단조사

기술조사는 [그림 3-3]에서 보는 바와 같이 종단적 조사와 횡단적 조사로 구분할 수 있다.

[그림 3-3] 기술조사의 유형

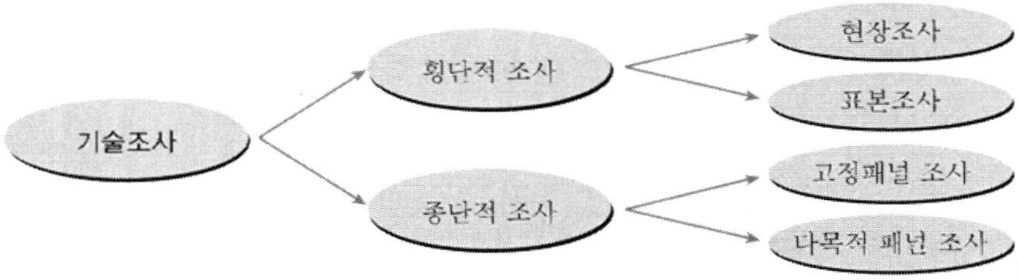

종단적 조사(longitudinal study)는 특정 조사 대상인 패널(panel)을 이용하여 자료를 얻어내는 방법으로 일정한 시간 간격을 두고 반복적으로 측정하는 조사방법이다. 반면에 횡단적 조사(cross sectional study)는 가장 보편적이고 널리 사용되는 조사로써 조사 대상이 되는

모집단에서 추출된 표본으로부터 자료를 획득하며 1회의 측정을 하는 조사이다.

이러한 조사방법들은 마케팅조사에서 널리 쓰이고 있으며, 각기 장·단점을 가지고 있으므로 이를 잘 고려하여 조사 목적에 적합한 방법을 선택해야 한다.

(1) 종단적 조사

종단적 조사는 동일한 현상에 대해 시점을 달리하여 측정을 반복하여 조사하는 방법이다. 이 조사는 각 기간 동안에 일어난 변화에 대한 측정을 목적으로 한다. 이러한 조사에서 특정 조사 대상을 선정해 놓고, 이들을 반복적으로 조사를 실시하는 조사방식인 패널조사를 주로 이용한다.

패널에는 동일한 변수에 대해서 반복적으로 응답케 하는 고정패널이 있고, 필요에 따라 다른 변수에 대한 조사를 할 수 있는 다목적패널이 있다. 다목적 패널은 패널을 구성하고 있는 집단에서 조사 목적에 부합하도록 표본을 다시 선정하여 그들에 대해서만 반복적으로 조사를 하는 방식을 취한다.

패널을 이용한 조사의 문제점은 패널 구성원들이 측정이 끝날 때까지 패널로써 유지되어야 조사에서 얻어진 측정값들 사이의 의미 있는 비교를 할 수 있다. 따라서 종단적 조사는 최초에 표본으로 선정되어 조사된 대상이 조사기간이 끝날 때까지 지속적으로 조사대상으로 유지되어야 한다.

종단적 조사로 얻어진 자료는 변화분석(turnover analysis)에 이용된다. 이는 시간의 변화에 따라 마케팅 변수의 변화 상태를 작성하여 변화가 일어난 원인을 분석하는 기법이다. 마케팅조사에서는 상표충성도의 변화나 구매 패턴의 변화조사 등에 널리 쓰인다. 또한 시점을 달리하여 반복 측정함으로써 시계열 자료를 얻을 수 있어 추세분석(trend analysis)에도 이용할 수 있다.

(2) 횡단적 조사

횡단적 조사도 현장조사를 필요로 하지만, 측정이 1회 이루어지고 반복해서 이루어지지 않는 특징이 있다. 이 조사는 시간의 흐름에 따른 변화를 측정하여 어떤 의미를 찾고자 하는 것이 아니라, 상이한 특성을 가지고 있는 집단들 사이의 측정값을 비교함으로써 차이를 규명하는 것을 목적으로 한다.

일반적으로 횡단적 조사는 조사 대상이 갖는 특성의 차이에 따라 분류하여 비교·분석해야 하기 때문에 종단적 조사보다 표본의 크기가 상대적으로 커야 하고, 직접적으로 측정된 결과를 그대로 이용하여 결론을 도출하지 않고, 교차분석(cross classification analysis)에 의해 결론을 이끌어 낸다.

횡단적 조사를 통해서 시장세분화를 하는 예를 들면, 소비자의 구매행위는 연령, 성별, 직업, 자녀 수, 교육 정도와 같이 인구통계학적인 특성과 사회계층, 라이프스타일, 성격 등과 같은 심리적인 특성에 따라 달라질 수 있다. 이러한 특성들을 구매행동과 관련지어 교차분석을 하여 전체 시장을 세분화할 수 있다. 또한 세분시장별 특성의 차이와 특정 변수의 영향에 대해 보다 상세한 가설검정도 할 수 있다.

4. 인과조사

마케팅 담당자들은 마케팅 현상이 야기한 원인과 결과의 관계를 정확히 밝혀내야 근본적인 문제 해결과 올바른 의사결정을 할 수 있다. 마케팅 분야에서 인과관계의 파악은 현상의 이해, 설명과 예측을 위해 중요한 의미를 갖는다.

인과조사(causal research)는 마케팅 담당자들이 인과관계를 규명하기 위해 많이 사용하고 있는데, 광고가 매출액에 미치는 영향에 대한 조사, 소비자들의 제품에 대한 흥미를 자극하고 구매행동을 유발하는데 영향을 미치는 변수들을 파악하는 조사 등에서 이용되고 있다.

1) 인과관계의 의의

자연과학에서 인과관계(causality)는 일반 현상에서 인과관계를 찾는 것이 목적이고, 지식이나 이론의 발전에 크게 기여하기 때문에 중요시한다. 사회과학에서 인과관계는 한 사건의 영향에 의해 다른 사건이 발생하는 것을 의미한다. 따라서 사회과학에서 인과관계는 다음과 같은 특징을 지닌다.

- 사회과학에서 인과관계는 결정적 관계(deterministic relationship)를 의미하지 않고, 확률적 관계(probabilistic relationship)를 의미한다. 사회과학은 개방시스템(open system)이기 때문에 특정 현상에 영향을 미치는 변수가 너무 많고, 이들 변수들의 영향을 완벽하게 통제하기가 어렵기 때문에 인과관계를 명확하게 규명하는 것은 어렵다. 따라서 확률적인 표현을 사용하고 인과관계가 있을 것이라는 추론을 하는 것이다.
- 인과관계의 추론(inference)은 과학적인 방법에 의해 수집된 정보를 바탕으로 이루어져야 한다.
- 사회현상은 서로 관련되어 있기 때문에 '닭이 먼저인가 계란이 먼저인가'와 같이 끊임없이 돌고 도는 순환체계(ecosystem)를 이루고 있다. 따라서 어느 한 시점에서부터 사건이 시작하는 것으로 가정하여 분석하는 방법을 선택하는 것이 일반적이다.

2) 인과관계의 성립조건

일반적으로 받아들여지는 인과관계의 성립 조건은 원인이 되는 현상과 결과가 되는 현상이 항상 같이 존재해야 한다는 동반발생, 원인이 결과보다 앞서서 일어난다는 발생의 시간적 순서, 인과관계를 정당화하기 위해서는 원인과 결과 사이의 관찰된 관계가 다른 요인에 의해 야기되지 않도록 가능한 다른 영향변수의 제거 등이 전제가 된다.

(1) 동반발생

동반발생(concomitant variation)은 추정되는 원인변수와 결과변수가 동시에 존재하고, 상호 관련성을 가지고 변화하는 것이다. 원인인 한 사건이 일어나면, 결과인 다른 사건이 반드시 일어남을 의미한다.

판매원 교육을 받을 경우 판매성과가 높아지는 경우이면 두 현상은 동시에 발생한다고 할 수 있다. 원인변수와 결과변수의 상관관계나 관련성을 측정함으로써 두 변수가 동시에 발생한다고 판단한다. 동반발생은 상관관계에 의해서 측정되는 것이므로 인과관계가 성립되기 위한 필요조건이다.

(2) 변수의 발생순서

변수의 발생순서(time occurrence of variables)는 원인이 되는 현상이 결과가 되는 현상보다 시간적으로 먼저 발생해야 한다. 하나의 현상이 다른 현상의 원인이 된다면 원인이 되는 현상이 먼저 일어나고, 결과에 해당하는 현상이 나중에 일어나야 한다.

특정 제품에 대한 광고비의 변동과 매출액의 변동과의 관계로 보아 광고비가 판매액에 미치는 영향이 있다고 주장하는 경우가 많다. 그러나 기업이 광고비를 설정하는 방법은 매출액을 기준으로 정하는 경우가 있다. 이러한 경우에 광고비와 매출액의 관계를 어떻게 해석하는지의 문제를 제기하게 된다. 즉, 광고비를 늘림으로써 매출액이 증가하는지 또는 매출액이 증가했기 때문에 광고비가 증가했는지 하는 것이다. 이러한 문제는 사건이 발생한 순서를 충분히 고려해야 한다.

이처럼 시간적인 선후관계가 명확한 경우가 있지만, 어떤 현상들은 시간적인 선후관계를 판단하기가 어려운 경우도 있다. 실제로는 인과관계를 가지고 있으나, 시간적인 선후관계를 밝히기가 어려워 어느 것이 원인이고, 어느 것이 결과인지 판단하기 어려운 경우도 많이 있다.

가정용 아이스크림 판매의 증가와 냉장고 판매의 증가 현상이 비슷한 시기에 발생하였을 때 어느 것이 원인이고 어느 것이 결과인지 또는 두 가지가 서로 인과관계가 전혀 없이 우연히 발생한 동반발생 현상인지를 판단하기가 힘들다. 아이스크림 판매가 냉장고 판매를 촉진시킬 수도 있고, 냉장고 판매가 아이스크림 판매를 촉진시킬 수도 있기 때문이다.

이러한 경우, 인과관계를 시간적 순서로 구분하기는 매우 어렵지만, 어떤 것이 원인이고 결과이든 간에 원인이 결과보다는 앞서서 일어나야 한다.

(3) 다른 가능한 영향력의 제거

인과관계를 밝히는 경우에 인과관계에 직접 관련되고 있는 원인변수 외에 다른 변수들이 결과변수에 영향을 미치면 인과관계를 판단하기가 어렵다.

판매원 교육과 매출 실적의 인과관계를 판단할 때 판매원 교육만이 매출 실적에 영향을 주어야 한다. 여기서 다른 요인들이 매출 실적의 증가에 영향을 미치지 않는다는 분명한 증거가 있어야 판매원 교육이 매출 실적 증가의 원인이라고 할 수 있다. 따라서 정교한 조사 설계가 필요하다.

제 2 절 자료원천의 유형

1. 1차 자료와 2차 자료

일반적으로 1차 자료는 조사자가 직접 설정한 조사 목적을 통하여 조사하여 얻은 자료이며, 2차 자료는 다른 조사자가 다른 목적을 설정하고 조사한 자료를 말한다. 자료 수집은 비용을 수반하게 되는데, 1차 자료 수집은 많은 비용이 들기 때문에 많은 마케팅 의사결정이 우선적으로 2차 자료를 기반으로 이루어지는 경향이 있다.

그러나 2차 자료는 시간적으로 지나간 자료일 경우가 많고 기업과 직접 관련된 상황에 따라 1차 자료 수집을 통한 정보를 얻어야하는 경우에는 타당하지 못하다. 1차 자료는 시간과 비용이 많이 소요된다는 단점이 있지만, 현재 직면하고 있는 특정 마케팅 상황에 맞게 수집된 자료이기 때문에 구체적이어서 특정 문제 해결에 적합성이 높고, 실제 마케팅 상황에서 수집된 자료이기 때문에 실용적이라는 장점을 가지고 있다.

2차 자료원천은 다른 기관에서 다른 목적 하에 수집된 정보이다. 이는 시간과 비용이 절약된다는 특성이 있어서 적절한 자료만 있다면 수일 내에 약간의 비용만 부담하면 이용할 수 있다. 따라서 마케팅조사에서는 반드시 2차 자료를 먼저 검토하고 그것을 이용할 수 없는 경우에 한해서 1차 자료를 수집하여 이용하도록 해야 한다.

또한 2차 자료는 조사 문제의 정의를 명확하게 할 수 있고, 문제 파악을 위한 개선된 방법이나 자료를 시사해 주며, 1차 자료를 보다 통찰력 있게 해석할 수 있게끔 하여 주는 비교 원천으로서의 역할을 수행한다.

그러나 2차 자료는 다른 목적으로 수집된 것이기 때문에 문제 해결에 적합하지 않을 수도 있다. 이는 측정 단위가 다르고, 문제의 정의나 범위가 다르며, 간행주기가 다르기 때문에 자료의 정확성을 평가하여 사용하는 것이 바람직하고 정보원천, 간행 목적, 질적 수준 등을 나타내는 일반적인 증거를 검토하여 정확성을 판단해야 한다.

2. 2차 자료원천

2차 자료에는 기업 내부에서 얻을 수 있는 자료와 외부에서 얻을 수 있는 자료로 나누어 볼 수 있다. 내부 2차 자료는 기업 내에서 다른 목적 하에 수집된 자료이다. 〈표 3-1〉은 내부 원천과 외부 원천을 포함한 다양한 2차 자료 원천을 나타내고 있다.

1) 내부 자료

내부자료(internal data)는 기업의 내부에 보유하고 있는 자료로 기업의 일상 업무와 관련하여 발생되는 각종 기록과 보고 자료를 말한다.

〈표 3-1〉 2차 자료의 원천

자료원천	예
내부원천	· 기업의 손익계산서, 대차대조표, 판매보고서, 판매원보고서, 송장, 재고기록, 광고비 지출, 사전조사 보고서, 마케팅 예산집행보고서 등
정부간행물	· 한국통계연감, 센서스자료, 경제통계연보, 한국주요경제지표, 도시가계연보, 물가연감, 산업전망 등
정기간행물	· 정기간행물은 서적, 잡지, 마케팅학회지와 같은 협회의 간행물을 비롯하여 한국경제연감, 경제정책정보, 한국기업총람, 산업동향분석, 한국경제연감, 전국기업체총람, 유통업체연감, 생활 속의 통계, 제품정보, 월간 소비자 등
상업적 원천	· 회원들에게 자료를 판매하는 상업적 조사기관의 자료 · A. C. Nielson사는 소매점을 통하여 판매한 제품과 상표에 대한 자료, 슈퍼마켓 조사자료, TV 시청자에 대한 자료 등을 유료로 제공함.

마케팅 부서에서 내부 자료는 기업의 손익계산서, 대차대조표, 판매보고서, 판매원보고서, 송장, 재고기록, 광고비 지출, 사전조사 보고서, 마케팅 예산집행보고서 등이 있으며, 이전에 실시된 마케팅조사 자료, POS자료와 데이터베이스 시스템에 저장되어 있는 자료들을 말한다. 기업의 정상적인 회계 처리과정에서 작성되는 판매 및 비용에 관한 자료를 들 수 있다.

이러한 내부 자료는 유용성이 뛰어날 뿐만 아니라, 쉽게 획득할 수 있고 비용이 적게 든다는 장점이 있다. 따라서 우리 기업에서는 내부 자료를 후임자나 관계자들이 이용할 수 있도록 하는 정보처리 시스템의 확립이 필요하다. 기업 내부에서 획득할 수 있는 2차 자료에는 [그림 3-4]와 같이 여러 가지가 있다.

[그림 3-4] 기업내부에서 획득할 수 있는 내부 자료의 예

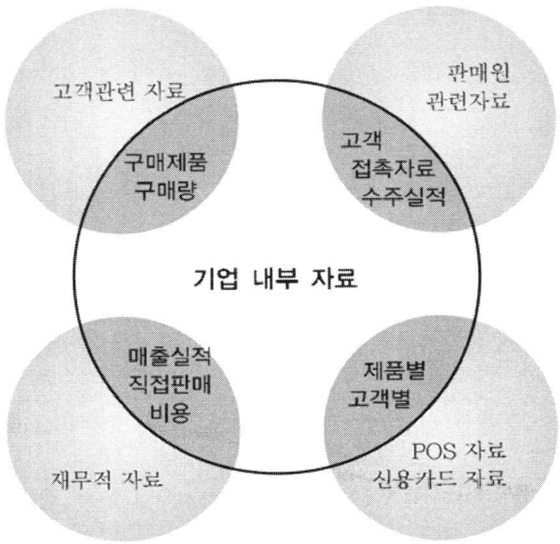

2) 외부 2차 자료

외부 2차 자료(external secondary data)는 기업 외부에 있는 개인이나 조직이 보유하고 있는 자료이다. 이는 외부 간행 2차 자료(published external secondary data)와 표준 마케팅정보 서비스 자료(standardized marketing information services data)가 있다〈표 3-2〉.

전자는 여러 외부기관에서 정기적으로 간행하는 자료로서 인터넷이나 도서관 등은 무료나 저가격으로 판매하는 경우가 많아 이용에 이점이 있다. 정기간행물은 서적, 잡지, 마케팅학회지와 같은 협회의 간행물을 비롯하여 한국경제연감, 경제정책정보, 한국기업총람, 산업동향분석, 한국경제연감, 전국기업체총람, 유통업체연감, 생활 속의 통계, 제품정보, 월간 소비자 등 특정 분야에 대한 정보를 얻는다는 점에서 유용성이 있다.

〈표 3-2〉 기관발행 2차 자료원천

자료		인터넷주소	발행자료
정부 기관	통계청	www.nso.go.kr	인구센서스, 산업생산통계, 소비자 물가조사, 도소매 총조사, 경기종합지수, 한국의 사회지표, 소비자전망조사, 생활시간조사
	기획재정부	www.mosf.go.kr	주요 경제지표, 재정통계, 국제업무통계, 국가경쟁력통계
	교육부 미래창조과학부	www.moe.go.kr www.msip.go.kr	과학기술 연구개발 활동조사, 학생신체검사통계조사
	문화체육관광부	www.mcst.go.kr	관광객이동현황보고
	산업통상자원부	www.motie.go.kr	광산물생산량조사, 에너지총조사, 우편총조사
	외교부	www.mafa.go.kr	해외 국민통계, 통상통계
	보건복지부	www.mw.go.kr	국민건강영향조사, 국제검역상황
	통일부	www.unikorea.go.kr	북한통계
	국토교통부 해양수산부	www.molit.go.kr www.mof.kr	도로교통량통계, 건축물통계, 지하수조사, 화물수송실적, 운항선박통계
	안전행정부	www.mospa.go.kr	지방세 및 세외 수입징수실적, 지방세표 작성보고, 공무원 총조사
	고용노동부	www.moel.go.kr	임금구조기본통계조사, 노동력수요동향조사
	환경부	www.me.go.kr	배출시설업무처리현황, 환경오염배출업소조사, 상수도통계, 하수도통계
	법무부	www.moj.go.kr	출입국자통계, 체류외국인통계
	농림축산식품부	www.mafra.go.kr	농작물피해보고, 가축통계조사, 경지면적조사
	여성가족부	www.mogef.go.kr	여성정책 통계
	국방부	www.mnd.go.kr	국방통계, 군납통계
	조달청	www.sarok.go.kr	정기재물조사보고
	관세청	www.customs.go.kr	무역통계연보
	국세청	www.nta.go.kr	세입징수 총보고서
	경찰청	www.npa.go.kr	운전자배출현황, 월중교통사고발생현황
	대검찰청	www.sppo.go.kr	범죄분석통계
	산림청	www.foa.go.kr	산림기본통계, 임업총조사
	특허청	www.kipo.go.kr	산업재산권통계, 특허관련정보
	중소기업청	www.smba.go.kr	중소기업실태조사, 벤처기업정밀실태조사
	병무청	www.mma.go.kr	징병신체검사통계
	식품의약품안전처	www.mfds.go.kr	의약품 등 생산실적보고
	국립보건연구원	www.nih.go.kr	법적전염병환자월보, 전국결핵실태조사

〈표 3-2〉 계속

자료		인터넷주소	발행자료
정부 출연 기관	한국소비자원	www.cpb.or.kr	소비자생활지표조사, 조사보고서
	한국표준과학연구원	www.kriss.re.kr	정밀계량 계측표준 실태조사
	한국교육개발원	www.kedi.re.kr	교육통계조사
	한국과학기술원	www.kaist.ac.kr	연구보고서, 정기간행물
	한국전자통신연구원	www.etri.re.kr	연구보고서, 정기간행물
	한국연구재단	www.nrf.re.kr	연구보고서, 정기간행물
	한국생명공학연구원	www.krribb.re.kr	연구보고서, 정기간행물
정부 투자 기관	한국도로공사	www.freeway.co.kr	고속도로 교통량통계
	한국철도공사	www.korail.go.kr	철도보선통계, 여객사고통계
	한국관광공사	www.knto.co.kr	국민여행 실태조사, 외국관광객실태조사
	한국정보통신공사협회	www.kica.or.kr	정보통신공사 관련 통계 및 조사
	한국정보통신진흥협회	www.ccpak.or.kr	정보통신산업 실태조사
	한국소프트웨어산업협회	www.sw.or.kr	소프트웨어기술자임금 실태조사
	한국선물거래소	www.kotex.com	선물시장통계
금융 기관	한국은행	www.bok.or.kr	생산자물가조사, 수출입물가조사, 통화금융통계, 재정통계, 국제수지통계, 국민계정
	한국산업은행	www.kdb.co.kr	주요 기업의 설비투자계획조사
	중소기업은행	www.ibk.co.kr	중소제조업동향조사
	국민은행	www.kookmin.co.kr	중소기업금융 실태조사
	농업협동조합중앙회	www.nacf.co.kr	농가판매 및 구입가격조사
공공 법인	금융감독원	www.fss.or.kr	보험통계, 증권시장통계
	한국증권거래소	www.kse.or.kr	증권통계
	한국생산성본부	www.kpc.or.kr	노동생산성지수
	대한상공회의소	www.kcci.or.kr	도소매점 경영조사, 기업경기전망조사, 제조업근로자 임금조사, 상권조사정보, 유통정보
	증권예탁원	www.ksd.or.kr	증권예탁통계
관련 협회	한국무역협회	www.kita.or.kr	수출산업 실태조사
	전국경제인연합회	www.korbiz.or.kr	수출현황 및 전망조사
	한국경영자총협회	www.kef.or.kr	신규인력 채용동태 및 전망조사
	한국전자산업진흥회	www.eiak.org	전자/전기 제조업 실태조사
	한국광고인협회	www.kaa.or.kr	광고경기실사지수, 인쇄매체수용자지수
신문사	조선일보	www.chosun.com	일상정보
	동아일보	www.donga.com	일상정보
	중앙일보	www.joins.com	일상정보
	매일경제	www.mk.co.kr	경제정보, 일상정보
	한국경제	www.hankyung.com	경제정보, 일상정보
	전자신문	www.etimesi.com	전자산업정보, 일상정보

최근에는 데이터베이스를 구축하고 이를 지속적으로 제공하는 공급자들이 증가하고 있다. 이러한 온라인과 오프라인 데이터베이스를 갖춘 공공기관에서 발행하는 2차 자료로서 우리가 인터넷 등에서 얻을 수 있는 자료를 소개하고자 한다.

이러한 마케팅과 경영에 관련된 조사를 수행하면서 기업들에게 판매하는 정보서비스 기관의 활동에 주시할 필요가 있다. 이러한 활동들이 세계적인 컨설팅 회사들에서 활발하게 나타나고 있다. 갤럽, 맥킨지, 보스톤 컨설팅회사, 프라이스 워터스 쿠퍼스와 같은 회사들이 적극적으로 수행하고 있다.

3) 신디케이트 서비스

신디케이트 서비스(syndicated services)는 회원으로 가입한 기업들에게 마케팅조사기관이 공통적 데이터베이스를 제공하는 정보시스템을 말한다. 이들 서비스 기업들은 고객들의 정보 욕구를 충족시키도록 설계된 자료의 공통 풀(pool)을 수집하고 판매한다. 이들 자료들은 특정 목적으로 조사된 마케팅 자료는 아니지만, 회원들에게 제공되는 자료나 보고서는 특정 욕구에 맞는 맞춤서비스 형태로 제공된다.

4) 2차 자료의 장단점

2차 자료는 비용이 적게 든다는 장점이 있으나, 현재의 마케팅 목적과 다른 목적으로 수집·작성된 것이므로 실제로 마케팅 조사자가 해결하고자 하는 문제에 적합하지 않을 수도 있다〈표 3-3〉.

① 장점

- 2차 자료는 수집하는데 드는 비용이 적게 든다. 이는 정부 간행물이나 학교, 학술단체, 각종 협회 등의 자료를 구하는데 비용은 복사비용 밖에 들지 않는다. 일반 조사기관의 자료나 간행물이라 하더라도 구입비용은 실제 조사비용에 비하면 얼마 되지 않는다.
- 2차 자료는 필요한 자료를 구하는 데는 자료의 소재를 파악하는

데 드는 비용 정도이고, 필요한 자료를 선정하여 복사하거나 구입하는 데는 몇 일 정도의 시간비용이 들 정도이다.

· 개인적으로 조사하기 힘든 자료도 구할 수 있다. 개인이나 다른 기업에서 제공하기를 꺼리는 내용에 대해서도 대외비가 아닌 것은 협회, 정부, 조합을 통해서 구할 수 있다.
· 문제의 정의를 명확히 해줄 수 있다. 이는 2차 자료가 완벽한 해결책을 주지는 못할지라도 문제를 명확히 이해하는데 중요하며, 입수된 1차 자료의 분석에 도움을 줄 수 있다.

〈표 3-3〉 2차 자료의 장점과 단점

장 점	단 점
· 비용이 적게 든다. · 신속하여 시간이 절약된다. · 노력이 적게 든다. · 어떤 정보는 2차 자료를 통해서만 얻을 수 있다. · 인력이 절약된다.	· 다른 목적을 위해 수집되었다. · 마케팅 목적에 적합성이 떨어질 수 있다. · 시간적으로 과거 자료일 수 있다. · 자료요구를 충족하지 못할 수 있다. · 용어에 대한 정의가 다를 수 있다. · 자료 분류방법이 다를 수 있다.

② 단점

· 2차 자료는 기업마다 규모가 다르고 상황이 다르기 때문에 용어의 정의에 대한 차이가 존재할 수 있다. 따라서 입수된 2차 자료의 변수와 조사자의 변수 간에는 정의에서 차이가 존재할 수 있다는 점이다.
· 2차 자료는 과거에 조사된 것이기 때문에 현재 마케팅 목적에 유용성이 떨어질 수 있다.
· 2차 자료는 다른 목적으로 조사한 것이기 때문에 본 마케팅 목적에 정확하게 맞지 않을 수도 있다.

제 3 절 인터넷에서 얻을 수 있는 이차 자료

현대에는 인터넷을 통하여 많은 2차 자료를 획득할 수 있다. 인터넷에는 포괄적인 정보가 지속적으로 누적되고 있다. 인터넷을 통하여 수집하려는 2차 자료는 거시적인 시장에 관한 자료와 미시적인 제품에 관한 자료로 구분할 수 있다.

거시적인 자료는 인구의 변화나 사회·문화적 추세의 변동, 경제·법률적인 변화 및 경쟁기업의 변화 등이 있다. 이러한 정보는 인터넷을 통하여 검색할 수 있다.

1. 사이트 자료

인터넷 사이트를 이용하여 거시 자료를 획득하려면, 주요 통계지표를 입수할 수 있는 사이트의 주소를 알고 있어야 한다. 마케팅조사에서 이용할 수 있는 인터넷 사이트 주소는 통계청(www. nso.go.kr), 미국마케팅협회(http://www.marketingpower.com), 한국마케팅학회(www.kma.re.kr), 한국갤럽(http://www.gallup.co.kr) 등이 있고, 통계패키지를 제공하는 기업은 SPSS(http://www.spss.co.kr), SAS(http://www.sas.com) 등이 있다.

1) 통계청

통계청은 전수조사, 표본조사 및 분석통계를 수행하여 발표한다. 즉, 전수조사로써 인구주택 총조사, 산업 총조사, 광공업통계조사 등을 수행하고, 표본조사로써 소비자물가조사, 광공업동태조사 등을 수행하며, 분석통계로써 경기종합지수, 생명표, 한국의 사회지표 등을 수행한다.

2) 미국마케팅협회

미국마케팅협회(AMA: America Marketing Association)의 인터넷 사이트는 미국 마케팅에 관한 자료를 얻는데 유용하다.

3) 한국마케팅학회

한국마케팅학회의 인터넷 사이트는 마케팅에 관한 자료를 얻는데 유용하다. 이는 주로 이론적인 연구 자료를 수집하는데 유용하다.

4) 한국의 조사회사

한국에서 마케팅조사를 수행하고 있는 기업은 한국갤럽을 비롯하여 많은 기업이 활동하고 있다.

한국갤럽(http://www.gallup.co.kr)은 여론조사 및 마케팅조사를 하고 있는 조사기관이다. 이들은 국내 기업과 글로벌 기업, 공공기관을 대상으로 독자적인 조사모형인 '기업이미지조사'와 '광고효과측정', 'CSI 조사'를 많이 활용하고 있다. 고객만족(Customer Satisfaction) 조사 프로그램, CI(Corporate Identity) 조사 프로그램, 컴퓨터시스템을 이용한 광고효과 측정(AD-Score), 부동산유통조사 프로그램, 신제품 관리를 위한 마케팅조사 프로그램 및 한국갤럽 해외마케팅조사 프로그램 등 다양한 프로그램을 보유하고 마케팅조사를 수행하고 있다.

이 외에도 한국리서치, 코리아리서치센터 등 다양한 조사 기업이 마케팅조사 업무를 수행하고 있다.

5) 통계패키지 제공회사

통계패키지를 제공하고 있는 회사는 SPSS와 SAS 등이 대표적이다.

제 4 장 인과관계와 실험

도입사례 : 하루 30분 책 읽어주면 900시간 뇌 영양분 효과

3~5살 어린이들은 책 읽는 시간이 한 시간 늘어날 때마다 학령기가 되었을 때 성적이 0.5점씩 증가하고, 반대로 텔레비전 시청시간이 한 시간 늘어날 때마다 성적은 0.1점씩 떨어진다는 미국 미시간대학의 연구결과가 있다. 이처럼 책읽기는 아이의 학업성취와 밀접하게 관련되어 있다.

그런데 책읽기와 관련되는 활동들은 아이가 책을 읽기 훨씬 전인 영아기부터 시작된다. 아기들은 어른들의 말을 들으며 새로운 단어를 배우고 이야기의 재미를 배운다. 미국에서는 부모의 사회계층에 따라 아이가 듣고 배우는 단어의 수가 엄청나게 차이가 난다는 연구 결과도 있다.

하류층 부모의 경우 시간당 아이가 듣는 단어의 수가 620개, 중류층은 1,250개, 상류층은 2,150개라고 한다. 이는 보통 사람이 분당 100단어를 말한다고 볼 때 각각 6분, 12분, 21분 정도를 아이가 듣고 있다고 생각해 볼 수 있다. 이 차이가 지속되면 여섯 살이 되었을 때 아이가 아는 단어의 수가 하류층은 3,000개, 상류층은 2만개로 벌어지게 된다.

또 다른 통계를 보면 하루에 30분씩 책을 읽어주면 다섯 살이 되었을 때 900시간의 영양분을 뇌에서 더 공급한 것과 같고, 이 시간이 주 30분으로 줄어들면 770시간만큼의 영양분 부족이 된다. 유치원에 들어갈 시기에 60시간 이하의 영양분만을 공급받은 아이는 어떠한 실력 있는 교사도 보충할 수 없을 만큼 뇌 영양분 결핍상태가 된다.

태교 중에 모짜르트 곡을 들려준 경우와 들려주지 않은 경우를 실험한 연구에서 모짜르트 곡을 듣고 태어난 아이들의 아이큐가 높아졌다는 연구결과가 있다. 눈을 통하여 책을 읽는 것도 중요하지만, 귀를 통하여 전달되는 음악도 정신에 엄청나게 영향을 미친다.

제 1 절 인과관계

1. 마케팅과 인과관계

마케팅 상황에서 다음과 같은 진술이 자주 나타난다.

"우리가 개발한 광고 캠페인은 10퍼센트 이상의 매출액을 증가시켰다."
"새로운 판매 훈련 프로그램이 판매원 이직률을 낮추었다."

이와 같은 진술은 인과적 진술들(causal statements)이지만, 이 진술이 타당한지는 상황에 대한 충분한 정보가 존재하지 않아 입증할 수 없다. 이 경우 변화를 일으킬 수 있는 다른 변수들이 있는지를 생각해야 한다. 일반적으로 인과관계가 성립되기 위해서는 세 가지 요건이 충족되어야 한다.

· 원인이 되는 현상과 결과가 되는 현상이 항상 함께 존재해야 함
· 원인이 결과보다 앞서야 함
· 밝히고자 하는 인간관계와 관련이 없는 다른 외생 변수들을 완전히 통제해야 함

위 마케팅 상황에서 나타나는 인과적 진술에서 광고 캠페인과 높아

진 매출액, 새로운 판매훈련 프로그램과 낮아진 이직률 사이의 관계에 다른 변수들이 영향을 미치지 않는다는 조건 속에서 인과관계를 설명할 수 있다.

2. 인과관계의 오류

과거에 어떤 사람이 담배를 피우는 학생이 안 피우는 학생에 비해 대학 성적이 나쁘지는 않을까 하는 것을 조사한 적이 있다. 조사 결과는 사실 그렇다는 것이 판명되었다. 이 조사 결과는 여러 사람들을 기쁘게 하였으며, 좋은 성적을 얻으려면 담배를 끊으면 좋을 것 같아 보였다. 더구나 이 결론은 흡연이 사람의 지능을 저하시킨다고 가정할 수 있을 것이다.

이 조사에서 표본의 수는 충분히 많았고, 또 정직하고 조심스럽게 추출되었으며, 그 상관관계가 유의성이 있다고 할지라도 이 경우의 오류는 전후 인과 오류로서 통계자료 속에는 언제나 나타나는 경향이 있으며, 그럴듯한 숫자 속에 파묻혀 모양을 바꾸어 나타나기도 한다. 즉, 이러한 오류는 B가 A에 따라 일어나면 A는 B의 원인이 된다고 결론짓는 오류이다.

이 사례에서는 흡연과 성적 불량이 동시에 일어났음으로 흡연이 성적 불량의 원인이라는 확인 안 된 가정이 설정되었던 것이다. 그렇다면 그 반대의 경우도 옳지 않을까? 즉, 성적이 나빠졌기 때문에 담배를 피우게 된 것은 아닐까? 이렇게 생각하더라도 이 결론은 앞의 결론과 마찬가지로 그럴듯하게 보이며, 같은 증거에 의해 검증되고 있다.

그런데 이 두 가지는 어느 것도 다른 쪽의 원인이 되는 것은 아니고, 양쪽 모두가 무엇인가 제3요인의 결과라고 생각하는 쪽이 오히려 더 그럴듯하지는 않을까? 공부는 열심히 하지 않지만, 다른 학생과 교제를 잘하는 학생은 담배도 다른 학생보다 더 피우는 것이 아닐까?

또 이전에 누군가에 의해 외향적 성격과 성적 불량 사이의 상관관계를 입증하는 연구가 있는데, 어쩌면 거기에 열쇠가 있는 것은 아닐까? 즉, 외향성인 학생은 내향성인 학생보다 담배를 더 많이 피울 수도 있다. 문제는 논리 정연한 해석이 여러 개 있을 때 그 중에서 자기의 취향에 알맞은 것을 골라내어 그것을 끝까지 밀고 나가기가 매우 힘들다는 점이다.

전후 인과의 오류를 범하지 않도록 하기 위해서는 상관관계에 관해 언급할 때 주의를 해야 한다. 어떤 원인에 의해서 어떤 일이 일어난다는 것을 증명해 주듯이 정밀한 숫자로 표현된 상관관계에는 몇 가지 유형이 있다.

· 우연에 의해 일어나는 상관관계이다. 실제로는 일어날 것 같지 않은 일이 일어날 수도 있다는 것을 증명해 주는 한 쌍의 숫자를 한 번은 얻을 수 있다. 충치를 없앨 수 있는 치약을 제조하는 것처럼 광고한 회사의 경우 이 방법을 쓸 때 원하는 결과만을 골라 크게 발표하면 된다. 특히, 표본의 수가 적을 때에는 어느 두 현상의 쌍을 채택하더라도 이 둘 사이에는 당신이 원하는 상관관계를 언제나 찾아낼 수가 있다.
· 통계학에서 공분산(co-variation)의 관계는 상관관계가 있다는 것이 명백하나 어느 것이 원인이고 어느 것이 결과인지가 명확하지 않을 때를 말한다. 원인과 결과가 시간에 따라 바뀌기도 하고, 양쪽이 동시에 원인이면서 결과일 수도 있다. 즉, 개인 소득과 개인이 보유한 주식의 수는 상관관계가 있다. 이 상관관계도 서로 원인과 결과가 상호 작용을 하는 것으로 해석해야 한다. 소득이 많을수록 주식을 많이 사게 되지만, 주식을 많이 사면 다시 배당 등으로 인한 소득이 늘어날 것이다. 이러한 상호 작용이 연속적으로 일어남으로 소득이나 주식보유 수는 모두 원인이 되고 결과도 된다.
· 광고와 매출액 사이에는 상관관계가 있다. 광고를 많이 하면 매출

액이 증가한다고 가정한다. 그러나 두 변수는 서로 상호 작용을 하여 원인도 되고 결과도 된다고 해석하는 것이 더 현실적일 수 있다. 즉, 광고가 매출액을 증가시키면, 매출액 증가로 인해 광고비를 더 지출할 수 있는 여유가 생기고 광고를 더하게 된다. 광고를 더하게 되면 매출액도 다시 증가한다. 따라서 초기에는 광고가 매출액 증가의 원인일 수 있지만, 나중에는 매출액 증가가 광고 증가의 원인이 되는 것이다.

이러한 인과 중에서도 가장 주의해야 할 것은 어느 쪽 변수도 다른 쪽 변수에 대하여 아무런 영향을 미치지 않지만, 두 변수 사이에 상관관계가 성립하는 경우로서 이러한 경우는 비교적 자주 생기는데, 속임수나 사기 중에는 이러한 사실을 이용한 것이 많다.

제2절 실험설계의 의의

1. 실험설계의 의의

실험설계(experimental design)는 복잡한 현상을 보다 정확히 이해하고 예측하기 위해 복잡한 현상 중에서 연구 목적에 적합한 요소들만을 선별하여 그들 사이의 관계를 집중적으로 관찰·분석하는 방법이다. 이러한 실험설계는 19세기 생물학, 화학, 의학 등에서 적용되었고, 20세기에는 심리학에서 많이 적용되었다.

사회과학 분야에서는 변수의 계량화가 어렵고 측정상의 어려움이 많아서 이용에 한계가 있기 때문에 다른 조사방법에 비하여 요구되는 조건들이 엄격하며, 매우 정교한 기술이 요구된다. 따라서 마케팅 문제의 해결을 위해서 실험설계를 이용하려고 하면, 실험법의 개념, 실험법의 유형과 문제점들에 대한 이해가 선행되어야 하며, 이를 통해 기술적인 문제해결 능력을 갖추어야 한다.

실험은 과학적인 연구조사에서 기본적이면서 가장 중요한 활동이고, 정교한 관찰이 전제가 된다. 이 두 개념의 차이는 관찰자가 의도적으로 관찰하고자 하는 현상이 일어나는 조건을 조작함으로써 연구에 보다 적합한 내용을 관찰한다는 것이다. 어떤 현상이 일어나는 조건을 조작하는 것을 실험조건의 조작이라 하며, 이는 연구의 초점이 되는 현상에 관련된 요인들을 선별하여 관찰하려는 의도에서 행해지는 것이다.

실험설계는 관찰을 통하여 현상들 사이의 인과관계를 규명하기 위한 것이다. 인과관계의 규명은 원인과 결과 사이의 관계를 밝히는 것이기 때문에 현상 사이의 원인과 결과를 구분하고, 그들 사이의 작용관계에 대한 정보를 얻을 수 있도록 이루어져야 한다. 그러므로 실험을 이용하는 연구는 이러한 실험을 통하여 현상에 대해 보다 정확한 이해와 예측을 위한 정보를 획득하려는데 목적이 있다.

2. 실험설계의 기본조건

완벽한 실험을 위해서는 실험변수의 조작, 외생변수의 통제, 실험대상의 무작위화 등 세 가지 조건이 충족되어야 한다.

1) 실험변수의 조작

실험변수의 조작은 연구의 초점이 되는 현상의 원인이 되는 변수를 실험자가 인위적으로 변화시키는 것이다. 즉, 실험자가 인위적으로 실험변수인 독립변수(independent variable)의 종류 및 변화의 강도를 조절하여 실험 대상에 제공함으로써 실험변수의 변화가 결과변수인 종속변수(dependent variable)에 미치는 영향을 관찰하는 것이다.

제품 포장지의 색상이 소비자의 제품 선택에 어떠한 영향을 미치는지를 알고자 한다면, 실험자는 내용물이 같은 제품을 각기 다른 색의 포장지로 포장하여 같은 상점의 동일한 위치에 놓고 판매해야 한다. 이 때 제품 포장지의 색상이 실험변수가 되며, 실험자가 포장지의 색상을 변화시키는 것이 실험변수의 조작이다.

이 경우는 실험변수를 실험자가 통제하고 변화시킬 수 있으나, 변수의 통제가 항상 가능한 것은 아니기 때문에 실제로는 연구하고자 하는 현상의 특성에 따라 순수실험(true experiment)이 불가능한 경우가 더 많으며, 이 때에는 각각의 특성에 맞는 다른 조사방법을 선택해야 한다.

2) 외생변수의 통제

외생변수(extraneous variable)는 연구 대상이 되는 현상과 관련된 실험변수와 결과 변수 이외의 기타 변수들로써 결과변수에 영향을 미칠 수 있는 변수들이다. 이러한 외생변수가 결과변수에 미치는 영향을 제거하지 못하면 실험변수와 결과변수 사이의 인과관계를 정확히 파악하는데 문제가 생기게 된다. 실험법이 가장 과학적이고 정밀한 조사방법이 될 수 있는 이유는 외생변수의 영향을 체계적으로 제거할 수 있도록 실험이 설계된다는 데 있다.

A사에서 개발한 신제품 어린이용 성장 촉진제가 어린이의 성장에 어떠한 영향을 미치는지를 알기 위한 실험을 한다고 하자. 1년 동안 어린이들에게 이 성장 촉진제를 복용시킨 후에 어린이들의 성장한 정도를 측정하였을 때 그 성장이 성장 촉진제의 효과라고 할 수 있을까?

그렇게 말할 수 없다. 왜냐하면 일 년 동안의 성장에는 성장 촉진제를 복용하지 않아도 일어날 수 있는 자연 성장이 포함되어 있기 때문이다. 이 때 우리가 밝히고자 하는 성장 촉진제의 효능과 어린이의 성장 사이의 관계를 자연 성장이라는 요인이 왜곡시킬 수 있는 외생변수가 되는 것이다. 이러한 외생변수들의 영향을 제거할 수 없다면 실험변수인 성장 촉진제의 효능과 결과변수인 어린이의 성장 사이의 정확한 인과관계를 규명할 수 없다.

따라서 관련변수들 사이의 명확한 인과관계를 규명하기 위해서 이루어지는 실험법은 이러한 외생변수들의 영향을 제거할 수 있어야 한다.

3) 실험대상의 무작위화

이것은 실험결과가 일반화되는 조사 대상들 중에서 실험변수를 이용해 실험을 행하는 대상들이 무작위로 추출되어져야 한다는 것이다. 무작위가 이루어질수록 순수 실험설계가 되지만, 실제 실험 대상을 무작위화시키기가 쉽지 않다.

제 3 절 실험설계의 기본요소

실험설계는 마케팅 문제와 관련된 변수들 사이의 인과관계를 밝히기 위한 것이기 때문에 변수들 사이의 인과관계의 규명과 관련된 기본적인 요소들에 대해서 살펴볼 필요가 있다.

1. 변 수

변수(variable)는 하나의 개념에 값을 부여한 것으로 그것이 대표하고 있는 특성이 갖는 값이나 정도의 차이를 나타낼 수 있어야 한다. 즉, 사회계층이라는 개념을 상층, 중층, 하층으로 3개의 특징적인 집단으로 나누고 각 집단에 1부터 3까지의 값을 부여하면, 이는 사회계층을 나타내며, 서로 간의 차이를 나타내고 있다고 할 수 있다. 보통변수는 하나의 개념을 대표하는 상징을 말하며, 이러한 상징에 수치적 값을 부여하여 사용한다.

변수는 실험법에서 연구 목적이나 내용에 따라 독립변수, 종속변수,

외생변수로 나눈다. 독립변수는 관찰하고자 하는 현상의 원인이라고 가정하는 변수이며, 종속변수는 독립변수의 영향을 받아 변화된다고 가정하는 변수이다. 또한 실험에서 실험자가 변수의 값, 즉 강도를 변화시키는 실험변수가 독립변수가 되며, 실험변수의 변화에 따라 이러한 영향을 측정하게 되는 결과변수가 종속변수가 된다.

'광고 횟수를 늘리면 소비자의 상표 인지도가 높아진다'는 주장을 검정하기 위한 실험법을 가정해 보자. 이 때 광고횟수는 실험자가 조정 가능한 변수이며, 소비자의 인지도가 높아지는 원인이 되는 변수이므로 독립변수가 되며, 소비자의 인지도는 독립변수의 영향을 받아 변화하는 결과변수이므로 종속변수가 된다.

이것은 하나의 독립변수가 종속변수에 미치는 영향에 관한 것이지만, 실제 마케팅 현상에서는 여러 개의 독립변수가 작용하기도 한다. 실험법에서는 종속변수에 영향을 미칠 수 있는 모든 변수를 다 고려하는 것은 아니며, 특히 관심이 있는 변수들만을 고려한다. 이것은 특정한 변수의 효과만을 파악하기 위한 목적도 있지만, 변수의 수를 줄임으로써 실험법 상의 복잡성을 줄이려는 목적이 있다.

그러나 원인변수로 작용하고 결과변수에 영향을 미칠 수는 있지만, 실제 실험의 독립변수에 포함되지 않는 변수들이 있는데 이들을 외생변수라 하며, 이들의 영향을 통제하지 않으면 실험자가 알아내려는 특정 변수들 사이의 관계를 명확히 파악할 수 없다.

따라서 외생변수의 영향을 제거하는 외생변수의 통제 방법을 강구해야 한다. 외생변수의 종속변수에 대한 영향을 통제해야 한다는 점에서 통제 변수라고도 한다.

2. 가 설

가설(hypothesis)은 두 개 이상의 변수들 사이의 관계를 나타내는 문장으로서 실험자가 실험을 통하여 밝히고자 하는 현상을 요약한 문장이다. 일반적으로 가설은 선언문의 형식을 띠게 된다. 즉, '신제품의 경우 광고의 인지도가 높아질수록 매출액이 증가한다'와 같은 형식이 일반적이다.

실험을 통하여 변수들 사이의 관계를 명확히 밝히기 위해서는 현상과 관련된 변수들의 규명과 이들 사이의 관계에 대한 올바른 가설을 구성해야 한다. 좋은 가설의 조건은 실험과 관련된 변수들의 관계가 명확히 표현되어야 하고, 표현된 문장은 실험을 통하여 검증 가능해야 한다.

3. 변수들 사이의 상호작용

일반적으로 마케팅과 관련된 실험에서 단 하나의 독립변수와 단 하나의 종속변수를 포함하는 경우는 거의 없다. 대부분의 경우는 두 개 이상의 독립변수에 의해 나타나는 효과를 관찰하게 된다. 이 때 두 개 이상의 변수들이 작용함으로써 야기될 수 있는 문제가 변수들 사이의 상호작용 효과이다.

계절과 판촉수단이라는 두 개의 마케팅 관련변수가 매출액에 미치는 영향에 대해 알아보자. 이것은 하절기인지 동절기인지 하는 계절변수와 판촉행위의 수행여부가 각각 매출액에 영향을 미칠 수 있으며, 두 변수가 동시에 작용하여 일어나는 효과 또한 매출액에 영향을 미칠 수 있다. 즉, 계절에 의한 효과와 판촉 수단에 의한 효과를 단순히 합한 것보다 더 크거나 작은 효과가 나타나는 경우가 있는데, 그 차이가 상호작용 효과에 의해서 나타나는 것이다.

4. 조작적 정의와 측정

변수들 간에 인과관계가 있다고 하는 가설은 검정이라는 과정을 거쳐야 한다. 검정을 하기 위해서는 각 변수들의 특성을 측정해야 한다.

그러므로 실험변수와 결과변수의 특성 정도를 측정하지 못하면 실험을 통한 가설검정은 불가능하다. 즉, 가설이 측정 가능한 변수들 사이의 관계를 말하므로 변수의 측정은 실험의 전제조건이 된다. 또한 변수는 하나의 개념에 숫자를 부여한 것으로 이는 일정한 측정도구에 의해서 얻어낸 값을 부여함을 나타낸다.

가설에 포함된 변수들을 측정하기 위한 첫 단계는 추상적인 개념을 현실세계의 구체적인 현상과 연결시키는 과정으로 측정을 위한 조작적 정의이다. 즉, 광고를 많이 하면 제품의 인지도가 높아진다는 가설을 검정하기 위하여 광고의 횟수라는 변수와 인지도라는 변수를 측정한다고 하면, 이 때 소비자들이 제품에 대한 인지도측정을 '소비자들이 제품의 상표명을 기억해 내는 정도로 정의'했다고 하자.

인지도를 측정할 수 있는 방법은 여러 가지가 있을 수 있으나, 상표의 기억 비율을 계산하는 것이 소비자의 인지도를 측정하는 하나의 방법이 될 수 있다. 이 때 인지도의 측정을 위한 조작적 정의는 '해당 상표를 기억하는 소비자의 비율이 되는 것'이다. 이러한 조작적 정의를 채택할 경우 100명의 소비자들에게 해당 상표를 알고 있는지를 묻고, 그 중의 몇 명이 기억을 하고 있는지에 대한 측정한 결과를 인지도로 간주하면 된다.

마케팅조사에서는 추상적인 개념에 해당되는 변수들이 많은 관계로 이를 정확히 측정하기 위한 조작적 정의를 개발해야 한다.

5. 실험설계의 기본모형

실험설계는 실험변수와 실험대상이 되는 실험집단의 선정 및 실험효과의 측정으로 이루어진다. 이를 기호를 이용하여 간단히 도시해 보면 다음과 같다.

O_0　　　　　X　　　　　O_i

시간의 흐름

위에서 X는 실험변수를 실험대상에 적용함을 나타내며, O_i는 실험변수의 측정을 의미한다. 여기서 i는 측정을 구분하기 위하여 붙이는 숫자이다. 또한 O_o에서 O_i는 횡으로 시간의 경과를 말한다. 즉, O_o, X, O_i 등은 시간의 간격을 두고 일어나는 실험과정을 나타내는 것이다. 위 설계에서 O_o는 실험변수를 적용하기 전의 결과변수의 수준에 대한 측정이며, O_i는 실험변수를 적용한 뒤의 측정이다.

실험대상이 되는 집단이 다수이거나 실험변수가 다수라도 각 집단과 각 실험변수마다 위와 같은 모형들의 집합에 의해 나타낼 수 있다.

6. 내적 타당성과 외적 타당성

실험연구에서 내적 타당성과 외적 타당성은 매우 중요하다. 내적 타당성(internal validity)은 측정된 결과변수의 변화가 실험변수의 변화에 의해서 일어난 것인지를 나타내는 정도이다. 결과변수의 변화가 순수한 실험변수의 영향에 의해서 일어난 것이라면 그 실험은 내적 타당성이 높게 나타난다.

따라서 내적 타당성을 높이려면 가능한 한 순수한 실험변수에 의한 효과를 정확히 추출해 낼 수 있도록 실험을 설계해야 한다. 이를 위해서는 외생변수의 통제를 철저히 할 필요가 있다.

외적 타당성(external validity)은 결과의 일반화와 관련된 문제로서 결과의 적용 대상, 적용 시기, 영역의 확장과 관련된다. 내적 타당성을 높이기 위해서는 실험조건을 엄격히 통제해야 하지만, 이런 경우 실험 상황이 현실과 유리될 수 있어서 그 실험결과를 현실적인 상황에 일반화시키는데 문제가 발생할 수 있다. 외적 타당성을 높이기 위해서는 최대한 현실과 일치하는 조건에서 실험이 이루어져야 한다.

이러한 내적 타당성과 외적 타당성은 서로 상충되는 특성을 지니고 있다. 즉, 내적 타당성을 높여야 실험의 의의를 찾을 수 있으나, 이는 외적 타당성을 낮게 할 가능성이 있다. 따라서 마케팅 문제를 해결하기 위해서 내적 타당성과 외적 타당성이 균형을 유지할 수 있는 실험을 수행할 필요가 있다.

7. 외생변수의 유형

이렇게 내적 타당성을 저해하는 요인들은 우발적 사건, 성숙효과, 시험효과, 측정수단의 변화, 통계적 회귀, 표본선정의 편중, 실험대상의 소멸 등이 있다.

1) 우발적 사건

우발적 사건(historical contamination)은 실험자의 의도와는 관계없이 실험기간에 일어난 사건으로서 결과변수에 영향을 미칠 수 있는 사건을 말한다.

신제품의 광고가 제품의 인지도에 미치는 영향을 조사하려는 실험을 수행하였는데 실험기간 동안 해당 제품에 관련된 강제리콜이 발생하였다고 하면, 이러한 경우 해당 제품의 광고에 의해서 그 제품의 인지도가 변화되기는 하지만, 실험자의 의도와는 관계없이 일어난 강제리콜 문제에 의해 그 제품에 대한 인지도가 달라질 가능성이 높다.

이 때 결과변수인 인지도는 순수한 실험변수에 의한 영향과 우발적인 사건이라는 외생변수에 의한 영향이 혼합되어 있으므로 이 때 외생변수의 영향을 제거하지 못한다면 실험의 내적 타당성은 상실되고 만다.

2) 성숙효과

성숙효과(maturation effect)는 실험기간 중에 실험집단의 특성변화가 결과변수에 영향을 미치는 것을 말한다. 일반적으로 특성변화는 실험집단에 속해 있던 피실험자의 심리적, 생리적, 인구 통계적, 경제적 특성 등에서 변화를 모두 포함한다.

성숙도는 실험기간에 의해 많은 영향을 받지만, 피실험자가 직면하는 실험상황에 따라 순간적으로 심리적, 육체적 특성이 변화될 수 있어서 이에 따른 실험결과는 달라질 수 있으므로 실험기간이 길어질 경우 이를 무시해서는 안 된다.

3) 시험효과

시험효과(testing effect)는 주시험 효과(main testing effect)와 상호작용 시험효과(interaction testing effect)로 나눈다. 주시험 효과는 실험변수와 관계없이 동일한 측정을 반복하게 됨으로써 일어나는 현상이다. 즉, 지능검사를 실시하고 기억에서 사라지기 전에 동일한 내용에 대해 재검사를 하면 더 높은 지능지수가 나올 수 있는데, 이러한 효과가 주시험 효과에 해당된다.

상호작용 시험효과는 실험변수를 가하기 전에 실시한 결과변수에 대한 측정이 실험변수에 영향을 미치게 되어 일어나는 현상이다. 실험변수에 영향을 미친다는 것은 피실험자에 대해 사전측정을 하지 않은 경우보다 실험변수의 결과변수에 대한 효과가 강하게 작용할 수 있다.

광고의 인지도에 대한 영향을 측정하고자 할 때, 광고에 노출시키기 전에 해당 제품에 대한 인지도를 측정한 후, 피실험자에게 광고를 노출할 때 피실험자의 광고에 대한 관심도가 사전 측정을 하지 않은 경우보다 높아질 수 있어 광고 효과는 더 커질 수 있다.

주시험 효과는 실험변수 이외의 요인에 의해 결과변수가 영향을 받기 때문에 내적 타당성을 떨어뜨리는 반면에 상호작용 시험효과는 실험집단과 모집단 사이의 실험변수에 대한 반응 차이를 유발하므로 실험집단에서 얻어진 결과를 모집단에 적용하여 일반화시키는데 한계가 있어 외적 타당성을 떨어뜨리게 된다.

4) 측정수단의 변화

측정수단의 변화(instrumentation)는 측정자와 측정방법이 달라짐으로써 측정결과에 영향을 미치는 현상이다. 측정자의 변화는 측정자의 태도, 심리적 육체적 상태, 측정기술 및 성별 등과 같은 측정결과가 달라질 수 있다.

처음 측정할 때 측정자가 질문을 서툴게 하거나 불쾌감을 주는 태도를 보이고, 나중에는 친절하고 명료하게 질문을 한 경우 두 측정결과 사이에는 상당한 차이가 있을 수 있다. 즉, 측정방법의 차이는 측정하고자 하는 내용이 개인의 자존심과 관련된 경우에 직접 면접을 하는 방법으로 측정한 결과와 간접적인 관찰을 통하여 측정한 결과사이에 차이가 나타날 수 있다.

5) 통계적 회귀

통계적 회귀(statistical regression)는 실험대상으로 선정된 집단을 잘못 선정하여 측정하고자 하는 결과변수의 수준이 아주 낮거나 아주 높은 상태에 있다면, 실험변수를 가한 후에 측정결과가 실험변수의 영향을 정확히 반영하지 못하는 경우가 나타날 수 있다.

맥주광고의 인지도에 대한 영향을 측정하고자 할 때 실험대상이 그 제품에 대한 인지도가 매우 높은 소비자들이 포함되어 있다면, 실험변수를 가하여도 인지도 상에 별다른 변화가 나타나지 않을 수 있으나, 실험대상이 그 제품에 대해 아주 낮은 인지도를 가지고 있다면, 실험변수의 효과가 높게 나타날 수 있다. 이는 실험집단이 극단적인 특성을 가지고 있는 경우, 이러한 특성이 평균값에 접근하려는 경향으로 인하여 나타나게 되는 현상이다.

6) 표본선정의 편중

표본선정의 편중(selection bias)은 실험변수를 집단에 따라 다르게 적용한 후에 두 집단의 결과변수의 수준을 측정해 본 결과 두 집단 사이의 결과에 차이가 발견된 경우 그 차이가 실험변수를 가하기 전에 두 집단이 이질적이었기 때문에 차이가 발생할 수도 있다. 이처럼 각 집단의 처음 상태가 상이함으로써 실험효과의 왜곡현상이 일어날 수도 있다.

가격인하가 매출액에 어느 정도 영향을 미치는지를 알기 위한 실험에서 실험집단을 가격에 아주 민감한 저소득층에 편향되게 구성하였다면 가격인하의 효과는 대단히 클 수 있다. 그러나 고소득층에서는 가격인하의 효과가 훨씬 작을 수 있다. 두 집단은 가격에 대한 반응도가 다른 상태에 있으므로 이 경우 어느 한 집단의 가격인하에 대한 구매태도로써 가격효과를 측정하는 것은 문제가 있다.

7) 실험대상의 소멸

실험대상의 소멸(experimental mortality)은 실험대상으로 선정되었던 실험대상이 실험기간 중에 실험대상에서 이탈하게 됨으로써 실험효과의 왜곡현상이 나타날 수 있다. 즉, 사전 측정을 한 실험 대상들이 실험변수를 가한 후 사후측정을 하기 전에 실험대상에서 제외된 경우를 말하며, 이 때 문제가 되는 것은 실험대상에서 탈락된 집단이 동일한 실험변수의 영향을 받았는지를 알지 못한다.

미혼 여성을 대상으로 실험을 하였는데 실험변수를 가한 후에 실험결과를 측정한 시점에 보니 상당수가 결혼을 한 상태라면 미혼인 상태와 실험결과가 얼마나 다르게 나타날지는 알 수 없다.

8. 외생변수의 통제방법

실험설계를 하기 전에 고려해야 할 사항 중의 하나는 어떠한 외생변수가 작용할 수 있는지를 파악하고 외생변수의 영향을 제거할 수 있는 방안을 강구하는 것이다. 이러한 외생변수를 통제하기 위한 방안으로는 제거, 균형화, 상쇄 및 무작위화 등이 있다.

1) 제거

제거(elimination)는 외생변수로 작용할 수 있는 요인이 실험상황에 개입되지 않도록 하는 방법이다. 과거의 특정한 경험이 있는지, 없는지에 따라 실험변수에 대한 반응의 정도가 달라질 경우, 사전조사를 통하여 특정한 경험이 있는 사람을 실험대상에서 제외하고 경험이 전혀 없는 사람만을 골라서 실험대상으로 선정하는 방법이다.

2) 균형화

균형화(matching)는 외생변수로 작용할 수 있는 요인들을 알고 있다면, 실험변수를 가하는 실험집단과 실험변수를 가하지 않는 통제집단을 선정할 때, 해당 외생변수의 영향을 동일하게 받을 수 있는 집단으로 선정하는 방법이다. 이렇게 될 때, 두 집단에서 나타낸 결과변수의 수준차이는 오직 독립변수에 의해서 이루어진 것으로 간주할 수 있다.

매장 진열 실험을 하는 경우, 연간 매출액이나 규모, 위치 등 점포에 대한 기초적인 상황을 균형화시킴으로써 진열방법에 의한 영향만을 파악할 수 있다.

3) 상쇄

상쇄(counter balancing)는 하나의 실험집단에 두 개 이상의 실험변수가 가해질 때 사용되는 방법이다. 두 가지의 텔레비전 광고에 대한 시청자의 인지도를 알아내기 위해서 실험을 하는 경우, 두 가지 광고의 순서를 달리하거나 지역에 따라 광고효과에 차이가 발생할 수 있다면 지역을 바꾸어서 재실험하는 경우가 이에 해당된다. 즉 외생변수의 작용 강도가 다른 상황에 대해서 다른 실험을 실시함으로써 외생변수의 영향을 제거하는 방법이다.

4) 무작위화

무작위화(randomization)는 어떠한 외생변수들이 작용할지를 모르는 경우에 실험집단과 통제집단을 조사대상 모집단에서 무작위로 추출함으로써 실험자가 조작하는 독립변수 이외의 모든 변수들에 대한 영향을 동일하게 만드는 것이다. 실험대상의 무작위화는 외생변수의 통제와 실험의 외적타당성을 유지시키기 위해서 필요하다.

제 4 절 실험설계의 종류

실험설계는 원시실험설계(pre-experimental design), 순수 실험설계(true experimental design) 및 유사 실험설계(quasi-experimental design) 등 세 가지로 구분한다.

1. 원시 실험설계

원시실험설계는 순수 실험설계를 하기 전에 시험적으로 수행하는 탐색조사의 성격을 지닌다. 가장 간단한 설계는 단일집단 사후측정설계(one shot case study)이다. 이는 실험변수의 조작이나 집단의 무작위화 없이 실험자가 임의로 실험대상을 선정한다. 실험변수에 노출된 하나의 집단에 대하여 사후적으로 결과변수를 측정하는 방법이다. 이 설계는 다음과 같이 표시할 수 있다.

$$X \qquad\qquad O$$

시간의 흐름

요약하면, 실험단위의 한 집단이 실험변수에 노출되고, 종속변수들에 측정이 이루어진다. 한 판매관리자가 지원자들에게 새로운 판매훈련 프로그램에 참석(X)하기를 요청하고, 훈련프로그램이 끝난 후에 판매성과(O)를 측정하는 것이 이 설계에 해당한다.

단일집단 사전 사후측정설계(one group pretest-post test design)는 다음과 같이 표시할 수 있다.

$$O_1 \qquad\qquad X \qquad\qquad O_2$$

시간의 흐름

실험변수가 가해지기 전에 결과변수에 대해 측정하고(O_1), 실험변수가 가해지고(X), 다시 결과변수를 측정(O_2)하여 두 결과변수의 나타난 차이($O_1 - O_2$)를 통하여 실험변수의 효과를 측정하는 방법이다.

앞의 단일집단 사후측정설계의 예에서 새로운 판매훈련 프로그램(X)이 시작되기 전에 이전의 판매성과(O_1)를 측정하고, 훈련프로그램을 실시한 후 다시 판매성과(O_2)를 측정하는 것이 사전 사후 측정설계가 된다. 이 경우 이후의 판매성과가 이전의 판매성과와 차이($O_2 - O_1$)가 나타났다고 하여 이 차이가 훈련프로그램에 의한 차이라고 단정 지을 수 없는 외생적 요인이 존재할 수 있음을 알아야 한다. 이러한 외생변수에는 경제 상황이 변화되어 나타날 수도 있고, 판매원들이 성숙될 수도 있으며, 사전측정이 성과에 영향을 미칠 수 있고, 팔려진 제품의 가격이 변할 수도 있다.

2. 순수 실험설계

순수 실험설계는 실험변수를 연구자가 임의로 조작할 수 있고 외생변수의 통제가 가능한 실험실에서 이루어져 내적 타당성이 높은 조사설계이다.

대표적인 순수 실험설계로서 통제집단 사전 사후 측정실험설계(pretest-post test control group design)가 있다. 이 설계는 다음과 같이 표시할 수 있다.

실험집단 : $R \quad O_1 \quad X_1 \quad O_2$

실험집단 : $R \quad O_3 \quad O_4$

여기서 R은 무작위 의미로서 실험집단과 통제집단이 무작위로 선정되었다는 의미를 표현하고 있다. X_1은 관심 있는 실험변수 처리이다. 실험집단은 사전관찰, 실험변수처리, 사후관찰, 실험변수처리, 사후관찰을 하고, 통제집단은 실험변수 처리를 하지 않아 사전관찰과 사후관찰만 있다. $O_2 - O_1$은 실험변수 처리효과와 외생변수 효과가 포함된 것이다. $O_4 - O_3$는 외생변수들의 총합만이 나타나는 개념이다.

$O_2 - O_1$ = 실험효과(TE) + 외생변수효과($H + M + T + I + R + TM$)… ①

$O_4 - O_3$ = 외생변수효과($H + M + T + I + R + TM$) …………………… ②

TE = Treatment Effect
H = History
M = Maturation
T = Testing
I = Instrumentation
R = Regression
TM = Test unit Mortality

위 방정식 ①에서 ②를 빼면 실험효과가 나타난다.

$$(O_2 - O_1) - (O_4 - O_3) = TE$$

즉, 실험효과는 실험집단과 통제집단 사이의 사후 측정값과 사전 측정값의 차이를 계산하고, 실험집단 사이의 차이에서 통제집단의 차이를 빼면 된다.

(1) 시계열실험(time-series experiment)

실험변수를 노출시키기 전후에 일정한 기간을 두고 정기적으로 몇 차례의 결과변수에 대한 측정을 하는 방법이다.

$$O_1 \quad O_2 \quad O_3 \quad O_4 \quad X \quad O_5 \quad O_6 \quad O_7 \quad O_8$$

이러한 일정한 기간을 두고 결과변수를 측정하였을 때 나올 수 있는 결과는 [그림 4-1]과 같다.

3. 유사 실험설계

1) 유사 실험설계

순수 실험설계의 수행은 요구되는 조건들이 까다로워서 실제 상황에서 성공적으로 수행하기가 매우 어렵다. 순수 실험법에서 요구되는 조건을 갖추기 위해서는 실제 상황보다는 실험자가 인위적으로 조작한 실험 상황에서 이루어지는 경우가 많기 때문이다.

실험실에서 이루어질 때는 외생변수들의 통제를 철저히 할 수 있음으로 실험결과의 내적 타당성을 높일 수 있으나, 실제 상황에서도 이러한 결과가 나타날지는 확신할 수 없는 외적 타당성에 문제가 생기게 된다. 이러한 문제점을 해결하기 위해 널리 사용되는 방법이 유사 실험법(quasi-experimental design)이다. 유사 실험법에서는 실험자가 측정의 대상과 측정시기를 통제할 수 있다. 이러한 유사 실험법을 적용한 조사는 현장실험이 있다.

[그림 4-1] 시계열 실험의 가능한 결과

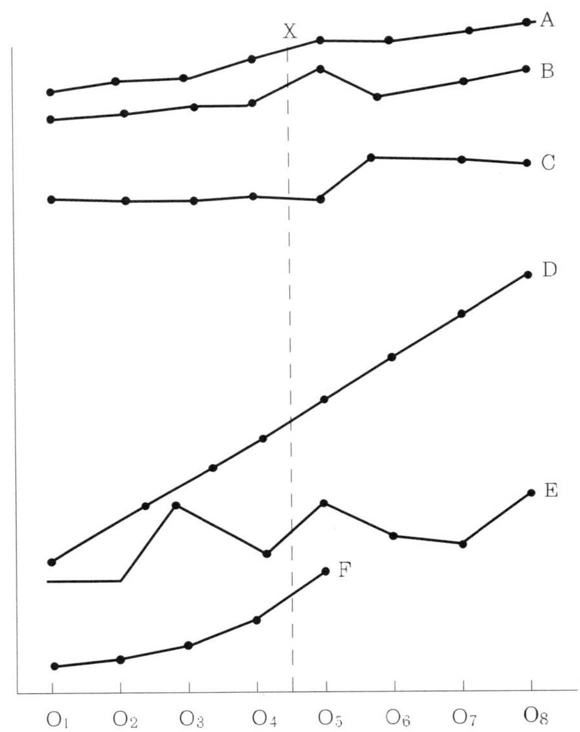

현장실험(field experiment)은 우리가 생활을 영위하는 자연적인 상태 하에서 조사자가 독립변수를 조작하면서 연구하는 실험조사로서 내적 타당성과 외적 타당성의 적절한 균형을 이루게 하는 것이다. 이는 마케팅조사에서 실험을 통한 연구에 적합한 방법이다. 현장실험은 인과관계를 결정할 독립변수를 조사자가 어느 정도 임의로 조작한다는 점과 이론적인 가설검정에 초점을 둔다는 점에서 현상파악 및 문제해결에 초점을 두는 현장연구와 차이가 있다.

현장실험은 실험법에 비해 조사 상황이 현실적이므로 변수의 영향력을 정확하게 측정할 수 있으므로 결과의 일반화 가능성 즉, 외적 타당성이 높고, 일상생활과 동일한 상황에서 수행됨으로 현실적 문제해결에 유용하며, 복잡한 사회 · 심리적 영향 및 과정변화 연구에 적절하며, 독립변수의 조작 및 측정대상의 무작위 선택이 가능하므로 실제 상황에서도 이론검정 및 과학적 조사를 가능하게 해준다는 장점이 있다.

반면에 측정대상의 무작위화는 가능하지만, 실제 상황에서 실험이므로 실험변수 효과와 외생변수 효과를 분리해서 파악하기가 곤란하고, 실험실 상황보다 변수들의 조작 및 외생변수의 통제가 곤란하며, 측정변수 및 외생변수의 통제가 어렵기 때문에 연구결과의 정확성이 떨어진다는 단점이 있다.

2) 반복실험설계

반복실험설계(equivalent time-sample design)는 조사대상을 실험집단과 통제집단으로 나눌 수 없고, 실험변수의 효과가 일시적이거나 변화될 가능성이 있을 때, 동일한 대상에 대해 일정한 기간을 두고 실험변수를 반복적으로 노출시키면서 반복적으로 측정하는 것이다.

$$O \quad X_1 \quad O \quad X_0 \quad OOO \quad X_1 \quad OO \quad X_0 \quad O$$

X_1은 실험처치이고, X_0는 처치를 할 수 없음을 나타낸다. 매장 내에서 음악을 틀어 놓는 등 처치를 하여 고객의 전체 구매에 음악이 어떠한 영향을 미치는가를 조사하고자 하는 경우에 사용된다.

(3) 2집단 사전 사후 측정 설계

조사대상을 실험집단과 통제집단으로 나눌 수 있지만, 실험자가 조사 대상자를 무작위로 배정할 수 없는 경우에 행해지는 설계이다. 다음과 같이 표시할 수 있다.

실험집단 : $O_1 \quad X \quad O_1$

통제집단 : $O_3 \qquad\quad O_4$

실험효과는 앞의 순수 실험설계의 통제집단 사전사후 측정실험설계

(protest-post test control group design)와 같다.

$$(O_2 - O_1) - (O_4 - O_3)$$

이는 집단이 무작위적으로 선정되지 않았기 때문에 표본의 편중이나 통계적 회귀와 같은 외생변수의 효과를 제거할 수 없다는 단점이 있다.

제 3 부

자료수집절차

제 5 장 측정과정

도입 사례 : 측정과정의 중요성

이 사례는 우리에게 마케팅조사의 중요성을 일깨워 준다. 1950년대 인스턴트 커피가 처음 개발되어 커피시장에 나왔을 때 주부들은 기존 커피(regular coffee)와 인스턴트 커피(instant coffee)의 맛이 다르다고 불만을 했다. 커피회사에서는 이러한 문제를 해결하기 위해서 주부들의 눈을 가리고 인스턴트 커피와 기존 커피의 맛을 보도록 하여 이를 구분할 수 있는지를 blind test로 실험조사를 수행하였다. 실험조사 결과, 대부분의 주부들은 이들 커피의 맛을 정확히 구분하지 못하는 것으로 나타났다.

따라서 커피 회사는 주부들의 불만은 제품의 맛에 대한 불만이라기보다는 심리적인 것이라고 결론 내리고, 그 원인을 발견하기 위하여 두 종류의 쇼핑목록(shopping list)을 만들어 마케팅조사를 수행하였다. 이 조사에서 사용된 목록에는 커피를 제외한 다른 구매 품목은 똑같게 하였으며, 한 목록에는 인스턴트 커피를 구매품목에 넣고, 또 다른 목록에는 기존 커피를 구매품목에 넣어 만들었다.

그리고 인스턴트 커피가 있는 쇼핑목록을 한 집단의 주부들에게 제시하고, 기존 커피가 있는 쇼핑목록을 또 다른 집단의 주부들에게 제시하여 시음을 하게 한 후, 쇼핑목록대로 실제 쇼핑을 하는 주부의 성격을 비판하도록 하였다. 그 결과, 기존 커피를 구입한 주부들은 인스턴트 커피를 구입하는 주부들을 게으른 주부, 낭비가 심한 주부, 자기 가정을 잘 돌볼 줄 모르는 주부라고 평가하였다.

이 조사결과에 따라 인스턴트 커피 회사는 왜 주부들이 인스턴트 커피를 거부하는지 하는 이유를 파악하고, 인스턴트 커피를 사용하는 것이 게으르거나 낭비가 심하거나 가정을 돌볼 줄 모르는 주부가 아니라는 것을 홍보하여 성공하였다.

자료원 : Philip Kotler(1988), *Marketing Management: Analysis, Planning, Implementation and Control*, 6th(eds.), Prentice Hall International, pp. 121.

제 1 절 마케팅 측정과정

1. 마케팅에서의 측정

사물을 진실하게 이해하는 가장 좋은 방법 중의 하나가 측정하는 것이다. 측정을 하면 명료해지는 경우가 많다. 마케팅 의사결정을 수행하려면 마케팅시스템에 관련된 많은 요소들을 측정해야 한다.

신제품의 시장 잠재력 측정, 소비자의 인구 통계적이나 행동 반응에 따른 특징 집단 구매자 측정, 신제품이나 상표의 지각, 태도, 선호에 대한 측정, 새로운 광고효과의 측정 등이다. 의사결정에 의미 있는 정보를 제공하기 위해 이러한 마케팅 현상에 대한 측정은 필수적이다.

마케팅에서 측정은 [그림 5-1]에서와 같이 마케팅이론을 구성하고 있는 추상적인 관념의 세계와 실제적인 경험의 세계를 연결시킨다. 측정은 측정하려는 대상의 속성에 대해 일정한 법칙에 근거한 값을 부여하는 것으로 측정 대상물이 지니고 있는 속성을 측정한다. 즉, 소비자나 제품 자체를 측정하는 것이 아니라, 소비자의 연령이나 성격, 또는 제품의 품질 등과 같은 속성을 측정하는 것이다.

[그림 5-1] 측 정

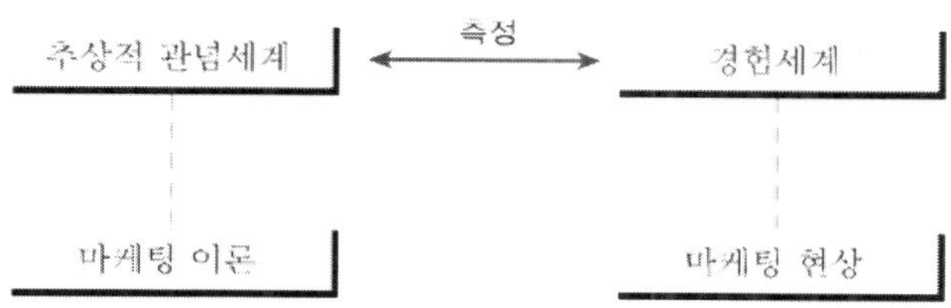

따라서 측정은 일정한 값을 부여하는 과정이므로 측정 대상이 지니고 있는 특성과 일정한 숫자 체계가 직접적으로 연결되어야 가능하다. 즉, 사회적 지위라는 개념을 측정하기 위해서는 관찰 가능한 재산이나 소득수준을 측정하는 방법을 취할 수 있다.

이 때 재산의 양이나 소득 수준은 사회적 지위라는 추상적인 개념을 구체적이고 관찰 가능한 형태로 나타내 주며 그 정도에 따라 일정한 값을 부여한다.

마케팅조사에서는 매출액, 시장점유율, 상표인지도, 광고인지도, 상표별 선호도, 상표별 평가, 구매의도, 구매상표, 방문점포 등 많은 측정 대상이 있고, 이들 대상의 개념에 대한 정의가 나타난다.

2. 마케팅에서 측정의 어려움

물리학과 같은 자연과학에서 다루는 길이, 무게 등의 측정은 비교적 쉽다. 그러나 마케팅과 같은 사회과학에서 다루는 선호, 태도와 같은 인간행동 현상의 측정은 쉽지가 않다[그림 5-2]. 개념적 정의를 수행하고 조작적 정의를 수행할 필요성이 여기에 있다.

[그림 5-2] 측정과정의 어려움

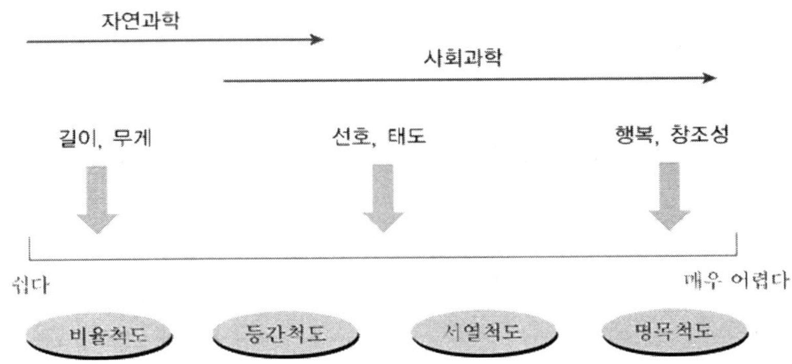

1) 개념적 정의

개념적 정의(conceptual definition)는 그 측정 대상이 갖는 속성에 대한 개념적이고 추상적인 표현이며, 조작적 정의는 그 속성에 대한 경험적이고 구체적인 표현이다. 측정하려는 개념이 관찰 가능한 물리적인 대상과 직접 연결된 경우는 측정상의 어려움이 없으나, 그렇지 않은 경우에는 측정 상 어려움이 따른다.

마케팅에서 언급되는 개념 중에서 상표충성도(brand loyalty)는 관찰 가능한 물리적인 형태가 없어서 직접적인 측정이 불가능하다. 이러한 경우 측정상의 문제점을 해결하기 위한 수단이 조작적 정의이다. 상표충성도의 개념적 정의는 '한 소비자가 선택 가능한 여러 개의 상표 중에서 특정 상표의 제품을 일관성 있게 계속적으로 구매하는 현상'이다.

2) 조작적 정의

개념적 정의만으로는 변수를 측정할 수 없다. 즉, 상표충성도의 조작적 정의는 동종의 제품을 5회 구매했을 때, 그 중에서 4회 이상 동일한 상표의 제품을 구매한 경우를 상표충성도가 강한 것으로 규정할 수 있다. 구매횟수는 실제로 관찰 가능하며 일정한 값을 부여할 수 있기 때문에 측정 가능한 조작적 정의(operational definition)가 될 수 있다. 따라서 조작적 정의는 개념적 정의를 보다 관찰 가능한 형태로 표현해 놓은 것이다.

조작적 정의는 여러 가지 방식으로 표현될 수 있으며, 하나의 개념에 대해 몇 가지의 조작적 정의를 이용하여 측정할 수 있다. 특정한 개념에 대해 규정된 조작적 정의가 있는 것은 아니며, 선택된 조작적 정의가 측정하고자 하는 개념을 어느 정도 잘 대표해 주느냐에 대한 객관적인 평가기준도 없다. 그러므로 조작적 정의에 의한 측정상의 오류가 발생할 수 있다.

제 2 절 마케팅조사에서 사용하는 주요 척도

측정을 측정 대상의 속성에 일정한 값을 부여하는 과정으로 정의하였는데, 이 때 값들 사이의 관계는 측정된 속성들 사이의 관계를 반영하고 있어야 한다. 즉, 제품의 품질에 대해 일정한 값으로 표현해 줄 수 있어야 한다. 제품의 품질을 평가하여 1, 2, 3등급으로 나누고 해당 등급에 대해 1, 2, 3의 값을 부여한다면 1, 2, 3이라는 값은 분명히 제품의 품질들 사이의 관계에 대한 정보를 담고 있다.

이처럼 부여된 값들이 측정하고자 하는 속성들 사이의 관계에 어떠한 의미를 부여해 주느냐에 따라 명목척도, 서열척도, 등간척도 및 비율척도의 네 가지 형태로 구분한다.

1. 명목척도

명목척도(nominal scale)는 측정 대상의 특성을 분류하거나 확인할 목적으로 값을 부여하는 경우이다. 명목척도는 운동선수들의 등 번호를 들 수 있다. 운동선수의 등 번호는 그 선수가 누구인지를 확인해 주는 것이지, 그 숫자가 측정 대상 특성의 양적인 크기를 나타내는 것이 아니다.

또한 주민등록번호에서 뒷부분의 번호의 시작을 남자와 여자에 대해 각각 1 과 2의 숫자를 부여하고 있는데, 여기서 1은 남자집단에 속함을 의미하며, 2는 여자집단에 속함을 의미하는 것이다〈표 5-1〉.

〈표 5-1〉 설문지 상에서 나타난 명목척도의 예

· 귀하의 성별은?
① 남성 ( ) ② 여성 ( )
· 귀하의 수강한 마케팅관련 과목은?
① 마케팅원론 ( ) ② 마케팅조사론 ( ) ③ 소비자행동론 ( )
④ 유통관리론 ( ) ⑤ 인터넷마케팅 ( ) ⑥ 글로벌마케팅 ( )
⑦ 촉진관리론(광고론) ( ) ⑧ 마케팅전략 ( )
· 귀하가 가장 자주 이용하는 백화점은?
① 롯데 ( ) ② 신세계 ( ) ③ 현대 ( ) ④ 한화갤러리아 ( )

이러한 명목척도는 측정 대상을 상호 배타적인 집단으로 구분하는데 이용한다. 상호 배타적인 분류는 명목척도를 이용하여 모든 측정 대상을 어느 한 집단으로 분류할 수 있고, 동일한 집단에 속해 있는 대상은 동일한 척도를 나타낸다.

마케팅에서 명목척도는 상표의 구분, 상점의 유형구분, 판매지역의 구분, 상표의 인지 여부, 소비자의 성별 구분, 직업의 구분 등에 이용할 수 있다.

설문지에서 사용되는 명목척도의 유형은 개방형, 다지선다형 및 양자 택일형 등이 있으며, 개방형의 경우 측정이 끝난 후에 적절한 값을 부여한다.

이러한 척도로 조사한 자료의 분석방법은 교차분석, 부호검정, 캔달의 일치검정, 비율계산, 최빈값, 이항분포검정 등으로 제한되어 있으나 마케팅조사에서 많이 이용되는 척도이다.

2. 서열척도

서열척도(ordinal scale)는 측정 대상 사이의 순서관계를 밝혀주는 척도로서 측정 대상을 특정한 속성으로 판단하여 측정 대상자 간에 대소나 높고 낮음 등의 순위를 부여해 주는 척도이다. 그러나 측정 대상 간 해당 속성의 양적인 비교를 할 수 있는 정보는 제공해 주지 못한다. 즉, 3개의 제품에 대해서 가장 선호하는 순서대로 1, 2, 3의 숫자를 부여한다면, 1이 2나 3보다 더 선호되는 것을 의미하지만, 선호의 정도는 알 수 없고 순위만을 나타낸다〈표 5-2〉.

〈표 5-2〉 설문지 상에서 나타난 서열척도의 예

· 다음의 맥주 상표들에 대한 귀하의 선호도를 적어 주시기 바랍니다. 가장 좋아하시는 것은 ①, 다음으로 좋아하시는 것은 ② 등으로 순위를 표시해 주십시오.

- 하이트 ( )
- OB라거 ( )
- 카스 ( )

· 귀하는 다음 음료브랜드 중에서 좋아하시는 순서대로 번호를 표시하여 주십시오.

( ) 롯데 2%	( ) 코카콜라
( ) 설록차	( ) 펩시콜라
( ) 대추차	( ) 칠성사이다
( ) 게토레이	( ) 포카리스웨트

마케팅에서 서열척도는 정확하게 정량화하기 어려운 소비자의 태도, 선호도, 사회계층 등의 측정에 이용한다. 이러한 척도로 조사한 자료의 분석방법은 중앙값, 서열 상관관계, 서열 사이의 차이분석 등을 이용할 수 있다.

3. 등간척도

등간척도(interval scale)는 속성에 대한 순위를 부여하되 순위 사이의 간격이 동일한 척도이다〈표 5-3〉. 따라서 등간척도에 의해서 얻어진 측정치는 측정 대상이 갖는 해당 속성의 양적인 정도의 차이를 나타내주며, 해당 속성이 전혀 없는 상태인 절대적인 원점은 존재하지 않으며, 임의적인 원점이 존재한다.

〈표 5-3〉 설문지 상에서 나타난 등간척도의 예

· 다음의 맥주상표들에 대한 귀하의 선호도는 어느 정도입니까? ①　　②　　③　　④　　⑤ 전혀 좋아하지 않음　　보통　　매우 좋아함 (　　) 하이트 (　　) OB라거 (　　) 카스 · 귀하의 월 평균소득은 다음 중 어디에 해당하십니까? (　　) 100만원 이하　　(　　) 100~200만원 (　　) 201~300만원　　(　　) 301~400만원 (　　) 401만원 이상

그러나 임의적인 원점만으로는 측정값 사이의 비율계산이 무의미하다. 섭씨 100°와 50°의 차이는 섭씨 50°와 0°의 차이와 동일하지만 섭씨 100°가 50°보다 두 배만큼 더 뜨겁다는 의미를 갖지는 못한다. 왜냐하면 섭씨를 화씨로 전환하면 섭씨 100°는 화씨 212°이며, 섭씨 50°는 화씨 122°이기 때문이다. 동일한 온도일지라도 새로운 등간척도인 화씨의 경우는 측정값이 두 배가 못되며, 0°는 측정하고자 하는 속성인 온도가 존재하지 않는 상태가 아니기 때문이다.

측정하고자 하는 속성이 전혀 존재하지 않는 절대 영점에 부여한 숫자가 0이 아닌 경우는 등간척도가 된다. 등간척도는 평균 계산이 가능하고, 서열척도에 비해 측정된 값에 포함된 정보의 양이 많아 다양한 통계기법을 적용할 수 있다. 마케팅조사에서 상표에 대한 태도, 제품 속성별 소비자 지각 등의 측정에 이용한다.

4. 비율척도

비율척도(ratio scale)는 등간척도가 갖는 특성에 추가적으로 측정값 사이의 비율계산이 가능한 척도이다<표 5-4>. 비율계산이 가능한 이유는 측정하고자 하는 속성이 전혀 존재하지 않는 상태가 0인 절대영점이 존재하기 때문이다.

<표 5-4> 설문지 상에서 나타난 비율척도의 예

· 다음의 맥주 상표들에 대한 귀하의 선호도를 0~100점 사이에서 평가해 주시기 바랍니다. 대단히 좋아함 100, 전혀 좋아하지 않은 0점으로 적으시면 됩니다.
- (　　) 하이트
- (　　) OB라거
- (　　) 카스

· 다음의 스마트 폰 단말기 상표에 대한 귀하의 선호도를 0~100점 사이에서 평가해 주시기 바랍니다.
- (　　) 삼성 갤럭시 4G LTE
- (　　) LG 옵티머스 4G LTE
- (　　) 애플 아이폰 4G LTE

무게의 경우는 무게가 전혀 없는 상태에 0을 부여함으로 이는 절대영점에 해당되며, 무게는 비율의 계산이 가능하다. 즉 10g은 5g보다 두 배 무겁다는 해석이 가능하다.

비율척도로 측정되어지는 마케팅 변수는 매출액, 광고비, 시장점유율, 가격, 소비자의 수, 생산원가 등을 들 수 있다. 비율척도로부터 얻어진 자료는 어떠한 형태의 통계적 분석도 적용이 가능하다.

5. 척도에 따른 분석방법

〈표 5-5〉에서 보듯이 명목척도, 서열척도, 등간척도 및 비율척도 순으로 각 척도로부터 얻어진 자료가 담고 있는 정보의 수준이 높아지며, 보다 정밀한 분석방법이 적용될 수 있다. 비율척도로부터 얻어지는 자료는 거의 모든 분석방법을 적용할 수 있어서 비율척도를 적용하는 것이 자료의 분석 상 유리하지만, 측정하고자 하는 속성에 따라 적용 가능한 척도가 제한되어 있는 경우가 있다.

〈표 5-5〉 척도별 자료의 특성과 분석방법

척 도	기본 특성	분석방법	적용 예
명목척도	숫자를 확인하고 대상을 분류	· 빈도분석 · 교차분석 · 비모수 통계 · 이항분포 검정 · 최빈값	· 제품유형별 분류 · 세분시장 구역분류 · 판매지역 구분 · 상표구분 · 점포의 형태구분
서열척도	대상의 상대적 위치를 지정	· 중앙값 · 서열 상관관계 · 서열 사이의 차이 분석 · 비모수 통계	· 상표 선호도 순위 · 제품 품질 등위 · 사회계층 · 소비자 태도
등간척도	비교된 대상물의 차이, 영점은 임의적으로 정함	· 모수 통계	· 제품 속성별 소비자 지각 · 상표의 태도 · 광고 인지도 · 상표 선호도
비율척도	절대 영점이 존재하고, 척도값 비율을 계산하여 이용	· 모수 통계	· 매출액 · 가격 · 광고비 · 시장점유율 · 소비자의 수

성별과 같은 속성은 명목척도가 적용 가능하며, 상표 선호도의 측정은 서열척도가 적용 가능하다. 서열척도보다는 등간척도가, 등간척도보

다는 비율척도의 경우가 정교한 분석방법을 적용할 수 있으며, 서열척도와 등간척도 사이에는 적용 가능한 분석방법에 있어 상당히 큰 차이가 있다.

서열척도로부터 얻어진 자료로는 제한된 분석방법을 적용할 수밖에 없으므로 가능하면 등간척도 이상의 자료를 얻고자 노력해야 한다.

제3절 마케팅에서 태도의 측정

1. 태도의 개요

소비자들은 지각(perception)을 통하여 제품속성을 받아들이고 난 후 제품을 선호(preference)하게 된다. 선호단계에서 대상과 행위에 대한 평가를 하게 되는데 이러한 평가를 대상에 대한 태도(attitude)라 한다.

태도는 "어떤 대상(제품, 상표, 점포, 서비스 등)에 대한 일관성 있게 우호적, 비우호적으로 반응하는 학습된 선유경향(predisposition)"으로 정의하고 있다. 기업은 자사의 제품과 상표에 대해 호의적인 평가를 하도록 소비자 선호구조를 변화시키는데 성공할 경우, 제품의 시장점유율을 높일 수 있다.

이러한 태도연구는 심리학분야에서 이루어졌으며, 실제로 사회심리학에서 연구한 태도연구의 대부분이 소비상황에서 적용 가능하기 때문에 소비자행동 연구에서 광범위하게 수용되고 있다.

따라서 태도의 측정은 마케팅에서 핵심이 되어 왔으며, 시장세분화 전략에서도 태도에 대한 자료를 바탕으로 이루어지고 있다. 제품에 대한 다른 세분시장의 태도 결정은 포지셔닝 전략을 구축하는 데 필수적이며, 광고의 효율성을 평가하는데 기본적으로 이용되어 왔다. 더욱이 태도와 행동 사이의 관계는 소비자들의 제품 수용의 예측과 마케팅 프로그램을 개발하는 데 있어서 도움을 주고 있다.

2. 소비자 태도의 구성요소

이러한 태도의 구성요소는 인지적 요소(cognitive component), 애정적 요소(affective component), 행동적 요소(behavioral component) 등이 있다.

· 인지적 요소는 개인이 대상에 대해 지니고 있는 일련의 신념으로 이루어진다. 대상을 인지하는 데는 호의적 또는 비호의적, 긍정적 또는 부정적 등과 같은 어떤 속성에 대한 평가적 신념들(evaluative beliefs)이 포함된다.
· 애정적 요소는 태도의 정서적인 측면, 즉, 좋은-나쁜, 미워하는-사랑하는 등과 같이 정서와 관련되는 측면을 다룬다.
· 행동적 요소는 반응을 보일 잠재력 또는 준비상태를 말한다.

소비자 태도의 측정은 직접 관찰할 수 없고, 개인의 심리에 존재하기 때문에 측정이 어렵다. 따라서 태도측정은 이러한 구성 개념의 측정에 대한 다양한 조작적 정의를 개발하고 있다.

태도 측정은 전형적으로 명목척도나 서열척도로 측정되지만, 등간척도와 같은 복잡한 척도로 측정되기도 한다. 그러나 태도측정은 등간척도가 강력한 도구로서 이용되고 있다.

3. 태도와 행동의 관계

태도 연구에서는 태도와 행동 사이의 관계가 있음을 가정하고 있기 때문에 마케팅 의사결정에서 중요하다. 이들 사이의 관계를 측정하기 위해서는 특정 기간 동안 여러 지점에서 동일한 소비자들을 측정해야 한다.

태도에 대한 연구에서는 상표에 대한 태도와 구매행동 사이에 강한 관계가 있음을 발견하였다. 많은 연구에서 태도와 행동과의 긍정적인 상관관계가 나타나고 있지만, 이러한 상관관계는 완전한 것이 아니라는 조사결과도 나타나고 있다.

이는 소비자 선택이 태도에 전적으로 의존하지 않는다는 것을 의미하며, 마케팅 관리자들이 소비자 태도를 가지고 판단하는데 불확실성을 증가시킨다. 이렇게 상관관계가 높지 않게 나타나고 있는 것은 다른 요소들이 작용하고 있음을 보여주는 것이다. 즉, 제품사용 경험이 작용하여 제품이 구매되기 전에 적극적인 태도로 나타날 수 있다.

소비자들이 구매에 높은 관여도를 가지게 될 때, 태도는 선행적으로 행동을 보다 강하게 결정할 것이지만, 낮은 관여도를 가지는 태도는 행동을 결정하는데 약한 역할을 할 것이다. 이는 모든 태도들이 행동과 밀접하게 연결되어 있는 것은 아니며, 소비자들은 결코 구매하지 않을 상표에 대해서도 호의적인 태도를 가질 수 있다. 많은 실증적 연구에서 상표 태도와 실제 선택 행동 사이의 상관관계가 기대한 만큼 높지 않았다.

4. 소비자 태도의 측정절차

태도 측정은 반응자들로부터 태도에 대한 자료를 얻는 것이다. 태도 측정에서 행동의 관찰(observation of behavior)은 반응자의 행동이 반응자의 태도에 근거한다는 가정 속에서 수행된다. 즉, 소비자들의 태도를 측정하기 위해서는 소비자들의 행동을 관찰하고, 그 결과로부터 그들의 태도를 유추해 내는 것이다. 행동으로부터 태도를 유추하는 것은 쉬운 일이 아니다.

이러한 방법의 장점은 소비자들이 모르는 사이에 이루어지기 때문에 편견(bias)을 예방할 수 있다. 그러나 단점은 객관적으로 나타난

행동만을 가지고 소비자들의 진실한 태도를 파악하기가 어렵다는 것이다. 또한 조사자의 주관에 의해 영향을 미칠 가능성이 있다는 단점이 있다.

간접적 기법들(indirect techniques)은 객관적 과제의 수행을 보는 것이다. 대상자의 객관적 과제들의 수행은 대상자의 태도에서 근거하고 있다는 전제에서 이루어진다. 한 사람의 공해에 대한 자세를 추정하기 위해서 공해 정도, 공해제거 과제의 크기, 반공해 입법에 대한 수많은 사실들을 기억하도록 질문할 수 있다.

생리적 반응(physiological reactions)은 대상자들에게 전기적이거나 기계적인 수단을 통하여 제품이나 광고와 같은 자극을 통제된 상태에서 제시하고, 이 자극에 대한 대상자의 반응을 관찰함으로써 태도를 조사할 수 있다. 이러한 생리적 반응측정은 반응의 강도만을 측정하고 방향을 측정할 수 없다.

따라서 복수척도(multiple measures)가 필요하다. 비록 관리하기 쉽기 때문에 자기보고법이 가장 많이 사용된다고 할지라도 조사자가 자기보고 척도의 타당성을 높이기 위해서는 다른 접근법을 알아야 한다.

제 4 절 자기보고 태도측정 척도

자기보고 태도측정 척도는 차이발생법, 양적 판단법 및 등급법이 있다.

1. 차이발생방법

차이발생방법(variability method)은 기본적으로 서열척도에 의한 방법이다. 서열척도는 소비자들에게 태도 대상을 제시하고, 어떤 기준에 의해서 서열을 정하도록 하는 방법이다. 이 방법은 소비자들로 하여금 각 제품에 대해 순위를 정하도록 함으로써 그들의 상표 선호도나 상표 선택행동을 어느 정도 정확하게 파악할 수 있기 때문에 소비자들의 태도를 측정하는데 적합하다고 할 수 있다. 차이발생법에는 쌍대비교법, 순위법, 항목순위법 등이 있다.

1) 쌍대비교법

쌍대비교법은 두 개의 자극을 한 쌍으로 만들어 두 개 자극 중에서 어느 한쪽이 다른 것보다 더 좋은지를 나타내는 방법이다. 이러한 쌍대비교법에서 문제가 되는 것은 쌍을 비교한 측정값 간에 모순성이 있을 때이다.

소비자들의 제품 평가에서 제품 A가 B보다, 제품 B가 C보다, 그리고 제품 C가 A보다 뛰어나다고 평가하는 경우이다. 이렇게 응답에 일관성이 없을 때는 그 모순성의 정도가 얼마나 심각한지를 고려하여 전체 제품의 순위를 결정해야 한다.

따라서 이 방법에서는 각 쌍에서 어느 제품이 얼마만큼 우수한지를 표시하게 하든지, 두 제품 사이에 차이가 없다는 응답을 할 수 있도록 척도를 만들어야 한다.

- 다음 스마트 폰 제품의 품질을 평가해 주세요. 우수한 것에 ○표해 주십시오.
  - (   )삼성 갤럭시 - LG 옵티머스 (   )
  - (   )LG 옵티머스 - 애플 아이폰 (   )
  - (   )삼성 갤럭시 - 애플 아이폰(   )

2) 순위법

순위법(ranking)은 여러 개의 자극들이 가지고 있는 특정 속성의 정도에 따라 측정 대상의 순위를 정하는 방법이다. 4개의 상표를 응답자에게 제시하고 제품이 잘 작동되는 정도에 따라 그 순위를 정하게 하는 것이다.

순위를 정하는 것은 응답자들이 자주 경험하여 익숙하기 때문에 비교적 응답이 쉽고 시간이 적게 드는 장점이 있다. 그러나 비교해야 할 대상 제품의 수가 많아지면 대상 제품들의 순위를 정하는데 어려움이 있다.

일반적으로 자극이 5개 이상이 되면 비교상의 어려움이 따르는 것으로 알려져 있다. 이러한 단점을 보완하기 위해서는 순위법을 변형한 방법으로 전체 자극들 중에서 상위 몇 개만 선택하게 하거나 상위로 선택된 것들에 대하여 쌍대비교법을 통하여 재측정하는 방법을 이용할 수 있다.

· 귀하는 다음의 스마트 폰 상표를 얼마나 좋아하시는지요. 가장 좋아하시는 것을 1번, 다음으로 좋아하시는 것을 2번 등 좋아하시는 순위대로 적어 주십시오.

(　　) 삼성 갤럭시
(　　) LG 옵티머스
(　　) 애플 아이폰

3) 항목순위법

항목순위법(ordered category sorting)은 여러 개의 자극들을 특정 속성을 가지고 있는 정도에 따라 순서대로 몇 개의 집단으로 나누는 것을 말한다.

20개의 스마트 폰 단말기를 제시해 주고, 속도의 빠르기 정도에 따라 (1) 아주 빠름, (2) 보통, (3) 아주 느림의 3개 항목으로 표시되는 집단으로 분류하는 것이다.

이 방법은 자극의 수가 15개 이상으로 많을 때 매우 유용하며, 특히, 응답자들이 순위를 매길 정도로 자극에 대하여 정확히 알고 있지 못할 때 많이 쓰인다. 이 방법은 연구 상황에 따라 각 속성집단에 해당될 자극의 수를 미리 정하는 방법과 그렇지 않은 방법이 있고, 각 항목들을 서열척도로 정하는 방법과 등간척도로 정하는 방법이 있다.

• 다음에 전시된 20개 스마트 폰 단말기를 평가순위에 따라 분류해 주십시오.
(1) 아주 빠름 :
(2) 보통임 :
(3) 아주 느림 :

2. 양적 판단법

양적 판단법(quantitative judgement method)은 조사자가 원하는 자료가 등간척도일 경우에 사용하는 방법으로 이는 직접 판단법, 비율분할법, 고정총합척도법 등이 있다.

1) 직접 판단법

이 방법은 등급법과 거의 동일한 방법이며, 측정값을 등간척도나 비율척도로 간주하는 것에서 차이가 난다. 직접 판단법(direct judgement method)은 가능한 반응을 항목으로 규정하는 반응제한법(limited response category)과 자유롭게 반응할 수 있는 반응자유법(unlimited response category)으로 나누는데, 이 때 기준점을 제시하거나 자유롭게 일직선상에 자신의 반응을 표시하게 할 수 있다.

반응자유법은 정확하게 자신의 의견을 표시할 수는 있으나, 이 자료를 집계할 때 어려움이 많다. 반면에 반응제한법은 정확히 자신의 의견을 표시하기는 어려우나 집계하기가 편하다는 장점이 있다.

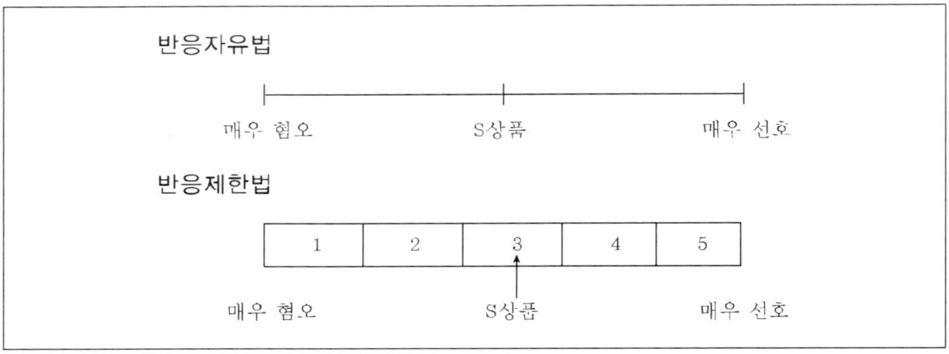

2) 비율분합법

비율분할법(fractonation)은 응답자에게 기준이 되는 자극과 조사하고자 하는 자극 2개를 주고, 특정 속성에 대하여 그들 사이의 비율을 숫자로 표시하게 하는 방법이다. 즉, 설탕과 그린스위트를 주고 설탕의 단맛을 100으로 했을 때 그린스위트의 단맛을 숫자로 표시하게 한다. 그린스위트가 설탕의 50% 정도 단맛이 난다고 하면 "50"이라는 수로 평가하게 하는 방법이다.

· 귀하는 단맛을 선택하는데 설탕 단맛의 정도를 100점으로 평가한다면, 그린 스위트 단맛의 정도는 몇 점 정도라고 생각하십니까?
( ) 그린 스위트의 단맛
(100) 설탕의 단맛

3) 고정총합척도법

고정총합척도법(constant sum method)은 응답자에게 일정한 수를 주고, 이를 평가대상에 대해 할당하도록 하는 방법이다. 보통 10이나 100을 주고 평가대상의 상대적인 중요도나 선호도에 따라 할당하게 하는 방법이다.

이 방법은 측정결과가 비율척도인 자료를 얻을 수 있다는 점에서 분석 상 유리한 장점도 있으나, 평가대상이 많아지면 점수를 할당하는데 어려움이 따르는 단점이 있다. 그러나 간단하고 사용이 간편하므로 자주 이용되고 있다.

이러한 양적 판단법으로 측정한 자료는 등간척도나 비율척도로 간주되고 있으나, 이에는 응답자 자신이 생각하는 척도항목(scale unit), 즉 기준점을 설명하는 언어 수에 대한 인식이 개인별로 또는 시간별로 다를 수가 있다. 또한 척도의 맨 끝에 위치하는 기준점에 대한 인식이 다를 수 있으며, 심한 경우에는 동일시기에 동일인에게 측정할 때에도 질문 문항에 따라 응답이 달라질 수 있다.

이러한 문제점이 있으나, 많은 연구들이 이를 거의 묵인하거나 약간의 수정을 통해 등간척도나 비율척도로 간주하여 분석하고 있다. 따라서 정확한 측정값을 구할 수 있도록 해야 하며, 본 조사를 수행하기 전에 세심한 사전조사(pre-test)를 거쳐 수정 · 보완하는 것이 바람직하다.

· 귀하는 개인용 컴퓨터를 선택하시는 경우 다음의 속성들이 얼마나 중요하다고 생각하십니까? 중요도의 전체 합이 100점이 되도록 각 속성의 중요성에 따라 100점을 분배해 주십시오.

( ) CPU성능
( ) 하드디스크 용량
( ) 램 메모리
( ) CD롬 배속
( ) 가격
100 합계

3. 등급법

등급법(rating method)은 사용하기 쉬운 척도법으로 가장 많이 사용되고 있다. 등급법의 표현방법은 글(verbal), 숫자(numeric) 그림(graphic) 등이 있는데, 일반적으로 숫자법과 언어법이 많이 사용된다.

이 방법은 항목순위법이나 양적판단법과 유사한 기법이며, 등급법을 등간척도로 간주할 경우에는 양적판단법과 유사하며, 등급법을 서열척도로 간주한 경우에는 항목순위법과 유사하게 사용할 수 있다. 이러한 관점에서 등급법은 항목 순위법과 양적 평가법을 모두 포함하는 일반적 기법의 개념으로 사용할 수 있다.

일반적으로 서열척도로 간주할 경우에는 적용할 수 있는 분석기법이 비모수 통계기법으로 제한이 되고, 등간척도로 간주할 경우에는 적용 가능한 통계기법들이 많아짐으로 분석의 편의상 등간척도로 간주하는 경우가 많다.

일반적으로 등급법에는 글을 이용한 등급법, 숫자를 이용한 등급법, 의미차별화 척도법, 리커르트 척도법 등이 있다.

1) 글을 이용한 등급법

글을 이용한 등급법은 숫자를 표시하지 않고 언어로만 표시하는 방법이다.

· 삼성 갤럭시 S4 LTE는 경쟁상표와 비교할 때 어떻다고 생각하십니까?
( ) 경쟁제품보다 품질이 우수하다.
( ) 경쟁제품보다 품질이 조금 우수하다.
( ) 경쟁제품보다 품질이 동등한 수준이다.
( ) 경쟁제품보다 품질이 조금 못하다.
( ) 경쟁제품보다 품질이 형편없다.

2) 숫자를 이용한 등급법

숫자를 이용한 등급법은 각 항목의 설명에 그 항목의 차이를 숫자로 표시하는 방법이다.

· 귀하는 최근에 구입한 스마트폰 상표에 대한 만족도는 어느 정도입니까?
다음 척도 상에서 적당한 번호에 표시해 주십시오.
(1) 아주 불만족했다.
(2) 조금 불만스러웠다.
(3) 보통이었다.
(4) 조금 만족스러웠다.
(5) 아주 만족스러웠다.

3) 의미차별화 척도법

의미차별화 척도법(semantic differential scale)은 자료수집과 자료 분석과정에서 다변량분석에 적용이 가능한 자료를 획득할 수 있는 방법이다. 이 방법은 기업이미지나 광고이미지에 대한 소비자 태도의 방향과 정도를 알려고 할 때 이용한다.

이 척도의 장점은 소비자가 자신의 태도 특성을 도표 상에 알기 쉽게 직접 묘사시킬 수 있다는 점이다.

· 현재 소유하고 계신 스마트폰 상표에 대해 다음의 속성을 이용하여 평가해 주십시오.

무겁다	-1	-2	0	1	2	가볍다
잡음이 심하다	-1	-2	0	1	2	잡음이 전혀 없다
세련되지 못함	-1	-2	0	1	2	아주 세련됨
비싸다	-1	-2	0	1	2	아주 싸다
느리다	-1	-2	0	1	2	빠르다

〈그림 5-4〉 은행 A, B에 대한 의미차별화 척도

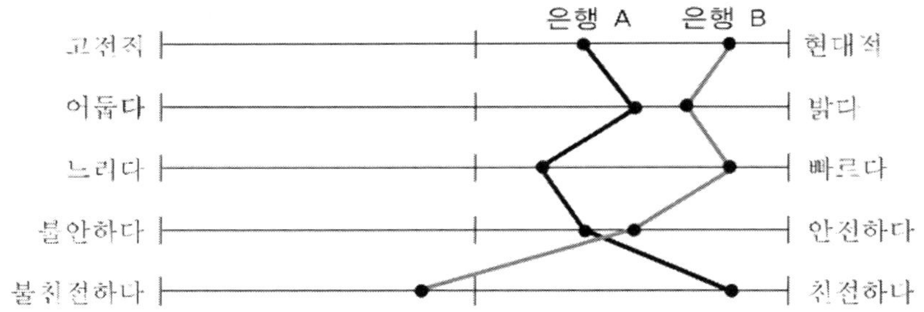

이 의미차별법의 결과는 은행 A에 대한 태도가 은행 B에 대한 태도보다 더 호의적인 쪽으로 나타나고 있다는 것을 알 수 있다.

4) 리커르트 척도법

리커르트 척도(Likert type scale)는 조사자가 준비하기가 용이하고, 소비자들도 응답하기가 쉽다는 이점 때문에 태도조사에 많이 사용되고 있다. 이는 각 태도문항들에 대한 응답이 하나의 독립된 척도로 취급될 수도 있고, 그들 문항 점수를 총합하거나 가중 점수를 산출하여 태도차원으로 취급할 수 있다는 신축성이 장점이다.

· 귀하는 현재 소유하고 계신 스마트폰을 이용하면서 평소 느끼셨던 생각을 항목별로 아래의 기준을 이용하여 응답하여 주십시오.

① 스마트폰의 무게가 가볍다 ( )

①	②	③	④	⑤
강하게 비동의	비동의	보통	동의	강하게 동의

② 스마트폰은 속도가 아주 빠르다 ( )

①	②	③	④	⑤
강하게 비동의	비동의	보통	동의	강하게 동의

리커르트 척도는 응답자들에게 서술형으로 작성된 질문 항목에 대해 동의 또는 비동의 정도를 표시하도록 하는 방법이다.

리커르트 합산 등급법(the Likert method of summated rating)은 다음과 같다. 응답자들을 학부학생들과 대학원생 두 집단으로 나누어 각각 50명씩 조사하여 특정 항목에 대해 다음과 같은 표가 나타났다고 하자.

〈표 5-6〉 한 질문에 대한 두 집단의 평균차이

	측정값	대학원생 집단		학부생 집단	
	f	x	f_x	y	f_y
강하게 동의	5	28	140	2	10
동의	4	14	56	6	24
보통	3	6	18	18	54
비동의	2	2	4	20	40
강하게 비동의	1	0	0	4	4
		50	218	50	132

대학원생 집단이 218점, 학부학생이 132점으로 대학원생 집단이 동의 정도가 높다고 말할 수 있다.

제5절 오차의 개념

마케팅 조사자가 측정하고자 하는 마케팅 현상과 측정상의 숫자 체계가 직접적으로 연결 가능한 경우라면 측정상의 오차는 거의 발생하지 않는다. 또한 측정하고자 하는 속성을 정확히 반영할 수 있는 측정 도구가 있다면, 측정은 쉽고 정확하게 이루어질 수 있다.

그러나 실제로 사회 심리적 속성을 측정하는 경우에는 측정하고자 하는 속성의 규명도 어려울 뿐만 아니라, 측정 도구가 거의 개발되어 있지 못하여 모든 경우에 측정상의 오차가 나타나게 된다. 이러한 측정에서 개입되는 오차는 여섯 가지가 있다.

· 측정 대상자의 기분, 피로감, 건강 상태 등으로 인한 각 측정시점에서의 측정 대상자의 일시적인 상태의 변화
· 각 측정이 이루어지는 환경적 요인의 변화
· 자료수집 방법이나 설문지의 모호성 등으로 인한 측정 방법이나 측정 도구의 불완전성
· 측정 도구에 익숙한 정도, 측정 도구에 대한 반응형태의 차이 등으로 인한 측정 도구와 측정 대상의 상호 작용
· 측정자의 신분, 태도의 차이 등으로 인한 측정자와 측정 대상의 상호 작용
· 측정된 자료의 분류와 처리과정에서의 오차

이러한 원천으로부터 발생하는 오차는 체계적 오차와 비체계적 오차가 있다. 체계적 오차는 측정 시 항상 일정한 방향으로 나타나는 오류이며, 비체계적 오차는 측정할 때마다 그 방향이 일정하지 않게 나타나는 오차이다.

눈금이 잘못 조정된 저울로 무게를 달면 매번 측정할 때마다 항상 동일한 방향으로 오차가 발생하게 되는데 이것이 체계적 오차이고, 여러 개의 저울로 하나의 제품의 무게를 달면 각 저울이 가리키는 눈금의 차이가 있을 수 있는데 이것은 비체계적 오차이다.

이러한 측정의 오차를 신뢰도와 타당성과 관련지어 보면, 타당성의 개념은 체계적 오차와 관련되고, 신뢰도의 개념은 비체계적 오차와 관련되어 나타난다.

제 6 장 자료수집형태 : 설문지 작성

도입 사례

Reebok

1. 리복의 시장조사를 통한 미국시장 진출 사례

우리에게 잘 알려져 있는 리복(Reebok)은 영국의 신발 제조기업으로써 오랜 역사를 가지고 있으나, 1980년까지만 해도 조그만 기업에 불과하였다. 1980년 리복이 미국에 처음 진출할 때 미국의 신발시장은 매우 경쟁이 심했고, 신발산업이 급신장하고 있을 시기였다. 그 당시 미국은 10억 달러의 신발시장을 놓고 나이키와 아디다스, 컨버스가 시장을 주도하며, 대대적인 광고전략을 수행하고 있었고, 그들의 시장점유율은 각각 30%, 10%, 10%를 기록하고 있었다. 신발 종류는 조깅화, 테니스화, 농구화 등으로 신발이 기능화되어 있었으며, 신발의 구조도 운동 중 상처를 입지 않도록 기술적으로 잘 디자인되어 있었다.

'리복(Reebok)'은 아프리카산의 귀엽고 빠른 사슴의 이름이라고 한다. 이들은 소비자에게 회사의 인지도를 고려하고, 제품의 좋은 이이지를 심어주기 위해서 회사이름을 리복이라고 하였다. 이러한 상황에서 리복은 미국시장을 어떻게 성공적으로 진입하였는가? 이들은 오랫동안 만들어 오던 조깅운동화를 미국의 거대기업과 제휴하여 미국시장에 진입하였으나, 성공을 거두지 못하였다.

따라서 리복은 그 이유를 파악하기 위하여 마케팅조사를 수행하였다. 그 결과, 미국의 운동화 시장에는 미국기업들이 취급하지 않고 있는 두 개의 새로운 시장을 발견하였다. 즉, 지각도에서 에어로빅 운동화 시장과 운동화에 패션을 가미한 패션운동화 시장이 비어 있는 것을 파악하고, 이들 시장에 내놓을 신제품을 개발하기로 하였다. 우선 에어로빅 운동화는 색상을 다양하게 하였고, 매력적인 디자인을 채택하였으며, 운동화의 발등 부분에 부드러운 가죽을 사용함으로써 부드러운 감촉을 주도록 하였다. 처음에는 이 제품을 에어로빅 강사에 샘플로 제공하였고, 그 후에는 대대적인 광고를 하였다. 그 결과, 1986년에 리복은 미국시장의 31.2%까지 시장점유율을 높임으로써 미국시장을 주도하게 되었다.

자료원 : http://www.bestreits.com

본 장에서는 어떻게 설문지를 작성하는지에 관한 이론들을 제시하고 설문지 예를 제시하고자 한다. 그리고 이 설문지를 기반으로 하여 본 저서의 나머지 분석방법 전체를 SPSS를 통하여 분석하는 것을 보여주고자 한다.

제 1 절 설문지의 구성내용

경영자들은 마케팅조사를 '설문지를 작성하여 소비자를 상대로 조사를 실시하고 이를 통해 얻어진 자료를 분석하는 과정'으로 알고 있다. 이러한 설문조사를 위해서 사전에 연구 목적과 조사 설계에 대한 치밀한 사전 준비과정이 필요하나, 대부분의 사람들은 설문지 작성과 실사를 마케팅조사의 전부로 인식하고 있을 정도로 연구조사에서 설문지가 차지하는 비중이 크다.

설문지는 조사과정에서 조사 목적에 맞는 유용한 자료를 수집하는 수단이며, 이를 통해 얻어진 자료를 분석하여 마케팅조사의 결론에 도달하도록 하는 중요한 수단이다. 실제로 실증 연구에서는 설문지 작성의 오류로 인하여 조사 목적을 달성하지 못하는 경우가 있다. 즉, 분석단계에서 수집된 자료가 결론을 이끌어 내기에 불충분하다면, 조사 자체가 무의미한 것이다.

따라서 이러한 오류를 사전에 예방하고, 연구 목적에 보다 적합한 자료를 얻어낼 수 있는 설문지를 작성하기 위해서는 사전준비를 치밀하게 해야 한다. 설문지 작성 시에 오류를 줄이기 위해서는 필요한 정보의 유형과 측정 방법, 분석 방법과 분석 내용 등을 고려해야 한다. 즉, 설문지의 완성 시점에서는 조사 설계와 분석 방법의 결정이 전제된 상태이며, 조사 결과에 대한 개괄적인 방향도 추정할 수 있어야 한다.

설문지는 1차 자료를 이용한 실증조사의 핵심이 되기 때문에 설문지 작성에 많은 시간과 노력을 투입해야 한다. 즉, 1차 자료를 수집하기 위해 설문지를 적절하게 작성하는 일은 마케팅조사 결과의 유용성에 결정적인 영향을 미치고, 수집된 자료에 적용할 수 있는 분석방법도 제한되기 때문이다.

마케팅 조사자는 정보욕구를 근거로 하여 마케팅조사에서 얻고자 하는 정보의 내용과 분석을 위하여 적용하려는 통계분석 방법을 사전에 고려하여 설문지를 작성해야 한다.

일반적으로 설문지는 가능한 한 표준화된 설문지를 작성하는 것이 바람직하다. 표준화된 설문지를 작성해야 여러 명의 응답자들이 이용하더라도 설문의 일관성이 있어 응답자들의 응답이 비교가능하기 때문이다.

각각의 조사자들이 응답자들에게 조금씩 다른 질문을 한다면 얻어진 자료들의 일관성이 없어 분석의 의미가 없어진다. 따라서 표준화된 설문지를 사용하면 자료의 처리나 분석에 상당한 시간과 노력을 절약할 수 있다. 특히, 표본의 수와 설문의 수가 많을 경우에는 시간과 노력의 절감효과가 더욱 크게 나타난다. 설문지는 일반적으로 다섯 가지의 부분으로 구성한다.

1. 응답자에 대한 협조요청

이는 마케팅 조사자나 조사기관의 소개, 조사의 취지 설명 및 개인적인 응답항목에 대한 비밀보장을 확신시켜 줌으로써 마케팅조사의 응답률을 높이고 각각의 설문 항목에 대한 응답을 보다 쉽게 얻어내기 위한 것이다. 마케팅 조사자가 직접 면접을 실시할 경우에는 이 내용을 직접 구두로 전달하기도 하며, 우편조사를 실시할 경우에는 문장으로 조사의 취지와 협조를 부탁하는 부분이다.

2. 식별자료

식별자료(identification data)는 각 설문지를 구분하기 위한 식별번호와 추후의 확인조사를 위한 응답자의 이름이나 주소, 또는 조사를 실시한 면접자의 이름과 면접 일시를 기록하는 부분으로 일반적으로 설문지의 서두에 나타나게 된다.

3. 지시사항

지시사항은 마케팅 조사자가 직접 조사를 실시할 경우에는 마케팅 조사자가 직접 설명을 해줄 수 있는 부분이지만 우편으로 할 경우에는 응답자 혼자서 전체 설문지를 완성시킬 수 있도록 상세한 작성법을 기록해야 한다. 즉, 각 항목마다 응답 방법이나 응답 순서 등 응답자가 설문지의 모든 항목을 어려움 없이 응답하고, 이를 조사기관이 회수하기까지의 모든 과정에 대한 상세한 지시사항을 수록해야 한다.

4. 필요한 정보의 획득

이는 설문지 작성의 가장 중요한 부분으로 연구 목적에 필요한 대부분의 자료가 수집되는 부분이다.

5. 응답자의 분류를 위한 자료

이는 응답자들의 특성을 파악하기 위한 자료들로 우편조사의 경우에는 응답자가 직접 작성하는 부분이다. 주로 응답자의 인구통계학적 변수들을 조사하게 되는데, 응답자의 인격 침해가 되지 않도록 주의하여 꼭 필요한 항목만을 골라 질문해야 한다.

이러한 이유로 대개 설문지의 가장 뒷부분에서 조사되어지나, 할당 표본법과 같이 사전에 응답자의 특성을 파악해야 할 경우에는 조사의 첫 부분에서 질문하기도 한다.

제 2 절 설문지 작성의 일반적인 과정

설문지를 작성하는 일반적인 과정이 [그림 6-1]에 제시되어 있다. 설문지의 작성 과정은 정확한 공식에 의해서 수행되는 것이 아니라, 오랜 경험의 축적과 시행착오를 통해서 습득되는 것이다. 따라서 작성된 설문지 초안으로 마케팅 조사자가 의도한 자료들을 정확하게 획득하기 어렵기 때문에 각 단계에서 수시로 문제점을 파악, 수정하여 점진적으로 설문지를 완성시켜야 한다.

설문지의 작성 과정에서 고려해야 할 사항은 설문지 작성에서 발생하는 오류를 줄여야 하기 때문에 이러한 오류를 사전에 인식하고, 예방함으로써 전체적인 설문지 작성의 오류를 극소화할 수 있다.

[그림 6-1] 설문지 작성과정

1. 필요한 정보의 결정

마케팅조사는 마케팅 의사결정에 필요한 정보를 제공하기 위해서 수행된다. 설문지 작성에서 마케팅 조사자의 결정사항은 설문조사를 통하여 얻어야 할 정보가 무엇인지 하는 것이다. 마케팅 조사자는 조사를 통하여 여러 개념들 사이의 상호 관계를 파악하려 한다.

이러한 개념들은 실제 사회에서 측정 가능한 형태로 조작적 정의(operational definition)되며, 이는 설문지를 통해 측정된다. 따라서 마케팅 조사자는 조사 목적을 달성하기 위해 필요한 개념들이 어떠한 것들이며, 이러한 개념들은 어떻게 조작적으로 정의되고 측정될 수 있는지에 대한 이해가 설문지 작성에 우선하여 이루어져야 한다.

여기서 마케팅 조사자가 유의할 점은 정보의 유형을 세부적으로 분류하여 결정해야 하는 것이다. 즉, 소비자 조사에서 소비자들의 인구 통계적 변수에 대한 정보를 얻는다는 정도로 설문지를 작성하면 안 되며, 인구 통계적 변수에서 연령, 성별, 학력, 소득, 종교 등이 필요한지, 학력은 교육을 받은 정도를 초등학교, 중학교, 고등학교, 대학교 및 대학원 이상 등으로 조사하면 충분한지 등을 결정해야 한다.

2. 자료수집방법의 결정

설문지 작성의 두 번째 단계는 자료수집 방법의 결정이다. 설문조사에 의하여 자료를 수집할 때 이용 가능한 자료수집 수단으로는 우편조사, 전화조사, 직접 면접조사가 있으며, 이들 방법 중 어떤 방법을 선택하느냐에 따라 조사시간, 비용 및 조사형태가 달라질 수 있다.

전화조사는 조사시간의 제약 때문에 설문지를 너무 길게 만들면 응답자의 협조를 얻기가 힘들며, 우편조사는 응답자가 설문지에 기재되어 있는 작성요령을 보며 혼자서 설문에 응답을 해야 하기 때문에 상세한 지시사항을 첨부해야 한다.

이와 같이 자료수집 방법은 설문지의 형태, 양과 표현 방식에 큰 영향을 미칠 수 있기 때문에 설문지를 작성하기에 앞서 이러한 자료수집 방법을 미리 결정하고 이에 맞는 설문지를 작성해야 한다.

1) 대인면접법

대인면접법은 2~3시간까지도 면접이 가능하나, 일반적으로 1시간이 초과하면 응답자의 호응도가 낮아지며, 무응답 비율이 늘어난다. 이 방법은 개방형질문(open-ended question)의 사용도 용이하며, 심층면접(depth interview)이 가능하다는 장점이 있으나, 조사자의 능력이나 기분상태에 따라 응답자의 응답내용이 달라질 수 있기 때문에 면접방법의 표준화에 대한 노력이 필요하다.

2) 전화면접법

전화면접법은 전화가 있는 사람에게만 가능하며, 이 방법은 전화보급률이 문제가 되며, 우리나라는 현재 전화보급률이 100인당 50대로 급속히 신장하여 대표성에 약간의 문제점이 있기는 하지만, 이용에 별 무리가 없을 것으로 보인다.

이 방법은 조사의 속도가 빠르고 일반적으로 경비가 적게 드는 장점은 있으나, 설문의 내용이 10분 정도를 초과하면 응답자들의 응답률이 떨어지는 단점이 있어서 설문내용을 간결하고 누구나 알기 쉽게 작성해야 한다.

3) 우편조사법

우편조사법은 우리나라에서는 응답률이 너무 낮아 보편적으로 사용되지 않는 방법이다. 이 방법은 사용할 때에는 설문의 내용이 30분 이내에 응답할 수 있도록 작성해야 하며, 응답의 방법이나 순서 등을 자세히 지시해 주어야 한다.

3. 개별 항목의 내용결정

설문지를 통해 조사하고자 하는 개념들이 확정된 후에는 이 자료를 얻기 위한 개별적인 질문들로 구성해야 한다. 개념의 정확한 측정을 위해 각 질문들을 설문지에 포함시킬 것인지, 또 이러한 질문을 하였을 때 과연 응답자들로부터 자료를 얻을 수 있는지를 검토해야 한다. 즉 설문지에 필요 없는 질문이 들어가는 것을 막는 과정으로 다음 요인을 고려해야 한다.

1) 응답 가능한 질문

설문지에 나타나는 많은 질문 중에는 응답자가 불확실한 정보로 인하여 대답을 하기 어렵거나 정확한 정보를 갖고 있지 못할 경우가 많다. 즉, 연구자가 이론적으로는 쉽게 얻어낼 수 있다고 가정하는 정보의 많은 부분이 응답자들에게는 정확하게 대답하기 어려운 경우가 있다.

에너지절약에 대한 소비자들의 인지도를 조사하는 경우에서 "현재 에너지 절약마크가 부착된 제품을 사용하십니까?"라는 질문에 앞서 "현재 에너지 절약마크를 아십니까?"라는 질문을 추가함으로써 에너지 절약마크를 아는 응답자만 자료를 처리할 수 있게 하고, 이를 통해 측정상의 오류를 감소시키는 것이 바람직하다.

또한 응답자가 쉽게 응답을 할 수 없는 경우로 응답자가 답을 기억하지 못하는 경우가 있다. 소비자들에게 처음이라는 의미는 중요함으로 결혼 후 처음으로 구입한 제품명을 대부분의 소비자들이 기억하고 있을 수 있으나, 5번째 구입한 제품명을 기억하는 소비자는 거의 없을 것이다.

이와 같이 응답자들은 그들에게 중요한 의미를 갖거나 또는 최근에 일어난 사건들에 대한 질문에는 비교적 정확하게 응답을 할 수 있으나, 그렇지 못한 경우에는 불확실한 응답을 하거나 응답을 하지 않을 수 있다.

2) 응답할 수 있는 질문

응답자가 질문에 대한 정답을 알고 있는 경우에도 이를 모두 설문지에 기록할 수 있는 것은 아니다. 응답을 즉시 할 수 없는 경우나 정답을 알면서도 대답하기를 원하지 않을 수도 있다.

"당신의 아내가 지난 1년 동안 신용카드를 이용해 구매한 제품의 총 가격은 얼마입니까?"라는 질문을 하면, 즉시 대답할 수 없을 수도 있다. 또한 어떤 질문들은 응답자가 정확한 답을 알고 있어도 대답을 회피하는 경우로 개인적인 인구 통계적 변수들을 물어볼 때 많이 발생한다. "당신의 한 달 소득이 얼마입니까?"라는 질문이나 여자들에게 나이를 물어 보았을 때 응답을 거부하는 경우 등이다.

3) 꼭 필요한 질문

연구자들은 조사 목적에 맞는 항목들로 설문지를 구성해야 한다. 대부분의 설문지에서는 조사 목적을 더 신중하게 고려했다면, 첨가하지 않아도 될 항목을 많이 포함하고 있는 것을 발견할 수 있다.

소비자들의 라이프사이클을 파악하기 위해 아이들의 수와 각 아이들의 나이를 조사하게 되는데, 실제로는 이 중 막내 아이의 나이만 물으면 가능한 경우가 있다.

4. 응답형태의 결정

마케팅 조사자들은 필요한 질문의 내용을 확정한 다음에 각 항목별로 응답의 형태를 결정해야 한다. 즉, 개방형 질문과 같이 응답자에게 자유롭게 응답을 할 수 있도록 할 것인지, 다지 선다형으로 여러 개의 가능한 반응을 제시해 주고, 이 중 하나를 선택하게 할 것인지를 결정해야 한다. 응답의 형태는 얻어지는 자료의 내용과 사용할 통계분석의 선택에 큰 영향을 미칠 수 있기 때문에 신중하게 결정해야 한다.

일반적으로 응답의 형태로는 크게 개방형 질문(open-ended questions), 다지 선다형(multiple choice questions) 및 양자 택일형(dichotomy questions)의 세 가지를 들 수 있으며, 각 방법의 내용과 장 · 단점을 살펴보면 다음과 같다.

1) 개방형 질문

이는 응답자가 할 수 있는 응답의 형태에 제약을 가하지 않는 형태로 응답자가 질문에 대해 자신의 의견을 자유롭게 표현할 수 있게 하는 방법이다.

· 귀하가 갤럭시 S4를 구입한 이유는 무엇입니까? ( )
· 당신이 좋아하는 스타일의 스마트 폰 단말기는 어떤 것입니까? ( )

이러한 개방형 질문이 갖고 있는 장 · 단점과 가장 효과적으로 이용될 수 있는 상황은 다음과 같다.

(1) 장점

- 다른 형태의 응답에 비해 응답자에게 자유롭게 응답을 하게 해줌으로써 응답자의 의견을 존중하는 느낌을 주게 된다. 일반적으로 설문지의 첫 질문은 주로 개방형 질문을 함으로써 응답자의 관심과 협조를 유도하는 것이 좋다.
- 이 방법은 응답자에게 가능한 응답의 범위에 제한을 두지 않음으로써 응답자의 모든 가능한 의견을 얻어낼 수가 있으며, 이를 통해 마케팅 조사자가 생각하지 못했거나 예상하지 못했던 정보나 문제를 발견할 수 있다. 따라서 조사자가 탐색조사를 하려는 경우 유용하게 이용될 수 있는 방법이다.

(2) 단점

- 다양한 응답을 가져옴으로써 자료처리를 위한 코딩이 어렵다는 것이다. 즉, 코딩을 하기 위해 각 설문지마다 모든 항목의 응답들을 검토하고 각 설문지의 항목별로 그에 맞는 수치를 일일이 부여해야 하기 때문에 다른 형태에 비해 코딩을 위한 시간과 인력이 많이 든다.
- 응답내용이 정확히 몇 개의 항목으로 구분되지 않는 경우에는 정확한 분류가 어려워 획득된 자료의 많은 부분이 분석에서 제외되는 경우도 발생할 수 있다.

2) 다지 선다형

이는 개방형 질문과는 달리 응답자가 대답할 수 있는 응답 내용을 몇 가지로 제한하는 방법이다. 즉, 연구자가 가능한 대답의 항목들은 사전에 결정하여 응답자들에게 제시해 주고 이 중 하나를 선택하게 하는 방법이다.

· 귀하의 학력은 다음 중 어디에 해당됩니까? (　　　)
　① 초등 졸　② 중　졸　③ 고　졸　④ 대학교 졸　⑤ 대학원 이상
· 귀하가 삼성전자의 스마트폰 상표의 갤럭시 S4를 구매하신 가장 중요한 이유는 무엇입니까? (　　　　)
　① 통화품질이 뛰어나서　　② 가격이 저렴하기 때문에
　③ A/S를 잘 해주기 때문에　　④ 다양한 첨단기능이 있어서
　⑤ 디자인이 마음에 들어서　　⑥ 사이즈가 적절해서
　⑦ 기타(구체적으로)

이상과 같이 조사자가 사전조사 등을 통해 가능한 응답들을 전부 고려하여 이 응답들을 대표할 수 있는 몇 가지의 응답을 응답자들에게 제시해 주고, 이 중 하나 또는 그 이상을 선택하게 하는 방법이다.

질문을 다지 선다형으로 만드는 경우에는 제시되는 응답의 항목들은 상호 배타적(mutually exclusive)이고, 모든 응답을 포괄(collectively exhaustive)할 수 있어야 한다. 즉, 응답자의 한 가지 생각에 대해 두 가지 응답이 있어도 안 되며, 어느 한 가지 항목에는 해당되어야 한다.

이를 위해 각 항목들 간에 중복되는 내용이 있는지를 확인해야 하며, 연구자가 제시하지 못한 응답도 응답자가 자유롭게 응답할 수 있도록 기타 항목을 두어야 한다.

다지 선다형의 질문에서 발생할 수 있는 중요한 것은 응답 순서이다. 즉, 응답 항목이 많을 경우, 응답자들은 처음 몇 개 응답만을 응답하고 나머지 응답을 무시하기도 하며, 처음 나온 응답을 더 중요시하

는 경향이 있다. 그리고 응답자가 응답을 정확히 할 수 없을 경우에는 일반적으로 중간에 해당되는 항목이나 숫자를 선택하는 경향이 있다.

(1) 장점

· 설문지를 작성할 때에 각 항목별로 코딩의 준비 작업이 끝나게 되므로 집계 및 분석에 매우 편리하고, 분석의 시간을 줄여 줄 수 있다.
· 응답자들에게 가능한 응답을 알려줌으로써 응답 상 오류를 최소화시킬 수 있다.
· 응답자들에게 응답이 어렵지 않다는 사실을 알려 줌으로써 쉽게 협조를 구할 수가 있다.

(2) 단점

· 문항을 만들기 위해서는 많은 비용과 시간을 필요로 한다. 즉, 적절한 응답들을 만들어 내기 위해서는 대개 개방형 질문을 이용한 탐색조사를 필요로 한다.
· 실제 설문지를 만들기까지 많은 수정과정이 필요하다.
· 응답항목들이 제시되는 순서가 결과에 영향을 미칠 수 있다.
· 연구자가 모든 가능한 응답의 경우를 파악하기가 매우 힘들어 응답자의 생각을 충분히 반영하지 못하는 경우가 발생할 수 있다.

3) 양자 택일형

이는 다지 선다형 중 가장 극단적인 형태로 2가지의 선택 대안을 제시해 주고, 이 중 하나를 선택하게 하는 방법이다. 즉, '예 - 아니오' 또는 '동의-비동의'와 같은 서로 상반되는 두 가지의 대안을 제시해 주고, 그 중 하나를 선택하게 하는 방법이다.

일반적으로 이러한 대안에 '모르겠다'라는 항목을 추가하여 응답자들에게 선택의 여지를 조금 넓혀 주기도 한다.

· 귀하는 스마트 폰 통화요금을 내려야 한다고 생각하십니까? ① 예 (　　　)　　② 아니오 (　　)　　③ 모르겠음 (　　)

(1) 장점

· 코딩과 분석이 용이하고, 응답하기가 쉽고 협조를 쉽게 얻어낼 수 있다.

· 조사자에 의한 영향을 배제할 수 있다.

(2) 단점

· 분석결과가 실제 응답자의 의견보다 훨씬 강하게 반영되어 문제가 심각하게 나타날 수 있다.

· 항목이 제시되는 순서에 따라 많은 편견을 유도할 수도 있다. 이러한 단점은 두 개의 극단적인 대안을 제시해 주고, 이 중 하나만을 선택하게 함으로써 중간 정도의 의견을 갖는 사람도 극단적인 의견을 표시해야 하기 때문에 보다 극단적인 결론이 얻어지게 된다.

· 소비자들의 의견이 반드시 극단적이라고 생각되지 않을 경우에는 이들을 위한 중간적인 항목이나 '모르겠다'라는 항목을 제시해 주어 이러한 문제점을 줄일 수 있다.

· 응답자들이 정확한 대답을 모를 경우에는 먼저 제시해 준 항목을 더 중요하게 생각하는 경향으로 인해 오류가 발생한다.

· 양자택일형의 응답항목들도 상호 배타적이고 모든 응답을 포함해야 한다는 조건을 만족시켜야 하는데, 실제 현실에서 두 개의 항목으로 이 조건을 만족시킬 수 있는 경우가 적기 때문에 이를 이용하는 데는 한계가 있다.

5. 개별적 항목의 완성

마케팅 조사자는 필요한 질문과 각 항목별 응답 형태를 결정한 후에 보다 구체적으로 각 질문 항목을 완성해야 한다. 같은 내용의 정보를 얻기 위한 질문에서 용어의 선정이나 사소한 의미의 변화에 의해서 응답이나 분석 결과에 많은 차이를 가져올 수 있기 때문에 연구에 필요한 올바른 자료를 제대로 얻기 위해서는 이에 맞는 적절한 질문을 완성해야 한다.

설문지의 개별적 항목의 작성에서 가장 빈번히 발생하는 오류들을 살펴보고, 조사자들은 이러한 내용을 숙지하여 시행 오류를 줄임으로써 조사과정에서 발생하는 오류, 시간 및 비용을 줄이도록 해야 한다.

1) 쉽고 명료한 용어의 사용

연구자들이 설문지를 작성하는 과정에서 가장 빈번히 범하게 되는 실수 중의 하나는 모든 응답자들이 특정 부분에서 연구자와 비슷한 수준의 지식을 갖고 있다고 가정하는 것이다. 즉, 학교나 연구기관에 종사하는 사람들이 오랫동안 비슷한 부류의 사람들로 구성된 집단 속에서 생활함으로써 그 집단 속에서 평이하게 사용하는 용어들을 모든 사람들이 이해하고 사용할 수 있다는 생각을 갖게 된다.

이러한 용어를 설문지에 그대로 사용하게 되는데, 일반 응답자들은 이러한 용어를 이해하지 못하는 경우가 대부분이다. 따라서 연구자들은 이러한 오류를 막기 위해 가능한 한 평범한 용어를 사용해야 하며, 사전조사를 통해 모든 응답자들에게 익숙하지 않은 용어는 제거해야 한다.

2) 모든 가능한 응답 제시

이는 응답이 포괄적(collectively exhaustive)이어야 한다는 조건으로 응답자들이 생각할 수 있는 응답을 모두 제시해 줌으로써 응답자가 갖고 있는 의견이 응답에 반영될 수 있도록 해야 한다.

'소비자교육의 비용은 개인, 기업, 정부 중 누가 지불해야 한다고 생각하십니까?'라는 질문에 대해 어떤 응답자는 어느 한 기관이 아니라 여러 기관이 공동으로 비용을 부담해야 된다고 생각할 수도 있으며, 또 어떤 응답자들은 이러한 문제에 전혀 관심이 없을 수도 있다. 따라서 이러한 모든 응답자들의 의견을 응답항목들로 나타내기 위해서는 다음과 같은 응답항목을 제시해 주어야 한다.

① 개인 ② 기업 ③ 정 부 ④ 개인+기업 ⑤ 개인+정부
⑥ 기업+정부 ⑦ 개인+기업+정부 ⑧ 모르겠다

3) 항목들 사이의 내용중복의 회피

이는 각 항목들이 상호 배타적(mutually exclusive)이어야 한다는 조건으로서 한 응답자가 반드시 하나의 항목만을 선택하도록 해야 한다. 한 가지 생각을 갖고 있는 응답자가 두 가지 응답을 같은 내용으로 이해하여 이들 모두를 선택하도록 해서는 안 된다. 즉, 응답의 항목들 간에 내용이나 범위가 중복되어서는 안 된다.

· 귀하는 충동구매를 얼마나 자주 하십니까?		
① 매번 한다.	② 자주 한다.	③ 종종 한다.
④ 거의 안 한다.	⑤ 전혀 안 한다.	

이러한 응답에서 쓰인 '자주', '종종', '거의'라는 형용사간에는 명확한 구분이 없기 때문에 똑같은 정도로 충동구매를 하는 응답자 간에도 각자의 느끼는 정도에 따라 선택 항목이 달라질 수 있다.

4) 한 항목에서 두 개 이상의 질문 회피

"귀하는 삼성전자 갤럭시 S4 LTE의 가격과 품질에 대해 만족하고 계십니까?" 이러한 질문에 대해 가격수준과 품질수준 모두에 만족 또는 만족하지 못하는 응답자들에게는 문제가 없으나, 어느 한 조건에만 만족하고 나머지 조건에는 불만족한 응답자들에게는 문제가 생긴다.

따라서 이러한 오류를 방지하기 위해서 이러한 질문은 "귀하는 삼성전자 갤럭시 S4 LTE의 가격수준에 대해 만족하십니까?"와 "귀하는 삼성전자 갤럭시 S4 LTE의 품질수준에 대해 만족하십니까?" 등의 질문으로 나누어 질문해야 한다.

5) 유도성 질문의 삼가

이는 연구자들이 질문을 제시할 때 질문내용 중에 무의식적인 가정을 함으로써 응답자들을 임의로 분류하거나 그들의 의견을 유도하는 경우이다. 다음의 질문은 "예"와 "아니오" 중 "예"에 응답을 유도할 수 있다.

"소비자교육을 수행한다면, 그 비용은 소비자들이 추가적으로 부담해야 한다고 생각합니까, 아니면 기업이나 정부의 지원으로 해야 한다고 생각하십니까?"의 경우이다.

이 질문은 연구자가 모든 응답자들이 소비자교육을 찬성하고 있음을 가정하고 있다. 따라서 만약에 소비자교육에 찬성하지 않거나 관심이 없는 소비자들은 소비자교육 비용부담에 대해 아무런 응답도 할 수 없게 된다.

6) 용어의 의미를 명확하게 표현

이는 하나의 용어가 여러 가지 의미로 해석될 수 있는 경우 응답자들이 혼란을 가져올 수 있음으로 용어의 구체적인 의미를 설명해 주어야 함을 의미한다.

특정 기업의 이익에 대하여 질문할 경우, 이익의 종류에는 영업이익, 법인세 납부 전 이익, 법인세 납부 후 이익, 순이익 등 많은 종류가 있기 때문에 각 응답자들이 이익에 대한 해석을 달리 함으로써 응답이 달라질 수 있다.

"귀하의 기업에서 1년간 발생한 이익은 얼마나 됩니까?" 이 질문은 혼돈을 막기 위해서 이익의 종류를 영업이익, 법인세 납부 전 이익, 법인세 납부 후 이익, 순이익 등으로 명확히 지정해야 한다.

7) 지나치게 상세한 응답의 요구지양

설문조사를 통해 응답자들로부터 정확한 자료를 얻을 수 있으면 바람직하지만, 응답자들로부터 얻어낼 수 있는 자료의 정확성에는 한계가 있기 때문에 지나치게 정확한 답변을 요구해서는 안 된다.

질문에 대해 정확한 답변을 제시할 수 있는 응답자들은 거의 없기 때문에 실제로는 이러한 상세한 질문은 아무런 의미가 없게 된다. "귀하는 지난 일 년 동안 귀하가 충동구매 하신 옷값은 얼마나 되는지 정확히 기록해 주십시오."

① 정장(　　)원 ② 원피스(　　)원 ③ 속옷(　　)원 ④ 아이들 옷(　　)원 ⑤ 기타(　　)원

8) 응답이 곤란한 질문은 직접 질문회피

질문의 응답자체가 사회적인 규범에 의해 특정한 대답을 선택해야 하는 경우, 응답자에게 직접적으로 질문을 하면 대부분의 응답자는 응답을 거부하거나 자신의 의견을 정확히 나타내지 않게 된다. 다음의 질문에 대해 실제로 그러한 행동을 하고 있는 사람도 '예'라는 대답 대신에 '아니오'라는 대답을 하게 될 수 있다.

"귀하는 아직도 가족에게 폭력을 행사하십니까?" ① 예 ② 아니오라는 질문에 대해 보다 솔직한 응답을 얻기 위해서는 응답자 자신의 직접적인 문제가 아닌 일반적인 문제로 바꾸어 질문을 하는 방법이 좋다.

귀하는 남자들이 아직도 자신의 가족에게 폭력을 행사하고 있다고 생각하십니까?
① 예 ② 아니오 ③ 모르겠다

이러한 개별적인 질문을 작성할 때 고려해야 하는 사항들에 대해서 살펴보았다. 이 외에도 많은 문제점이 있기 때문에 설문지의 각 항목을 만드는 연구자는 이러한 오류를 가능한 줄이기 위해 응답자의 입장에서 해당 항목을 구성해야 하며, 응답자들에 대한 사전조사를 통해 각 항목을 완성해야 한다.

6. 질문의 순서 결정

이러한 과정으로 개별적인 질문 항목이 결정된 후에는 이를 응답자에게 제시하는 순서를 결정해야 한다. 이 과정에서 고려해야 할 사항으로는 가능한 한 응답자들로부터 쉽게 협조를 얻을 수 있도록 하는 것과 정확한 자료를 얻을 수 있는 방법을 선택해야 한다. 따라서 다음의 요소들을 고려해야 한다.

1) 쉽고 간단하며 흥미 있는 항목부터 질문

응답자가 자연스러우며 쉽게 응답할 수 있고, 응답자에게 관심거리가 될 만한 질문을 제시함으로써 쉽게 협조를 구할 수 있어야 한다. 또한 첫 번째 질문은 응답자의 사고를 연구의 주제로 유도할 수 있는 문항일수록 좋다.

2) 응답자의 인적사항은 맨 뒷부분에 질문

응답자를 분류하기 위한 인구통계 변수나 경제적 변수들을 앞부분에서 질문할 경우 협조를 얻기가 어려울 수 있기 때문에 이러한 질문들은 설문지의 후반부에서 하고 연구의 주제와 관련된 기본적인 질문들을 우선적으로 해야 한다.

3) 질문항목 간 관계의 고려

앞에서 행하여진 질문이 다음 질문에 어떠한 연상 작용을 일으켜 다음 질문 내용에 영향을 미칠 수 있는 경우에는 이러한 질문들 사이의 간격을 가능한 한 멀리 떼어놓아야 한다. 또 설문지가 여러 부분으로 구성되어진 경우에는 새로운 내용의 항목들이 시작될 때 이러한 사실을 설문지에서 그 때마다 알려 주어야 한다.

4) 응답자의 민감한 질문은 후반부에 질문

사회적인 문제점에 대한 질문을 하는 경우 응답자로부터의 응답거부를 방지하기 위하여 평범한 질문 속에 삽입하거나 후반부에 배치하는 경우가 이에 해당된다.

7. 설문지의 외형결정

설문지의 내용과 순서가 결정된 후에는 응답자에게 배부할 완전한 설문지를 완성해야 한다. 실제의 조사에서 똑같은 질문 내용에 대해서도 설문지의 외관적인 인상에 따라 응답자의 협조자 조사의 진행에 많은 차이가 발생하게 되기 때문에 설문지의 물리적인 외형을 결정함에서도 많은 주의를 기울여야 한다.

1) 설문지의 고급화

응답자들이 설문지를 중요한 것으로 인지하여 자발적인 협조를 할 수 있도록 설문지의 형태를 결정해야 한다. 이를 위해 연구를 실시하는 기관의 이름과 연구 취지를 첫 장에서 밝히도록 해야 하며, 설문지의 종이 품질과 인쇄에서도 응답자들이 중요성을 느낄 수 있도록 신경을 써야 한다.

2) 관리를 고려한 외형 결정

이를 위해 설문지의 크기를 결정해야 하는데, 설문지의 크기가 작을수록 응답자들에게 설문 작성이 쉬울 것이라는 인상을 주게 된다. 그러나 설문지가 너무 작은 경우에는 설문지에 질문이 너무 빽빽하게 구성하게 되어 외관상 보기가 좋지 않음으로 적당한 크기의 설문지를 선정해야 한다.

3) 직접 작성하기에 쉽도록 문항 배치

응답의 기록이 조사자에 의해 이루어지는지, 응답자가 직접 기록하는지에 따라 설문지의 형태는 차이가 나게 된다. 즉 훈련된 조사원이 응답을 기록할 경우보다는 응답자가 직접 응답을 작성하게 할 경우에는 응답하기 쉽도록 문항을 배치하고 시각적인 효과를 고려하여 여백을 두는 것이 좋다.

8. 설문지의 사전조사

이상의 과정을 거쳐 완성된 설문지 초안은 일단 가상적인 응답자들을 대상으로 사전조사(pre-test)를 실시해야 한다. 사전조사는 연구실 내에서 작성된 설문지는 많은 노력을 하여도 연구자의 사고나 행동이 일반인들과 많은 차이가 있을 수 있고, 질문 항목이 일반인들에게는 연구자의 의도와 다르게 받아들여질 수가 있으므로 이런 오류를 없애기 위해 실시해야 한다.

사전조사를 실시할 때는 설문조사를 실시할 모든 계층의 사람들을 대상으로 사전조사를 실시해야 한다. 즉, 표본추출에서 고려하게 되는 모집단 속의 양극단에 있는 응답자들까지를 골고루 포함하여 사전조사를 실시해야 한다. 이러한 과정과 동시에 연구 주제에 대해 전문적인 지식을 갖고 있는 전문가 집단에게도 사전조사를 실시하여 일반인들이 설문지에 대해 파악하지 못하는 문제점까지도 해결하도록 해야 한다.

사전조사를 통하여 설문지의 문제점이 나타나면 이전 단계로 돌아가서 그 문제점을 수정한 후에 다시 사전조사(pre-test)를 하는 과정을 반복하여 설문지를 확정해야 한다.

제 4 부

표본추출계획과 자료수집

제7장 표본추출

도입사례 : 표본추출의 함정

1. 표본추출과 진실의 왜곡

모든 조사에서 표본추출의 문제는 가장 중요한 문제이다. 마케팅조사의 목적은 연구대상이 되는 집단으로 정의되는 모집단의 특성에 관한 정보를 얻기 위한 것이다. 이러한 정보를 얻기 위하여 모집단을 모두 조사하는 방법을 전수조사라고 한다. 그러나 전구나 타이어처럼 성능을 조사하는 과정에서 제품이 파괴되는 경우는 전수조사가 불가능하다. 따라서 대부분의 경우에는 모집단의 일부를 뽑아서 특성을 조사한 뒤 이를 근거로 모집단의 특성을 추정하게 되는데 이러한 방법을 표본조사라고 한다.

이러한 조사의 표본을 추출하는 방법은 여러 가지 있지만, 기본은 아주 간단하다. 검정콩과 노란 콩이 섞여 있는 한 말의 콩이 있다고 가정해 보자. 콩의 수를 아는 데는 단 한 가지 방법밖에 없다. 즉, 모든 콩을 한 알 두 알 모두 세는 것이다. 그러나 그 대략적인 콩의 수를 아는 데는 훨씬 쉬운 방법이 있다. 즉, 검정콩과 노란 콩의 혼합비율이 균일하다면 한 줌의 콩을 세어보는 것만으로 충분하다.

이는 다음의 조건을 충족한다면 진실에 가까울 것이다. 즉, 추출한 표본이 충분히 크고, 꺼내는 방법이 적절하다면 이 방법은 한 말의 콩을 대표할 것이며, 또 대부분의 목적에 대해서는 그것으로 충분할 것이다. 만약 표본이 이러한 조건에 적합하지 못한 경우에는 현명한 눈짐작 쪽이 더 정확할지도 모른다. 이러한 표본추출은 겉으로는 과학적 정확성을 지닌 것처럼 착각하기 쉬우나, 실제는 표본에 왜곡이 심하거나, 표본이 너무 작거나, 양쪽에 겹쳐있는 표본으로부터 얻어진 결론은 우리가 잘 알고 있다고 생각되는 여러 사실과 다를 수 있기 때문이다.

2. 적은 표본의 함정

표본의 크기는 모집단의 대표성을 결정하는 매우 중요한 문제이다. 표본이 너무 작으면 모집단에 대해 잘못된 추정을 하기 쉽고, 반대로 표본의 크기가 필요 이상으로 크면 시간과 비용을 쓸데없이 낭비하게 된다. 이러한 표본크기의 기준은 얼마나 다양한지와 조사가 어느 정도의 정확도를 요구하는지에 달려 있다. Doakes사의 치약을 쓰면 23%나 충치가 줄어든다는 커다란 광고문을 보면서 소비자들은 그렇다면 괜찮겠다고 하면서 광고문을 읽어내려 간다. 이 통계의 결론은 충분히 믿을만하고, 어떤 회사와 관련이 없는 독립된 연구소에서 얻어낸 결론으로서 그 보고서의 공정성은 공인회계사가 보증하고 있다고 한다. 이러한 조사결과는 그 이상 무엇을 바라겠는가?

그러나 소비자들은 경험상으로 보더라도 어느 회사의 치약이 다른 회사의 치약보다 월등히 좋다는 일은 믿기 어렵다는 것을 느낄 것이다. 그렇다면 Doakes사는 어떠한 근거에서 이러한 결과를 발표했다는 말인가? Doakes입장에서 이것은 쉽고 효과적인 탈출구가 있기 때문에 가능하다. 통계적으로 불충분한 표본을 채택하였기 때문이다. 그리고 이것이 바로 Doakes사의 목적에 일치했던 것이다.

광고에서 조그마한 글씨를 다 읽고 나면 이해가 될 것이다. 이 광고의 경우 치약의 실험 대상자는 12명에 불과한 것이다. 광고주 중에는 이러한 종류의 정보를 아예 생략해 버리는 사람도 있어 통계 전문가마저도 어떤 종류의 속임수를 썼는지를 추측할 방법이 없도록 만든다. 그러나 Doakes사의 12명의 표본은 이러한 실험보고서로서는 그다지 악의적인 것이 아니다.

그렇다면 이들은 어떻게 거짓은 아닐지라도 큰 제목의 광고에 공증인의 설명까지 붙여서 사용할 수 있었는가? 이들은 적은 수의 집단에 충치의 수가 몇 개인가를 조사하게 한 후, 6개월간 Doakes사의 치약을 쓰게 한 것이다. 따라서 실험결과는 명백히 충치가 느는 경우, 명백히 줄어드는 경우, 늘지도 줄지도 않는 경우 중의 하나일 것이다. 이 셋 중 첫째 경우나 마지막 경우가 나타나면, Doakes사는 이들 숫자를 보이지 않는 곳에 감추어 놓고, 다시 실험을 반복한다. 그러면 언젠가는 우연한 기회로 실험집단의 충치가 줄어드는 경우가 생겨 큰 제목을 내건 광고전을 할 만하게 되는 것이다.

이러한 실험 결과는 표본 집단이 Doakes사의 치약을 쓰건, 재래식 치약을 쓰건 관계없이 나타나게 된다. 적은 수의 집단을 채택한 중요한 이유는 바로 이러한 효과를 노린 것이다. 많은 표본을 이용한 집단에서라면 우연에 의해 생겨난 차이가 작아지기 때문에 큰 제목에는 쓸 수가 없기 때문이다. 즉, 2% 정도 충치가 줄어든다는 광고로는 치약의 매출액을 높일 수가 없기 때문이다.

3. 통계적 조작

우리는 여러 가지 통계적 조작을 접한 경험이 있다. 즉, 한국인은 평균적으로 하루에 평균 1.2회씩 이를 닦고 있다는 신문 기사를 읽게 된다면 누가 어떤 방법으로 그것을 알게 되었는가를 자문해 보아야 한다.

우리는 수많은 광고를 통하여 이를 닦지 않는 사람은 사회적 예의가 없는 것처럼 세뇌교육 받아왔다. 여학생이 처음 만나는 남학생에게 자기는 규칙적으로 매일 이를 닦지는 않는다는 것을 고백할 용기가 있을까? 따라서 이 통계숫자는 단순히 이를 닦는 것에 관해 사람들이 무어라 말했을까 하는 것을 알고 싶어 하는 의도에서는 의미가 있겠지만, 칫솔로 하루에 이를 몇 번 닦는가에 대해서는 결론을 내릴 수 없는 것이다.

우리는 물은 높은 곳에서 낮은 곳으로 흐른다는 것을 경험적으로 알고 있다. 따라서 강물은 수원보다 높은 곳에는 올라갈 수가 없다는 가정이 가능하다. 그러나 양수기를 사용한다면 강물이 수원보다 높은 곳으로 올라가는 듯 보이게 할 수 있다. 마찬가지로 표본조사의 결과가 그 기초가 된 표본보다도 더 정확할 수는 없다. 그러나 데이터가 몇 번이고 통계적 조작으로 여과되어 소수점이 붙은 평균값으로 모양을 바꿀 때쯤 되면, 그 결과는 본질적인 데이터와는 비슷하지도 않은 것이 되고 만다.

이를 미국의 코네티커트 종양등록소(Connecticut Tumor Registry)의 기록의 가공을 보면 알 수 있다. 1935년부터 1941년까지 5년간 암환자의 생존율은 지속적으로 증가하고 있다는 것을 보여주고 있다. 그러나 실제로 이 기록은 1941년부터 시작되었으며, 1941년 이전의 것은 모두가 추적조사에 의한 것이었다. 즉, 여러 환자 중에는 코네티커트주를 떠난 사람도 있을 것이고, 그들이 계속 살고 있는지 어떤지는 알아낼 도리가 없다.

이렇듯 통계에서 가장 중요한 것은 표본이 전체를 대표할 수 있는 대표성이 확보되어야 한다. 즉, 왜곡의 원인이 되는 모든 것을 제거한 표본이어야 한다.

자료원: Darrell Huff(1954), *How to Lie with Statistics*, W. W. Norton & Company Inc., New-York.

표본을 잘 추출하여 그 표본을 가지고 전체 모집단을 해석하는 능력은 마케팅조사에서 가장 중요한 기술에 해당한다. 이는 능숙한 통계 분석과 해박한 지식을 필요로 한다.

제 1 절 표본설계

마케팅조사는 모집단에서 표본을 추출하여 조사하는 것이 일반적이다. 모집단은 마케팅조사에서 특성을 파악하고자 하는 조사 대상을 말하며, 모집단에서 추출된 일부를 표본이라고 한다. 이렇듯 모집단의 일부를 조사하는 표본조사(sample survey)가 있고, 모집단 전체를 조사하는 전수조사(census)가 있다.

이는 마케팅조사를 통하여 알고자 하는 모집단의 특성을 전수조사를 통해 알아내거나 표본조사를 통하여 얻어지는 표본의 통계량(statistic)을 이용하여 추정할 수 있다. 전수조사와 표본조사의 특성은 〈표 7-1〉과 같다.

〈표 7-1〉 조사방법의 특성

	전수조사	표본조사
· 모집단의 크기	적음	큼
· 자료의 사용기간	길음	짧음
· 특성에 대한 분산	큼	적음
· 측정의 본질	비파괴적임	파괴적임
· 표본추출 오차의 비용	높음	낮음
· 비 표본추출 오차의 비용	낮음	높음
· 예산	많음	적음
· 개인적 상황의 고려	고려하지 않음	고려함

자료원 : Naresh K. Malhatra, *Marketing Research : An Applied Orientation*, 3rd ed., Prentice-Hall, 1999.

전수조사는 모집단의 규모가 작고, 조사예산이 충분할 때 실시할 수 있다. 그러나 일반적인 마케팅조사는 모집단의 크기가 크고 시간과 비용의 문제로 인하여 전수조사가 어려운 경우가 많다. 따라서 전수조사에 따르는 시간과 비용 때문에 표본조사를 실시하는 것이 일반적이다.

마케팅조사에서는 다음과 같은 이유에서 표본조사를 주로 실시한다.

· 신속성과 경제성
· 세밀한 조사가 가능하다는 점
· 전수조사가 불가능한 경우
· 모집단이 무한히 많은 경우나 모집단의 파악이 어려운 경우
· 파괴적인 조사를 해야 하는 경우에는 전수조사를 실시하기가 어려움
· 정확성의 증가로 조사를 실시하는 과정에서 나타나는 비 표본오차(non-sampling error)의 감소와 조사대상의 오염방지가 가능할 경우

표본의 대표성과 관련된 표본추출 오차는 표본 규모가 커질수록 작아지지만, 표본이 커질수록 비 표본추출 오차와 시간, 비용이 증가하기 때문에 일정 수준의 오차 범위와 신뢰도를 고려하여 적정 수준에서 결정해야 한다.

제 2 절 표본추출과정

표본추출 과정(sampling process)은 [그림 7-1]에서 보는 바와 같이 모집단을 확정하고, 표본프레임의 결정, 표본추출 방법의 결정, 표본 크기의 결정 및 표본 추출 등을 해야 한다.

[그림 7-1]　표본추출과정

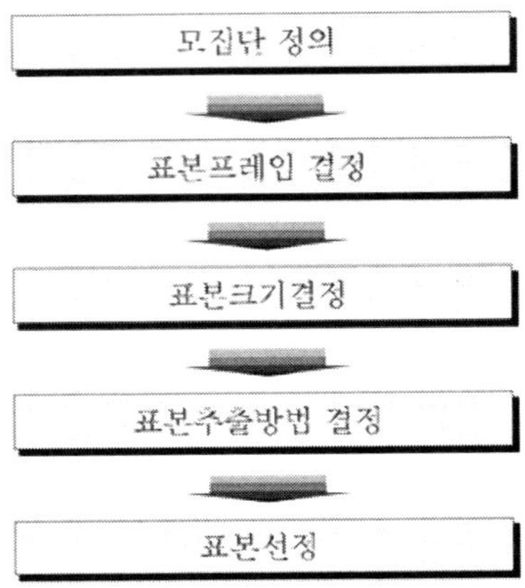

제1단계 : 모집단의 정의

모집단은 조사 대상의 범위를 말하며, 조사 결과를 적용하게 될 대상을 말한다. 표본을 추출하기 위해서는 연구 대상, 표본 단위, 범위 및 시간 등을 명확하게 규정하여 확정해야 한다. 마케팅조사에서 모집단은 자사 제품을 구입할 수 있는 현재 또는 잠재적 소비자 집단이 된다.

마케팅 조사자는 모집단을 정확히 규정하기 위해 소비자 집단, 기업의 담당자, 소매점에서 제품을 판매하는 판매원들과 면접을 통하여 잠재적인 고객을 파악하고 이를 근거로 모집단을 정의하는 것이 바람직하다.

표본추출 단위는 소비자 개인을 단위로 표본을 추출할 것인지 집단을 단위로 표본을 추출할 것인지를 결정하는 것이다.

제2단계 : 표본프레임의 결정

모집단이 확정되면 마케팅 조사자는 표본 추출의 대상이 되는 표본프레임(sampling frame)을 결정해야 한다. 이는 모집단 내에 포함된 조사 대상자들의 명단이 수록된 목록을 말한다. 확률표본추출을 하기 위해서는 모집단과 정확히 일치하는 표본프레임을 결정해야 하는데 이는 실질적으로 어렵다.

마케팅조사에서 많이 사용되고 있는 표본프레임은 상장 기업의 목록, 전화번호부, 행정구역 편람 등을 들 수 있다. 이는 모집단과 일치해야 하고, 모집단에 포함되어야 하며, 일부분만 일치하는 등 문제점을 안고 있어 많은 마케팅조사에서는 이러한 프레임 작성의 어려움으로 인해 표본프레임이 필요하지 않는 비확률 표본추출법(non probability sampling method)이 주로 이용되고 있다.

제3단계 : 표본 크기의 결정

표본 크기(sample size)는 표본에 포함되는 요소들의 수를 말한다. 의사결정이 중요할수록 보다 큰 표본을 필요로 한다. 조사의 성격이 탐험적 조사일 경우 표본의 크기는 작지만, 기술적 조사와 같이 결론적 조사일 경우 표본의 크기가 커야 한다. 〈표 7-2〉는 상이한 마케팅조사에서 적용되는 일반적인 표본 크기를 보여주고 있다.

〈표 7-2〉 마케팅조사 유형과 표본크기

조사유형	최소크기	전형적 범위
문제파악연구(예, 시장잠재력)	500	1,000-2,500
문제해결연구(예, 가격설정)	200	300-500
제품테스트	200	300-500
시험시장연구	200	300-500
TV, 라디오, 인쇄광고	150	200-300
시험시장검사	10개 점포	10-20개 점포
표적집단	2개 집단	4-12개 집단

자료원 : N. K. Malhotra, *Marketing Research: An Applied Orientation*, 2nd ed., Prentice-Hall International, Inc., 1996, p. 363.

제4단계 : 표본추출 방법의 결정

마케팅조사를 수행하는데 있어서 표본추출법에는 비확률 표본추출(non-probability sampling)과 확률 표본추출(probability sampling)로 분류하여 볼 수 있다.

제5단계 : 표본 선정

표본추출 절차를 확정하여 실제 표본을 선정하는 과정이다.

제 3 절 표본추출법의 유형

표본추출법의 유형은 비확률 표본추출법, 확률표본 추출법이 있는데, [그림 7-2]와 같다.

[그림 7-2] 표본추출법

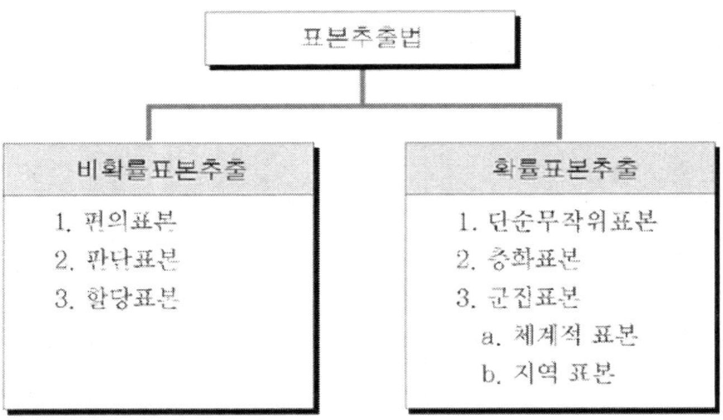

1. 비확률 표본추출법

비확률 표본추출법은 조사자의 편의나 주관적 판단에 의해 표본을 추출하는 방법으로써 모집단 구성요소들이 표본으로 선택될 확률을 알 수 없는 표본추출법이다. 이 방법의 장점은 시간과 비용이 적게 든다는 점이고, 단점은 표본 통계량이 모집단에 대한 대표성을 보장할 수 없고 표본 오차를 추정할 수 없다는 점이다. 이 방법은 편의표본추출법, 판단표본추출법, 할당표본추출법 등이 있다.

1) 편의표본추출법

편의표본추출법(convenience sampling)은 임의로 선정한 지역과 시간대에 마케팅 조사자가 원하는 사람들을 표본으로 선택하는 방법이다. 이 방법의 장점은 표본추출에 따르는 시간과 비용이 적게 드는데 있고, 단점은 표본이 특정한 층으로 편중되어 표본의 대표성이 떨어질 수 있다는 점이다.

2) 판단표본추출법

판단표본추출법(judgement sampling)은 조사하려는 문제를 잘 알고 있거나 모집단의 의견을 반영할 수 있을 것으로 판단되는 특정 집단을 표본으로 선정하는 방법이다. 마케팅 조사자가 정보를 가지고 있는 모집단 구성원을 표본으로 추출되게 된다는 문제점을 지니고 있다.

3) 할당표본추출법

할당표본추출법(quota sampling)은 미리 정해진 분류기준에 의해 전체 표본을 여러 집단으로 구분하고, 각 집단별로 필요한 대상을 추출하는 방법이다.

이는 모집단의 성별 구성비를 알고 있다면 표본에서도 이를 적용하여 추출하는 방법으로 모집단에 대한 정보를 미리 확보하고 있어야 하며, 할당한다고 해서 표본의 편중문제가 해결되는 것은 아니며, 할당기준으로 적용된 특성에 대해서만 표본 편중이 해결되는 것이다.

이러한 할당표본추출은 대덕벨리 벤처기업들의 마케팅 담당자를 조사하는 연구에서 500명의 표본을 구성하는데, 통제변수를 성별, 연령, 교육수준을 할당한다고 할 때 〈표 7-3〉과 같은 것이 가능하다.

〈표 7-3〉 할당표본추출법의 예

구분		모집단구성비	표본의 구성비	
			비 율	표 본 수
성 별	남성	50	50	250
	여성	50	50	250
	전체	100	100	500
연 령	20대 이하	25	25	125
	30대	15	25	125
	40대	15	20	100
	50대	10	20	100
	60대 이상	10	10	50
	전체	100	100	500
교육수준	고졸 이하	30	30	150
	대학학부 졸업	50	50	250
	대학원 졸업	20	20	100
	전체	100	100	500

2. 확률 표본추출법

확률 표본추출법은 모집단을 구성하는 대상들의 명단이 기재된 표본프레임을 이용하여 표본을 추출함으로써 모집단 내의 각 대상들이 선택될 확률을 미리 알 수 있는 경우 사용할 수 있는 표본추출법이다. 이 방법의 장점은 표본 통계량을 이용한 모수 추정에 대한 오차를 추정할 수 있으나, 단점은 표본추출과 조사에 따르는 시간과 비용이 많이 든다는 점이다.

확률 표본추출법은 조사대상의 명단이 수록된 표본프레임이 전제가 되지만, 표적시장의 규모가 방대한 일반 소비자들을 대상으로 하는 마케팅조사에서는 어려움이 많다. 확률 표본추출법에는 단순 무작위추출법, 층화표본 추출법, 군집표본 추출법 등이 있다.

1) 단순무작위추출법

단순 무작위추출법(simple random sampling)은 표본프레임 내의 각 표본들에 대해 번호를 부여하고, 이를 이용해 일정 수의 표본을 무작위(random)로 추출하는 방법이다.

기업의 품질에 대한 의견을 조사하기 위하여 전국의 대리점 명단을 적어 함에 넣고 제비뽑기를 하거나 대리점에 일련번호를 붙여 놓고 이들 중에서 무작위로 20개 대리점을 선정하는 경우이다.

2) 층화표본추출법

층화표본추출법(stratified sampling)은 모집단을 특정 기준에 따라 상이한 소집단들로 나누고 이들 각 소집단들로부터 표본을 무작위로 추출하는 방법이다. 층화표본추출은 다음 절차를 따라 수행한다.

· 제1단계는 대상이 되는 모집단을 상호 배타적이고, 포괄적인 부분 집단들로 구분한다.
· 제2단계는 각 부분 집단들로부터 얻을 표본의 비율을 정하여 표본 수를 결정한다. 이 때 추출되는 표본의 크기를 층에 속한 모집단의 구성비와 같게 배분하여 추출하는 비례층화 표본추출과 비례하지 않게 추출하는 불비례 층화추출로 나눌 수 있다. 이들 방법의 차이점은 전자는 단순 무작위추출법에서와 같이 모든 구성요소가 표본으로 선택될 확률이 동일한 반면에 후자는 층에 따라 표본으로 선택될 확률이 다르다는 점이다.
· 제3단계는 각 부분 집단별로 표본 수에 맞게 단순 무작위추출법을 활용하여 표본을 추출한다.

3) 군집표본추출법

군집표본추출법(cluster sampling)은 모집단을 소집단으로 나누고, 일정 수의 소집단을 무작위로 추출한 다음 추출된 소집단 내의 구성원들을 모두 조사하는 방법이다. 이는 일정 집단 내에 속해 있는 모집단 구성원들이 서로 이질적일 때 효과적인 표본추출법이다. 이 방법에는 지역표본추출법과 체계적 표본추출법 등이 있다. 전자는 집단분류의 기준으로 지리적 구역이나 행정구역을 이용하여 모집단을 분류하고, 이들로부터 무작위로 선출된 일정 수의 지역들을 대상으로 각 지역 내 모든 구성원들을 조사하는 방법이다. 후자는 전체 표본에 대해 일정한 간격을 두고 표본 단위를 선정하는 방법이다.

4) 층화표본추출과 군집표본추출의 차이

층화표본추출은 모집단에서 분류된 하위 집단에서 개별 표본을 선정하여 새로운 집단을 구성하는 것이지만, 군집표본추출은 모집단에서 분류된 하위집단 중에서 무작위로 한 집단을 추출하는 것이다[그림 7-3].

층화표본추출은 10대, 20대, 30대, 40대, 50대, 60대 이상처럼 모집단 내부의 하위집단들이 상호 배타적이고, 단층(strata) 형태의 구조를 가지고 있을 경우, 이들 하위 집단에서 비례적이거나 불비례적으로 표본 수에 맞게 단순 무작위 추출을 한다. 군집표본추출은 동일한 특성을 갖는 부분 모집단의 성격을 가지고 있는 경우 사용할 수 있다.

3. 표본추출법의 장 · 단점

이제까지 논의한 표본추출법을 비교해 보면 〈표 7-4〉와 같은 장 · 단점을 나타낼 수 있다. 단순 무작위 추출법은 이해가 용이하고 결과 활용이 용이하나 표본 프레임 구축에 어려움이 있고, 정밀도가 낮으며,

대표성을 보장할 수 없다는 단점이 있다.

[그림 7-3] 층화표본추출과 군집표본추출의 차이

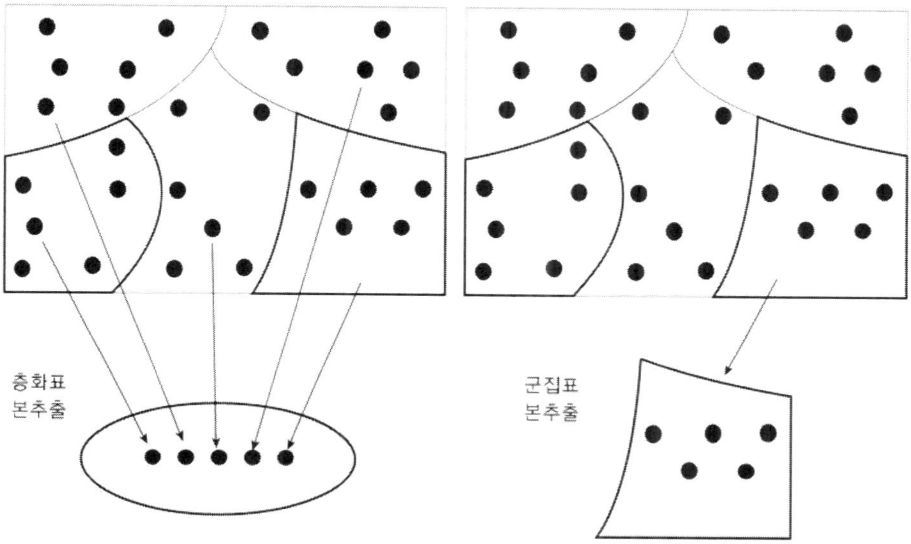

층화표본추출은 가능한 부분집단이 포함되고, 정밀도가 증가되지만, 층화가 관련된 변수 선택이 어렵고, 변수가 많을 경우 층화가 어려우며, 비용 많이 든다는 단점이 있다.

군집표본추출은 적용이 용이하고 비용이 효율적이며 대표성이 증대되지만, 정밀하지 못하고 계산과 결과 해석의 어려움이 있으며 대표성이 떨어질 수 있다는 단점이 있다.

편의표본추출은 최소의 비용과 최소의 노력이 들고, 최소의 시간을 소비하지만, 표본추출에 편차가 발생하고 대표성이 없는 경우가 많으며, 기술조사나 인과조사에는 부적합하다는 단점이 있다.

판단표본추출은 낮은 비용과 편의성이 뛰어나고 시간소비가 없으나, 일반화에 어려움이 있고 연구결과에 대한 신뢰도에 한계가 있다는 단점이 있다.

할당표본추출은 특정한 특성에 의해 표본이 통제되지만, 표본추출에

편차가 발생할 수 있고 대표성을 보장할 수 없다는 단점이 있다.

제 4 절 표본크기의 결정

1. 표본크기의 결정

표본의 크기를 결정하는 방법은 표본 평균과 비율에 의한 신뢰구간의 구축에 기초한 방법이 있다. 이 방법은 표본오차 공식을 활용하여 표본의 평균과 비율을 둘러싼 신뢰구간의 구축에 기초하여 결정하는 방법이다.

이러한 표본의 크기는 정밀성과 정확성의 정도에 따라 결정해야 한다. 따라서 표준오차의 공식을 이용하여 표본크기를 결정할 수 있다. 즉, 표본 오차를 Sx라 하면, $Sx = \frac{S}{\sqrt{n-1}}$로 나타낼 수 있다. 이 공식에서 표본크기를 결정하기 위해서 n을 구하면 된다. 즉, 표준오차의 공식의 양변에 제곱을 하면 $Sx^2 = \frac{S^2}{n-1}$이 된다. 여기서 양변에 n-1을 곱해 주면 $(n-1)Sx^2 = S^2$이 된다. 여기서 n을 구하면, $n = \frac{S^2}{Sx^2} + 1$이 된다.

2. 표본크기 결정시 고려사항

마케팅 조사자는 표본추출 과정에 있어서 표본추출법을 결정하고 나면, 표본의 크기를 결정해야 한다. 이는 연구 목적 및 조사의 유형, 조사 예산, 시간의 제약 등을 고려하여 결정해야 한다.

1) 연구 목적과 조사 유형

표본 크기는 연구 목적이나 조사 유형에 따라 달라진다. 이는 조사 목적이 모집단의 특성을 정확히 추정해야 한다면 표본이 모집단의 대표성을 고려하여 확률 표본추출법을 이용할 수 있다. 이 방법에서는 모집단의 조사 변수값의 분산, 신뢰수준 및 허용오차에 따라 결정된다.

조사하고자 하는 변수의 분산값이 클수록 표본은 커야 하고, 추정값에 대한 신뢰수준이 높을수록 표본은 커야 하며, 허용오차가 작을수록 표본은 커야 한다. 또한 비확률 표본을 추출할 경우는 예산과 시간에 따라 결정하는 것이 바람직하다.

2) 조사 예산

표본의 크기를 결정하는데 있어서 조사 예산은 중요한 제약사항이다. 따라서 표본의 크기는 조사예산을 고려하여 결정해야 한다.

3) 시간 제약

표본의 수를 결정하는데 있어서 시간의 제약은 중요하게 고려되어야 한다. 제품테스트는 경쟁상의 이유로 오랜 시간동안 조사를 할 수가 없다. 이렇게 짧은 시간에 조사를 해야 하는 경우 표본의 수를 많이 할 수가 없기 때문에 표본이 적을 수밖에 없다.

3. 표본크기 결정의 일반적인 방법

마케팅조사에서 적용하고 있는 표본크기의 결정은 일반적으로 다음과 같은 방법을 따른다. 표본의 크기는 조사 예산과 관계되고, 또한 자료의 대표성과 관계되는 중요한 일이다.

· 대부분의 조사에서 표본의 수를 30 이상 500 이하로 결정하면 적

합하다.

· 하나의 표본을 하위 표본으로 분할하는 경우는 각 범주별 최소 표본 크기가 30 이상은 되어야 한다.
· 다변량 분석에서 요구되는 표본 크기는 분석에 포함되는 변수 수의 10배 이상은 되어야 한다.
· 엄격한 통제가 이루어지는 실험에서는 10에서 20 정도의 표본 크기로 성공적인 조사가 가능하다.

제 8 장 현장조사

도입사례 : 월드컵이 한국인지도 크게 향상

2002 FIFA WORLD CUP KOREA JAPAN 2002월드컵

월드컵의 성공적 개최로 한국에 대한 인식이 크게 좋아지고 있어 중장기적으로 수출 및 투자유치에 획기적인 개선이 이뤄질 것으로 전망됐다. 또 한국팀의 4강 진출로 러시아, 중남미, 아프리카 등지에서도 한국에 대한 인지도가 높아져 수출선 다변화에 크게 기여할 것으로 기대된다.

서울경제가 KOTRA의 전 세계 98개 무역관을 관장하는 8명의 지역본부장들을 통해 긴급 설문조사를 실시한 결과 '2002 한일월드컵' 이후 세계 각지에서 한국과 한국인, 한국산 제품에 대한 선호가 급속도로 확산되고 있어 올해 환율 등 다른 변수만 없다면 수

출이 지난해보다 약 10% 이상 증가할 것으로 예상됐다.
이번 조사에서 본부장들은 '분단'과 '전쟁' 등 그간의 부정적인 인식이 월드컵을 계기로 '열정과 저력의 나라', '선진 시민의식을 가진 나라', '정보기술(IT) 강국' 등으로 빠르게 긍정적으로 바뀌고 있다고 전했다. 이에 따라 국가이미지 개선에 따른 후광효과(halo effect)로 수출단가 상승, 개별제품의 브랜드 가치 제고, 한국에 대한 투자증가 등 세계시장에서 '코리아 파워'의 성과가 나타날 것으로 예상했다.
유럽에서는 한국팀의 선전이 강한 인상을 남기면서 한국산 제품에 대한 신뢰가 높아져 가전제품, 생활용품, 자동차는 물론 LCD모니터, PDP TV 등 첨단 IT제품이 소비자들 사이에서 '리딩 제품'으로 떠오르고 있다. 미국에서도 한국의 삼성전자나 현대자동차가 소니, GM, 포드, 도요타 등 세계적인 제품에 비해 결코 뒤지지 않는 '고급품'이라는 인식이 확산되면서 한국산 제품의 전반적인 이미지 개선으로 약 10%의 수출단가 상승이 기대되고 있다.
아시아 지역에서도 한류 열풍에 이은 또 한 번의 한국열풍이 예고돼 한국식품, 음악, 영화 등은 물론 한국산 자동차, 디지털TV 등 내구성 소비재의 수요가 증가할 것으로 예상된다. 유럽지역 본부장은 '성공적인 월드컵 성과를 수출확대와 투자유치 등으로 이어가는 것은 이제 우리 기업들의 몫'이라며, '개선된 국가이미지를 지속적인 경제적 성과로 연결시키기 위해서는 민관 공동으로 체계적인 후속대책을 시급히 마련해야 한다'고 강조했다.

http://www.hankooki.com/2002/07/02

제 1 절 현장조사 계획

현장조사 계획은 자료를 수집하는 사람을 선발하고 훈련하며, 그들을 통제하는 과정을 포함하고 있다. 이러한 현장조사를 수행하려면 네 가지 면을 고려해야 한다. 시간 스케줄, 예산, 인원 및 성과측정 등이다.

1. 시간 스케줄

시간 스케줄은 조사 목적과 조사 방법에 따라 달라진다. 마케팅조사에서 시간 스케줄은 조사가 언제 시작하여 언제 끝나는가를 명확히 해야 하며, 시간 스케줄이 명확히 지켜지도록 해야 한다. 마케팅조사를 정해진 시간 안에 완료하는 것은 중요하다.

2. 예산

소요 예산은 조사 목적과 조사 방법에 따라 달라진다. 예산은 현장 시간 스케줄에 있어서 특정한 활동을 확인하는데 필요한 비용을 포함한다. 시간 스케줄과 예산은 밀접하게 관련되어 있다. 일반적으로 조사는 소요된 시간이 길고, 전화조사는 시간이 보다 짧게 소요되기 때문에 예산이 다르게 된다.

3. 조사원

마케팅 조사자는 현장조사 과정에서 조사와 관련된 명확한 직무를 개발하고, 자료수집의 형식을 결정하며, 현장 조사원이 지녀야 할 자격요건을 결정하여 이에 적합한 조사원을 선발해야 한다. 이들은 응답자들이 명확하게 응답할 수 있도록 영향을 줄 수 있는 특성과 견해, 인식과 기대값, 그리고 태도를 갖추어야 한다.

현장조사의 성공은 조사계획을 실행하는 조사원들의 능력에 달려 있다. 숙련된 조사원들은 계획의 모든 면에 대한 책임을 명확히 할당하고, 비용을 통제하는 것을 원한다. 또한 그들에게 성과를 어떻게 측정할 것인지를 알리고, 그들에게 기대하는 것을 명확히 이해시켜야 한다.

4. 성과측정

마케팅조사 활동을 통제하고 조사 목적을 달성하기 위해서는 명확한 성과측정이 요구된다. 이러한 측정은 〈표 8-1〉과 같은 성과 측정

표를 만들어 기대와 실제를 기록하여 성과를 측정할 수 있다. 대부분의 마케팅조사는 그들의 초기에 세워진 조사 예산을 초과한다. 그 이유는 조사 설계의 변화, 빈약한 시간 스케줄, 부정확한 예산 설정 등에 있다.

〈표 8-1〉 연구 성과 측정 : 기대와 실제

성과측정	기 대	실 제
1. 전체 적합한 반응	______	______
1.1 인터뷰	______	______
1.2 거절	______	______
1.3 부재	______	______
1.4 기타	______	______
2. 전체 부적합한 반응	______	______
2.1 이사	______	______
2.2 기타	______	______
3. 전체 표본	______	______
반응률(1.1÷1)	______	______
거절률(1.2)÷(1.1+1.2)	______	______
접촉률 [(1−1.3)÷1]	______ %	______ %
적합성률(1÷3)	______ %	

제 2 절 자료수집방법

1. 면접법

면접(interview)은 응답자들의 질문에 기반을 두고 있는데, 주로 질문을 직접 듣거나 전화나 컴퓨터 화면을 통하여 응답을 요청하게 된다. 질문은 표준적인 절차에 따라 구조화되어 수행된다[그림 8-1].

[그림 8-1] 면접법의 의사소통 방법에 따른 분류

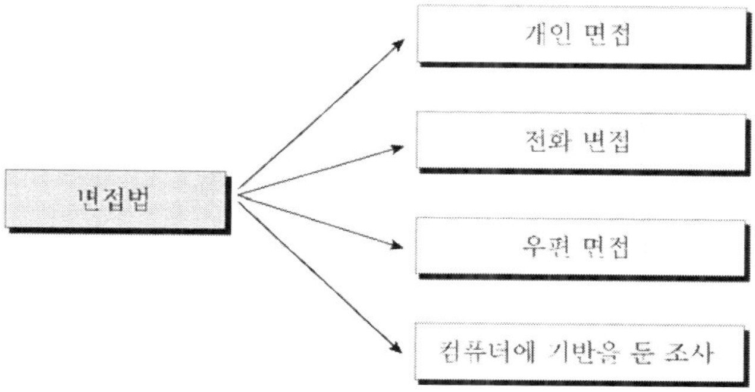

1) 개인 면접

개인면접(interview)은 마케팅조사에서 가장 많이 이용되는 방법으로 마케팅 조사자가 응답자를 직접 만나서 필요한 정보를 얻는 것이다. 조사자는 토론할 주제나 문제에 대해 설명을 하고, 토론 및 면접의 형식을 통하여 주제에 대한 질문이나 토론을 이끌어 가며, 응답자의 반응을 기록하여야 한다. 마케팅조사에서 대부분의 개인면접은 쇼핑장소에서 이루어지며, 가정이나 다양한 장소에서 이루어질 수 있다.

개인면접법은 가정방문조사, 몰 인터셉트 조사 및 컴퓨터지원 개인조사 등으로 분류할 수 있다. 가정방문조사(in-home survey)는 면접자가 조사 대상자를 직접 방문하여 질문을 하고 응답을 얻는 방법이다. 이 방법은 높은 비용으로 인하여 사용이 감소하고 있으나, 신디케이트 회사들은 자주 사용하고 있다.

몰 인터셉트 조사(mall-intercept survey)는 점포 방문객을 대상으로 설문지를 통하여 면접하는 방법이다. 이 방법은 마케팅조사에서 테스트마케팅을 위한 조사나 고객만족도 조사 등에서 주로 사용하고 있다.

컴퓨터지원 개인조사(computer assisted personal survey)는 응답자들은 컴퓨터를 통하여 모니터상의 설문지에 응답하는 방법이다. 따라서 설문지는 응답자가 이해하기 쉽고, 사용하기 편리하도록 디자인 해야 한다. 이 방법은 쇼핑몰, 회의장, 무역전시회 등에서 자료를 수집하기가 용이하며, 멀티미디어 환경에서 조사를 하기 때문에 동화상 등 현실감 있는 조사를 수행할 수 있다.

이 방법의 장점은 우편이용법이나 전화면접법보다 상세하고 다양한 내용을 질문할 수 있고, 연구에 필요한 기타 관련된 정보들도 취득할 수 있다. 반면에 단점은 비용과 시간이 많이 들며, 마케팅 조사자와 응답자의 상호 이해 부족이나 조사 외적인 요인들로부터 오류가 나타날 가능성이 많이 있으며, 면접이 성공적으로 되기 위해서는 필요한 정보를 제공할 수 있는 응답자를 선정해야 하며, 그 응답자가 자신의 역할을 이해하고 있어야 하고, 응답자로 하여금 면접에 자발적으로 응할 수 있도록 동기유발을 해야 한다. 또한 조사자는 면접기술을 잘 알고 있어야 하고 질문을 명확히 해야 한다는 점이다.

2) 전화 면접

전화면접(telephone interview)은 전화를 이용하여 설문조사를 하는 방법이다. 이 방법은 최근에 컴퓨터의 지원 하에 이루어지고 있다. 즉, 설문 문항을 직접 컴퓨터에 프로그램 하여 화면에 띄워 놓고, 조사자가 이를 읽어주면서 응답을 직접 컴퓨터에 입력하는 방법이다. 이는 응답자를 직접 만나는 대신에 전화를 이용하여 면접을 하는 방법이다.

이 방법의 장점은 비용과 시간이 비교적 적게 들고 얻고자 하는 정보를 정확하게 얻을 수 있는 효과적인 방법으로 인식되어 마케팅조사에서 자주 쓰이는 방법 중의 하나이다. 반면에 단점은 조사할 수 있는 양이 제한되어 있고, 응답자를 통제할 수 있는 방법이 한정되어 있으므로 대인면접에서와 같이 많은 정보를 얻기는 힘들고, 특정 계층을 대상으로 조사할 경우에 응답자와 전화통화가 힘들어서 정보를 얻기가 힘들며, 전화 응답자가 의도하였던 표본인지를 확인하기도 힘들 수 있다는 점이다.

[전화조사 시 유의사항]

전화조사는 신속한 자료수집, 적은 비용, 및 광범위한 접근성 등의 이유로 마케팅조사에 활발히 이용되고 있다. 현재 우리나라에서 활용되고 있는 전화조사는 대부분이 최종 조사대상자 선정을 할당표본추출(quota sampling)에 의존하고 있다.

할당표본추출은 확률이론에 따른 정확한 표본 오차의 계산이 어려우므로 엄밀한 의미에서 과학적인 여론조사라고 보기 어렵다. 따라서 전화조사의 예측률을 높일 수 있는 방법에 대한 근본적인 검토가 필요하다. 한국조사연구학회는 현재 활용하고 있는 전화조사의 문제점과 유의사항을 보면 다음과 같다.

· 할당표본추출과 같은 비확률 표본추출법은 정확한 표본오차의 계산이 어려우므로 예측을 보다 신중하게 할 필요가 있다. 할당표본추출법을 사용한 경우, 최신의 자료에 근거한 정확한 표본 틀을 사용하였는지 확인해야 한다.
· 재통화 등의 조사 규칙을 준수하기 위해서는 조사기간이 충분해야 한다. 일반적으로 많은 전화조사가 1~2일 정도의 매우 짧은 기간 내에 이루어지고 있다. 이러한 조사는 재통화(call-back)의 기회가 없으므로 조사 표본의 대표성이 떨어지게 된다. 따라서 조사기간이 짧은 마케팅조사의 결과는 응답률이나 재통화 횟수 등을 확인해야 한다.
· 타당성이 입증된 할당변수를 사용해야 한다. 일반적으로 할당표본은 조사된 사람들과 조사되지 않은 사람들 사이의 차이를 억제할 수 있는 변수가 있는 경우 채택할 수 있는 비확률 표본추출방법이다. 타당성이 입증된 할당변수 없이 성별·연령 등의 인구통계학적 변수만으로 할당표본추출을 한다는 것은 오류를 크게 할 수 있다. 따라서 전화조사는 조사규칙을 제대로 준수한 확률표본추출

법으로 하거나 타당성이 검증된 할당변수를 사용한 할당표본추출법을 사용하는 것이 바람직하다.

· 전화번호부 사용에서 비롯된 오류의 가능성을 제거해야 한다. 대부분의 전화조사에서는 전화번호부가 표본추출의 틀로 사용되기 때문에 전화번호부에 등재되어 있지 않거나 결번으로 인한 오류가 초래될 위험이 있다. 결과적으로 사생활 침해를 우려하는 사회집단과 이사율이 높은 저소득 인구계층이 과소 포함될 것이다. 이것이 젊은 연령층 · 저소득 계층의 집에 있을 확률과 맞물려 조사결과를 특정 계층에 편중시킬 가능성이 크다. 이에 대한 해결책으로 무작위번호 걸기(random digit dialing) 기법이 있다.

· 전화조사 결과는 조사의 양적 측면뿐만 아니라 질적 측면도 보아야 한다. 표본크기가 조사수준을 결정하지는 않는다. 따라서 응답률, 조사응답 거절비율, 재통화 규칙의 준수정도, 무응답 처리 등을 깊이 고려해야 한다.

3) 우편 면접

우편 면접(mail interview)은 우편을 이용하여 설문지를 우송하고 응답자가 작성된 설문지를 우편으로 반송하는 방법이다. 기업에서는 일반 제품에 포함된 보증서와 함께 카드를 동봉하여 서베이 자료로 활용하고 있다. 이는 마케팅 조사자가 응답자에게 설문지를 우편으로 우송하여 응답자로 하여금 이를 완성하여 발송하게 하는 방법이다.

이 방법은 비용이 저렴하고, 조사자와의 인간관계가 없어도 가능하며, 면접법으로는 묻기 힘든 내용도 조사할 수 있다는 장점이 있어서 마케팅조사에서 많이 쓰이고 있다. 우편이용법을 효과적으로 사용하기 위해서는 설문지가 이해하기 쉽고 명확해야 하며, 응답자가 반송을 하게끔 유도해야 한다.

4) 컴퓨터에 기반을 둔 조사

최근 인간의 생활을 크게 변화시킨 발명 중에 인터넷이 있다. 이는 이용자가 급격히 늘어나면서 마케팅조사 매체로서 관심을 받고 있다. 이러한 마케팅조사에서 최근에 많이 활용되고 있는 방식이 인터넷 면접(internet interview)이다. 이는 마케팅 조사자가 인터넷을 이용하여 응답자에게 질문하고, 응답자는 인터넷을 보고 마우스로 응답하는 면접법이다. 이처럼 인터넷 면접은 정확한 정보를 신속하게 제공할 수 있고, 비용이 적게 든다는 장점이 있다.

또한 인터넷을 이용한 조사는 멀티미디어 기능을 이용할 수 있어서 전화조사나 우편조사의 단점을 극복할 수 있다. 이러한 인터넷을 이용한 조사방법은 이메일조사, 웹사이트조사, 인터넷 초점집단조사 등으로 분류할 수 있다.

2. 면접법의 선정기준

마케팅조사에서 어떠한 서베이법을 사용할 것인지를 결정할 때는 설문지의 복잡성, 자료의 양, 자료의 정확성, 표본 통제, 시간적 요구 및 비용 등을 고려해야 한다. 이들 면접법들은 각각 장 · 단점을 가지고 있기 때문에 마케팅 조사자는 이러한 장 · 단점을 정확히 파악하고 조사특성에 맞는 조사방법을 선택하거나 이들의 적당한 조합을 선택해야 한다.

이러한 서베이 기법의 장단점 비교는 〈표 8-2〉와 같다.

〈표 8-2〉 면접 기법의 능력비교

기준	개인면접	우편 면접	전화 면접	인터넷조사
1. 복잡성의 정도	최상	나쁨	좋음	좋음
2. 자료의 양	최상	보통	좋음	좋음
3. 자료의 정확성	좋음	좋음	좋음	좋음
4. 표본통제	보통	보통	최상	보통
5. 시간적 요구	좋음	나쁨	최상	좋음
6. 비용	보통	좋음	좋음	보통

1) 설문지의 복잡성

마케팅조사에서 설문지를 작성할 때, 복잡성을 줄이려고 노력하고 있으나 복잡한 설문을 필요로 하는 경우도 있다. 이러한 복잡성이 있는 설문은 개인면접이 가장 좋고, 전화 서베이 및 인터넷 서베이가 적합하다.

2) 자료의 양

자료의 양은 앞에서 제시한 복잡성의 문제와 관련되어 있다. 이러한 자료의 양은 완성하는데 걸리는 시간과 응답자의 노력 등의 문제와 관련이 있다. 개인면접은 시간이 오래 걸리며, 응답자에게 요구되는 노력의 양은 우편 서베이, 전화 서베이 및 인터넷 서베이보다 개인면접이 적다.

3) 자료의 정확성 요구정도

서베이에서 획득된 자료의 정확성은 질문의 성격, 면접자의 특성, 선정된 표본의 성격, 설문지의 설계방법 등 많은 요인에 의해 영향을 받을 수 있음으로 고려하여 선정해야 한다. 민감한 질문은 우편 서베이를 이용하는 것이 좋고, 우편 서베이나 인터넷 서베이의 장점은 면접자의 영향을 최소화할 수 있다는 점이다.

4) 표본통제

개인면접과 인터넷 서베이는 표본 통제의 잠재력이 가장 높은 방식이다. 전화 서베이는 직접 전화번호로 연결되기 때문에 가능한 표본이 명백히 한정될 수 있다. 우편 서베이도 표본추출에서 주소들로 구성된 표본의 틀이 필요함으로 조금은 통제가 가능하지만, 완벽한 주소목록이 존재하지 않기 때문에 표본 통제의 문제점은 존재하고 있다.

5) 시간적 요구

시간적 요구는 전화 서베이가 가장 적게 걸린다. 설문이 짧을 경우에는 전화 서베이가 가장 장점이 있다. 총 소요 시간을 줄이기 위해서는 인터넷 서베이에서 면접자의 수를 증가시킬 수 있다. 개인면접은 시간이 많이 소요되고, 우편 서베이가 가장 많이 소요된다.

6) 비용

서베이 비용은 서베이의 유형, 설문지의 특성, 필요한 응답률, 지역적 범위, 시간적 요구 등에 영향을 받는다.

3. 면접법의 장점과 단점

면접법은 〈표 8-3〉과 같은 장점과 한계점을 갖고 있다.

1) 장점

· 큰 규모의 표본으로 일반화 가능성이 높다. 이는 상대적으로 적은 비용으로 넓은 지역의 응답자로부터 자료를 수집할 수 있기 때문에 일반화하여 해석할 수 있다.
· 다양한 측면에서 차이분석이 가능하다. 이는 자료를 다양한 변수와 관련지어 분석할 수 있다.

· 자료수집이 용이하다. 이는 다른 방법에 비해 숙련되지 않아도 수행하는 것이 가능하다.
· 객관적인 해석이 가능하다. 이는 계량적인 자료를 통계기법에 의해 분석함으로 객관적 해석이 가능하다.
· 직접 관찰할 수 없는 요인이나 개념의 추정이 가능하다. 이는 원인의 측정이 가능하다.

〈표 8-3〉 면접법의 장점과 한계점

장 점	한계점
· 큰 규모의 표본으로 일반화 가능성이 높다 · 다양한 측면에서 차이분석이 가능하다 · 자료의 수집이 용이하다 · 객관적인 해석이 가능하다 · 직접 관찰할 수 없는 요인이나 개념의 추정이 가능하다	· 설문지 개발에 어려움이 있다 · 탐사방식에 의한 깊이 있는 질문이 어렵다 · 시간이 오래 걸리며, 응답률이 낮다 · 응답의 정확성에 의문이 있다 · 부적절한 통계기법을 사용하면 진실을 오도할 수 있다.

2) 단점

· 설문지 개발에 어려움이 있다. 이는 조사 목적에 맞도록 적절한 변수가 개발되어야 하며, 이들 조작적 정의에 의한 척도는 신뢰도와 타당성이 보장되어야 한다.
· 탐사방식에 의한 깊이 있는 질문이 어렵다. 이는 심층면접법에 비해 깊이 있는 자료를 수집하기 어렵다.
· 시간이 오래 걸리며, 응답률이 낮다. 이는 다른 자료수집 방법에 비해 시간이 오래 걸리며 응답률이 낮다.
· 응답의 정확성에 의문이 있다. 이는 응답자가 설문내용을 잘못 이해하고 응답하거나 응답하지 않을 경우 문제가 제기될 수 있다.
· 부적절한 통계기법을 사용하면 진실을 오도할 수 있다. 이는 장점인 동시에 잘못 적용하면 진실에 대한 해석을 오도하여 단점이 될 수 있다.

4. 관찰법

관찰법은 사람이나 사물·사건 등의 행동 중 조사 목적에 필요한 것을 관찰하고 기록하여 분석하는 방법이다. 이 방법은 응답자가 자신의 태도나 의견 등을 행동을 통하여 간접적으로 나타내는 것이며, 조사자는 이를 보고 응답자의 태도나 의견 등을 분석할 수 있다.

일반적으로 마케팅조사에서는 관찰법으로 자료를 수집하는 경우가 많지 않으며, 다른 자료수집법의 보조기능으로 주로 사용하고 있다. 식품 제조업자들은 경쟁상표의 가격, 자사 상표의 진열위치와 전시에 대해 많은 소매업자들이 어떻게 지원하고 있는지를 알아내기 위하여 조사원들을 슈퍼마켓이나 할인점으로 보내 자료를 수집할 수 있다. 또한 백화점들은 고객을 가장한 관찰자를 매장으로 보내 매장의 상태나 고객서비스를 점검하는 경우에도 관찰법을 이용할 수 있다.

관찰법은 소규모 기업과 비영리조직의 경영자들이 사용하기 좋다. 즉, 소규모 기업 경영자들은 저렴한 비용으로 주위를 관찰하여 좋은 마케팅 정보를 얻을 수 있다. 관찰법은 체계화의 정도, 공개의 정도, 배경, 관찰 주체, 관찰 시점에 따라 분류할 수 있는데, 이러한 분류는 관찰법들이 각각의 기준에 따라 분류하는 것으로 특정 관찰기법은 이와 같은 모든 기준들에 의하여 분류될 수 있다.

1) 자연적 관찰과 인위적 관찰

자연적 관찰은 일상적인 환경에서 일어나는 행동을 관찰하는 것이고, 인위적 관찰은 인위적으로 행동을 유발시켜서 관찰하는 것이다. 자연적 관찰은 조사결과를 일반화하기 쉽고, 인위적 관찰은 관찰이 가능하고 실험효과 등도 측정할 수 있으며 시간도 절약할 수 있다는 장점이 있다.

2) 공개적 관찰과 비공개적 관찰

공개적 관찰은 응답자가 자신이 관찰된다는 사실을 알고 있는 상태에서 이루어지고, 비공개적 관찰은 응답자가 이를 모르는 상태에서 이루어지는 관찰법이다.

전자는 미리 응답자에게 관찰된다는 사실을 알려주고 관찰함으로써 응답자들이 실제와 다른 행동을 나타낼 수 있으며, 비공개적 관찰은 이러한 인위적인 결과는 나오지 않으나 완전히 비밀로 하기가 힘들며, 응답자들에 대해 수집하고자 하는 자료 이외의 다른 자료를 전혀 얻을 수 없게 된다.

또한 조사자로서 지켜야 하는 윤리적인 측면에서도 문제가 생길 수 있다. 많은 경우에 비공개적인 관찰은 몰래 카메라나 이중 유리 또는 변장한 조사원을 통하여 수행한다.

3) 직접 관찰과 간접 관찰

직접 관찰은 행동이 실제로 일어난 때에 관찰하는 것이고, 간접 관찰은 과거 행동의 결과로 나타난 물리적인 흔적을 관찰하는 것이다. 실제 마케팅조사의 많은 분야에서 패널자료를 이용한 간접 관찰법을 이용하고 있으며, 가정용 포장제품과 식료품 조사를 위해 많은 기법들이 개발되어 있다. 간접 관찰법의 성공 여부는 조사자가 조사 목적에 맞는 자료를 쉽고 타당하게 얻을 수 있는 물리적인 흔적을 얼마나 잘 찾아내는지에 달려 있다.

4) 관찰법의 장단점

기본적으로 관찰법은 응답자가 자신의 느낌, 태도 등을 행동으로 나타내게 됨으로 의사소통방법에 비하여 다른 특징을 가지고 있다. 관찰법은 장점과 단점을 가지고 있어서 이를 고려하여 사용해야 할 것이다.

(1) 장점

· 응답자의 응답하고자 하는 마음 상태에 의해 조사결과가 좌우되지 않는다.

· 응답자가 자신의 느낌이나 태도를 정확히 모르고 있는 경우에도 조사가 가능하다. 즉, 무의식적인 행동이라든지 응답자가 말이나 글로 표시하기 어려운 문제, 또는 응답자가 정확히 인식하고 있지 못한 문제와 같은 경우에는 관찰을 통해서만이 측정이 가능하다.

(2) 단점

· 관찰이 불가능한 행동이 있을 수 있고, 응답자들의 사적인 행동이라든지 사회적으로 밝히기 꺼려하고 타인으로부터 관찰되기를 원치 않는 행동들은 관찰하기가 어렵다.

· 행동양식들은 변하기가 쉽다. 즉, 태도나 신념에 비하여 행동양식은 쉽게 변할 수 있어 조사결과가 일시적인 것이 될 수도 있으며, 이를 정확하게 기록, 분석하는 것은 어렵다. 그러므로 많은 경우에 관찰법은 다른 조사방법과 함께 병행되어 사용되고 있다.

5. 자료수집방법의 선택기준

자료수집 방법은 매우 다양하다. 마케팅 조사자는 조사 목적이나 자료의 특성에 따라 적합한 방법을 선택해야 한다. 일반적으로 자료수집 방법은 필요한 자료의 다양성, 자료를 수집하는 과정의 신속성과 비용, 수집된 자료의 객관성과 정확성 등을 기준으로 선택해야 한다.

마케팅 조사자는 현재 수행 중인 조사가 요구하는 다양성, 신속성, 객관성 등의 기준을 만족시키는 자료수집 방법 중에서 필요한 방법을 선택해야 한다.

1) 다양성

이는 마케팅 조사자가 조사 목적을 달성하기 위하여 필요한 자료의 유형이 어느 정도 다양한지를 말한다. 일반적으로 다양성이 높은 경우에는 관찰법보다 의사소통 방법이 더 적합하다. 특히, 면접법은 다양한 자료를 수집하는데 가장 적합한 방법이다. 마케팅 조사자는 조사에서 요구하는 다양성의 정도를 결정하고 이에 따라 적합한 자료수집법을 선택해야 한다.

2) 신속성과 비용

신속성은 자료를 수집하는데 걸리는 시간의 정도를 말하며, 비용은 자료를 수집하는데 소요되는 경비를 의미한다. 이 두 개념은 어느 정도 상반되는 개념으로 일반적으로 의사소통방법 중에서 비용이 가장 많이 드는 방법은 면접법이며, 우편을 이용한 방법이 가장 저렴한 방법이다.

3) 객관성과 정확성

객관성은 마케팅 조사자가 바뀌거나 시간이나 상황이 변화해도 동일한 자료가 나와야 한다는 것이며, 정확성은 조사 분석 절차상 요구되는 자료의 정확도를 말한다.

일반적으로 관찰법이 의사소통방법 보다 객관성과 정확성이 뛰어나다. 의사소통방법은 자료 수집요원의 전달능력이나 자료의 특성, 응답자의 태도 등에 따라 자료수준이 크게 차이가 난다.

관찰법은 관측도구가 사람인 경우에는 약간 차이가 날 수 있으나, 그 정확성이나 객관성은 높은 편이다. 정확성이나 객관성을 높이기 위하여 자료 조사원을 선발할 때 자질이 있는 사람을 뽑아야 한다. 조사목적에서 요구되는 수준의 객관성 및 정확성을 얻기 위해서는 이를 충족시켜 줄 수 있는 자료수집방법을 선택하고, 실제로 자료를 수집하는 과정에서 적절한 통제를 해야 한다.

제 3 절 의사소통 방법의 여러 가지 기법

의사소통방법은 체계화의 정도와 공개정도, 의사소통의 수단에 의해 나눌 수 있다. 체계화의 정도는 자료수집과정에서의 표준화의 정도이다. 즉, 질문과 응답의 형식이나 내용이 미리 결정되어 있는 경우에는 체계적이라고 할 수 있다.

공개 정도는 응답자가 조사자가 얻고자 하는 정보가 무엇인가를 알고 있는지에 관한 것이다. 의사소통수단에 의한 분류는 실제로 자료를 수집하기 위해 사용하는 기법에 의한 분류로서 개인면접법, 전화면접법, 우편이용법으로 나눌 수 있다.

1. 체계화와 공개 정도에 의한 분류

캠벨(Campbeel)은 체계화의 정도와 공개의 정도에 따라 〈표 8-4〉와 같이 의사소통방법을 4개로 구분하고 있다.

〈표 8-4〉 체계화와 공개정도에 의한 분류

	체계적	비체계적
공개적	일반적인 설문지	· 심층면접법 · 표적집단면접법
비공개적	객관적 형태조사	· 통각시험법, 역할행동법, 만화완성법, · 문장완성법, 단어연상법

1) 체계적-공개적 방법

가장 많이 쓰이는 방법으로 표준화된 설문지를 이용하여 모든 응답자에게 조사하는 것이다. 이 방법은 여러 면접원을 채용함으로써 생길 수 있는 오류(interview bias)를 극소화하고, 모든 응답자가 동일한 설문지에 응답한다는 것을 알려서 응답과정에서 발생하는 오류를 줄일 수 있다.

이 방법은 관리가 간단하고 자료의 처리가 쉽고, 해석 및 분석이 용이하며, 오류를 방지할 수 있고 신뢰도를 높일 수 있으며, 전화, 우편, 면접 등의 어느 방법에나 사용할 수 있는 장점이 있다.

이 방법의 단점으로는 응답자가 설문지를 제대로 이해하지 못하여 마케팅 조사자가 원하는 정보를 제공하지 못할 수가 있고, 응답을 거부하든가 무성의한 태도를 보여줄 수 있으며, 질문 항목에 따라 편견이 개입될 수도 있고, 설문지가 타당성이 없거나 제대로 만들어지지 않은 경우에는 조사결과를 신뢰할 수 없게 할 수도 있다.

2) 비체계적-공개적인 방법

이 방법은 체계적-공개적인 방법에 비하여 질문 방식이나 응답의 형식이 매우 자유스럽다는 특성이 있다. 일반적으로 마케팅 조사자가 하나의 질문을 던지면 응답자는 그 질문에 따라 자신의 느낌이나 태도를 자유롭게 표현하고, 이를 조사자가 기록하게 된다. 이 방법에는 심층면접법(depth interview)과 표적집단 면접법(focus interview)이 있다.

(1) 심층면접법

심층면접법(depth interview)은 어떤 주제에 대해 한 응답자가 그의 느낌과 믿음을 자세히 표현하거나 자유롭게 이야기하면서 문제를 풀어나가는 비체계적 개인면접법이다. 이는 응답자의 표면적인 행동에 내재된 태도와 느낌을 발견해 내는 방법이다.

이 방법의 단점은 비용과 시간이 많이 필요하며, 마케팅조사원의 면접능력과 분석능력에 따라 조사 결과의 신뢰도와 타당성이 크게 영향을 받으며, 편견 등의 오류가 개입될 여지가 많다. 따라서 응답자의 폭넓은 의견이 반영되므로 문제점을 파악하거나 설문지 설계를 위한 탐색조사에 많이 이용된다.

최근 널리 사용되고 있는 심층면접법은 래더링(laddering), 숨어 있는 문제 질문하기(hidden issue questioning), 상징분석(symbolic analysis) 등이 있다. 래더링은 제품 특성에서부터 사용자 특성에 이르기까지 사다리와 같이 질문의 순서를 가지고 있는 심층면접의 한 기법이다. 숨어 있는 문제 질문하기는 사회적으로 공유된 가치보다는 개인적인 관심에 초점을 두고 역할연기 등을 통하여 응답자가 스스로 문제를 해결하도록 하는 기법이다. 상징분석은 정반대되는 것을 대비시킴으로써 대상의 상징성을 분석하는 기법이다.

이러한 심층면접은 탐색조사에서 많이 이용되고 있고, 특히 특별한 문제 상황에서 효과적으로 사용될 수 있다. 특히, 고관여 제품의 의사결정을 해야 되는 응답자로부터 상세한 질문을 하는 경우, 개인적인 비밀, 민감하고 당황스러운 문제를 다루는 경우, 응답자가 집단의 반응에 쉽게 동요되는 경우, 산업재 시장에서 전문가에 접근이 어려운 응답자를 조사하는 경우, 정보노출을 꺼리는 경쟁자를 조사해야 하는 경우 등에 효과적이다.

(2) 표적집단 면접법

표적집단 면접법(focus interview)은 심층면접법의 변화된 유형으로 마케팅조사에서 자주 이용하는 기법이다. 이 방법은 마케팅 조사자가 소수의 응답자 집단에게 특정의 주제에 대하여 토론을 벌이게 하는 것으로 자유로운 토론 가운데에서 필요한 정보를 찾고자 하는 것이다.

이 때 응답자 집단은 연령, 성별, 특성 등을 비슷하게 선정하여야 하고, 토론 주제에 대하여 특정 사전지식이나 이해관계가 없어야 하고, 응답자 간에 개별적인 친분이 많아도 좋지 않으며, 인원수는 10명~12명이 적당하다.

이 방법은 손쉽게 넓은 영역의 다양한 정보와 통찰력을 얻을 수 있고, 응답자들의 토론 속에서 공통된 점을 쉽게 찾을 수 있으며, 자발적으로 의사표시를 하게 됨으로 타당성이 있는 정보를 얻을 수 있다는 장점이 있다. 그러나 응답자들이 모집단을 대표하지 못할 경우가 있으며, 마케팅 조사자의 능력에 따라 조사결과가 크게 좌우될 수 있다는 단점이 있다.

이 기법은 현실적인 문제를 사용하는데 이용될 수 있는데, 특히, 관심 있는 제품범주에 대한 소비자의 지각, 선호, 행동을 이해하기 위해, 신제품 개념에 대한 영감(impressions)을 얻기 위해, 기존 제품에 대한 새로운 아이디어를 창출하기 위해, 가격에 대한 영감을 얻기 위해 이용할 수 있다.

3) 비체계적-비공개적 방법

이 방법은 투사법(projective technique)이라고 하며 임상심리학에서 많이 이용하는 방법이다. 지금까지의 방법들은 응답자가 자신의 믿음이나 느낌을 정확히 알고 그것을 표현할 수 있다고 가정한 기법들이었으나, 이 방법은 응답자로 하여금 느낌이나 믿음을 간접적으로 투사하게 하여 응답자의 심리상태를 알아내는 방법이다. 마케팅조사에서는 다음 다섯 가지 기법들이 자주 이용된다.

(1) 통각시험법

통각시험법(thematic apperception test)은 어떤 주제나 제품 등에 관한 만화나 그림을 보여주고 그것에 대해 어떠한 감정을 가지고 있는지를 알아내는 방법이다.

(2) 역할행동법

역할행동법(role playing)은 응답자에게 어떤 상황을 제시하고, 자신이 아닌 다른 사람이 그 상황에 처했을 경우에 대한 느낌이나 믿음 등을 말하게 하여 응답자의 개인적인 느낌을 나타내게 하는 것이다.

(3) 만화완성법

만화완성법(cartoon completion)은 어떤 상황을 나타내는 만화들을 보여주고, 그 만화들이 의미 있는 현상으로 표현될 수 있게 그들을 연결시키게 하거나, 만화의 인물들의 대화를 빈칸으로 두어서 기입하게 한다거나, 그 인물의 행동 등을 설명하게 하는 것이다.

(4) 단어연상법

단어연상법(wold association)은 마케팅 조사자가 어떤 주제에 대해 그것과 관련된 단어를 나열하면 응답자들은 이 단어를 보고, 가장 먼저 연상되는 단어를 표현하는 것이다. 이 때 마케팅 조사자는 특정 단어가 반응으로 나오는 빈도 수, 머뭇거린 회수, 무응답 횟수 등으로 응답자의 편견이나 태도 등을 파악할 수 있으며 감정이 개입된 정도를 알 수 있다.

(5) 문장 완성법

문장 완성법(sentence completion)은 마케팅 조사자가 미완성인 문장을 제시하면 응답자가 이 문장을 완성시키는 것이다.

4) 체계적-비공개적 방법

이 방법은 응답자로 하여금 특정 주제나 제품에 대하여 알고 있는 사실을 말하도록 하는 것이다. 사람들은 자신의 태도나 믿음에 따라 자기 자신을 정보에 선택적으로 노출시키며, 정보들을 선택적으로 기억하게 된다. 이 기법은 응답자가 인지하는 정도가 태도나 믿음에 의하여 결정된다는 가정 하에 특정 주제나 제품에 관해 알고 있는 정도를 측정하여 이것으로 응답자의 태도나 믿음을 조사하는 것이다.

제 4 절 인터넷 마케팅조사

미디어 전문가 마셜 맥루한(Marshall McLuhan)은 '미디어는 메시지이다'라는 유명한 말을 남겼다. 그는 또 메시지를 단순히 어떤 컨텐츠나 정보정도로 정의를 내린다면, 미디어의 가장 중요한 특성 중의 하나를 간과하는 것이라고 지적했다. 그 특성이란 사람과 사람 사이의 관계나 행동에 있어 그 방향이나 기능을 바꿔 놓을 수 있는 힘이었다.

TV가 전한 메시지는 '자본주의'였다. 자유기업정신에 입각한 시장경제에게 길을 내어 주었다. TV는 인류 역사의 방향을 바꾸는데 도움을 주었다. 인터넷 미디어의 '메시지'는 무엇일까? '글로벌화(globalization)'이다. 인터넷은 궁극적으로 전 세계인을 하나로 연결된 세계 경제체제로 편입시켜 왔다. 글로벌화는 21세기를 이끌어갈 조류로 떠오르고, 인터넷은 지구촌을 구축하고 있다.

1. 인터넷의 등장

매 10년마다 인류의 삶의 여러 가지 면을 바꾸어 놓는 혁신적인 발명품이 등장해 왔다. 인터넷 역시 그 중의 하나이다. 지난 50년 동안 각 연대별로 과학기술이 이루어 놓은 가장 중요한 사건을 열거하면 [그림 8-2]와 같다.

이 다섯 가지는 우리 삶의 전체를 변화시켜 왔다. 1950년대 TV는 인간을 외출보다는 집에 있게 만들었으며, 오락문화를 담당했던 라디오를 음악과 뉴스매체로 바꾸어 놓았다. TV로 인해 정치는 이슈중심의 경쟁에서 정치인의 개성이 중시되는 양상을 띠게 되었으며, 우리의 음식 습관 및 뉴스보도에 변화가 왔으며, 좋아하는 스포츠도 바뀌게 되었다.

[그림 8-2] 삶을 변화시킨 발명품들

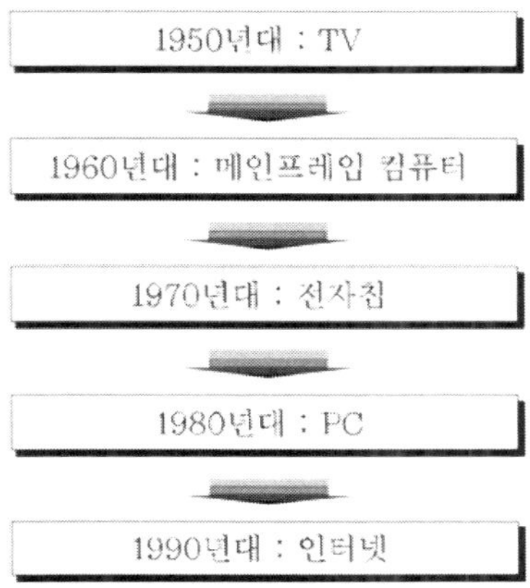

1960년대 메인프레임 컴퓨터는 모든 기업에 영향을 주었다. 이는 단순한 장부정리뿐만 아니라 제조, 유통 및 마케팅에 이르기까지 기업의 모든 면에 엄청난 변화를 가져왔다. 그러나 기업의 적정규모에 대한 생각을 바꾼 것이 가장 큰 영향이라고 할 수 있다.

기업의 규모가 커지면 내부의 효율성은 떨어지게 된다. 여러 단계를 거쳐야 하고, 부서 사이의 의사소통이 원활해지지 못하며, 다른 조직에서 하고 있는 업무파악에 많은 시간을 소비해야 하기 때문이다. 메인프레임 컴퓨터의 등장으로 경영의 효율성과 기업의 규모를 동시에 해결해 주었고, 기업의 글로벌화를 가능하게 해 주었다.

1970년대 전자칩은 보이지 않는 기술혁명이었다. 오늘날 전기를 사용하는 모든 제품에는 소형 전자칩이 내장되어 있다. 자동차, 전화, 카메라, VCR, 전기난로, 세탁기, 건조기, 전동칫솔 등 우리 생활에 유용한 기기 중에 전자칩의 혜택을 받지 않는 것이 없다.

1980년대 PC는 가정과 사무실에 파고들어 엄청난 변화를 가져왔다. PC로 인하여 타자기나 워드프로세서 회사들이 문을 닫을 수밖에 없었다. 1981년 8월에 선보인 IBM PC가 등장하자 세계 컴퓨터업계의 양대 파워인 마이크로소프트사와 인텔사가 성장가도를 달려왔다.

1990년대 인터넷은 PC와 전자칩, 메인프레임 컴퓨터, TV와 나란히 우리가 살아가고 일하는 방식에 있어서 획기적인 변화를 가져왔다. 이러한 변화는 책, CD, 항공권, 컴퓨터, 가구, 미술품 및 사무기기까지도 인터넷을 통하여 구입하게 되었다. 즉, 인터넷마케팅을 기반으로 수행하는 인터넷시대가 등장한 것이다.

[그림 8-3] 세계 인터넷 상거래 시장규모의 예측

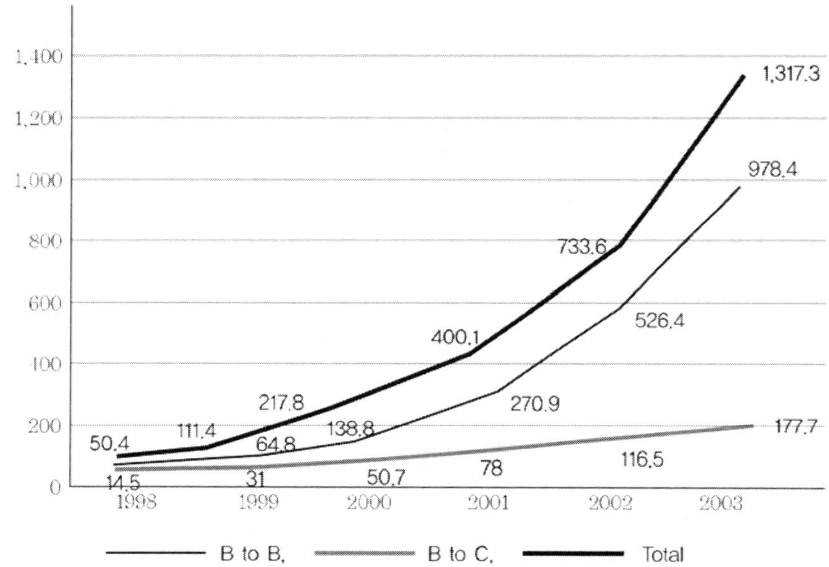

2. 인터넷 시장의 규모

세계 인터넷 상거래 시장규모는 [그림 8-3]에서 보듯이 폭발적으로 증가하고 있는 현상을 보면, 인터넷 마케팅조사의 중요성을 깨닫게 한다. 이렇게 새로운 환경에서 정보나 내용은 단순히 기업으로부터 소비자에게 전달되는 것이라기보다는 기업과 소비자가 모두 참가자로 참여하게 된다. 따라서 인터넷을 통한 마케팅조사는 앞으로 유용한 조사도구가 될 것으로 보인다.

제 5 절 온라인 조사의 절차

기본적으로 온라인 조사의 절차는 전통적인 마케팅조사의 절차와 거의 같다. 온라인 조사는 3단계로 구분할 수 있다.

1단계는 고객의 조사 의뢰가 오면, 설문지를 기획하고 설계하는 단계이다. 이는 필요한 정보를 파악하고 설문지를 기획하고 작성해야 한다. 설문지는 질문의 순서를 결정하고, 개별 항목을 완성하며, 설문지 초안을 완성하여 사전조사를 통하여 최종 설문지를 완성하게 된다.

2단계는 이렇게 설문지가 완성되면, 자체 데이터베이스를 통한 패널을 구축하는 단계이다. 완성된 설문지는 웹(web)에 설문지를 제작해야 한다. 이는 사전조사를 통하여 신뢰도와 타당성을 확인한 다음 조사를 실시하게 된다. 이 단계에서는 패널을 구축하는 것이 특징이다. 이는 온라인조사의 특성상 조사자가 응답자를 찾아다닐 수가 없기 때문이다.

3단계는 검증과 통계분석을 하는 단계이다. 이러한 온라인조사는 설문지 배포나 조사원의 훈련 등의 과정이 필요 없다. 이는 전 과정이 실시간(real time)으로 이루어지기 때문에 설문조사를 실시하면서 동시에 분석을 수행할 수 있다.

이러한 과정은 조사 흐름상 전후 단계들이 일정부분 서로 묶일 수 있기 때문에 온라인 조사절차는 [그림 8-4]와 같이 나타낼 수 있다.

[그림 8-4] 온라인 조사 절차

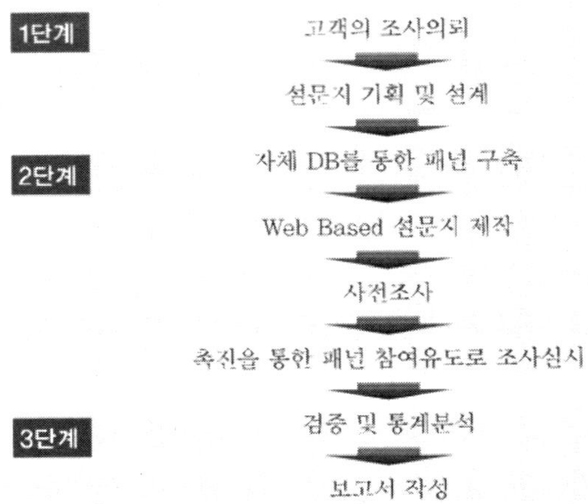

1. 온라인조사방법

1) 이메일조사

이메일(e-mail survey)을 이용한 조사자는 이메일 주소의 리스트를 수집하고 설문지를 이메일을 첨부형태로 설문지를 보내고 응답자가 스스로 기록하여 이메일로 반송하는 조사방법이다. 이 방법은 동영상이나 3차원 이미지, 음향 등을 사용하여 설문지를 구성할 수 있는 장점이 있다. 그러나 단점은 스펨 메일에 대한 부정적인 시각이 존재하고 있어 응답률이 낮을 수 있다.

2) 온라인 서베이

이메일 조사의 단점을 개선할 수 있는 형태로서 html을 활용하여 응답자들이 특정 사이트에 접속하여 설문에 응답할 수 있도록 한 방법이다.

(1) 서베이 과정

인터넷 서베이는 인터넷을 이용하여 설문지를 작성, 수집과 코딩, 분석과정을 수행하게 되며, 가상공간에서 수행하는 설문조사 방법이다. 인터넷 서베이의 설문지는 html 등을 이용한 하이퍼텍스트 형태로 작성되어 개인 또는 조직 홈페이지에 올리기도 하고, 이메일이나 게시판을 통하여 수행되게 된다.

이러한 인터넷은 커뮤니케이션 수단으로서의 많은 장단점을 가지고 있다. 이는 마케팅조사 의뢰자가 정형화된 설문데이터베이스(DB)에서 필요한 항목을 선택해 설문지를 구성하게 되며, 동영상과 같은 멀티미디어 자료도 활용할 수 있다. 조사기간이 끝나면 통계분석 패키지를 이용하여 실시간 분석되도록 구성할 수 있다. 특히, 설문 마법사나 차트 마법사 등의 기능을 이용하여 초보자라도 온라인으로 웹(web) 설문지를 작성하거나 처리할 수 있도록 구성할 수 있다.

오프라인 설문조사에서는 필요한 정보의 파악, 설문지 작성, 설문대상과 표본 결정, 조사원의 선발과 훈련, 설문지 배포 및 회수, 코딩, 분석 및 보고의 과정을 거치게 된다. 인터넷을 이용한 서베이 방법과 크게 다르지 않다. 그러나 인터넷 서베이는 응답자가 스스로 응답을 하게 되기 때문에 조사원의 선발이나 훈련이 불필요하게 된다. 또한 설문지를 배포하고 회수하며 코딩하는 과정도 실시간으로 자동 수행되기 때문에 마케팅 조사자는 설문조사를 실시하면서 동시에 분석을 수행할 수 있다.

인터넷 서베이에서는 표본선정 단계에 주의를 기울여야 한다. 왜냐하면, 인터넷 서베이는 설문조사 대상 집단이 전체 모집단의 특성을 갖고 있어야 표본의 대표성을 갖게 되는데, 이러한 대표성이 결여될 수 있다는 가장 큰 약점을 가지고 있기 때문이다. 인터넷을 이용하는 사람이 특정 계층에 한정되고 있는 현재의 상황에서 표본의 대표성 문제는 인터넷 서베이의 커다란 걸림돌이 되고 있다.

따라서 마케팅조사를 수행하는 인터넷 사이트들은 대부분의 설문조사에 필요한 소비자들을 회원으로 확보하고 있는 경우가 많다. 회원으로 구성하여 개인에 대한 신상정보를 파악하고 있으면, 필요한 시기에 적절한 표본에 포함시켜 활용하기가 용이하기 때문이다.

(2) 온라인 서베이의 장 · 단점

인터넷 서베이는 많은 장 · 단점을 가지고 있다. 따라서 조사자는 이러한 점을 유의하여 전통적인 서베이와 인터넷 서베이를 조화롭게 이용하는 것이 필요하다. 인터넷 서베이의 장 · 단점은 다음과 같다.

○ 장점

· 인터넷 서베이는 면접자의 편견이나 응답자와의 상호 작용으로 나타날 수 있는 문제점을 줄일 수 있다.

· 인터넷 서베이는 시간을 절약할 수 있다. 이는 전통적인 서베이에 비해 상대적으로 짧은 시간에 많은 표본을 확보할 수 있기 때문에 시간을 절약할 수 있다. 특히, 설문의 회수가 빠르고, 실시간 분석이 가능하다. 이러한 장점은 글로벌 마케팅조사에서 더욱 두르러지게 나타난다.

· 인터넷 서베이는 표본 수가 많아져도 추가되는 비용을 절감할 수 있다. 조사원을 선발하고 훈련할 필요가 없기 때문에 시간비용과 금전적 비용이 절감될 수 있다.

· 인터넷 서베이는 원격지, 특수계층, 전문가에 대한 접근이 용이하다. 이는 원격지 조사대상에 대한 조사가 가능하고, 접근이 어려웠던 특수계층에 대한 조사가 가능하며, 전문가에 대한 접근도 가능하게 되었다.

· 인터넷 서베이는 멀티미디어 기능을 활용할 수 있다. 인터넷 서베이에서는 네트워크 기술이 발전하면서 대용량의 데이터 전송이 가능하게 되었고, 양방향 커뮤니케이션이 가능하게 되었으며, 음성이나 동화상 등의 멀티미디어 자료를 전송할 수 있어서 조사의 효과를 극대화할 수 있다.

· 인터넷 서베이는 컴퓨터를 이용하기 때문에 인적 오류가 적다. 이는 컴퓨터통신을 이용한 조사이기 때문에 365일 24시간 시간제약 없이 조사를 수행할 수 있다.
· 인터넷 서베이는 민감한 주제에 대해 설문이 용이하다. 이는 소비자들이 응답을 거부할 수 있는 주제에 대해 홈페이지에 설문을 올려 마케팅조사가 가능하기 때문이다.

○ 단점

· 인터넷 서베이는 표본의 대표성 문제가 있다. 이는 표본을 인터넷 사용자로 한정하기 때문에 주로 인터넷을 이용하는 계층이 20~30대에 편중되고 있어서 모집단의 대표성 문제가 제기되고 있다. 또한 인터넷 서베이는 조사에 능동적인 소비자들만이 조사가 가능함으로 대표성이 문제가 제기되고 있다. 그러나 이는 인터넷 보급률이 현재 높아지고 있고, 그 이용 계층도 넓어지고 있어서 이러한 한계는 극복될 수 있으나, 소비자들이 어떻게 접속하게 할 것인지를 고려해야 할 것이다.
· 인터넷 서베이는 모집단 특성이 불확실하다. 이는 모집단에 대한 정보가 적어 적절한 표본추출이 이루어지기 어렵다는 것을 의미한다. 이러한 문제를 해결하기 위해서는 모집단 자체가 안정적이어야 하기 때문에 대규모 표본의 패널을 구성하여 이를 극복할 수 있다.
· 인터넷 서베이는 자가 선택오류(self selection bias)가 나타날 수 있다. 이는 응답자를 정확히 통제하거나 확인할 수 없기 때문에 응답자들이 자신이 관심 있는 주제에 대해서만 응답하는 오류가 나타날 수 있다. 이러한 오류를 극복하기 위해서는 패널조사를 수행하거나 응답자에게 적절한 인센티브를 제공하는 등의 방법을 이용할 수 있다.
· 인터넷 서베이는 설문내용이 길어지면 응답률이 떨어질 수 있고, 설문조사를 위한 시스템설치와 관리에 비용이 든다. 이는 반응자

들이 인터넷 화면을 통하여 응답하기 때문에 설문내용이 길어지면 응답을 거부하거나 부정확한 응답에 대한 통제가 어렵다.

· 인터넷 서베이는 인터넷상에서 응답하기 때문에 조사자가 제공하는 인센티브를 적용하기가 어렵다.

· 인터넷 서베이는 개인 정보를 보호하기 어렵다. 이는 이메일이나 게시판을 통하여 설문지가 공개됨으로 이러한 정보를 상업적으로 이용하는 경우 피조사자의 개인정보가 공개될 위험이 있다.

· 인터넷 서베이는 스팸 메일을 보내는 경우 문제를 야기할 가능성이 있다. 이는 소비자를 보호하기 위해 스팸 메일에 대한 규제가 강화되고 있어서 메일로 조사하는 경우 제약이 따르게 되고, 소비자들로부터 거부될 가능성이 높다.

(3) 자료 분석

인터넷 서베이의 설문 문항은 오프라인 설문조사의 문항 작성에서 사용되는 기준을 적용할 수 있지만, 인터넷이라는 특성 때문에 설문유형에 제한을 받을 수밖에 없다. 인터넷 설문 문항은 응답자에게 한눈에 설문 문항이 들어올 수 있도록 하는 곳이 중요하다.

웹(web) 페이지가 너무 길어서 화면을 넘기면서 응답하는 경우 응답이 누락되는 경우가 많기 때문이다. 따라서 이러한 경우 페이지를 나누어서 질문하는 것이 좋을 것이다. 자료의 분석은 여러 가지 방법을 이용할 수 있다.

· 자료를 모두 수집한 후 통계분석 패키지를 이용하여 분석하는 방법이다. 이는 기존의 연구들을 활용할 수 있기 때문에 세부적인 분석을 할 수 있다.

· 실시간 분석기능을 제공해 주는 통계분석 패키지를 이용하는 방법이다.

· 인터넷 서베이를 위해 개발된 분석소프트웨어를 이용하는 방법이다. 이는 설문지의 작성과 자료의 수집뿐만 아니라 분석과 보고서

작성에 이르기까지 자동으로 수행되는 장점이 있다. 서베이 솔루션(survey solution), 웹서베이(websurvey) 등의 소프트웨어가 개발되어 있다. 그러나 이는 저렴한 비용에 인터넷 서베이를 수행할 수 있다는 장점을 가지고 있으나, 기초통계는 가능하지만 고급 통계법을 활용하는 데는 제한적이라는 단점을 가지고 있다.

3) 온라인 페널조사

온라인 패널조사는 설문조사를 할 때마다 새로운 표본을 구성하는 단점을 보완하는 좋은 방법이다. 이는 이미 정해진 특정의 소비자들에게 정기적으로 특정한 정보를 수집한다. 인터넷 조사에서 대부분의 제조업체들은 패널조사 방법을 이용하고 있는데, 특정한 사이트에 회원으로 가입한 사람들을 대상으로 마케팅조사를 수행하는 경우이다. 이는 인터넷 마케팅조사의 단점인 대표성 문제를 극복하기 위한 방법으로 회원으로 가입한 사람들의 정보를 바탕으로 특정 주제에 관심이 있는 사람들을 선정하여 이들을 패널로 조사하는 방법을 수행하고 있다.

4) 온라인 초점집단 조사

인터넷 초점집단조사(internet focus group survey)는 인터넷 대화방을 이용하여 실시간 상호작용 가능성을 활용하여 특정 주제와 질문에 대해 토론하여 조사하는 방법이다. 이는 개방형으로 많은 소비자들을 참여시킬 수도 있고, 폐쇄형으로 일정한 자격요건을 갖춘 소비자들을 참여시킬 수도 있다.

인터넷 초점집단 조사는 지역적 한계를 극복하여 자료를 수집할 수 있으며, 기존의 초점집단 조사에서 참여가 어려웠던 전문가들의 참여를 유도할 수 있고, 응답자들도 장소에 구애됨이 없이 정보를 제공할 수 있다는 장점이 있다. 그러나 이러한 방법은 컴퓨터를 사용할 수 있는 참여자를 대상으로 조사해야 하는 점과 집단조사가 실시되는 동안의 참여자의 환경을 통제할 수 없다는 단점이 있다.

초점집단을 통한 조사방법은 소수의 참여자로부터 심층적인 자료를 수집하려는 정성적 조사방법이다.

(1) 온라인 초점집단 조사의 장점

이러한 온라인 초점집단 조사의 장점은 4가지가 있다.

· 지역적으로 떨어져 있는 사람들의 의견을 동시에 수집할 수 있다. 이는 글로벌 기업에서 통신기술의 발전으로 인터넷을 이용하여 초점집단을 마케팅조사를 수행하는데 더욱 효과적일 수 있다.
· 초점집단에 참여하는 구성원들이 서로 대면을 하지 않으므로 다른 사람의 영향을 받을 가능성이 매우 적어진다. 이는 조사대상자의 영향이 매우 민감한 주제에 적용하기가 좋다.
· 인터넷을 이용하기 때문에 멀티미디어 기능을 활용하여 다양한 자료를 제공할 수 있음으로 효과적인 마케팅조사가 가능하다.
· 인터넷 초점집단에서는 오프라인에서의 단점이었던 참여시키기 어려웠던 집단들을 온라인상에서 쉽게 참여시킬 수 있다. 즉, 최고경영자, 학자, 종교지도자, 사회적으로 참여를 꺼리는 집단 등을 참여시키는 것이 가능하다.

(2) 온라인 초점집단 조사의 단점

반면에 인터넷 초점집단은 3가지 단점을 가지고 있다.

· 인터넷 초점집단 조사는 소수의 사람을 대상으로 이루어질 가능성이 있다. 이는 기술적으로 여러 지역의 많은 소비자들을 대상으로 동시에 조사하는데 어려움이 있기 때문이다.
· 언어로 표현하기 어려운 부분들은 결과에 반영하기 힘든 점이 있다. 이는 인터넷 조사가 언어를 가지고 수행되기 때문에 직접 대면하여 전달될 수 있는 의사소통 효과를 누리기 어렵기 때문이다.
· 마케팅조사 대상자에 대한 신분을 정확하게 인식하기 어렵다. 이

는 마케팅조사 대상자의 구분을 명확히 해야 할 필요가 있을 경우에도 온라인의 특성상 다른 사람이 대신하여 응답을 하여도 통제할 수 없기 때문에 신뢰도에 문제를 제기할 수 있다.

5) 온라인 관찰조사

인터넷 관찰은 소비자들의 행동을 관찰하는 것인데, 이는 소비자들이 눈치 채지 못하도록 관찰하는데 인터넷 관찰이 유리한 조건을 갖추고 있다. 소비자들이 어떠한 경로를 통해서 어떠한 사이트를 방문하게 되었는지를 로그파일이나 쿠키(cookie)의 형태로 자동 저장되기 때문에 이를 보고 관찰할 수 있다.

로그파일은 사용자가 웹사이트를 이용하면 이에 대한 기록이 로그라는 형태로 흔적을 남기는 것이고, 쿠키는 인터넷 사용자가 특정 사이트를 방문했을 때 그 웹사이트의 서버가 부여하는 표지파일이다. 따라서 로그파일이나 쿠키 분석을 통하여 웹사이트 사용자의 행동패턴을 파악할 수 있다.

6) 웹 데이터 조사

인터넷의 활용으로 기업은 고객에 대한 방대한 정보를 과거보다 쉽게 획득할 수 있게 되었다. 그러나 이러한 획득된 정보는 복잡한 방법을 통하여 분석하게 되는데, 이를 데이터 마이닝(data mining)이라 한다. 이러한 데이터 마이닝은 자동적인 방법을 이용하여 많은 데이터로부터 의미 있고 활용 가능한 패턴과 규칙을 찾아내기 위한 탐색과 분석의 과정을 말한다.

인터넷 조사에서 조사자는 데이터 마이닝을 통하여 데이터를 분류, 추정, 예측, 유사통합, 군집화, 서술 및 요약할 수 있다. 실무적으로 많이 사용되는 데이터 마이닝 기법은 장바구니 분석, 의사결정 수 및 신경 망 등이 있다.

장바구니 분석(market basket analysis)은 군집화 방식으로 은행이나 신용카드 거래에서 어떤 물품을 구매할 때 장바구니에 함께 구매되는 물건이 무엇인지를 분석하여 매장 내 제품배치 등의 의사결정에 활용하는 방법이다.

의사결정 수(decision trees)는 여러 개의 연속적인 의사결정이 필요할 때 모든 대안들을 나열하여 이들로부터 실제로 가장 유사한 결과를 유발하는 법칙을 발견하여 활용하는 분석기법이다.

신경 망(neural network)은 데이터의 유형을 발견해 내기 위해 이전의 경험으로부터 학습해 나가는 인간 두뇌의 정보처리과정을 모방한 분석기법이다. 이들의 분석기법을 활용을 비교하면 〈표 8-5〉와 같다.

〈표 8-5〉 데이터 마이닝 기법의 활용

분석기법	분류	추정	예측	유사통합	군집화	기술
일반적인 통계분석	○	○	○	○	○	○
장바구니 분석			○	○	○	○
의사결정 수	○		○		○	○
신경 망	○		○	○	○	

자료원 : Briggs, Rex and Nigel Hollis(1997), Advertising on the Web : Is There Response Before Clickthrough?, *Journal of Advertising Research*, March/April.

2. 온라인 조사의 유의사항

최근 인터넷을 통한 마케팅조사가 급격히 증가하고 있다. 인터넷이 갖고 있는 상호 작용성, 즉시성 및 응답의 편리성 등으로 인하여 인터넷을 이용하여 마케팅조사를 하려는 노력은 더욱 증가하고 있다. 그러나 현재 인터넷을 통한 마케팅조사는 표본추출 설계 및 응답절차의 타당성과 신뢰도 등에서 많은 문제를 갖고 있다.

그러나 인터넷의 급격한 보급과 이를 이용한 마케팅조사 욕구의 증대를 감안한다면, 이에 대한 전면적인 비판보다는 인터넷조사의 잠재적 가능성을 고려하여 기존의 조사방법이 갖고 있는 문제점을 최소화시키려는 노력을 기울여야 할 것이다. 따라서 문제점을 최소화하기 위해 확인해야 할 최소한의 유의사항을 다음과 같이 제시하고 있다.

· 인터넷 조사가 어떠한 모집단을 대표하도록 설계된 것인지를 확인해야 한다. 만약 모집단에 대한 언급이 없다면 신뢰할 수 없다.
· 인터넷 조사의 표본이 대표하고자 하였던 모집단을 정말 대표한다는 어떤 증거가 있는지를 확인해야 한다. 표본이 인구통계학적 특성 및 기타 관련 특성에서 모집단을 대표한다는 뚜렷한 증거가 없는 한 인터넷 조사는 신뢰할 수 없다.
· 인터넷 조사의 표본이 어떻게 추출되었는지를 확인해야 한다. 대부분의 인터넷 조사는 우연히 웹사이트를 방문한 사람들을 대상으로 조사하는 경우가 많다. 이러한 마케팅조사들은 어떤 모집단을 대표한다고 보기 어렵기 때문에 신뢰할 수 없다.
· 사람들이 두 번 이상 응답할 수 없도록 조사기관에서 어떤 조처를 취했는지를 확인해야 한다. 만약 그런 조치가 없다면 결과를 신뢰할 수 없다.
· 자료에 어떤 가중치가 적용되었는지를 확인해야 한다. 조사 자료가 어떤 변수와 높은 상관관계가 있는 경우 가중치 적용을 통하여 편향과 오차를 효과적으로 줄일 수 있다. 그러나 이러한 상관관계가 강하지 않은 경우에는 오히려 조사결과를 더 나쁘게 만들 수 있다. 이러한 점에 유의해야 한다.
· 인터넷 조사나 전통적 조사에 관한 조사기관의 경험과 실적이 있는지를 확인해야 한다. 만약 조사기관이 인터넷 조사나 전통적인 조사의 실적이 없으며, 인터넷조사에 대한 전문 인력도 갖고 있지 못하다면 이 조사기관의 조사결과는 신뢰할 수 없다.
· 조사기관이 조사윤리강령을 준수하는지를 확인해야 한다. 조사윤리강령과 관련된 사항을 준수하지 않으면 자질 있는 조사연구기

관으로 보기 어렵다.

제 5 부

자료분석 준비과정

제 9 장　SPSS상에서 자료처리 및 입력과정

제 9 장 SPSS상에서 자료처리 및 입력과정

제 1 절 자료처리의 절차

자료처리 과정은 설문지를 통해서 수집된 자료를 컴퓨터가 읽을 수 있는 형태로 변환시키는 과정을 말한다. 수집된 설문지에 나타난 응답 문항들에 수치를 부여하거나 부호(code)를 부여한 후, 이를 컴퓨터에 입력시키는 과정을 거치게 된다.

이 때 입력과정에서 잘못 입력할 수 있는 경우가 있기 때문에 각 설문지에 식별번호를 적어 둠으로써 잘못 입력한 경우 설문지와 대조하여 오류를 확인할 수 있도록 하여야 한다. 이러한 확인이 끝난 자료를 원천자료(raw data)라고 한다.

1. 사례

사례(case)는 조사를 위한 분석의 특정 단위를 말한다. 즉, 각 반응자의 모든 응답은 하나의 사례로 입력되기 때문에 전체 사례의 수는 표본 규모(응답자 수)와 같다. 즉, 200명의 학생들이 한 질문지씩 응답했다면 사례 수는 200이 된다.

2. 자료의 컴퓨터 입력

조사도구에 의해 수집된 자료는 컴퓨터가 읽을 수 있는 형태로 입력되어야 한다. [그림 9-1]은 SPSS 18.0 프로그램이 제공하는 데이터 편집기라고 한다.

[그림 9-1] SPSS의 데이터 편집기

3. 자료 매트릭스

마케팅조사 데이터베이스는 자료 분석을 위해 자료 매트릭스에 입력된다. 자료 매트릭스는 반응자의 수와 변수의 수($n \times m$) 만큼 커질 수 있다. 자료 매트릭스에서 사례와 변수의 수는 컴퓨터 통계분석 소프트웨어와 컴퓨터 성능의 발달로 제약을 받지 않는다.

4. 자료 저장

자료는 SPSS 18.0 프로그램이 설치된 컴퓨터로 읽을 수 있어야 하기 때문에 조사자는 저장 디스크에 자료 데이터를 저장하여 사용해야 한다.

제 2 절 자료처리 흐름도

[그림 9-2]는 자료처리 과정을 보여주고 있다. 이는 자료수집 도구인 설문지를 검토하여 데이터를 사용하는데 문제가 없다고 판단되면, 편집, 코딩, 컴퓨터에 자료 입력, 분석을 위해 소프트웨어가 읽을 수 있는 형태로 자료 파일의 변환, 자료 검증, 새로운 변수 창출, 가중치 부여 및 저장 등의 과정을 거친다.

1. 자료수집도구 검토 : 설문지 점검

설문지가 회수되면 회수된 설문지를 점검해야 한다. 이는 조사된 설문지의 품질을 점검하고, 부족하거나 불합리한 응답자를 찾아내 이를 제거하고자 하는 목적에서 실시된다. 이 과정에서 무응답이 있을 경우, 그 설문지는 폐기해야 조사의 질을 높일 수 있다. 회수된 설문지 중에서 불완전한 설문지는 다음과 같은 경우에 해당된다.

[그림 9-2] 자료처리 흐름도

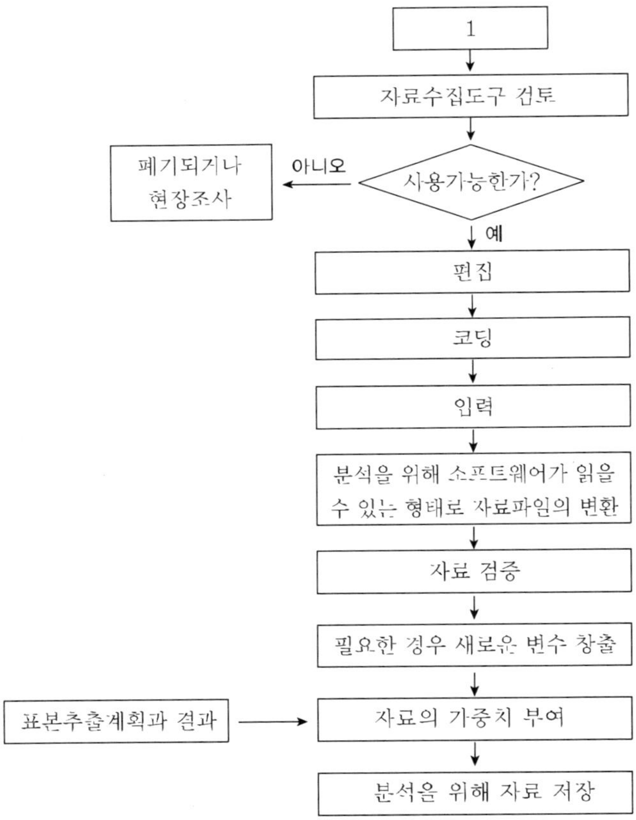

· 설문지의 응답표기가 불완전하게 된 경우
· 설문의 내용을 응답자가 이해하지 못하였거나 지시에 따르지 않고 응답한 경우
· 응답결과의 분산이 적은 경우로 이는 한 숫자만 표기한 경우

· 회수된 설문지 중에서 일부의 페이지가 분실된 경우나 일부를 응답하지 않은 경우
· 설문지가 설문기간을 지나 도착한 경우
· 표본이 아닌 응답자가 응답한 경우

이러한 설문지는 마케팅조사의 정확성을 떨어뜨릴 가능성이 높기 때문에 폐기하도록 해야 한다. 연구자는 질문에서 나타난 특정 오류가 시간과 비용의 제약 내에서 수정될 수 있다고 판단되면 설문지를 현장에서 다시 조사해야 한다. 설문지를 점검할 때는 설문지의 수용과 거절의 기준을 설정해야 한다.

2. 편 집

편집은 정확성을 높이기 위하여 설문지를 검토하는 것을 말한다. 이는 설문지의 응답이 불명확하고 불완전하거나 모순된 응답을 보이는 애매모호하게 응답한 경우를 식별하기 위해 설문지 응답을 스크리닝(screening)하는 것이다.

이 단계에서 조사자는 응답자의 논리적 모순에 대하여 면밀하게 점검해야 한다. 이러한 불완전한 설문지에 대해서는 해결기준을 마련하여 처리해야 하는데 현장으로 되돌려 다시 조사하거나 결측값으로 처리하거나 설문지의 폐기 등을 통하여 처리해야 한다.

3. 데이터 입력

코딩(coding)은 각 설문 항목에 응답한 결과를 숫자나 문자로 일정한 값을 부여하는 과정을 말한다. 이러한 코딩과정에서는 SPSS 18.0 프로그램을 구동하여 직접 입력하는 경우가 많다. 설문 내용에 대한 코딩은 각 항목에 고유의 응답 수치를 부여하면 된다. 즉, 성별에 대

한 질문의 변수를 '성별'이라 입력하고, 응답결과에 따라 남성은 '1'로 하고, 여성은 '2'로 숫자를 부여하는 것이다.

자료의 입력은 '한글 2010'이나 '엑셀', 'SPSS' 프로그램을 이용하여 입력할 수 있다. 한글 2010로 입력하는 경우에는 'txt 파일'로 저장하면 된다. 입력은 엑셀이나 SPSS에서는 한 셀에 하나의 변수를 설정하여 입력하면 되고, 한글은 칼럼을 지정하여 입력하면 된다.

4. 소프트웨어가 읽을 수 있는 형태로 자료파일의 변환

SPSS 18.0 프로그램을 구동하여 직접 입력하거나 엑셀을 이용하여 입력하면 되며, 한글 2010의 경우는 'txt파일'로 저장하면 SPSS 프로그램에서 불러들이는데 문제가 없다.

5. 자료의 검증

자료의 입력이 끝나면 입력된 자료 파일의 검증을 해야 하는데, 이는 일관성 검증과 극단적 사례검증으로 나누어 볼 수 있다.

1) 일관성 검증

설문지 응답에 대하여 일관성을 검증하는 것은 논리적인 타당성이나 일관성이 없는 자료를 검증하는 것이다. 소비자들이 5점 척도의 설문지를 이용한 응답에서 6, 7, 8 또는 0 등의 숫자가 있다면 이는 자료의 범위를 벗어난 값이기 때문에 그대로 적용하여 입력해서는 안된다. 따라서 SPSS 18.0에서는 편리하고 쉽게 처리할 수 있다.

마케팅조사에서 일관성 없는 응답은 다양한 방법으로 나타날 수 있다. 롯데백화점 본점이나 한화갤러리아백화점 압구정점에서 쇼핑한 경험이 전혀 없는데도 불구하고 쇼핑한 것처럼 응답할 수도 있다. 이러한 응답들은 설문지 내에 검증할 수 있는 여과 질문을 통해서 찾아내야 한다.

2) 극단적 사례 검증

극단적인 사례는 정상에서 벗어나 있는 변수에 대한 응답 자료를 검증하는 것이다. 데이터 파일에 과목 성적이 106점으로 기록되어 있다면, 이는 과목 점수의 만점이 100점이기 때문에 만점 이상의 모든 사례는 컴퓨터에서 제외시켜야 한다. 이는 정확성을 확인해야 하며, 컴퓨터 코딩오류를 확인하는 방법이다.

6. 필요한 경우 새로운 변수 창출

원천데이터는 검증할 때에 조사자는 데이터에 새로운 변수를 추가할 수 있다. 변수를 창출한다는 것은 새로운 변수를 만들거나 기존의 변수값을 조정하여 데이터를 변환하는 것을 말한다.

이는 원천자료를 다른 기준에 의해 새롭게 정의하거나 연구 목적에 맞게 데이터를 변환할 목적에 의해 이루어진다. 즉, 연령을 자유롭게 응답하게 한 다음 연령 계층별로 범주를 구분해 주는 방법이 있다.

7. 자료의 가중치 부여

가중치는 각각의 데이터에 대하여 서로 간의 상호 관계를 고려하여 변수들이나 변수값의 상대적 중요도를 가중치로 고려하는 방법이다. 일반적으로 가중치를 적용하는 것은 중요한 변수나 값의 상대적 영향 정도를 파악하기 위해 활용하는 경우가 많다.

8. 분석을 위해 자료 저장

저장은 완전하게 검증된 자료를 분석에 이용할 수 있는 상태로 디스크에 저장하는 것을 말한다. 이를 바탕으로 통계분석을 실행할 수 있다.

제 3 절 SPSS 상에서 데이터 파일 만들기

본 장에서는 사회과학과 마케팅에서 가장 많이 사용하는 통계분석 프로그램의 하나인 SPSS(Statistical Package for the Social Sciences) 18.0 버전을 통해 통계분석을 하기 위한 능력을 배양하고자 한다.

SPSS 프로그램을 이용하여 통계분석을 시도하기 위해서는 실험이나 현장조사를 통하여 수집한 설문지 자료를 SPSS 프로그램에 입력하여 분석을 위한 새로운 파일을 만들어야 한다.

파일을 만드는 방법은 두 가지가 있다. 하나는 SPSS의 데이터 편집기에서 직접 자료를 입력하는 방법이고, 다른 하나는 '한글' 같은 워드프로세서에서 입력하여 텍스트 파일로 저장하여 SPSS 프로그램에서 읽어 들이는 방법이 있다.

1. SPSS 데이터 편집기에 직접 입력하기

1) 데이터 입력

직접 데이터 입력은 [그림 9-3]과 같이 SPSS 18.0 프로그램을 구동하여 데이터 편집기 상에서 해당되는 변수를 열에 케이스를 행에 각각의 데이터를 입력한다.

2) 데이터 파일 저장하기

이와 같이 입력된 원천데이터를 하나의 데이터 파일로 저장하는 절차는 데이터 편집기에서 파일 버튼을 선택하고, 저장 버튼을 선택한다.

그러면 '데이터를 다른 이름으로 저장'이라는 대화상자가 나타나고, 파일이름 □안에 '상표자산'이라고 파일이름을 입력하고, 저장 버튼을 누르면, 화면 상단 왼쪽 부분에 '제목 없음'이 '상표자산'으로 바뀌어 나타난다.

[그림 9-3] 데이터 편집기에 입력하기

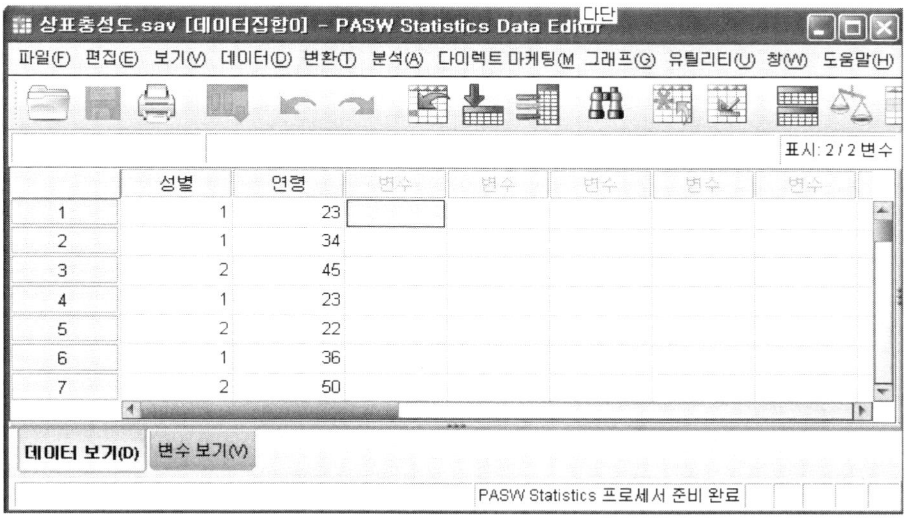

3) SPSS 데이터 파일 열기

SPSS 프로그램에서 데이터 파일 열기는 직접 입력된 파일의 경우, 데이터 편집기 초기화면에서 저장된 데이터 파일을 열 수 있다. 이는 SPSS 데이터 파일열기와 워드프로세서에서 입력한 텍스트 파일(*.txt) 파일열기로 설명하고자 한다.

SPSS 프로그램 상에서 작성된 파일(*.sav)은 데이터 편집기 창에서 파일(F)을 선택한 후 열기(O), 데이터(A)를 연속적으로 선택한다. 파일 열기 대화상자가 열리고, 해당 디렉토리(C:) 또는 파일(A:)을 선택하여 더블 클릭하거나 열기 버튼을 사용하여 연다.

2. 워드프로세서에서 입력한 텍스트 데이터 파일 열기

이는 워드프로세서에서 텍스트(text) 형식으로 데이터를 입력한 파일을 열 때 사용한다. SPSS 18.0 프로그램을 실행시킨 후, 데이터 편집기 창에서 텍스트 데이터 읽기(R)를 선택한다. 그러면 [그림 9-4]와 같은 불러오기 창이 뜬다.

[그림 9-4] 텍스트 데이터 읽기

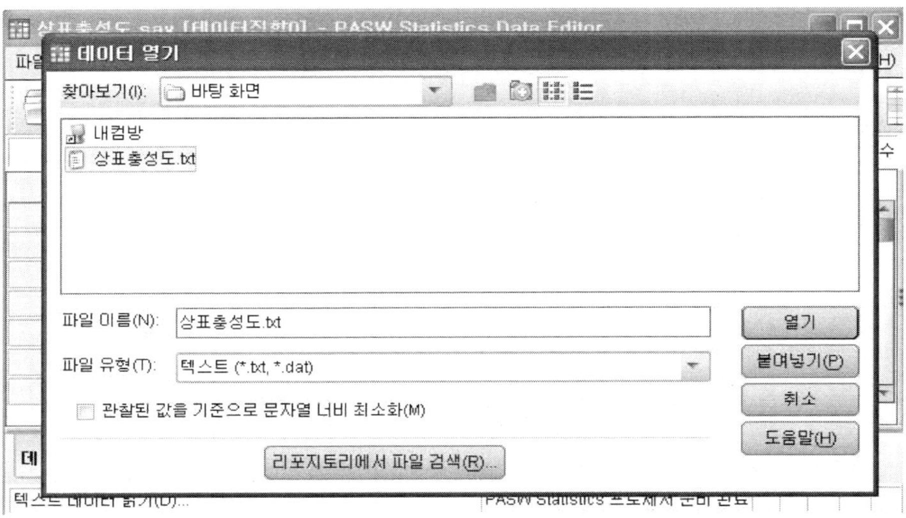

텍스트 데이터 읽기(R)를 선택하면, 파일 열기 대화상자가 열린다. 여기서 C:\마케팅조사.txt 파일을 선택한 후 열기 버튼을 누르면, [그림 9-5]와 같이 '텍스트 가져오기 마법사 - 6단계 중 1단계' 창이 열린다.

[그림 9-5] 1단계 : 텍스트 가져오기 마법사

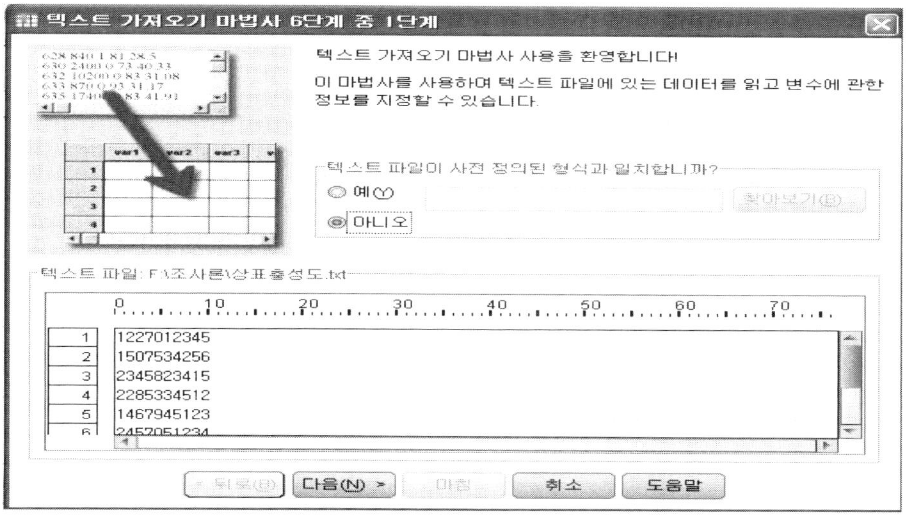

텍스트 가져오기 마법사(text import wizard)는 이미 저장되어 있는 텍스트 파일로 작성된 원천데이터(raw data)를 SPSS에서 쉽게 불러서 사용하도록 도와주는 프로그램이다. 여기서 다음(N) 버튼을 선택한다.

[그림 9-6] 2단계 : 텍스트 가져오기 마법사

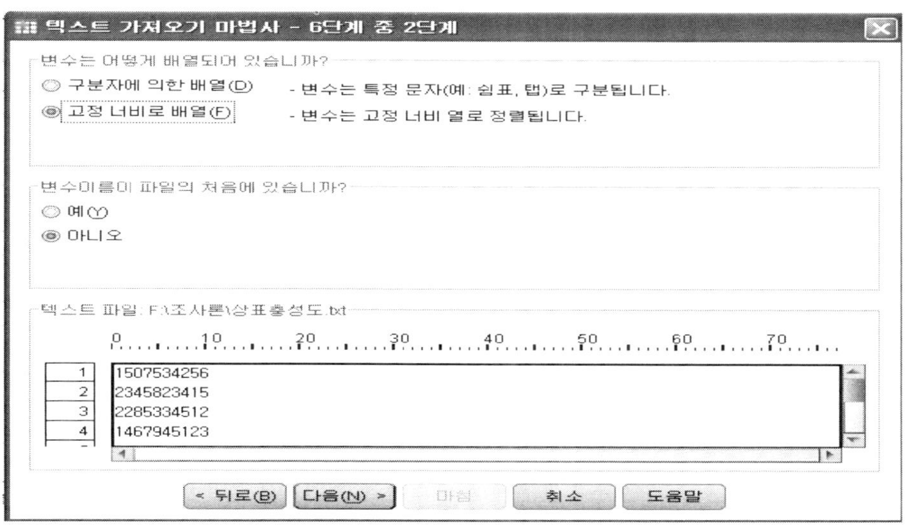

그러면 [그림 9-6]과 같이 텍스트 가져오기 마법사 2단계가 나타난다. 이 단계에서는 2가지 내용을 확인해야 한다. 즉, 변수들의 배열 방식과 데이터 내에 변수이름 포함 여부이다.

변수들의 배열 방식은 변수값을 읽으려면 변수에 대한 자료값의 위치를 알아야 하기 때문에 이를 지정해 주어야 한다. 여기서는 구분자에 의한 배열(delimited)과 고정너비 배열(fixed width) 방법이 있다.

· 구분자에 의한 배열은 자료코팅에 탭(tap), 스페이스 바(space bar), 콤마(,) 및 특수문자로 변수값과 변수값 사이를 구분하여 입력한 경우에 선택한다.
· 고정너비 배열은 자료코딩에 변수값의 자리수가 지정되어 있는 경우에 선택한다.

본 사례에서는 변수가 고정된 너비의 열로 입력되어 있기 때문에 고정너비 배열을 선택하였음으로 [그림 9-6]과 같이 구분자를 이용하였고, 첫 행에 각 변수이름이 없음으로 '텍스트 파일이 사전 정의된 형식과 일치합니까?'에서 아니오(O)를 선택하였다.

[그림 9-7] 3단계 : 텍스트 가져오기 마법사

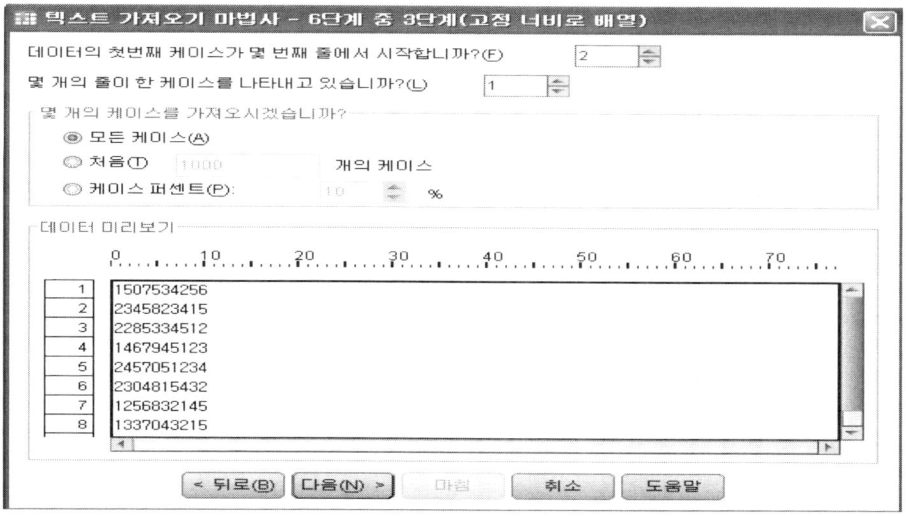

여기서 다음(N) 버튼을 선택하면, [그림 9-7]과 같이 텍스트 가져오기 3단계가 나타난다. 이 단계는 사례에 대한 정보를 제공한다. 즉, 케이스 줄 수는 데이터를 입력할 때 설문지 한 부에 해당하는 변수들을 어디서부터 시작하고 몇 줄을 입력했는지 하는 정보를 의미한다. 즉, 케이스의 시작 줄과 케이스의 줄 수이다.

· 케이스의 시작은 데이터 미리보기를 보면, 첫줄부터 시작함으로 기본값으로 1을 사용한다.
· 케이스의 줄 수는 한 케이스가 몇 줄로 입력되었는지를 의미한다. 본 사례에서는 1줄로 입력되었음으로 기본값으로 1을 사용하였다.

가져올 케이스의 수의 지정 옵션은 〈표 9-1〉과 같이 3가지를 지정할 수 있다.

〈표 9-1〉 케이스 수의 지정 옵션

옵 션	내 용
⊙ 모든 케이스(A)	· 기본값으로 파일 내의 모든 케이스를 가져온다.
○처음 □ 케이스(T)	· 첫 케이스로부터 □에 지정한 케이스까지 만을 불러온다.
○케이스 퍼센트(P)	· 전체 케이스 중에서 □에 지정한 케이스 수의 비율만큼만 불러온다.

텍스트 마법사도 각 케이스에 대해 얼마나 많은 변수를 읽는지 알아야 한다. 이 사례에서 각 케이스의 모든 데이터 값은 한 줄로 기록된다. 일부 선에 동일한 수의 데이터 값이 없는 경우 각 케이스에 대한 변수의 수는 데이터 값이 가장 많은 선에 따라 결정된다.

다음(N)버튼을 선택하면 [그림 9-8]과 같이 텍스트 가져오기 마법사 4단계가 나타난다.

[그림 9-8] 4단계 : 텍스트 가져오기 마법사

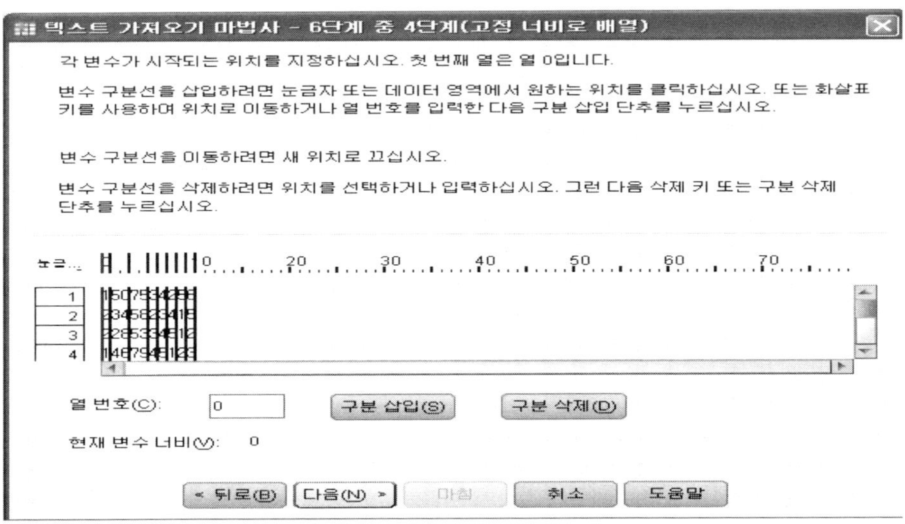

[그림 9-8]에서 데이터 미리보기를 보면, 가로 눈금의 0이란 숫자 아래에 화살표와 함께 세로 줄이 그어져 있다. 이 줄을 이용하여 데이

터의 구별을 위해 긋는 작업을 해야 한다. 이 데이터 파일은 한 변수가 한 칸씩 입력되어 있다. 따라서 칸마다 줄을 그어야 한다. 칸과 칸 사이에 마우스 끌기로 화살표를 이동하여 구분한다. 그리고 다음(N) 버튼을 선택한다. 그러면 세로 화살표 줄에 따라 [그림 9-9]와 같이 변수가 입력된 텍스트 가져오기 마법사 5단계가 나타난다.

[그림 9-9] 5단계 : 텍스트 가져오기 마법사

이 5단계에서는 각 변수들의 변수이름을 지정해 주는 단계이다. 즉, 텍스트 가져오기 마법사에서 각 변수를 읽는데 사용하는 데이터 형식, 변수 이름 및 어떤 변수를 최종 데이터 파일에 포함시킬 것인지를 선택한다. 마우스로 변수 1을 선택한 다음 대화의 창 상단에 있는 변수이름에 성별이라고 입력한 다음 마우스로 변수 2를 선택하여 연령이라는 변수이름을 입력한다.

이를 반복하여 변수 이름을 모두 입력한다. 그리고 다음(N) 버튼을 선택하면 [그림 9-10]과 같이 텍스트 가져오기 마법사 6단계가 나타난다.

[그림 9-10] 6단계 : 텍스트 가져오기 마법사

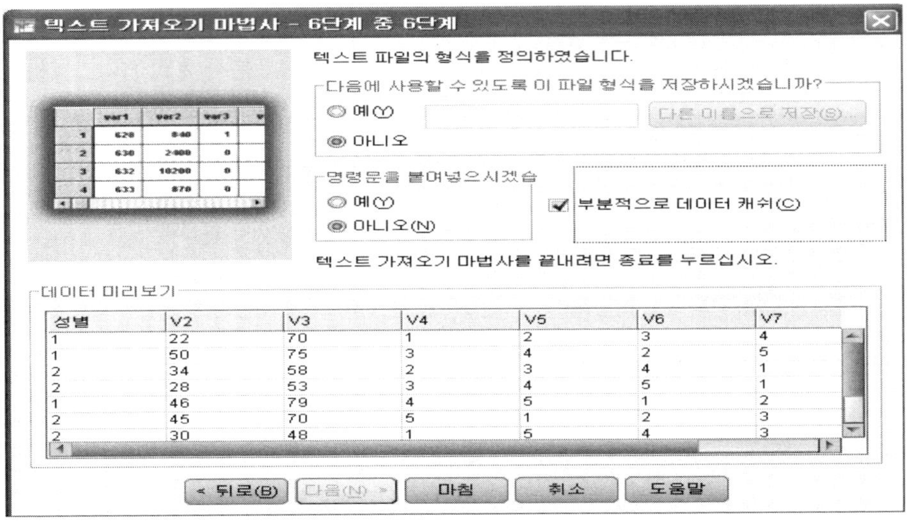

6단계에서는 데이터 가져오기 마법사 1단계에서 보았던 사전의 형식을 미리 지정할 수 있는 기능과 SPSS 18.0의 명령어 창에 입력방법을 지정할 수 있다. 이렇게 하면 6단계까지 끝이 난다. 그리고 마침 버튼을 선택하면 [그림 9-11]과 같은 창이 형성된다.

[그림 9-11] 텍스트 가져오기 마법사 실행 결과

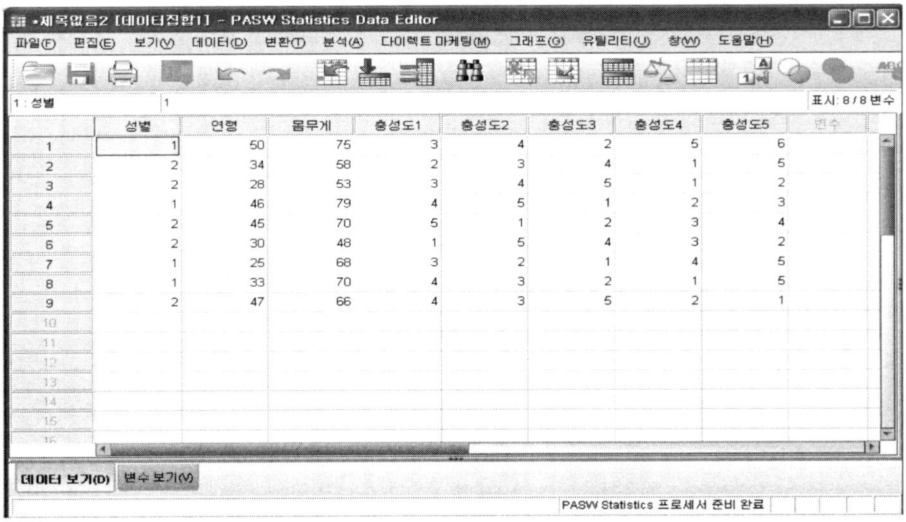

이것은 SPSS 18.0 데이터 편집기 창에 워드프로세서로 입력된 데이터가 생성되어 나타난 것이다. 이를 파일이름을 입력하여 저장하면 '상표자산.sav'가 생성되고 이를 원천 데이터 파일로 이용하면 된다.

제 4 절 데이터 편집하기

1. 변수 정의하기

SPSS 18.0 데이터 편집기에서 불러들인 데이터에 대한 각각의 변수를 정의해야 한다. 변수 정의(define variable)는 화면 밑 부분에 있는 변수 보기(variable view) 창을 선택하여 일괄적으로 처리할 수 있다. [그림 9-12]와 같이 변수 보기를 선택하여 일괄적으로 변수 이름을 지정할 수 있는 것이 SPSS 18.0의 특징이다.

[그림 9-12] 변수보기 창에서 변수지정

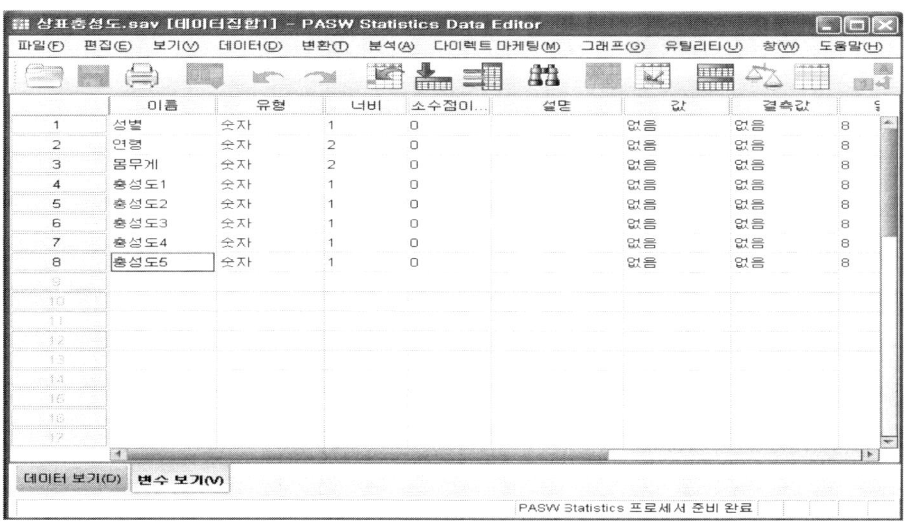

1) 변수 이름

첫 번째 변수의 '이름' 칸에 원하는 변수 이름을 입력해야 한다. 변수 이름(variable name)은 알파벳 8자, 한글 4자 이내로 지정할 수 있다. 이는 특수문자는 사용할 수 없고, 변수 이름에서 입력하거나 수정하고 싶은 변수 이름을 마우스로 선택하고 새로운 변수 이름을 입력하여 사용할 수 있다.

2) 변수 유형

첫 번째 변수의 '유형' 칸을 마우스로 클릭하면 [그림 9-13]과 같은 대화상자가 나타난다. 변수 유형(variable type)은 변수가 숫자로 되어 있는지, 문자인지, 날짜인지 등을 선택할 수 있고, 자리 수를 지정할 수 있으며, 기본값은 숫자로 설정되어 있고, 변수 유형에는 8가지가 있다.

[그림 9-13] 변수유형 대화상자

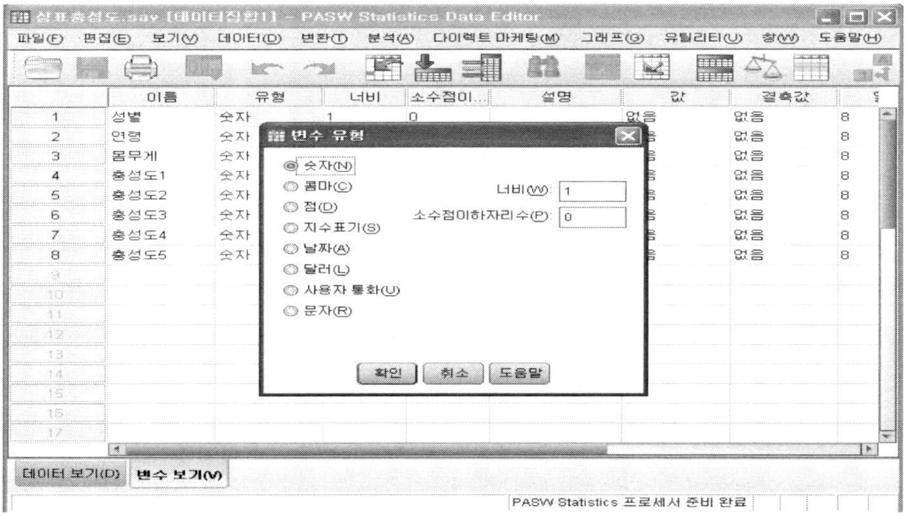

· 숫자(N) : 숫자 데이터를 나타냄.
· 콤마(C) : 부호로 시작되는 천 단위마다 콤마를 붙인 숫자 데이터를 나타냄.
· 점(D) : 부호로 시작되는 천 단위마다 콤마를 붙인 숫자 데이터를 나타냄.
· 지수 표기(S) : 숫자나 E, D를 포함한 과학적인 숫자를 나타냄.
· 날짜(A) : 날짜나 시간 중 어느 하나를 선택함.
· 달러(L) : 미국 화폐의 달러 표시 숫자.
· 사용자 통화(U) : 미국 화폐인 달러 이외의 화폐 단위를 표시함.
· 문자열(R) : 문자, 숫자, 특수문자 등.

3) 변수의 자리수

변수의 자리수(width)는 변수 유형에서 지정된 변수의 자리수를 의미한다. 기본값은 자리수(8)로 설정되어 있다. 여기서 데이터가 숫자형태로 입력되어 있는지(숫자 N), 또는 문자로 입력되어 있는지(문자열 R) 등을 지정해 주고, 해당 셀의 자리수(W)와 소수점 이하 자리수(P)를 지정해 준다. 성별의 경우, 변수의 자리수가 1이고, 몸무게의 경우, 68.25를 입력한다면, 변수의 자리수는 3이 된다. 왜냐하면, 소수점 이하보다 1이 많아야 한다.

4) 소수점 이하 자리

소수점 이하 자리(decimal places)는 변수 유형에서 지정된 소수점 이하 자리 수를 의미한다. 이를 정수형 자리로 만들어 자료를 처리하면 편리하다. 성별의 경우 소수점 이하는 없음으로 0이 되며, 몸무게 68.25의 경우 소수점 이하는 2가 된다.

5) 변수설명

변수 설명(variable label)은 변수 이름에 대한 구체적인 설명과 내용을 입력할 수 있다. 변수 이름은 글자가 제한되기 때문에 변수 설명에서 보다 구체적으로 붙여두면 SPSS 처리결과에서 나타나기 때문에 결과해석에 편리하다. 이러한 변수값 설명을 이용하려면 [그림 9-14]에서와 같이 각 해당되는 변수값에 대한 변수값 설명을 대화상자에서 각각의 해당 변수값 및 변수값 설명을 입력하면 된다.

[그림 9-14] 변수 설명

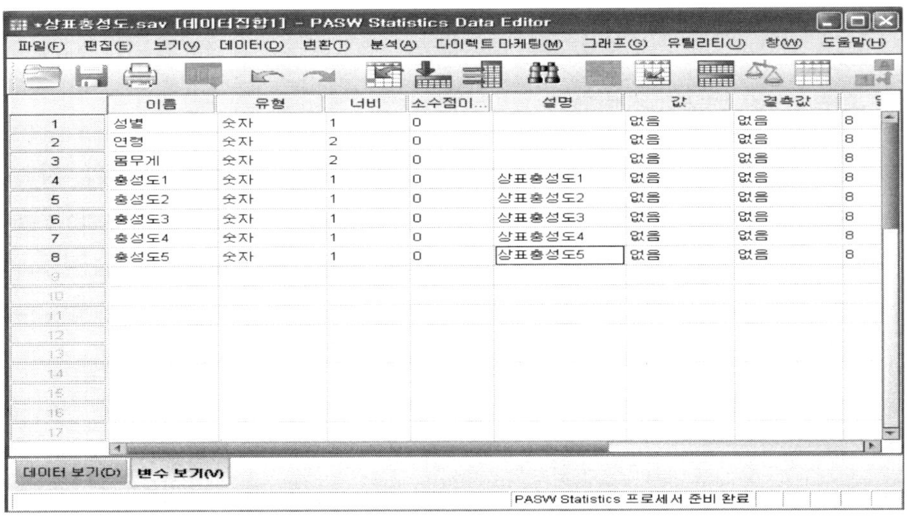

6) 변수값

값(value)은 변수값에 대한 구체적인 설명과 내용을 입력할 수 있다. 이 경우는 데이터 파일에 입력된 값들이 어떤 의미를 가지고 있는지를 나타내 준다[그림 9-15]. 성별의 변수값에는 1과 2가 있고, 변수값 설명은 숫자 1과 2에 설명을 붙이는 것으로 1은 남성, 2는 여성이라고 입력하면 된다.

[그림 9-15] 변수값 설명

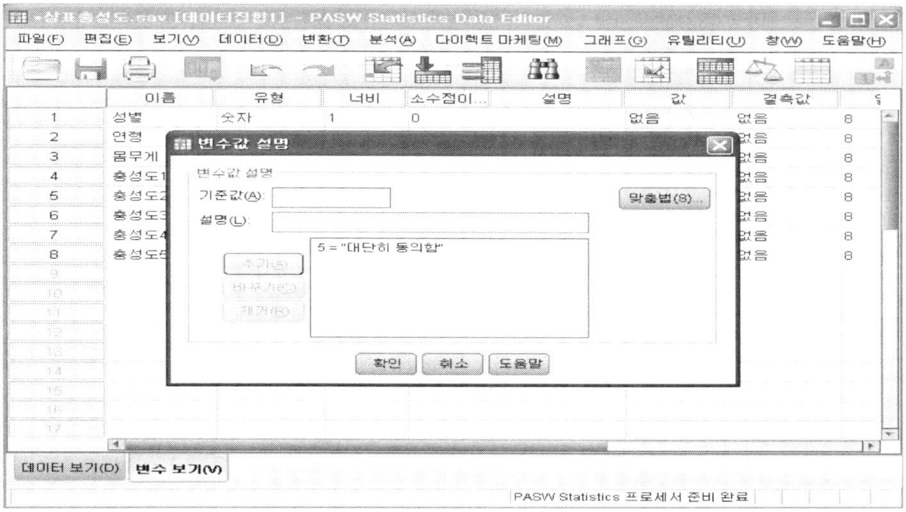

· 변수값(U) : 변수값 박스 안에 2를 입력

· 변수값 설명(E) : '여성'이라고 입력

· 추가(A) : 추가 버튼을 누르면 변수값 설명에 입력한 내용이 오른쪽 박스 안으로 옮겨진다. 이를 변경하고자 할 때는 '변경(C)' 버튼을 선택하여 변경할 수 있음

7) 결측값

마케팅조사를 하다 보면, 응답자들이 설문 항목에 대해 실수나 의도적으로 응답을 하지 않는 경우가 종종 나타난다. 이러한 경우 데이터 입력에서 무응답으로 처리할 필요가 있다. 마케팅조사에서 결측값(missing value)은 응답자들의 무응답 자료에 대한 결측값 지정을 의미한다. 이러한 무응답에 대한 특정값을 데이터 셀 상에서 입력하지 않아도 SPSS 18.0에서는 자동적으로 인식한다. 이를 시스템 무응답값(system missing value)이라고 한다. 특정 항목에 대한 무응답 값을 다른 값으로 입력하지 않아도 입력되지 않은 셀은 점(·)으로 나

타나며 무응답으로 처리된다.

- 결측값 없음(N): 응답자의 무응답이 없는 경우에 선택함
- 이산형 결측값(D) : 변수에 대해 3개까지의 이산적인 사용자 무응답 값을 입력할 수 있음. 또한 수치 변수들에 대한 이산적 무응답 값을 정의할 수도 있음.
- 한 개의 선택적 이산형 결측값을 더한 범위(R) : 낮은 값에서부터 높은 값까지의 모든 값들이 무응답 값으로 처리됨. 또한 범위 밖의 추가적인 값들도 무응답 값으로 처리됨.

8) 열

열(column)은 데이터 편집기에서 데이터의 폭을 정의하기 위해 이용한다. 이를 이용하기 위해서는 열 자리수 아래 행에 원하는 수치를 입력하면 된다.

9) 맞춤

맞춤(align)은 셀 내에서 변수와 데이터의 위치를 지정하는 것을 말한다.

10) 측도

측도(measure)는 변수의 측정 수준인 척도를 지정하는 것으로 척도(scale), 순서척도(ordinal), 명목척도(nominal) 등이 있다.

2. 데이터 입력하기

1) 데이터 입력

데이터 편집기 창에서 각 셀(cell)에 해당하는 데이터를 입력하고

입력된 데이터를 편집하는 방법은 원하는 셀에 데이터를 입력하기 위해서 상하 좌우의 방향키나 마우스를 이용하여 커서를 원하는 셀로 옮겨가면서 입력한다.

2) 데이터 복사

입력된 데이터는 편집기를 이용하여 얼마든지 수정할 수 있으며, 복사를 할 수 있다. 우선 입력된 데이터의 삭제나 수정은 커서를 움직여 새로운 값을 다시 입력하거나 스페이스 바를 눌러 삭제하면 된다. 그리고 데이터의 삭제나 복사하기는 하나의 셀(cell)이나 여러 개의 셀 또는 한 행이나 열의 데이터를 삭제하거나 다른 곳에 복사하면 된다.

[그림 9-16]과 같이 이는 복사하고자 하는 데이터 열을 선택하기 위해 마우스를 변수이름에 위치시키고, 마우스 오른쪽 버튼을 누른 후 복사하기를 선택한다. 이를 붙여 넣기를 수행하려면, 열의 변수이름에 마우스를 위치시킨 후 이를 누르면 해당 열이 블록 설정된다. 이 때 마우스의 오른쪽 버튼을 누른 후 붙여 넣기를 선택한다.

[그림 9-16] 데이터 복사

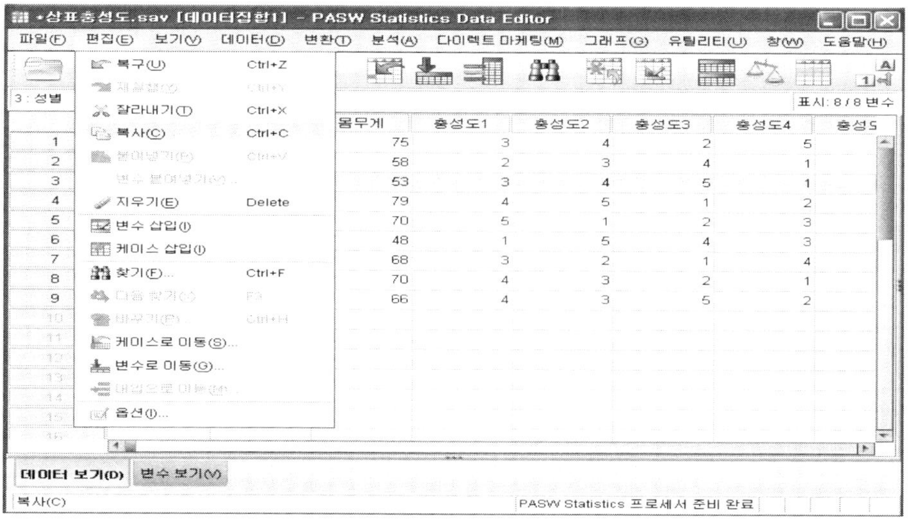

3) 케이스 삽입

수집된 데이터를 입력하는 과정에서 실수나 사정에 의해 특정 응답자의 데이터를 해당 행의 순서에 따라 추가하거나 삭제할 경우가 있다.

[그림 9-17]과 같이 이는 해당 행 사이에 마우스를 위치하여 블록을 설정하고, 데이터 삽입, 케이스 삽입을 순서대로 선택하면 한 행이 아래로 밀리면서 행이 생긴다. 여기에 추가 데이터를 입력하면 된다.

특정 응답자의 데이터를 삭제하기 위해서는 해당 행을 마우스로 선택하여 블록을 설정한 다음 지우기(E)를 선택하면 설정된 행의 데이터가 삭제되고 행의 순서가 하나씩 위로 올라온다.

[그림 9-17] 케이스 삽입

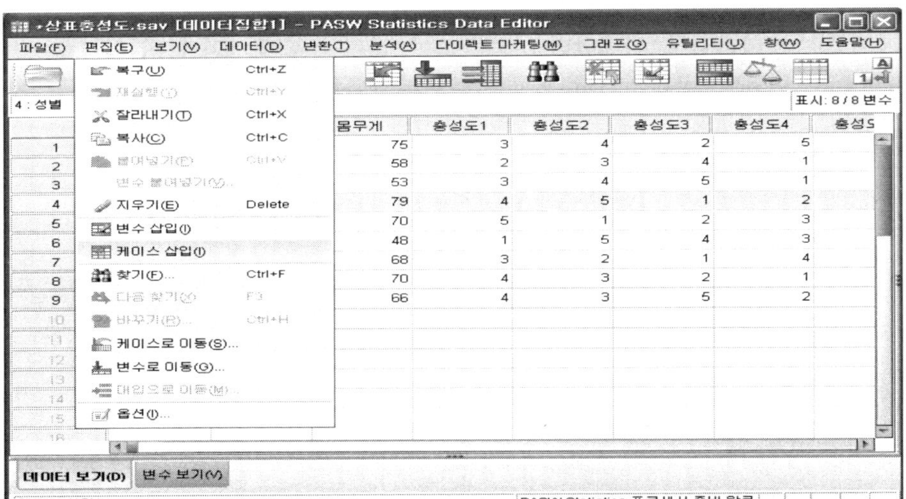

4) 변수삽입

변수를 추가하거나 삭제하는 요령은 케이스 추가나 삭제의 경우와 동일하다. 그리고 변수를 다른 행으로 이동하는 요령은 케이스의 이동에서도 똑같이 적용할 수 있다.

[그림 9-18] 변수삽입

[그림 9-18]에서 보는 바와 같이 이는 추가하고자 하는 열의 우측 열 셀에 커서를 옮겨 선택하여 블록을 설정하고, 메뉴에서 데이터를 선택한 후 변수 삽입을 선택한다. 그러면, 하나의 새로운 열이 추가되며, 여기에 해당되는 변수 이름과 데이터를 입력하면 된다.

특정 변수를 삭제하기 위해서는 삭제하고자 하는 변수 이름을 마우스로 선택하여 블록을 설정한 다음 지우기(E)를 선택하면 설정된 변수 이름의 열이 삭제되고 열의 순서가 하나씩 왼쪽으로 옮겨진다.

제5절 데이터 변환

1. 변수값 계산

마케팅조사를 하다 보면, 변수값을 변환해야 하는 경우가 많이 있다. 이러한 변수들의 데이터를 변환하여 새로운 변수값을 계산하기 위해서는 [그림 9-19]와 같이 메뉴에서 변환(T), 변수 계산(C) 등의 기능을 이용한다.

[그림 9-19] 변수계산 대화상자

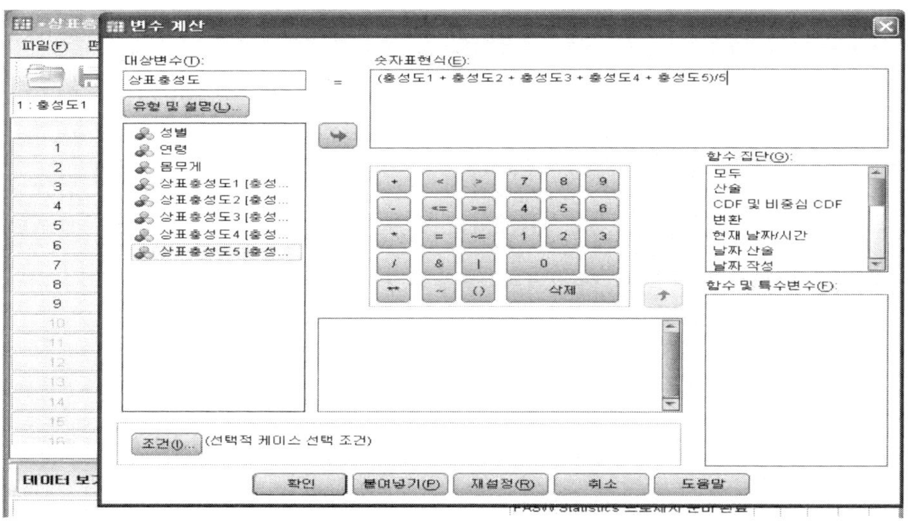

대상 변수는 어떤 수식에 의해 계산된 변수값의 변수이름을 의미하고, 숫자 표현식은 변수값을 계산하기 위한 수식을 설정하는 곳으로 기존 변수 이름, 상수, 산술 연산자 및 함수를 사용한다. 수식 상자에

수식을 입력하기 위해서는 계산대, 변수목록 및 함수들을 사용할 수 있다.

2. 계산대

계산대(calculator pad)에는 수, 산술연산자 및 관계 연산자가 포함되어 있다. 마우스를 이용하여 필요한 숫자나 연산자 또는 함수를 지정하면 수식 상자에 그대로 나타난다. 물론 키보드로 직접 입력하여도 된다.

1) 산술연산자

모든 수식은 계산 순서에 유의하여 작성하여야 한다. 함수가 먼저 계산되고 난 후 지수가 계산되고, 곱셈과 나눗셈이 계산되며, 덧셈과 뺄셈이 계산된다. 물론 괄호 안에 있는 식이 먼저 계산된다. +: 덧셈, -: 뺄셈, *: 곱셈, /: 나눗셈, **: 거듭 제곱 등이 이에 해당된다.

2) 관계 연산자

관계 연산자를 이용하여 두 값을 비교할 수 있다. 이 연산자들은 조건 변환에서 주로 사용된다. 〈, 〉, ≤, ≥, =, ≠ 등이 이에 해당된다.

3) 논리 연산자

논리 연산자는 두 관계식을 결합하기 위해서 사용한다. 이 연산자들은 조건 변환에서 주로 사용한다. &(and)은 논리곱을 나타내고, l(or)은 논리합을 나타내며, ~(not)은 부정을 나타내며, Neqv는 배타적 논리합 등을 나타내며, 이들이 논리 연산자로 이용된다.

4) 조건식

데이터의 변환을 위해 대화상자에서 조건식을 사용하여 선택한 케이스 집단군에 데이터 변환을 적용할 수 있다[그림 9-20]. 조건식은 각 케이스에 대해 참, 거짓 및 결측 등을 변환한다. 조건식 결과가 참이면 케이스에 변환이 적용된다. 조건식 결과가 거짓이거나 결측이면 케이스에 변환이 적용되지 않는다. 대부분의 조건식은 계산기에 있는 6 가지 관계 연산자(〈, 〉, ≤, ≥, =, ≠) 중 하나 이상을 사용한다. 조건식에는 변수 이름, 상수, 산술 연산자, 숫자 및 기타 함수, 논리변수, 상관 연산자 등이 있다.

[그림 9-20] 변수계산 : 케이스조건

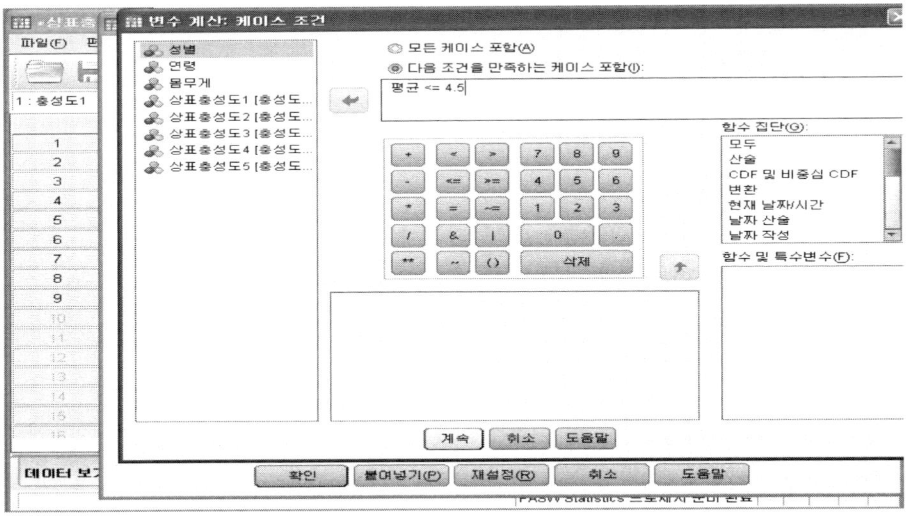

· 대상변수(T) : '분류'를 입력하고, 숫자 표현식(E)에 '1'을 입력한다.

· 조건(I) : 조건 버튼을 선택하면, '변수 계산에 케이스 조건' 대화상자가 열린다.

· 변수 계산에 케이스 조건 대화상자에서 '다음 조건을 만족하는 케이스 포함(I)'을 선택한다.
· 상자 안에 조건인 '평균 〈=90.00'을 입력한다.
· 이 조건에 해당하는 케이스에 데이터 편집기 창에 '분류'라는 변수 이름 열에 1로 나타난다.
· 계속 버튼을 선택하면 변수 계산 대화상자로 다시 돌아간다.

3. 함 수

SPSS 18.0에서는 다양한 함수를 사용할 수 있다. 첫째, 산술함수, 둘째, 통계함수, 셋째, 결측값 함수, 넷째, 날짜와 시간함수, 다섯째, 분포함수, 여섯째, 확률변수함수, 일곱째, 문자함수 등이 그것이다. 이들 함수 중 사용빈도가 높은 것을 중심으로 살펴보자.

1) 산술식에서 사용하는 함수

ABS(x)	· x의 절대값, x는 숫자이어야 함
RND(x)	· x의 반올림, x는 숫자이어야 함
TRUNC(x)	· x의 소수점 이하를 버림. 즉, x의 값을 정수로 반환함
MOD10(x)	· x를 10으로 나눈 나머지
SORT(x)	· x의 제곱근, 음이 아닌 숫자이어야 함
EXP(x)	· x의 지수(e^x)
LG10(x)	· x의 상용대수(log 10^x), 0보다 큰 숫자이어야 함
SIN(x)	· x의 사인값(x는 radian)
COS(x)	· x의 코사인값(x는 radian)
ARTAN(x)	· x의 $\tan^{-1}$(x)

2) 통계식에서 사용하는 함수

MAX(값)	· 유효값을 가진 인수의 최대값
MEAN(식)	· 유효값을 가진 인수의 산술평균
MIN(값)	· 유효값을 가진 인수의 최소값
SD(식)	· 유효값을 가진 인수의 표준편차
SUM(식)	· 유효값을 가진 인수의 합계
VARIANCE(식)	· 유효값을 가진 인수의 분산

3) 결측값 함수

NMISS(변수)	· 결측값이 있는 인수의 빈도
MISSING(변수)	· 결측값이 있는 변수일 경우 1 또는 참을 반환
SYSMIS(숫자값)	· 숫자 변수값이 시스템-결측값일 경우 1 또는 참을 반환
VALUE(변수)	· 변수에 대한 사용자 결측값 정의를 무시하는 변수값

제 6 부

자료분석기법

제10장 분석기법의 종류

자료를 수집하면, 경영자에게 새로운 의미를 부여하도록 하는 통계분석이 필요하다. 통계분석은 수집된 자료를 가공 처리하여 어떤 의미를 부여하는 과정이다. 마케팅 조사자는 단순히 수집된 자료를 요약하는데 그치지 않고, 보다 정교한 분석기법들을 이용하여 통계적으로 유의적인 의미를 도출해야 하기 때문에 적절한 분석기법들을 잘 이해하고 사용해야 한다.

제 1 절 통계분석의 기초

마케팅조사에서 수집된 자료를 분석하기 위해서 적용할 수 있는 기법들은 다양하며, 각 기법이 산출해 주는 결과와 해석방법도 차이가 있음으로 마케팅 조사자는 기본적인 고려사항들을 검토하여 직면하고 있는 조사 여건에 적합한 분석기법을 선정해야 한다.

분석기법은 분석 목적, 측정 척도 및 조사 설계 등에 따라 여러 가지로 분류할 수 있다.

1. 분석 목적

마케팅조사에서 밝히려고 하는 것이 무엇인가? 조사 자료의 분석에서 빈번히 제기되고 있는 문제는 조사결과가 통계적으로 유의한 의미가 있는지, 두 집합의 자료 사이에 유의적인 차이가 있는지의 여부를 결정하는 일이다.

마케팅 조사자는 자신이 표본조사를 통해 얻은 결과들이 모집단에서 우연히 일어난 것인지의 여부를 검토하거나, 두 개 이상의 변수들 사이에 연관성이 있는지의 여부, 연관성이 있다면 그 정도와 이러한 관계의 함수형태를 분석목적에 부합하는지를 검토해야 하며, 분석목적에 따라 자료를 분석하기 위해서 사용할 기법을 선택해야 한다.

2. 변수들의 측정척도

마케팅조사에서 측정은 관찰이나 대상들에게 수치를 할당하는 과정이다. 자료 분석에서 허용되는 산술적 조작들은 변수의 측정수준에 따라 결정되므로 각 측정수준에서 허용되는 자료 분석을 살펴보고자 한다.

정성적 자료(qualitative data)는 수치로 측정되지 않은 비계량적 자료(non-metric data)이다. 즉, 명목척도는 응답을 '남성'이거나 '여성'이라는 단어로 범주화한다. 이러한 비계량적 척도에는 서열척도가 있다.

마케팅 조사자는 청량음료 맛의 시험에서 '단맛'에 관한 음료들의 서열순위에 관심을 가질 수 있는데, 여기서 응답자는 서열순위를 사용하여 선호의 순서를 결정하게 된다. 이러한 서열순위들은 단순히 선호의 순서를 나타낼 뿐이며, 선호의 정도를 나타내지 않기 때문에 서열

순위 사이의 차이는 의미가 없다.

등간척도는 동등한 간격을 갖는 수치로 기술된다는 점에서 비율척도와 유사하나, 원점(0)이 절대영점이 아닌 임의로 설정되므로 척도상의 간격과 연관된 수치들은 집중화 경향을 구하기 위해 가감될 수 있으며, 측정값 자체에 대해서는 승제가 불가능하다.

따라서 마케팅 조사자는 자료 분석에 사용할 통계적 기법을 선정하는데 있어서 변수가 측정된 척도를 고려해야 하며, 측정 수준별로 적합한 통계적 분석기법을 요약하면 〈표 10-1〉과 같다.

〈표 10-1〉 측정수준별 적합한 통계적 분석기법

척도유형	집중화 경향치	산포도	상관계수	유의성검정
명목척도	최빈수	-	유관성계수	chi-square test
서열척도	중위수	분위수	서열상관계수	sign test
간격척도	산술평균	표준편차	상관계수	T, Z, F-test
비율척도	산술평균	표준편차	상관계수	T, Z, F-test

3. 조사 설계

1) 표본의 수와 독립성

통계 기법들은 하나의 표본이 모집단과 유의적인 차이를 보이는지, 두 개의 표본 사이에 유의적인 차이가 존재하는지, 3개 이상의 표본집단 사이에서 유의적인 차이가 존재하는지 등을 검정하거나 상관계수를 계산하고, 유의성을 평가하기 위해 적용된다.

이것은 표본의 수와 그들 사이의 독립성 여부에 따라 적합한 분석기법이 달라진다. 즉, 두 가지 판매촉진 방법의 효과를 분석하기 위해 두 시험 집단에게 각 판매촉진 방법을 적용하고, 세번째 시험 집단에게는 판매촉진 방법을 적용하지 않았다면 표본의 수는 3개가 된다. 또한 광고캠페인을 실시하기 전·후의 동일한 표본에 대해 선호도를 측정하였다면 표본이 2개가 된다.

한편 상이한 모집단으로부터 각각 하나씩의 표본을 추출하였다면, 한 표본의 관찰값이 다른 표본의 관찰값에 영향을 미치지 않음으로 이러한 표본들은 독립적이라고 한다. 그러나 시간경과나 실험상에서 동일한 응답자에 대한 반복 측정을 통해 시계열적으로 자료를 수집한다면, 한 표본의 관찰값이 다른 표본의 관찰값으로부터 영향을 받을 것임으로 이러한 표본들을 종속적이라고 한다.

2) 변수의 수와 변수 사이의 관계

하나의 분석에서 동시에 다루어질 변수의 수는 하나에서 수 개에 이르기까지 다양하다. 이러한 측면과 관련해 분석기법들은 세 가지 유형으로 구분된다.

- 단일의 변수가 단독으로 분석될 때 단일변량분석(univariate analysis)이라고 한다. 응답자별로 소득과 교육 수준을 측정하였을 경우라도 각 변수를 분리하여 분석한다면 단일변량분석이 된다.
- 두 변수 사이에 존재하는 연관성을 분석한다면 두 변수를 동시에 다루는 것으로 이변량분석(bivariate analysis)이라고 한다. 즉, 소득과 교육수준 사이의 상관계수를 검토하거나 종속변수인 소득에 대해 독립변수인 교육수준을 회귀분석한다면 이변량분석이 된다.
- 3개 이상의 변수들 사이에 존재하는 관계를 다룬다면 다변량분석(multi-variate analysis)이라고 하며, 다변량분석은 함수적 분석과 구조적 분석으로 구분된다.

단일변량분석에서 변수의 측정 수준별 표본의 수와 독립성 여부에 따른 통계적 분석기법을 정리하면 〈표 10-2〉와 같다.

〈표 10-2〉 단일변량의 통계검정 유형

척도유형	단일 표본 집단	복수 표본 집단(k)	
		상호 독립적	종속적
명목척도	· chi-square	· chi-square	· McNemar(k=2) · Cochran Q(k〉2)
서열척도	· K-S	· Median(k=2) · Mann-Whitney(k=2) · Kruscal-Wallis(k〉2) · Simple ANOVA	· Wilcoxon(k=2) · Friedman Cross ANOVA(k〉2)
간격/비율척도	· Z · T-test	· Z · T-test(k=2) · T-test(k=2) · ANOVA(k〉2)	· T-test(k=2)

또한 두 변수 사이의 연관성을 평가하기 위한 이변량분석에서 변수의 측정수준에 따른 적합한 분석기법은 〈표 10-3〉과 같다.

〈표 10-3〉 관련성 분석기법의 유형

명목척도	서열척도	간격/비율척도
· Contingency Table · Chi-square · Contingency Coefficient · Lambda	· Rank Correlation · Kendall's Tau · Kendall's W	· Simple Correlation · Simple Regression

3개 이상의 변수들 사이에 존재하는 동시적인 관계를 분석하는 다변량분석에서 변수는 독립변수와 종속변수로 구분할 수 있다. 이들 사이의 관계를 검토하기 위한 기법들을 함수적 또는 종속적 기법이라고 한다. 예를 들면, 매출액에 대한 가격과 광고비가 갖는 관계를 분석한다면 매출액은 종속변수이며, 가격과 광고비가 독립변수임으로 함수적 기법 중의 하나인 회귀분석을 사용할 수 있다.

이에 비해 변수들을 종속변수와 독립변수로 구분하지 않고, 단순히 유사한 특성을 근거로 하여 변수들을 군집화하기 위한 기법들을 구조적 또는 상호의존적 기법이라고 한다. 소비자들은 소득수준, 교육수준, 직업, 연령, 성별, 주거지역, 주거형태 등의 많은 변수로써 묘사될 수 있는데, 이러한 변수들 사이의 유사성을 근거로 하여 보다 적은 수의 합성변수를 도출해 주는 요인분석은 구조적 다변량 분석기법 중의 하나이다.

3) 분포특성에 대한 가정

모수(parametric) 자료는 정규분포와 유사한 대칭형으로서 그들의 평균 주변에 분포되는 자료를 말하는데, 조사자들은 모수 자료에 한해 모집단으로부터 추출된 표본에 대해서 통계적 유의성에 관한 확률적 검정을 적용할 수 있으며, 또한 분석결과의 해석에서도 신뢰도를 평가할 수 있다.

반면에 비모수(non-parametric) 자료는 정규분포와 다른 모습의 분포를 보이기 때문에 자료의 표본들이 통계적으로 유의성을 갖는지의 여부는 확률을 근거로 한 강력한 검정이 아닌 다른 검정들에 의해 판단될 수 있을 뿐이다. 본질적으로 모수 자료일 수 없는 대부분의 마케팅조사 자료들은 범주들 사이의 간격이 동등하지 않은 척도로 측정된 것들인데, 예를 들면, 음료수의 맛에 대한 서열 응답들은 서열 사이의 간격을 해석할 수 없다.

모든 통계적 분석기법들은 그것을 적용하기 위해 필요한 가정들을 갖고 있다. 따라서 조사자가 적용하고자 하는 분석기법의 가정이 충족되지 않는다면 자료의 변환을 통해 가정을 충족시키거나 다른 가정을 전제로 하고 있는 분석기법을 선택할 수 있다. 이 경우에는 비모수 통계검정을 사용할 수 있다. 따라서 조사자는 특정 통계분석 기법이 전제로 하고 있는 가정들을 소홀히 해서는 안 되며, 모든 가정들이 충족되어 있다고 간주해서도 곤란하다.

제 2 절 분석방법의 분류

자료의 통계적 분석방법에는 척도의 종류, 변수의 수, 분석의 성격 및 분석의 목적 등 4가지 기준에 따라 분류할 수 있다.

1. 척도의 종류에 따른 분류

변수측정에 사용된 척도의 종류에 따라 모수통계(parametric statistics)와 비모수 통계(non-parametric statistics)로 분류할 수 있다. 모수통계는 변수가 등간척도나 비율척도로 측정된 자료를 분석하는 기법으로 모수의 분포에 대해 가정을 하는 통계기법이고, 비모수 통계는 변수가 명목척도나 서열척도로 측정된 자료를 분석하는 기법으로 모수의 분포에 대해 가정을 하지 않는 통계기법이다.

2. 변수의 수에 따른 분류

분석에 포함되는 변수의 수에 따라 하나의 변수만을 다루는 단일변량분석, 2개 변량의 변수를 동시에 다루는 이변량분석 및 3개 변량 이상의 변수를 동시에 다루는 다변량분석 방법이 있다.

3. 분석의 성격에 따른 분류

분석의 성격에 따라 이변량 분석과 다변량 분석의 경우, 변수들의 종속관계를 분석하는 종속관계에 관한 분석기법과 변수들의 상호관련성을 분석하는 상호관계에 관한 분석기법으로 구분할 수 있다.

전자는 변수를 독립변수와 종속변수로 나누어 독립변수의 변화가 종속변수의 변화에 어떠한 영향을 미치는지를 분석하는 기법으로서 분산분석, 회귀분석, 판별분석 등이 있다.

후자는 변수들 상호 간의 관계를 파악하는 방법으로서 변수 전체를 이용해서 변수들의 상호관계를 파악하거나 대상 집단의 동질성을 가진 집단으로 분류하려는 목적으로 이용할 수 있다.

4. 분석의 목적에 따른 분류

조사자의 분석 목적에 따라 표본에 대한 기술 및 요약이 목적인 기술통계와 집단에 대한 추론이 목적인 추론통계로 나누어진다. 〈표 10-4〉와 같이 기술통계는 표본으로부터 얻어진 자료에 대한 기술 및 요약을 제공하는 것이 목적이다. 그러나 추론통계는 모집단에 대한 추론이 목적이다.

〈표 10-4〉 목적에 따른 분류

구 분	기술통계	추론통계
목 적	· 자료에 대한 기술, 요약 및 발견	· 추론을 통한 가설설정
정 의	· 특정 방법으로 한 상황이 기술되거나 관련되어야 할 발견되지 않은 중요한 상황	· 특정 방법으로 상황을 기술하거나 관련된 것으로 가설화된 현상을 목적을 갖고 통계적으로 검정
수 준	· 모집단으로 일반화시키지 않음	· 모집단으로 일반화시킴
사 례	· 판매원 집단의 연령, 성별 및 태도의 특성 기술 · 표본에서 연령과 태도 사이의 관계 검정 · 표본에서 연령과 태도 사이의 차이 검정(유의도에 대한 해석 안함)	· 연령 · 성별 및 태도의 특성이 모집단의 특성으로 추론함 · 표본에서 연령과 태도 사이의 통계적 관계 측정 · 표본에서 연령과 태도 사이의 통계적 차이 검정(유의도에 대한 해석함)

제3절 변수분석의 체계

1. 단일변수의 분석

분석 대상변수의 수가 하나인 단일변수의 분석은 분석 목적이 변수의 변화 행태를 파악할 때에 주로 사용된다. 즉, 주요 독립변수와 종속변수들이 어떻게 변화하고 있으며, 어떤 특성을 보이고 있는지, 이들의 중심화 경향과 흩어진 정도는 어느 정도인지 등을 파악할 때에 단일변수분석이 사용된다.

[그림 10-1] 단일변수의 분석체계

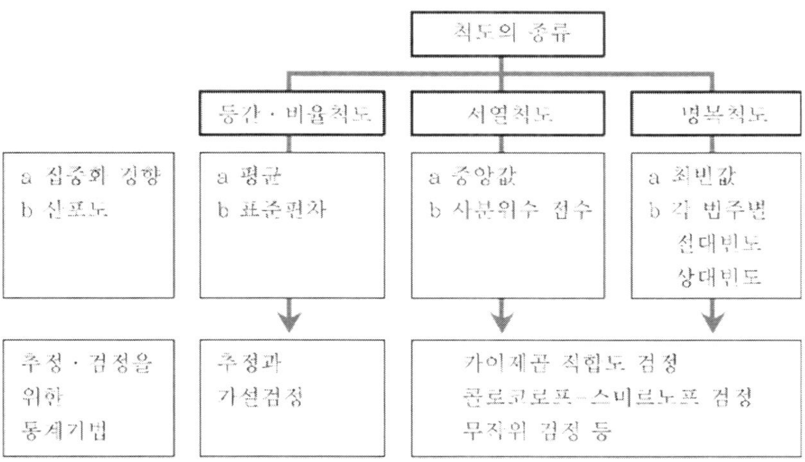

단일변수의 목적은 다음 단계인 이변량분석 또는 다변량분석에서 어떤 분석방법이 적절하고, 분석 대상변수들이 어떻게 다루어야 할지에 대한 기초 자료를 얻는 것이다. 단일변수분석은 분석 대상변수가

어떤 척도로 측정되었는지, 그리고 분석의 내용은 무엇인지에 따라 [그림 10-1]과 같이 분류할 수 있다.

2. 두 변수의 분석

이변량분석은 다변량분석의 특수한 형태로서 분석 대상변수가 두 개인 경우의 분석이다. 마케팅시스템에서 종속변수인 소비자의 반응이나 마케팅 활동의 성과가 독립변수인 마케팅믹스나 마케팅 환경변수와 어떤 관계가 있는지를 보기 위해 광고비와 매출액의 상관관계, 판매원의 이직률과 매출액의 관계, 자사 상표와 경쟁사 상표에 대한 소비자들의 태도 차이 등을 분석하는 경우에 이러한 분석을 사용한다.

[그림 10-2] 이변량의 분석체계

이변량분석은 크게 나누어 두 변수 사이의 상관관계분석, 두 변수 사이의 인과관계분석, 두 변수 사이의 차이분석 등 세 가지 형태가 있다. 여기에 변수 측정의 척도를 고려할 때 이변량분석의 체계는 [그림 10-2]와 같이 나타낼 수 있다.

3. 다변량분석

다변량분석은 문자 그대로 여러 변수 사이의 관계를 파악하기 위한 분석방법이다. 실제로 대부분의 마케팅 문제들은 여러 변수가 동시에 영향을 미치고 있는 경우가 많다. 최근에 다변량 분석기법이 발전하고, 이의 응용에 필수적인 컴퓨터 기술의 발달로 실제 마케팅 문제의 해결에 다변량 분석기법이 활용되는 경우가 급증하고 있다.

다변량 분석기법은 그 분석의 목적에 따라 크게 상호관계 분석기법 및 인과/종속관계 분석기법으로 나뉜다. 각 기법에 속하는 통계기법들의 체계는 [그림 10-3]과 같다.

[그림 10-3] 다변량 분석의 체계

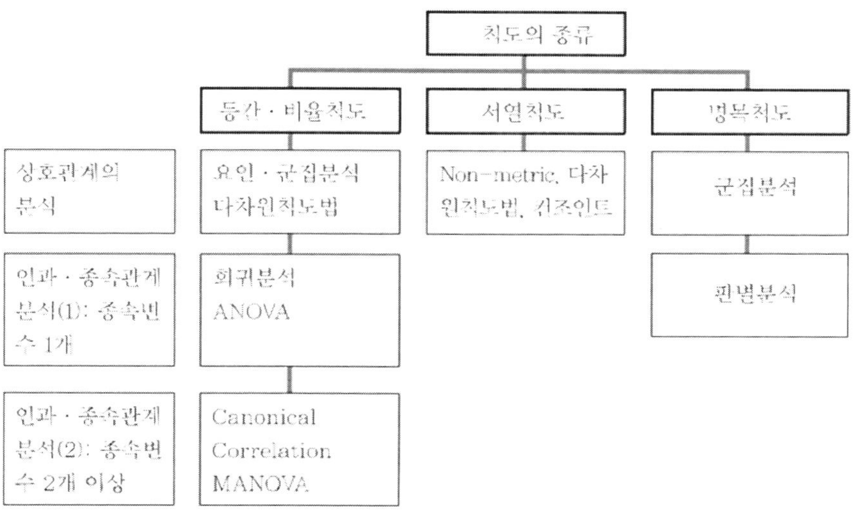

제 4 절 다변량분석 기법들의 개요

1. 분산분석

분산분석(ANOVA: analysis of variance)은 어떤 독립변수의 값을 서로 다른 세분시장 또는 표적 집단에 대해 서로 다르게 했을 때, 종속변수의 값이 각 집단별로 차이가 있는지를 통계적으로 검정하는 기법이다.

독립변수의 수가 하나이고, 종속변수의 수가 하나인 경우를 One-way ANOVA라고 하며, 독립변수의 수가 3개인 경우를 3-way ANOVA라고 한다. 어떤 변수의 효과를 알려고 하는 종속변수의 수가 하나가 아니고 여러 개일 때 이를 다변량 분산분석(Multi-variate ANOVA: MANOVA)이라고 한다.

서울특별시 중구, 강남구, 강서구의 세 지역에 서로 다른 광고비를 투입했을 때, 과연 세 지역 사이의 매출액에 차이가 있는지를 알고자 할 때 사용할 수 있다.

2. 회귀분석

회귀분석(regression analysis)은 매출액, 시장점유율 등에 영향을 미치는 중요한 변수가 어떤 것들이 있으며, 그 영향 정도는 어느 정도인지를 파악하는데 사용하는 기법이다.

이 때 예측 상대변수로 선정된 하나의 변수인 매출액을 종속변수라고 하며, 이에 영향을 미치는 여러 개의 변수들(광고비, 판촉비, 판매원 수)을 독립변수라고 한다.

독립변수들과 종속변수와의 관계는 회귀식이라는 함수에 의해 표현되는데, 여기서는 각 독립변수가 종속변수에 미치는 영향의 정도, 방향 등이 회귀계수로 나타나게 된다.

따라서 어떤 독립변수가 더 중요한 역할을 하는지, 어떤 방향으로 작용하는지, 그리고 독립변수의 값을 변화시켰을 때 종속변수의 값은 어떻게 변화되는지 등을 알 수 있다.

3. 요인 · 군집 · 판별분석

요인분석(factor analysis)은 다수의 변수들을 정보 손실을 최소화하면서 유사한 특성을 가진 항목끼리 묶어 적은 수의 요인으로 축소시키는 기법이고, 군집분석(cluster analysis)다양한 특성을 지닌 대상을 동질적인 집단으로 분류하는데 이용되는 기법이며, 판별분석(discriminant analysis)은 분류된 집단 사이의 차이를 의미있게 설명해 줄 수 있는 독립변수들로 이루어진 최적 판별식을 찾아내는 통계기법이다.

4. 다차원척도법

다차원척도법(multidimentional scaling)은 각 대상에 대한 종합적인 순위 평가에 의해서 얻어진 자료를 이용하여 평가 기준이 되는 차원을 찾아내고, 각 차원에서의 평가 대상들의 위치를 규명하여 심리적 거리를 알아내고자 하는 기법이다.

5. 기타

본 저서에서 다루지 않지만 여러 다변량분석이 존재한다.

컨조인트 분석(conjoint analysis)는 2개 이상의 독립변수들이 종속변수에 대한 순위나 가치를 부여하는데 어느 정도 영향을 미치는지를 분석하고자 할 때 사용한다.

구조방정식 모형(structural equation model)이 다변량분석으로 많이 사용되고 있는데, 이는 회귀분석과 요인분석의 혼합 형태로서 변수들 사이의 관계구조를 이론모형과 측정모형으로 나누어 동시에 측정하고자 하는 방법이다.

본 저서에서 깊이 다루지 않는 이들 다변량분석 기법은 다른 통계 서적을 통하여 보완하기를 바란다.

제11장 적합성 검정

제 1 절 신뢰도 검정

1. 신뢰도의 개념

신뢰도는 측정된 결과값의 일관성, 정확성, 의존가능성, 안정성, 예측가능성과 관련된 개념이다. 신뢰도는 동일한 개념에 대해 측정을 반복했을 때 동일한 측정값을 얻을 가능성을 말한다. 즉, 측정이 무작위 오차로부터 영향을 받지 않는 정도를 말한다.

[그림 11-1]에서와 같이, 사격 표적지는 A, B 모두 사격선수가 중앙을 향해 사격을 한 경우 A선수의 표적지는 탄흔이 매우 분산되어 있으며, B선수의 표적지는 탄흔이 한 곳에 집중되어 있다.

B선수가 사격실력에 대한 신뢰도가 높다. 즉, 측정값이 조사자가 측정하고자 하는 속성의 실제값인 중앙으로부터 멀리 떨어져 있으나, 측

정값들 간에 차이가 적으므로 신뢰도가 높은 것이다. 신뢰도는 비체계적 오차와 관련된 개념이어서 측정값이 실제값에서 멀리 떨어져 있음은 체계적 오차가 작용한 것이지 신뢰도와는 무관하다.

[그림 11-1] 신뢰도와 타당성

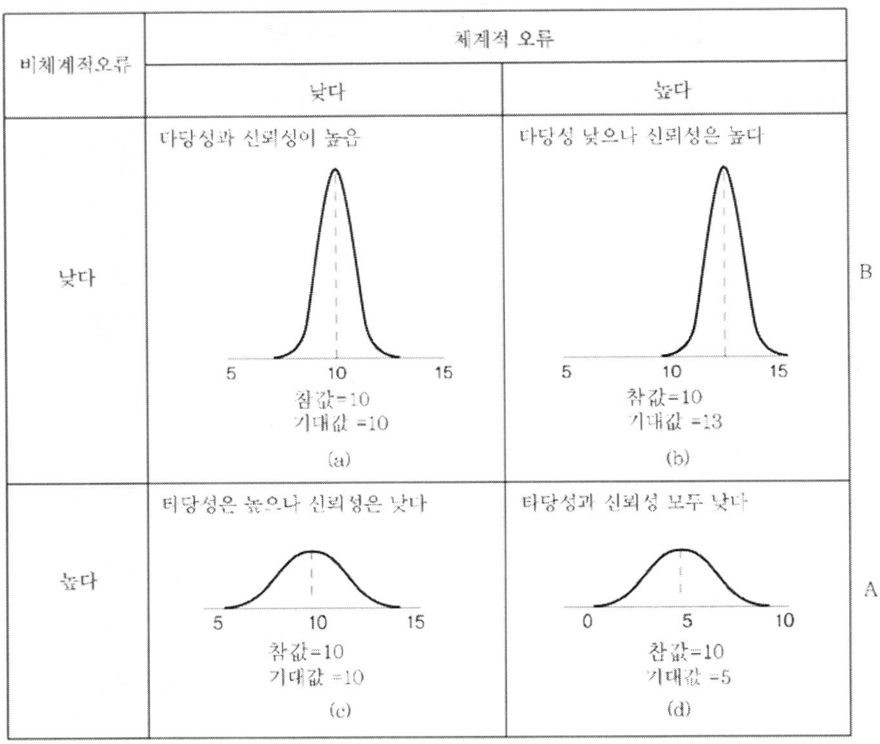

또한 고무줄로 길이를 잰다면 동일한 물체일지라도 측정할 때마다 다른 측정값을 가질 수 있다. 이 때 고무줄이라는 측정도구는 신뢰도가 낮아 이것으로부터 얻어진 측정값은 신뢰도가 낮다고 할 수 있다. 이러한 비체계적 오차는 측정도구와 측정대상자 측면에서 모두 발생할 수 있다[그림 11-2].

마케팅 조사자는 이러한 비체계적 오차를 줄일 수 있는 측정도구를 개발하는데 노력을 집중해야 한다. 따라서 이를 위해 신뢰도를 측정하는 방법과 개선하는 방법에 대해 명확한 지식을 갖추어야 한다.

[그림 11-2] 측정값의 확률분포도로 본 신뢰도와 타당성

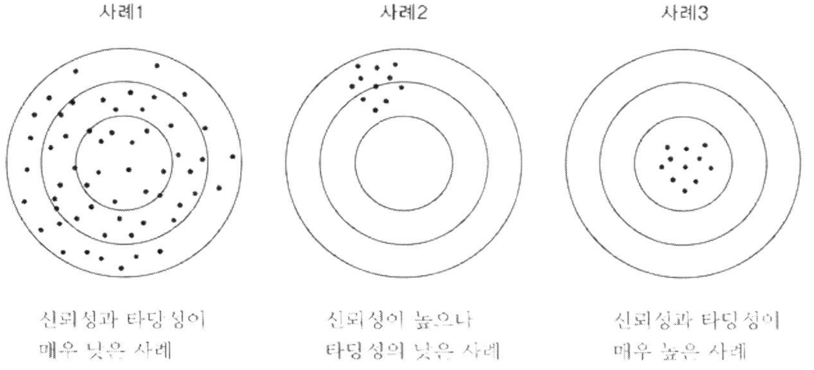

사례 1의 경우는 측정값의 중심의 조준점으로부터 전체에 분포되어 있어서 참값을 측정한 결과가 일관성이나 정확성이 모두 없는 경우이다. 즉, 신뢰도와 타당성이 모두 매우 낮은 사례이다.

사례 2의 경우는 측정값들의 분산은 매우 적으나, 측정값들이 참값으로부터 일정한 방향으로 여전히 치우쳐 있어서 비체계적 오차는 적지만, 체계적 오차가 큰 상태이다. 즉, 신뢰도는 높으나, 타당성이 매우 낮은 사례이다.

사례 3의 경우는 측정값들이 참값의 주변에 밀집되어 있고 분산도 적어서 신뢰도와 타당성이 높은 측정이 이루어졌다. 즉, 오차가 가장 적은 상태이므로 가장 이상적인 측정이 이루어졌다고 할 수 있어서 신뢰도와 타당성이 모두 높은 사례이다.

2. 신뢰도의 평가방법

신뢰도를 평가하는 방법은 측정의 변화 중에서 비일관성에 기인하는 부분을 검토하는 일이다. 즉, 측정의 신뢰도는 비교 가능한 대상이

나 현상에 대하여 독립적으로 실시한 비교 가능한 측정값의 일치성에 의하여 결정된다. 신뢰도 있는 측정은 여러 가지 상황적 요인이나 일시적인 요인에 관계없이 일관성 있는 결과를 산출한다.

1) 재측정법

재측정법(test-retest method)은 동일한 측정 대상에 대해 동일한 상황 하에서 동일한 측정 도구를 사용하여 1차 측정한 후 2차 측정을 하여 두 측정값 사이의 차이를 분석하는 방법이다.

두 측정값 사이에 차이가 크게 나타나면 신뢰도가 낮으며, 차이가 작게 나타나면 신뢰도가 높다고 할 수 있다. 이 방법은 두 측정값 사이의 상관관계를 측정하여 평가하게 되는데 상관관계가 높게 나타나면 신뢰도가 높은 것이다. 그러나 이 측정 방법에는 다음과 같은 문제점들이 있다.

- 동일한 대상에게 동일한 조건 하에서 2차 측정을 하기가 현실적으로 어려운 경우가 많다.
- 한 번 측정된 대상에 대해 2차 측정을 한다는 점에서 시험효과가 작용하여 2차 측정에서는 1차 측정과 상이한 반응을 나타낼 수 있다.

일반적으로 2주 정도 간격을 두고 하게 되는데, 그 이유는 기간이 너무 길면 성숙효과로 인한 문제점이 발생하고, 기간이 너무 짧으면 시험효과가 나타날 수 있기 때문이다.

2) 대안형식법

대안형식법(alternative-form method)은 동일한 측정도구에 의한 2차 측정이 아니라 측정하고자 하는 속성을 측정하기 위하여 거의 대등한 두 가지의 측정도구를 이용하여 동일한 측정 대상을 동시에 측정하는 방식으로 각 측정값의 상관관계를 분석하여 신뢰도를 측정하는 방법이다. 이 방법은 다음과 같은 단점이 있다.

· 대등한 2가지의 도구를 개발해야 하고,
· 동시 측정을 해야 하기 때문에 비용이 많이 들고 측정 양이 많이 소요됨.
· 대등한 측정도구를 개발하기가 쉽지 않으며,
· 측정도구가 대등한지의 여부를 평가할 객관적인 방법이 없음.

3) 항목 분할법

항목 분할법(split-half method)은 다수의 측정 항목을 서로 대등한 2개의 그룹으로 나누고, 동등한 측정도구에 의한 신뢰도 측정의 한 형태로 두 집단의 항목별 측정값의 상이한 상관관계를 조사하여 신뢰도를 측정하는 방법이다. 항목그룹별 상관관계를 측정하는 방법이 있고, 각 항목과 나머지 모든 항목과의 개별 상관관계를 분석 종합하여 신뢰도를 측정하는 방법이 있다.

이 방법은 항목들을 두 그룹으로 나누는 방법에 따라 결과에 차이가 있을 수 있으나, 보통 무작위로 나누거나 홀수와 짝수 그룹으로 나누는 경우가 많다. 이 경우 각 항목은 하나의 속성이나 하나의 개념측정에 관련되어야 한다. 이는 일반적으로 스피어만의 신뢰도계수(reliability coefficient)를 이용한다.

4) 내적 일관성법

내적 일관성법(internal consistency method)은 동일한 개념을 측정하기 위해 여러 개의 항목을 이용하는 경우 신뢰도를 저해하는 항목을 찾아내어 측정도구에서 제외시킴으로써 측정도구의 신뢰도를 높이는 방법으로 Cronvach's α계수를 이용한다.

설문지 항목 내의 분산이 커서 전체 신뢰도를 떨어뜨리는 항목은 제외시킴으로써 신뢰도가 높은 측정 항목을 선별하게 된다.

3. 신뢰도의 개선방안

신뢰도는 비체계적 오차와 관련된 것이므로 이를 줄이는 방법을 강구하는 것이 신뢰도를 높이는 방법이 된다. 비체계적인 오차는 측정 도구, 측정 대상, 측정 상황의 세 가지 측면에서 모두 발생 할 수 있으므로 이들 분야를 모두 고려해야 한다.

측정 도구의 개발이 완전하다는 것은 측정 도구 자체뿐만 아니라 측정 대상으로부터 신뢰도 있는 정보를 유도할 수 있어야 한다. 마케팅 조사자가 측정으로부터 얻고자 하는 것은 조사 대상자 개인 사이의 차이를 최대한 밝혀내고 그 측정값의 차이를 최소화하는데 있다. 마케팅조사에서 신뢰도가 높은 자료를 얻기 위한 방법을 정리해 보면 다음과 같다.

- 측정 도구의 모호성을 제거해야 한다. 즉, 소비자의 심리상태를 조사할 때 설문지의 모호한 문구는 응답자들마다 상이한 해석을 할 수 있다. 즉, 모든 응답자에게 동일한 의미로 해석될 수 있도록 내용을 명확히 해야 한다.
- 측정 항목을 늘린다. 일반적으로 동일한 개념이나 속성을 측정하는 항목의 수를 늘리면 늘릴수록 신뢰도가 높아지게 된다. 이는 표본 수를 늘리면 측정된 값들이 평균을 중심으로 하여 정규분포를 이루게 되어 측정값들의 평균값은 측정하고자 하는 속성의 실제값에 가까워지게 된다.
- 측정자들의 면접방식과 태도에 일관성이 있어야 한다. 일관성 없는 면접법이나 태도는 동일한 질문에 대한 응답자들의 반응을 다르게 할 수 있다.
- 조사 대상자가 잘 모르거나 전혀 관심이 없는 내용은 측정하지

않는 것이 좋다. 모르거나 관심이 없는 경우에는 무성의한 대답을 하게 되므로 실제와는 전혀 다른 결과를 나타낼 가능성이 높다.

· 동일한 질문이나 유사한 질문을 2번 이상 하는 방법이 있을 수 있다. 두 가지의 동일한 질문에 대한 응답을 조사하여 응답의 신뢰도를 간단히 알아볼 수 있으며 응답자로 하여금 보다 일관성 있는 응답을 하도록 유도할 수 있다.

· 이전의 조사에서 이미 신뢰도가 있다고 인정된 측정 도구를 이용하도록 해야 한다.

제 2 절 SPSS를 이용한 신뢰도 검정

수집된 자료가 적합한지를 검정하기 위해서 신뢰도와 타당성을 살펴보아야 한다.

신뢰도(reliability)은 측정 항목의 타당성 검증을 통해 하나의 개념에 대해 응답자들이 다시 측정하였을 경우 시간이나 상황의 변화에도 영향을 받지 않고 유사한 결과가 나올 때 이 결과는 일관성과 신뢰도가 있다고 말한다.

또한, 동일한 개념을 여러 문항으로 질문하여 이러한 항목들에 대한 측정값들이 유사한 특성을 나타낸다면 신뢰도가 높다고 말한다. 이 경우는 크론바하 알파(Cronbach' α)계수를 파악하여 판단한다.

1. 신뢰도 분석의 실행

신뢰도 분석을 실행하기 위해서는 분석메뉴에서 척도화분석(A), 신뢰도분석(R)을 선택한다. 그러면 [그림 11-3]과 같은 대화 상자가 나타난다.

[그림 11-3] 신뢰도 분석 대화상자

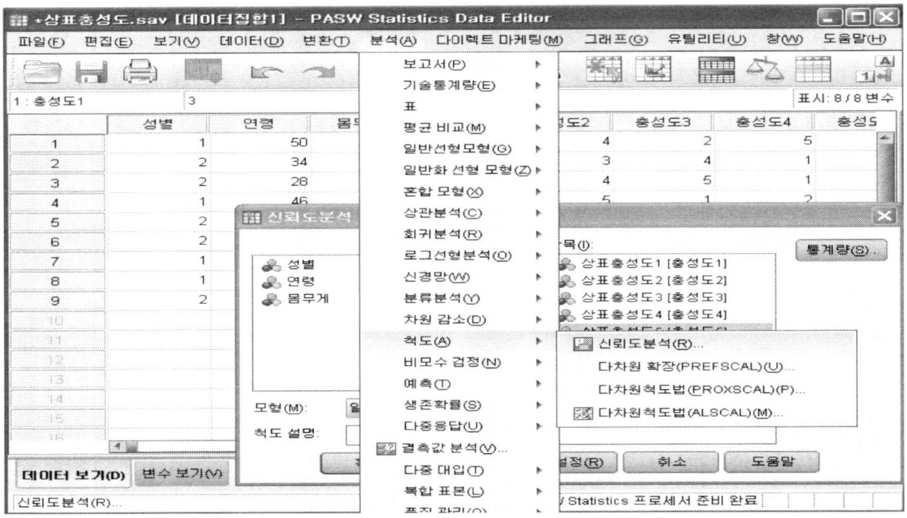

[그림 11-3]에서와 같이 신뢰도 분석을 하고자 하는 변수를 왼쪽 변수상자에서 오른쪽 변수상자로 옮기고, 통계량 대화상자를 선택하면 [그림 11-4]와 같은 대화상자가 나타난다.

[그림 11-4] 신뢰도분석 : 통계량

통계량 대화상자에서 문항(I), 척도(S), 문항제거 시 척도(A) 등을 선택한다.

· 문항(I) : 각 항목들의 평균과 표준편차를 나타내고,
· 문항 제거 시 척도(A) : 해당 항목을 제거하였을 경우 나머지 항목들로 구성되는 Cronbach's α값을 나타냄.
· 상관관계(L) : 설문 항목들 사이의 상관관계를 보여줌.
· 공분산(E) : 설문 항목들 사이의 공분산을 보여줌.

[문항-내 상자]에서 상관관계를 선택한 다음 계속 버튼을 선택한다. 그리고 확인을 누르면 SPSS 프로그램에서 자동적으로 신뢰도 분석을 수행한다.

2. 신뢰도 판단

신뢰도 분석의 결과는 각 개별 항목에 대한 기술통계량으로 나타난다. 이 표는 8개의 항목으로 구성된 측정도구에 대한 내적 일관성을 검정한 것이다. α는 연구자가 임의로 붙인 신뢰도 분석에 대한 이름이며, 모형은 계수를 구하기 위한 모형을 이용하고 있다. SPSS프로그램을 이용하여 신뢰도 분석을 수행한 결과는 〈표 11-1〉과 같다.

〈표 11-1〉에서 보면, 가장 우측 열(Alpha if Item Deleted)에 나타나 있는 Cronbach's α값은 각 항목들을 제거할 경우에 기대되는 전체 신뢰도 계수를 의미한다. 현재 분석에 이용된 8개 항목들을 모두 이용했을 경우 α계수는 0.8753이다.

〈표 11-1〉 신뢰도 분석결과

RELIABILITY ANALYSIS - SCALE (ALPHA)

Item-total Statistics

	Scale Mean if Item Deleted	Scale Variance if Item Deleted	Corrected Item-Total Correlation	Alpha if Item Deleted
상표충성도 1	23.2915	56.2074	0.2655	0.8943
상표충성도 2	23.4332	44.2547	0.8870	0.8311
상표충성도 3	23.4372	52.8649	0.4410	0.8789
상표충성도 4	23.4291	44.2704	0.8879	0.8310
상표충성도 5	23.6437	51.1002	0.5230	0.8713
상표충성도 6	23.3036	53.7489	0.3505	0.8892
상표충성도 7	23.3968	44.4254	0.8906	0.8310
상표충성도 8	23.3644	44.4846	0.8783	0.8323

Reliability Coefficients
N of Cases = 247.0 N of Item = 8
Alpha = 0.8753

그러나 상표충성도 항목 1을 제거했을 때 나머지 항목들의 전체 α 계수가 0.8943으로 개선될 것이 기대된다. 이들 중에서 α계수가 가장 크게 개선될 것으로 기대되는 상표충성도 항목 1을 제거한 후 나머지 항목들을 이용하여 신뢰도 분석을 실행한 결과는 〈표 11-2〉와 같다.

〈표 11-2〉에서 보듯이 상표충성도 항목 1을 제거하고 신뢰도 분석을 수행하였더니, 7개 항목의 전체 신뢰도 계수는 0.8943으로 상승하게 되었다. 이와 같이 각 항목이 전체 신뢰도에 공헌하는 정도를 평가하여 신뢰도를 저하시키는 항목을 제거함으로써 측정도구의 신뢰도를 향상시키게 된다.

〈표 11-2〉 신뢰도 개선결과

RELIABILITY ANALYSIS - SCALE (ALPHA)

Item-total Statistics

	Scale Mean if Item Deleted	Scale Variance if Item Deleted	Corrected Item-Total Correlation	Alpha if Item Deleted
상표충성도 2	19.9676	38.5518	0.9006	0.8528
상표충성도 3	19.9717	47.4423	0.4008	0.9100
상표충성도 4	19.9636	38.5556	0.9022	0.8526
상표충성도 5	20.1781	44.8137	0.5425	0.8957
상표충성도 6	19.8381	47.2664	0.3692	0.9155
상표충성도 7	19.9312	38.7554	0.9019	0.8530
상표충성도 8	19.8988	38.7743	0.8912	0.8541

Reliability Coefficients
N of Cases = 247.0 N of Item = 7
Alpha = 0.8943

이 방법은 사전조사를 통하여 신뢰도가 낮은 항목을 제거한 뒤에 본조사를 위한 측정도구를 개발할 때 이용할 수 있으며, 조사가 끝난 뒤에 신뢰도가 낮은 항목을 분석에서 제외시킬 때도 이용할 수 있다. 일반적으로 계수가 0.6 이상이 되면 비교적 신뢰도가 높다고 보고 있다.

제3절 타당성 검정

1. 타당성의 개념

측정항목의 타당성(validity)은 요인분석(factor analysis)을 통하여 평가할 수 있다. 측정의 타당성은 측정하고자 하는 개념이나 속성을 정확히 측정하였는지 하는 것으로 측정치가 체계적 오차나 무작위적 오차로부터 영향을 받지 않고 진정한 값을 반영해 주는 정도를 말한다. 즉, 특정한 개념이나 속성을 측정하기 위하여 개발한 측정도구가 그 속성을 정확히 반영할 수 있는지 하는 문제이다.

타당성은 측정도구 자체가 측정하고자 하는 개념이나 속성을 정확히 반영할 수 있어야 하며, 이는 측정하려고 하는 개념을 어떻게 조작적 정의를 하느냐에 상당히 영향을 받는다. 어떠한 개념이나 속성을 하나의 조작적 정의로 표현하고, 이것으로 측정을 할 수 있는 경우도 있겠으나, 한 조작적 정의에 의한 측정결과로 해당 개념을 정확히 측정하고 각 측정값 사이의 상관관계를 조사하여 측정의 타당성을 평가하는 방법을 취해야 한다. 이를 도표를 이용하여 설명하면 [그림 11-5]와 같다.

[그림 11-5] 타당성의 개념

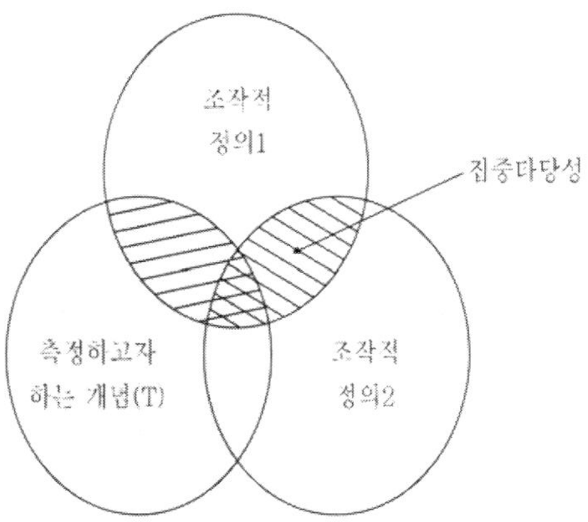

[그림 11-5]에서는 하나의 측정하고자 하는 개념이 빗금을 친 원으로 나타나 있고 조작적 정의 1과 2가 다른 원으로 나타나 있다. 여기에서 조작적 정의 1과 측정하고자 하는 개념이 완전히 일치된다면 조작적 정의가 측정하고자 하는 개념을 완전하게 측정하였다고 할 수 있으며, 이 때의 타당성은 1.0이라고 할 수 있다. 또한 중복되는 범위가 점점 적어지면 타당성이 떨어진다고 할 수 있다. 이렇게 중복되는

정도가 타당성의 정도를 나타낸다.

일반적으로 하나의 개념을 측정하는데 서로 상이한 여러 개의 조작적 정의를 사용할 수 있으며, 이때 서로 다른 조작적 정의 1과 조작적 정의 2가 중복되는 부분이 다음에 설명되는 집중타당성(convergent validity)이다. 즉, 두 개 이상의 상이한 조작적 정의 사이의 공통변량이 클수록 상이한 조작적 정의들이 동일한 개념을 측정하였다고 할 수 있다.

따라서 타당성을 평가하기 위해서는 동일한 개념의 측정을 위해 아주 상이한 조작적 정의를 이용하여 측정한 값들 사이의 상관관계가 매우 높아야 한다. 이러한 원리를 이용하여 타당성을 평가하는 방법에는 다속성 다측정 방법(multi-trait multi-method matrix)이 있다. 타당성은 측정하고자 하는 것을 정확히 측정하였는지에 대한 문제이다.

2. 타당성의 분류

측정의 타당성을 검토하기 위한 가장 좋은 방법은 실제의 측정값과 참값을 비교해 보는 것이다. 그러나 마케팅 조사자는 진정한 참값을 알 수 없기 때문에 다음과 같은 기준을 사용하여 타당성에 관한 판단을 할 수 있다. 타당성은 [그림 11-6]에서 보는 바와 같이 내용타당성, 기준에 의한 타당성, 개념타당성 등 개념으로 분류할 수 있다. 기준에 의한 타당성에는 예측타당성이 있으며, 개념타당성으로는 집중타당성, 판별타당성 및 이해타당성이 있다.

[그림 11-6] 타당성의 분류

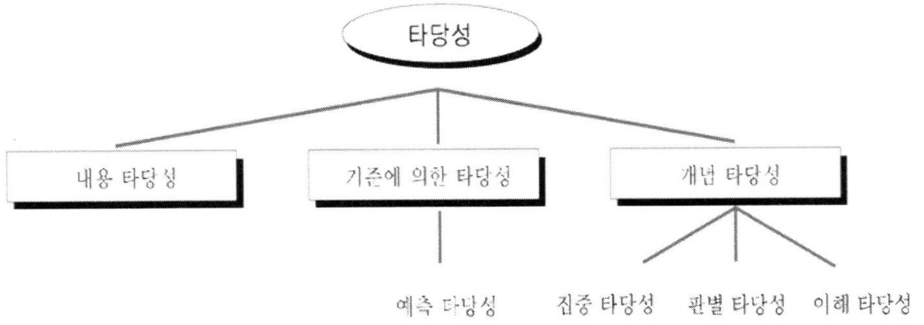

1) 내용타당성

측정도구 자체가 측정하고자 하는 속성이나 개념을 측정할 수 있도록 되어 있는지의 평가에 관련되는 문제이다. 내용타당성(content validity)은 측정이 조사자가 의도하고 있는 속성의 영역을 충분히 포괄하고 있는지의 여부에 관련되는 문제이다.

소비자의 상표인지도를 측정하기 위해서 두 가지 측정도구를 개발하였다고 하면, 하나는 그 상표를 좋아하느냐를 묻는 항목이고, 다른 하나는 그 상표를 알고 있느냐를 묻는 항목이라고 할 때, 어느 정도 상식을 갖춘 사람이면 후자의 경우가 상표인지도의 측정도구로 적합하다고 판단하는 타당성이 바로 내용 타당성이다. 내용타당성은 측정도구가 갖추어야 할 최소한의 타당성이 된다. 따라서 일단 내용 타당성이 없다고 판단되면 그 측정도구는 채택해서는 안 된다.

2) 기준에 의한 타당성

예측타당성은 하나의 속성이나 개념의 상태에 대한 측정이 미래 시점에 있어서 다른 속성이나 개념의 상태변화를 예측할 수 있는 정도를 말한다. 예측타당성(predictive validity)은 기준에 의한 타당성

(criterion-related validity)의 대표적인 개념이다. 즉, 수능시험은 고등학교 3학년 11월 당시의 지적 능력을 측정하는 것이지만, 이 평가는 대학입학 후의 수학 능력을 예측하기 위하여 실시되는 것이다. 이때 수능시험 성적이 대학입학 후의 학업성적과 높은 상관관계를 갖는다면 수능시험이라는 측정은 예측타당성이 높다고 평가할 수 있다.

3) 개념타당성

개념타당성(construct validity)은 조사자가 측정하려는 것을 제대로 선택하여 측정하고 있는지의 여부에 관련되는 문제이다. 조사자가 측정하고자 하는 추상적인 개념이 실제로 측정도구에 의해서 적절하게 측정되었는지에 관한 문제로서 이론적 연구를 하는데 있어서 가장 중요한 타당성이다.

이러한 개념타당성은 측정에 의해서 부여되는 측정값 자체보다는 측정하고자 하는 속성에 초점을 둔 것이다. 즉, 개념타당성은 논리적인 분석과 이론적인 체계 하에서 개념 사이의 관계를 밝히는데 중점을 두고 평가하며 이론의 구축에 매우 중요하게 고려된다. 이 개념타당성은 크게 집중타당성, 판별타당성, 이해타당성으로 구성되어 있다.

(1) 집중타당성

집중타당성(convergent validity)은 동일한 개념을 측정하기 위하여 최대한으로 상이한 두 가지 측정방식을 개발하고 이에 의하여 얻어진 측정값 간에 높은 상관관계가 존재해야 한다. 즉, 소비자의 상표선호도를 측정하기 위해서 상표의 경쟁상표와 해당 상표와의 월간 구매비율을 측정하는 방법과 단순히 몇 가지의 상표를 나열하고 가장 좋아하는 상표를 선택하라고 하는 방법이 있을 수 있다.

이러한 두 방식에 의한 선호도 측정값이 서로 높은 상관관계가 나타났다면 두 측정도구는 측정하고자 하는 상표선호도라는 개념을 효과적으로 측정하였다고 판단할 수 있다.

(2) 판별타당성

판별타당성(discriminant validity)은 서로 상이한 개념을 측정했을 때 얻어진 측정값 간에는 상관관계가 낮아야 한다는 것이다. 조사자가 관심을 갖고 있는 이론적 구성 개념에 대한 측정과 다른 현상에 대한 측정값 사이의 상관관계가 지나치게 높지 않은 정도로 평가된다. 즉 이들 사이의 상관관계가 지나치게 높다면 이론적 구성개념과 다른 현상은 별개의 것이 아니라 동일한 것으로 간주될 수 있으므로 마케팅 조사자는 자신이 의도한 바를 잘못 측정한 것이 된다.

상표의 인지도와 제품의 선호도라는 상이한 개념을 각각의 제품들에 대하여 측정했을 때 두 개념을 측정한 측정값들의 상관계수가 낮게 나왔다면, 그 측정방법은 판별타당성이 있다고 할 수 있다.

(3) 이해타당성

이해타당성(nomological validity)은 특정 개념을 어떻게 이해하고 있는지에 관한 것이다. 마케팅 조사자들이 이해타당성을 높이기 위해서는 관심이 있는 특정 개념과 관련되어 있는 개념들을 체계적으로 연결시키는 이론적 구성도를 작성하여 관련된 개념들로 구성된 모형에 측정방법을 연결시키는 노력을 해야 된다.

A라는 개념이 B라는 개념과 높은 상관관계를 가진다고 할 때 개념 A만 측정하기보다는 B와 함께 측정할 수 있는 방법이 높은 타당성을 가지게 되는 것이다. 즉, 특정 제품의 선호도가 높으면 실제 구매빈도가 높다는 이론과 구매빈도는 제품의 선호도뿐만 아니라 구매할 수 있는 정도에 영향을 미친다는 이론이 있다.

이 경우 제품의 선호도만을 측정하는 것보다 구매할 수 있는 정도를 같이 측정하도록 하는 이론이 구매빈도를 더 잘 설명한다면 측정방법의 이해타당성이 높은 것이다.

3. 개념타당성의 평가방법

개념타당성을 평가하기 위하여 이용되는 방법으로는 다속성 다측정방법(multi-trait multi-method matrix)과 요인분석(factor analysis)에 의한 방법이 있다.

다속성 다측정방법은 캠벨과 휘스크(Campbell & Fiske 1959)가 개발한 것이다. 이 방법의 기본이 되는 것은 동일한 개념에 대하여 상이한 방식으로 측정한 결과값이 유사해야 한다는 집중타당성과 상이한 방법에 의해서 상이한 개념을 측정했을 때 얻어진 결과값들은 서로 상이해야 한다는 판별타당성이다.

이 두 종류의 타당성을 기본으로 하여 개념타당성을 평가하는데, 이 방법을 적용하기 위해서는 상이한 다수의 개념과 측정방법이 필요하다.

요인분석에 의한 개념타당성 평가는 서로 상이한 개념에 대하여 각각 여러 가지의 측정항목을 이용하여 측정을 실시한 후, 각 항목에 의한 측정값의 요인을 분석하였을 때 그 결과로 나온 요인들이 원래 의도한 개념을 대표할 수 있는지를 평가하는 것이다.

요인분석의 기본원리는 항목들 사이의 상관관계가 높은 것끼리 묶어 하나의 요인을 형성하게 하고 형성된 요인들은 상호 독립적이 되도록 하는 것이다.

따라서 하나의 요인 내에 묶여진 항목들은 동일한 개념을 측정하는 것으로 간주할 수 있고, 요인 사이의 상관관계는 없으므로 각 요인은 서로 상이한 개념이라고 판단할 수 있다. 따라서 요인 내의 항목들은 집중타당성에 해당되며 요인 간에는 판별타당성이 적용된다고 볼 수 있다. 이 프로그램 실행은 요인분석에서 설명한다.

제12장 기술통계분석: 빈도·기술·교차·다중응답분석

도입사례

1. 백분율의 진실

우리들은 각종 소매 점포에서 할인율을 써 붙인 것을 볼 수 있다. 이러한 할인율에 대해 생각해 보자. 어느 가게에서 '67% 할인판매'라고 붙였다면, 이는 실제 40% 할인율일 가능성이 있다. 가격이 10,000인 지갑을 40% 할인하면, 6,000원이 된다. 그러나 기준을 할인 후 가격을 바꿔치기 하면, 4,000÷6,000=0.67이라는 공식이 성립된다. 즉, 67% 할인이라고 우기는 것이다. 따라서 소비자들은 할인율이 지나치게 높으면 기준을 바꿔치기 하지는 않았는지를 의심해 보아야 한다. 이러한 예는 수없이 많다. 우리가 100% 할인이면 공짜라고 생각하기 쉽다. 그러나 실제로는 1,000원인 제품을 50% 할인하면 500원이 된다. 이를 할인 후 가격을 기준으로 하면, 50÷50=1.0으로 산출하여 100% 할인이라고 우기는 것이다.

우리는 뉴스 보도에서도 이러한 사례를 볼 수 있다. 오래 전에 미국 주간지 '뉴스위크'의 한 기사는 중국의 모택동이 정부 관리의 임금을 300% 삭감했다고 발표했다. 이는 미국의 매스컴이 적대국인 중국 경제의 어려움을 과장하려는 의도가 보인다. 우선 생각해 보자. 월급에서 100%를 삭감하면 무엇이 남겠는가? 뉴스위크는 독자의 항의에 따라 66.67%라고 정정했지만, 이 또한 소수점 두 자리까지 발표한 것은 숨은 의도가 보인다. 왜냐하면, 67%로 발표해도 될 것을 소수점 두 자리까지 발표하여 정말로 정확하다는 것을 강조하기 위해 소수점 두 자리까지 발표했기 때문이다.

어느 회사의 사장이 '종업원의 임금을 50% 인하하였더니 불평이 많아서 다시 50%를 올려 원래대로 했다'고 주장한다면, 여기에도 함정은 있다. 이 말은 임금이 원래대로 돌아간 것 같지만, 그렇지 않다. 즉, 100원의 월급에서 50%를 삭감하면 50원이 된다. 다시 50원의 임금을 50% 인상하면 실제로는 75원이 되는 것이다. 따라서 사장의 말은 함정이 있다. 50% 삭감을 만회하기 위해서는 100% 인상해야 원래대로 되돌아간다.

따라서 우리들은 퍼센트(%)의 진실을 정확히 이해하고, 퍼센트를 대할 때는 무엇에 대한 퍼센트인지, 기준을 바꿔치기 하지는 않았는지 관심을 가지고 따져봐야 한다.

2. 통계의 거짓으로부터 자유로운 방법

마케팅조사를 행하는 데는 거짓통계를 어떻게 간파하며, 어떻게 골라내는지 하는 것은 중요하다. 특히, 마케팅 조사자는 수많은 통계적 사기와 협잡 속에서 정확하고 쓸모 있는 데이터를 어떤 방식으로 식별할 것인지가 중요하다. 우리가 접하는 통계자료를 모두 실험을 통하여 정확하게 검사할 수는 없다. 그러나 몇 가지 질문으로 통계자료의 거짓을 검토해 볼 수 있다.

첫째, 통계의 출처를 보는 것이다. 이는 주어진 통계 속에 어떤 왜곡이 들어 있지 않은지를 조사해 보는 일이다. 특정 연구소가 무엇인가를 증명했다고 할 때 그 증명은 그들이 주장한 이론의 완벽성을 과시하기 위해서인지, 명예를 위해서인지, 또는 돈을 받기 위해서인지를 파악할 필요가 있다. 고의적인 왜곡이 들어 있는지를 파악하는 것이다. 즉, 사용되고 있는 통계적 방법 중에는 고의적으로 잘못 표현한 것도 있을 것이고, 또한 일부러 애매하게 표현하여 남으로부터 비난받지 않을 정도까지만 목적에 맞게 작성된 것도 있을 것이다. 따라서 누가 그런 결과를 발표했는지를 파악해보는 것이 거짓통계를 식별하는 한 방법이다.

둘째, 조사방법에 주의해야 한다. 이는 표본이 왜곡되어 있는지 없는지 그 증거를 찾아볼 필요가 있다. 즉, 표본의 선택방법이 부적당했던 것은 아니었는지 또는 표본은 신뢰할 만한 결론을 얻기에 충분한 만큼 큰지를 파악해보아야 한다. 마찬가지로 상관관계가 정말로 무슨 의미를 가질 수 있을 만큼 표본의 수는 큰가? 어떤 유의적 결론을 내릴 만큼 충분히 많은 사례가 있는 것인지를 파악해 보아야 한다.

셋째, 추가적으로 자료를 탐색해 볼 수 있다. 이는 몇 개의 사례를 표본으로 삼았는지가 발표되어 있지 않은 경우가 종종 있다. 어느 회사가 발표하기를 그 회사의 주주는 3,003명인데 주주 한 사람이 소유하고 있는 주식 수는 평균 660주라는 것이었다. 이것은 사실이었다. 그런데 이 회사의 200만주의 주식 중 $\frac{3}{4}$에 해당하는 주식을 단 세 사람의 주주가 가지고 있었으며, 나머지 $\frac{1}{4}$을 3,000명이 나누어 갖고 있었다는 것도 사실이었다. 이처럼 지수가 주어졌다 하더라도 그것만으로는 별 쓸모가 없을 때가 많다. 이럴 때는 지수 외에 무엇이 생략되었는지를 파악해 보아야 한다.

넷째, 쟁점의 바꿔치기에 주의해야 한다. 이는 통계를 분석할 때에 그 기초가 된 숫자와 결론 사이에 어떤 바꿔치기가 이루어지지 않았는지 주의할 필요가 있다. 이는 어떤 사상이 그것과는 완전히 무관한 다른 사상으로서 잘못 전달되는 수가 너무도 많기 때문이다. 어떤 병의 환자 수가 많이 보고되었다고 해서 그 병의 환자 수가 늘어났다고는 할 수가 없는 것이다. 왜냐하면, 어떤 병의 전염률이 아니고, 환자 수를 대상으로 할 때는 모집단의 변화에 따라 환자 수는 더 많아진다는 사실을 잊어서는 안 되기 때문이다.
다섯째, 통계숫자에는 진실이 있는지를 파악해 보아야 한다. 이는 통계 중에는 액면 그대로 받아들였다가는 큰 일 나는 거짓이 있다. 미국인 12명 중 한 명은 편두통을 앓고 있다는 유명한 신경정신과 전문의의 추계이다. 만성두통환자의 ⅓은 편두통에 기인함으로 이 계산대로라면 미국인 4명중의 한 사람은 두통에 시달려야 한다는 말이 된다. 이러한 극단적으로 낮은 추정은 하나의 추세가 변함없이 계속된다는 가정 하에 이루어지고 있기 때문이다.

3. 평균값의 마술

우리는 통계를 써서 거짓말을 하는 비결에 대해 이야기해 보자. 우리가 아파트를 살 때 공인중개사 아저씨가 이 아파트지역의 월 평균 소득이 500만원이라고 했다 하자. 1년 후 당신이 납세자대책위원회의 위원으로 재산평가액 인하를 위한 청원서를 준비하고 있다고 하자. 그 청원서에는 월 평균소득이 150만원이라 적었다고 하자. 그렇다면 어느 것이 이들의 진짜 소득일까?

이 경우 어느 것도 잘못이라고 지적할 수 없다. 왜냐하면, 이 두 숫자는 모두 합법적인 평균값으로서 정당한 계산 결과 얻어진 것이기 때문이다. 그러나 이들 중 어느 하나는 거짓말 이상으로 사람들을 오해시킬 것이다. 이는 항상 종류가 다른 평균값을 사용하기 때문에 나타나는 함정인 것이다. 이는 의도적으로 사용하기도 하고, 자신도 모르는 사이에 사용되는 경우도 있다. 우리가 평균값을 사용할 때, 산술평균값, 중앙값, 최빈값 등을 사용할 수 있다. 앞의 예에서 부동산을 팔기 위해 사용한 500만원은 산술평균으로 아파트 모든 세대의 소득을 합하여 세대수로 나눈 산술평균이었고, 세금인하를 위해 사용한 150만원은 중앙값으로서 전체 세대의 반은 150만원 이하의 소득을 가진다는 것을 의미한다. 이 경우 중앙값 대신 최빈값을 사용해도 무방하다. 최빈값은 데이터 중 가장 많이 나오는 숫자를 말한다. 즉, 위의 아파트지역에서 월 소득이 100만원인 세대가 가장 많다면 그 값이 최빈값인 것이다.

따라서 우리는 평균값을 말할 때 어떠한 평균값을 사용하고 있는지 하는 평균값의 종류를 명확히 해야 한다.

자료원 : Darrell Huff(1954), *How to Lie with Statistics*, W.W. Norton & Company Inc., New-York.

제 1 절 빈도분석

1. 빈도분석의 목적

빈도분석(frequency analysis)은 원천데이터(raw data)의 내용들이 도수분포표 상에서 어떠한 분포특성을 가지고 있는지를 알려 준다. 이 분포의 특성값은 통계량(statistics)이라고 하는데 이는 빈도, 상대적 빈도 및 누적 빈도로 구성되어 있고, 평균, 최빈값, 중앙값 등 중심화 경향을 나타내는 통계량으로 구성되어 있으며, 범위, 평균편차, 분산 및 표준편차 등과 같은 산포도를 나타내고 있다. 이러한 특성값은 히스토그램(histograms)으로 그래픽 처리하여 나타낼 수 있다. 이 빈도분석은 표본 구성의 특성을 분석하는데 이용한다.

2. 빈도분석의 적용 사례

가장 간단한 빈도분석의 예를 들면, 350명의 대학생들에게 사용하고 있는 스마트 폰에 대해 다음과 같이 질문할 수 있다. "귀하가 사용하고 있는 스마트 폰에 대해 얼마나 만족하십니까?"

매우 불만족　　　　보통　　　　매우 만족

1　　2　　3　　4　　5

이 질문에 대한 응답 자료를 SPSS 프로그램의 빈도분석으로 실행하면, 다음과 같이 나타날 수 있다.

〈표 12-1〉 빈도분석 결과

	빈도	백분율	누적 백분율
1	20	5.7	5.7
2	50	14.3	20.0
3	100	28.6	48.6
4	150	42.8	91.4
5	30	8.6	100.0
합계	350	100	

빈도의 분포에서는 응답자들이 어떠한 방향으로 중심화 하는 경향이 있는지와 집중하는 주위에 어떠한 변동성이 있으며, 분포의 형태가 어떠한지를 분석할 필요가 있다. 평균(mean)은 등간척도나 비율척도로 측정된 자료에서 중앙으로 집중화된 경향을 잘 보여준다.

최빈값(mode)은 가장 빈도가 많은 관찰값을 말하며, 분포의 가장 높은 꼭지점이 있는 관찰값이다. 〈표 12-1〉에서 최빈값은 150명의 빈도가 나타난 4이다. 중앙값(median)은 자료를 크기순으로 배열할 때 중앙에 위치하는 값을 말한다. 1에서 5까지 홀수의 값을 갖는 자료에서는 중앙에 위치한 3이 중앙값이 된다.

변동성의 측정은 등간척도나 비율척도에 의해 측정된 자료를 중심으로 계산할 수 있다. 즉, 범위, 분산과 표준편차로 계산한다. 범위(range)는 자료의 흩어진 정도, 즉 산포도를 측정하기 위한 것으로 표본의 가장 큰 값과 가장 작은 값의 차이를 단순하게 나타낸다. 이는 자료집단에서 극단적인 수치와의 차이를 볼 수 있게 한다. 그러나 그 중간에 있는 자료가 어떻게 흩어져 있는지는 알 수 없다.

이는 분산과 표준편차를 통해서 밝힐 수 있다. 이는 평균과 측정된 관찰값 사이의 차이를 제곱한 것을 분산이라고 한다. 자료가 평균에 가까이 있을수록 분산은 작아지고, 평균에서 멀어져 있을수록 분산은 커진다.

분포 형태는 집중화 경향(central tendency)이나 산포도(dispersion) 이 외에도 비대칭도(skewness)와 첨도(kurtosis)가 있다. 비대칭 분포의 경우는 [그림 12-1]과 같이 나타난다.

[그림 12-1] 비대칭분포

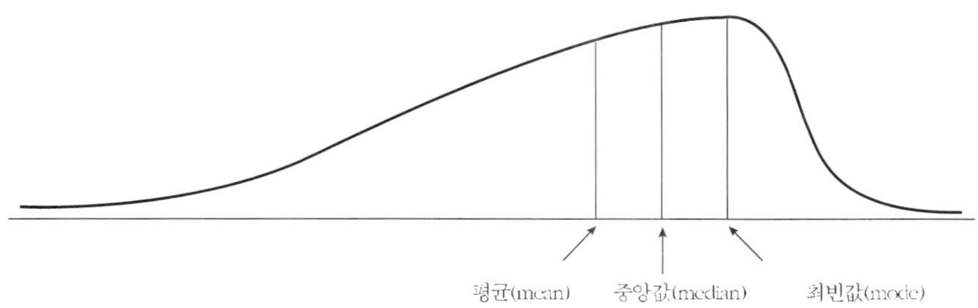

· 첨도는 곡선이 얼마나 뾰족한가, 얼마나 평평한가를 나타내준다. 정규분포는 첨도가 0의 값을 나타내주며, 첨도값이 양(+)으로 나타나면 정규분포보다 뾰족하고, 음(-)으로 나타나면 평평함을 보여준다.

빈도분석은 척도에 관계없이 모든 변수에 사용할 수 있는 가장 기본적인 분석이다. 다만, 등간척도와 비율척도로 구성된 변수의 경우 적절한 구간으로 코딩 변경(recoding)한 후에 사용하는 것이 좋다. 1번으로 답한 사람이 몇 %, 2번으로 답한 사람이 몇 %인가 하는 기본적인 자료를 말한다.

3. 빈도분석의 실행과정

빈도분석을 실행하기 위해서는 분석(A)메뉴의 기술통계량(D)에서 빈도분석(F)을 선택한다.

1) 빈도분석의 실행

(1) 초기화면

빈도분석의 실행은 [그림 12-2]와 같은 창이 나타난다. 여기서 왼쪽 변수 상자에서 원하는 변수를 선택한다. 즉, 성별, 연령, 소득수준, 직업 등 빈도분석을 원하는 변수를 선택하여 왼쪽 변수상자에서 오른쪽의 변수(V)의 상자 안으로 이동시킨다.

[그림 12-2] 빈도분석 대화상자

빈도분석의 옵션은 통계량(statistics), 도표(charts), 형식(format)으로 되어 있다. [그림 12-3]과 같이 통계량(S)은 사분위수, 중심화 경향, 산포도, 분포 등의 통계량을 선택할 수 있다.

[그림 12-3] 빈도분석 : 변수이동

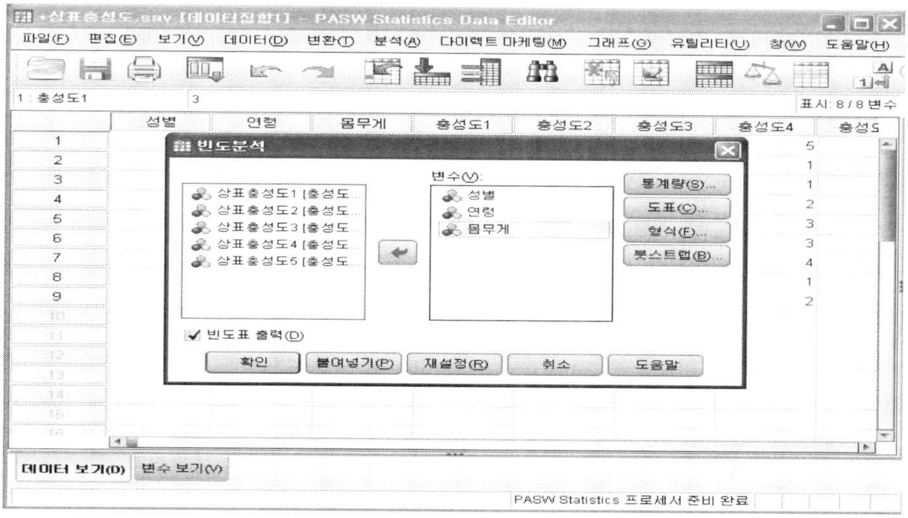

· 사분위수: 사분위수(percentile values)는 한 집단의 분포에 나타나는 일정한 누적 백분율에 해당하는 점수를 말한다.

· 중심화 경향: 중심화 경향(central tendency)은 평균, 중앙값, 최빈값 등을 분석하여 측정할 수 있다. 평균(mean)은 중앙으로의 집중화 경향을 설명해 주고, 중앙값(median)은 자료를 크기 순서로 정렬하였을 때 중앙에 위치하는 값을 말하며, 최빈값(mode)은 가장 빈도가 높은 관찰값을 말한다. 이는 한 집단의 분포에서 나타나는 특성을 종합하여 그 집단의 전체적인 경향을 알려주는 통계적 방법이다.

· 산포도: 산포도(dispersion)는 분산도로 표준편차, 분산, 최소값, 최대값, 범위 및 표준오차 등을 도출할 수 있다. 이는 한 집단의 분포가 평균으로부터 어느 정도 분산되어 있는지를 알려준다.

· 분포: 분포(distribution)는 왜도(skewness)와 첨도(kurtosis)를 도출할 수 있다. 이는 정규분포 곡선의 성향이 어떻게 나타나는가를 알려준다. 즉, 왜도는 정규분포 곡선이 좌 · 우로 얼마나 기울어져 있는지 알려주는데, 정규분포 곡선에서는 왜도의 값이 0이

고, 좌측으로 기울어지면 0보다 큰 값(+)을 갖게 되며, 우측으로 기울어지면 0보다 작은 값(-)을 갖게 된다. 첨도는 정규분포 곡선이 얼마나 뾰족한지를 알려주는데, 정규분포 곡선에서 첨도의 값은 0이고, 뾰족하면 0보다 큰 값(+)을 갖게 되며, 평평하면 0보다 작은 값(-)을 갖게 된다.

(2) 분석의 실행

[그림 12-4]에서 분석하고자 하는 통계량을 선택한다. 산포도에서 표준편차(T), 분산(V)을 선택하고, 중심화 경향에서 평균(M), 중위수(D)를 선택하고 나서 계속 버튼을 선택한다. 그 다음 도표(C) 버튼을 누르면 대화 상자가 나타난다.

[그림 12-4] 빈도분석 : 통계량

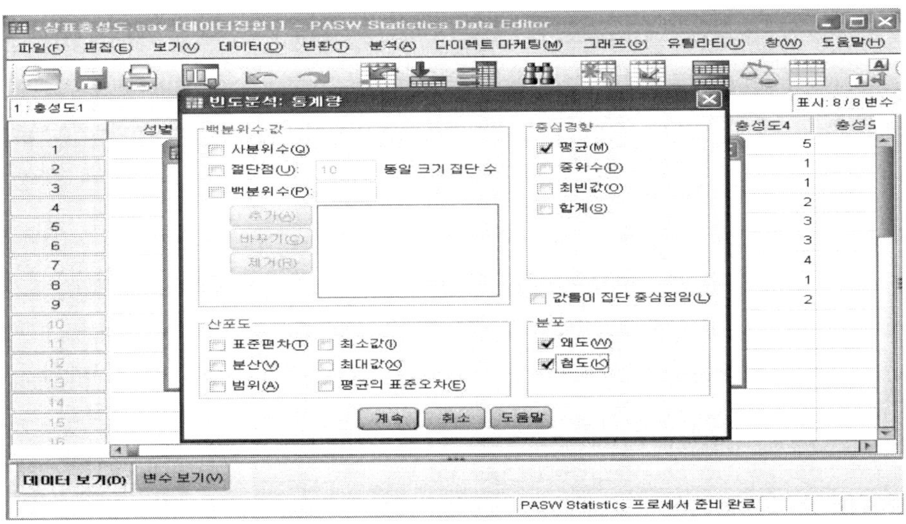

도표(C)는 막대도표, 원도표, 히스토그램, 정규분포를 보여주는 옵션을 선택할 수 있다. 이 중에서 원하는 도표를 선택하면 되는데, 히스토그램(H)이나 정규곡선 표시(W)를 선택할 수 있다. 계속 버튼을 선택하고, 그림 버튼을 선택하면, [그림 12-5]와 같은 그림이 나타난다.

[그림 12-5] 빈도분석 : 도표

또한 형식(F)으로 빈도분석의 결과를 변수값 또는 응답자가 많은 순서에 따라 출력하도록 선택할 수 있다. 출력순서에서 변수값 오름차순(A) 등이 기본 설정되어 있고, 다중변수에서 변수 비교(C)가 기본 설정되어 있다. 계속을 선택하고, '확인'을 누르면 SPSS 프로그램이 자동으로 선택한 변수들의 빈도분석을 수행한다.

4. 빈도분석의 결과해석

빈도분석의 결과를 보면, 학력은 결측값을 제외한 유효한 값이 유효(valid)에 표시되며, 결측값은 하부의 결측(missing)에 표기된다. 유효백분율(valid percent)은 무응답과 같은 결측값(missing value)을 제외하고 분석한 비율이다.

빈도분석이 끝나면, 분석결과에 대한 해석이 필요하다. 〈표 12-2〉에서 보면, 학력 문항을 빈도 분석한 예를 보자.

〈표 12-2〉 학력

		빈도(비율)	유효백분율	누적백분율
유효	초등학교 졸업 이하	5(6.25%)	6.25	6.25
	중·고등학교 졸업	17(21.25%)	21.25	27.5
	대학교 졸업	35(43.75%)	43.75	71.25
	대학원 졸업 이상	23(28.75%)	28.75	100
	합　계	80(100%)	100	

빈도(frequency)는 전체 80명에 대한 학력의 통계량이 제시되어 있다. 초등학교 졸업 5명, 중·고등학교 졸업이 17명, 대학 졸업이 35명, 대학원 이상졸업이 23명으로 나타났음을 알 수 있다.

백분율(percent)은 총 응답자수에 대한 각 변수값의 응답자의 비율로써 각각 6.25%, 21.25%, 43.75%와 28.75%로 나타나고 있다. 유효백분율(valid percent)은 결측값을 제외하고 백분율을 계산한 수치이다. 따라서 유효백분율은 결측값이 없을 경우는 백분율과 같게 되지만, 결측값이 있을 경우는 결측값을 제외하고 계산하기 때문에 다르게 나타날 수 있다.

또한 누적 백분율(cumulative percent)은 유효 백분율의 누적비율을 의미한다. 이들을 누적하면, 6.25%, 27.5%, 72.25%, 100%가 되고 있다.

제 2 절 기술통계분석

기술통계분석은 평균과 표준편차를 통하여 등간·비율척도의 정보를 가장 잘 요약해 주는 기능이 있다. 또한 기술통계분석을 통하여 정규분포성을 검정할 수도 있으며, 각 변수값을 표준화할 수 있다. 이 표준화된 값은 하나의 변수로 데이터 창에 저장할 수도 있다.

기술통계분석은 빈도분석과 유사하지만, 사용 척도에서 약간의 차이가 있다. 빈도분석의 경우 주로 명목척도나 서열척도와 같은 이산적(discrete) 자료를 분석할 때 사용하지만, 기술통계분석은 주로 등간척도나 비율척도와 같은 연속적(continuous) 자료를 분석할 때 주로 사용한다.

1. 기술통계분석의 실행

1) 초기화면

기술통계분석을 실행하면 [그림 12-6]과 같은 창이 나타난다. 여기서 왼쪽 변수 상자에서 원하는 변수를 선택한다. 즉, 성별, 연령, 소득수준, 태도 등 기술통계분석을 원하는 변수를 선택하여 왼쪽 변수상자에서 오른쪽의 변수(V)의 상자 안으로 이동시킨다.

[그림 12-6] 기술통계분석 : 변수이동

기술통계분석을 실행할 수 있는 변수들은 등간·비율척도로 평균을 구할 수 있는 변수들이어야 한다. 즉, 성별이나 학력, 직위 등은 명목·서열척도이므로 평균을 구하는 것이 큰 의미가 없지만, 연령, 경력, 월 평균 급여의 경우 비율척도이므로 모두 평균을 구할 수 있다.

기술통계분석의 옵션은 산술평균(mean), 합계(sum), 한 집단의 분포가 평균 같은 중심으로부터 어느 정도 분산되어 있는지를 알려주는 산포도(dispersion), 정규분포 곡선의 성향이 나타나는지를 알려주는 분포(distribution), 결과 출력 순서 등이 있으며, 이들 중에서 필요한 내용을 선택하면 된다. [그림 12-7]과 같이 옵션(O)은 평균, 표준편차, 최소값, 최대값 등의 통계량을 선택할 수 있다.

[그림 12-7] 기술통계분석 : 옵션

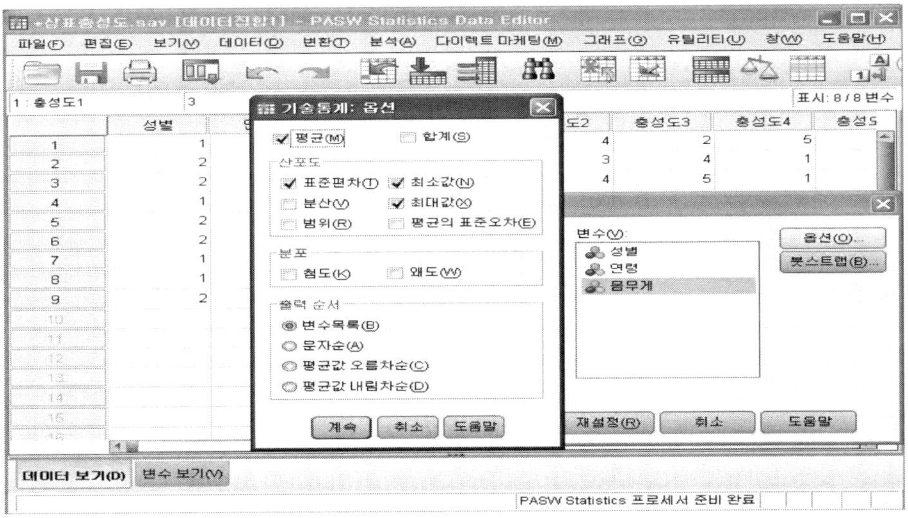

2) 분석의 실행

[그림 12-7]에서 분석하고자 하는 통계량을 선택한다. 평균, 표준편차, 분산, 최대값, 최소값을 선택하고, 결과출력 순서에서 변수리스트를 선택하고 나서 계속 버튼을 선택한다. 그 다음 '확인'을 누르면 SPSS 프로그램이 자동으로 선택한 변수들의 빈도분석을 수행한다.

2. 기술통계분석의 결과 해석

기술통계분석을 실행하면 〈표 12-3〉과 같은 결과가 나타난다.

기술통계분석을 하면 선택한 모든 변수에 대한 응답자 수 또는 분석 대상의 수(N), 최소값(minimum), 최대값(maximum), 평균(mean), 표준편차(SD)가 각각 얼마인지를 보여준다. valid N은 목록별 유효한 응답자 수를 알려 준다.

〈표 12-3〉 기술통계분석의 결과분석

		N	최소값	최대값	평균	표준편차
유효	연령	20	22	35	28.35	4.283
	경력	20	2.0	14	6.85	3.631
	월평균 급여	20	65	245	129.85	54.45
	업무만족도	20	1	4	2.55	1.10
	Valid N	16				

〈표 12-3〉에서 보면, 연령에 응답자 수는 20명이고, 최소값은 22세, 최대값은 35세이다. 평균은 28.35세이고 표준편차는 4.283세이다. 만족도의 경우 상대적인 비교가 중요하다. 업무만족도는 2.55로 조금 낮은 편이다.

제 3 절 교차분석

빈도분석은 하나의 변수에 대한 빈도와 비율을 알 수 있지만, 교차분석(cross table analysis)은 두 개의 변수를 동시에 교차하는 교차도표를 도출하여 각각에 해당하는 빈도와 비율에 대한 경우의 수까지 모두 구할 수 있다.

여기서 교차분석의 옵션에서 빈도와 비율을 구분하는 부분만 다르다. 교차분석은 독립변수와 종속변수가 모두 명목·서열척도인 경우에 사용하는 것이 일반적이다. 특히 비교대상인 종속변수가 등간·비율척도인 경우에는 집단별 평균을 사용하고, 평균을 구할 수 없는 척도인 명목·서열척도인 경우 교차분석을 사용하는 것이 좋다.

1. 교차분석의 실행

1) 변수이동

변수이동에서 일반적으로 행에는 종속변수를 이동하고, 열에는 독립변수를 이동한다. 그러나 교차분석에서 비교할 두 변수는 반드시 인과관계일 필요는 없다. 열이나 행에는 여러 개의 변수를 이동할 수 있으며, 이들을 동시에 실행할 수 있다.[그림 12-8]

[그림 12-8] 교차분석 : 변수이동

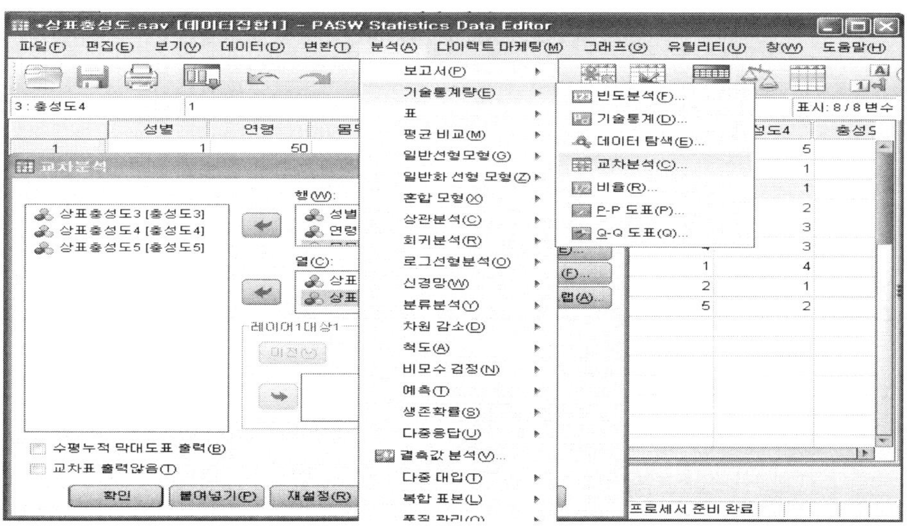

2) 셀의 선택

[그림 12-9]에서 보듯이 셀의 선택에서 주의해서 보아야 하는 것은 백분율이다. 여기서는 각 셀에 출력되는 백분율을 볼 수 있다. 빈도의 관측빈도 등을 활용하는 경우도 있지만, 이는 χ^2의 가설검정에서 사용하는 옵션이다.

[그림 12-9] 교차분석 : 셀 출력

· 빈도수는 관찰빈도와 기대빈도로 구성되어 있다. 관찰빈도는 교차분석에 이용된 빈도수가 기본으로 설정되어 있고, 기대빈도는 기대되는 빈도를 말한다.

· 백분율은 행의 백분율, 열의 백분율, 전체 빈도 등으로 구성되어 있다. 행의 백분율은 교차분석 시 가로의 합계가 100%가 되고, 열의 백분율은 교차분석 시 세로의 합계가 100%가 된다. 전체빈도 대비 각 셀의 백분율을 출력한다.

· 잔차는 표준화되지 않은 잔차, 표준화된 잔차, 수정된 표준화된 잔차로 나타난다.

· 정수가 아닌 가중치는 셀 수의 반올림, 셀 수의 절삭, 응답자 가중값 반올림, 응답자 가중값 절삭, 조정 없음 등으로 나나낸다.

2. 교차분석의 결과 해석

1) 진행과정 요약표

교차분석을 실행하면 〈표 12-4〉와 같이 교차분석의 진행 내용 중 유의미한 빈도가 얼마인지, 결측값이 얼마인지를 알려주는 요약표가 처음에 출력된다.

〈표 12-4〉 진행과정 요약표

	케이스					
	Valid		Missing		Total	
	N	%	N	%	N	%
학력*성별	360	100.0	0	0.0	360	100.0

2) 교차분석표

〈표 12-5〉에서 보듯이 표의 세로축은 행으로 옮겼던 변수인 학력이 있고, 가로축은 열로 옮겼던 변수인 성별이 나타났다. 하단과 우측엔 합계가 나타났다.

학력이 고등학교 졸업 이하인 응답자는 전체 응답자 350명 중 117명(33.4%)이다. 대학 졸업인 응답자는 228명(365.1%), 대학원 졸업 이상의 학력자는 5명(1.3%)으로 나타났다. 성별이 남성인 경우는 82명(23.4%)이고, 여성은 168명(76.6%)으로 나타났다.

〈표 12-5〉 진행과정 요약표

			성별		합계
			남성	여성	
학력	고졸 이하	명 (%)	12 (3.4%)	105 (30.0%)	117명 (33.4%)
	대졸	명 (%)	68 (19.4%)	160 (45.7%)	228 (65.1%)
	대학원졸 이상	명 (%)	2 (0.6%)	3 (0.9%)	5 (1.5%)
		명 (%)	82 (23.4%)	168 (76.6%)	350 (100.0%)

3) 세 변수 이상의 교차분석

성별, 학력에 따라 직위의 분포를 교차분석으로 분석한다면 교차분석의 데이터에 있는 케이스 선택 메뉴를 선택하여 성별을 남성으로 If 조건문을 지정해 준 다음 학력과 직위를 교차분석하고, 다시 분석메뉴(A)의 데이터에 있는 케이스 선택 메뉴로 이동해 성별을 여성으로 선택하고 학력과 직위를 학력수준으로 다시 교차분석을 실행하는 방법을 사용해야 한다.

교차분석에서 이러한 복잡성을 해결할 수 있는 방법은 대화 창의 가운데에 있는 '이전 레이어 1/1 다음'이라고 되어 있는 부분을 이용하는 방법이다. [그림 12-10]과 같이 성별을 이전으로 이동한 후 학력과 지위를 교차분석할 수 있도록 이동한다. 물론 셀에 있는 옵션을 선택한 후에 확인을 선택한다.

SPSS에서 변수를 통제하는 방법은 질적 척도와 양적 척도가 다르게 적용된다. 명목 · 서열척도는 분석메뉴(A)의 데이터에서 케이스 선택을 이용하여 각 통제변수의 영역별로 구분하여 분석하거나, 교차분석의 레이어를 이용하여 분석한다.

성별에 따라 통제하고자 하는 경우, 케이스 선택에서 남성의 경우를 선택해 분석하고, 여성일 경우를 다시 선택하여 분석한 후 비교분석하는 방법이나 레이어에 성별을 입력하여 비교분석할 변수를 행과 열에 각각 이동한 후 분석할 수 있다. 그러면 남성과 여성일 경우가 구분되어 분석된다.

[그림 12-10] 세변수 이상의 교차분석

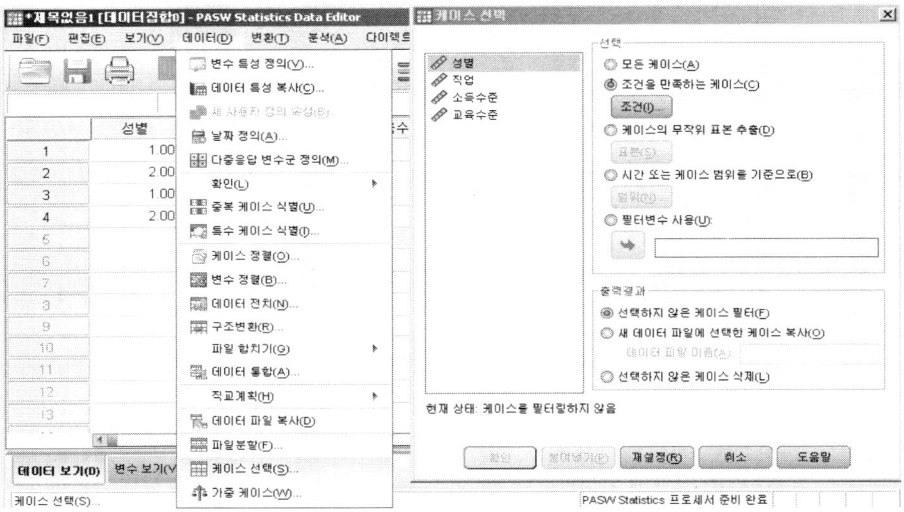

등간·비율 척도인 경우 분석메뉴(A)에서 분석의 일반선형모형을 이용한다. 일반선형모형(GLM)의 하위 메뉴 어디에서나 통제하고자 하는 변수를 일변량 변수로 이동한 후 독립변수와 종속변수를 각각 이동하여 분석하면 자동으로 통제되며, 통제가 통계적으로 유의미한지 유의수준을 산출해 준다.

이전에 성별을 이동한 후 통계분석을 하면, 성별, 학력, 직위에 대한 분석결과 모두 한 교차분석표에 나타나게 된다. 성별이 남성인 경우 학력과 직위의 교차분석, 성별이 여성인 경우의 학력과 직위의 교차분석이 나타난다. 이 경우 성별(남성과 여성)은 통제된다고 말하며, 결과적으로 통제변수가 된다.

제 4 절 다중응답분석

1. 다중응답의 의의

다중응답(multiple response)은 하나의 질문에 복수선택을 하도록 한 설문지를 작성했을 경우이다. 다중응답을 분석하는 방법은 두 가지가 있다. 하나는 변수를 선택 1과 선택 2로 입력하는 경우가 있고, 다른 하나는 선택된 변수값만 입력하는 방법이 있다. 그러나 우선순위를 주었을 때는 일반적인 방법으로 다중응답을 분석할 수 없다. 이 때는 1순위, 2순위 등 우선순위에 가중치를 두어 계산하는 방법이 있다.

선호하는 마케팅 교육프로그램으로 1순위는 인적판매가 6명, 광고제작이 3명 응답하였으며, 2순위에서는 인적판매가 3명, 광고 제작이 7명 응답하였다면, 인적판매의 총 응답자는 9명으로 광고제작의 총 응답자 10명보다 적은 인원이다. 그러나 1순위는 광고제작보다 더 많다. 이 경우 1순위에 가중치를 부여하게 된다. 이 가중치는 연구자가 주관적으로 지정하게 되는데 변수의 중요성에 따라 다른 수준의 가중치를 부여하게 된다.

1순위 빈도에 200%의 가중치를 준다면, 인적판매는 6×200%=12점이고, 광고제작에는 3×200%=6점이 나온다. 2순위 빈도에 대한 100%의 가중치를 준다면, 인적판매는 3×100%=3점이고, 광고제작은 7×100%=7점이 나온다. 그러면 인적판매와 광고제작 각각의 가중치 점수를 합하면 인적판매는 12점+3점으로 15점이고, 광고제작은 6점+7점으로 13점이 나온다. 최종 종합점수는 인적판매에 대한 선호도가 광고제작보다 높은 것으로 나타난다.

2. 범주형 자료의 분석

범주형으로 다중응답의 자료를 분석해야 할 경우를 보자. 다중응답이 된 경우 범주형 자료 분석을 사용할 수 있다. 범주형 자료의 범위 즉, 선택 1과 선택 2라는 변수에 올 수 있는 변수값은 1부터 13까지 13개가 올 수 있다.

선택1에 입력할 수 있는 변수값의 범위는 1부터 13까지 13개 중의 하나이다. 설문지에 나타난 응답할 수 있는 범위와 같다. 선택 2도 1에서 13 중 어느 한 숫자가 입력된다. 어떻게 입력이 되었는지가 가장 중요하다.

[그림 12-11] 다중응답분석 : 대화상자

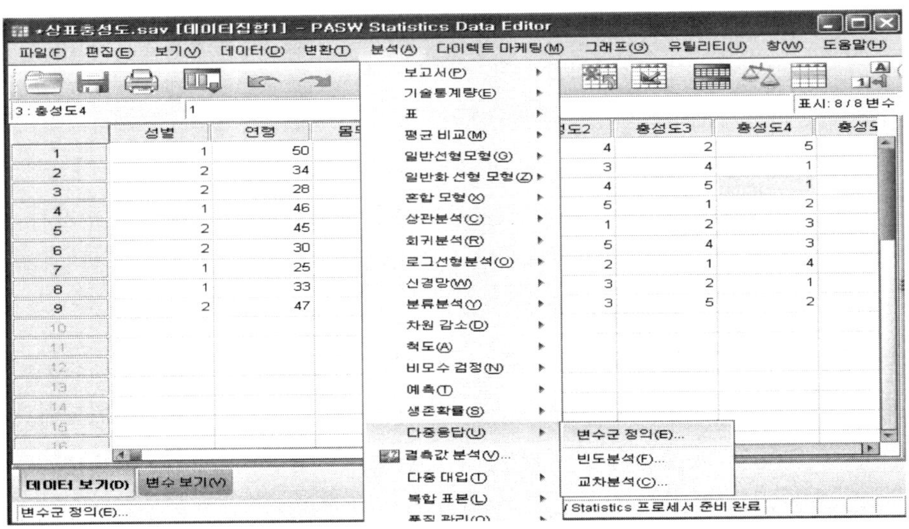

다중응답은 한 소비자가 여러 개에 응답하는 것이기 때문에 차이에 따른 유의수준 검증을 할 수 없다. 즉, 통계적으로 차이 검증을 하기 위해서는 종속변수나 독립변수가 다중응답이 나오지 않도록 해야 한

다. 부득이 하게 다중응답이어야 할 경우 가능하다면 우선순위로 선택하는 것이 좋다[그림 12-11].

1) 범주형 다중응답의 변수군 정의

범주형 자료의 이동과 분석을 보면, 변수군의 정의는 다중응답분석에 사용될 하위 변수들을 지정해 주는 메뉴이다. 따라서 변수군의 정의가 끝나야 다중응답분석을 수행할 수 있다[그림 12-12].

[그림 12-12] 다중응답분석 : 변수군 정의

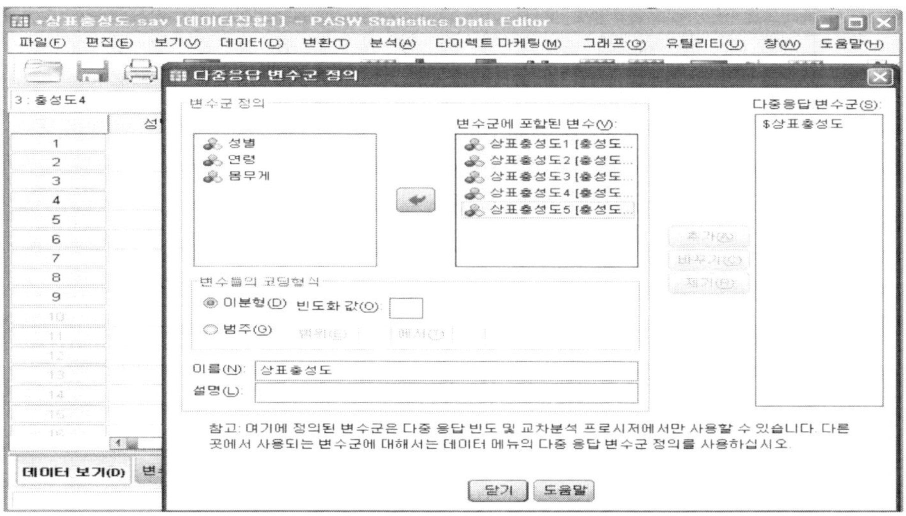

분석에서 다중응답분석의 변수군 정의로 이동한 후 다중응답으로 분석할 수 있는 변수를 이동한다. 그리고 변수들의 코딩 형식에서 범주형을 선택하고, 범위에 범주형 자료가 갖는 값 즉, 설문응답에 나오는 항목인 변수값의 최소값 1부터 13까지를 입력해 준다.

다중응답의 새 변수이름과 설명을 입력한 후 추가를 선택한다. 마지막으로 닫기를 선택하면 다중응답분석의 변수군 정의로 변환작업이 완료된다.

2) 다중응답분석 실행

분석에서 다중응답분석으로 이동하고 빈도분석으로 이동한다. 이동 후 대화창이 나타나면 빈도분석을 할 다중응답 변수를 이동한 후 확인을 선택하면 된다.[그림 12-13]

[그림 12-13] 다중응답분석: 빈도분석

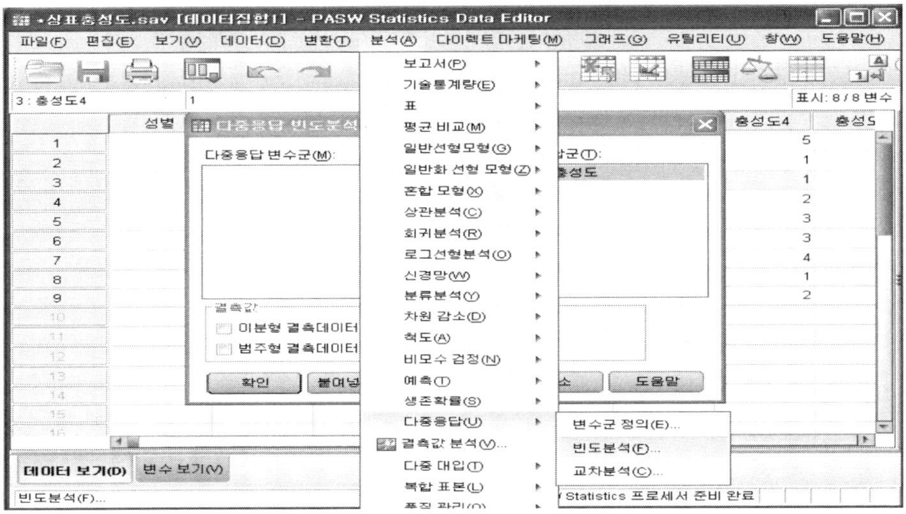

4) 다중응답분석의 결과 해석

다중응답분석의 결과는 다른 빈도분석의 표와 같이 나타나지 않으며, 선그리기 형태로 나타난다.

<표 12-7>에서 보면, 유효 사례 수는 다중응답분석에서 사용된 사례 수 300명이다. 결측값 사례 수는 다중응답에 어떤 하나라도 응답하지 않는 사례수로 0명으로 나타났다.

〈표 12-7〉 다중응답 분석 결과

	케이스					
	Valid		Missing		Total	
	N	%	N	%	N	%
마케팅전략에서 수용할 것	360	100.0	0	0.0	360	100.0

마케팅전략에서 수용할 것은 〈표 12-8〉에서 보듯이, 다중응답분석에서 이름을 지정한 새 변수를 나타낸다. 합계와 응답자가 교차되는 값을 보면 300이 나와 있는데 이는 150명이 300개를 응답한 것이라는 것을 알려준다. 합계와 사례의 백분율을 보면 100.0%로 나오는데 이는 응답률로 1인당 1개를 응답했다는 것을 말한다.

〈표 12-8〉 마케팅전략에서 수용할 것

		응답자		사례의 %
		N	%	
마케팅전략에서 수용할 것	주거환경	30	10.0	20.0
	입지문제	150	50.0	50.0
	문화시설	60	20.0	20.0
	경제환경	30	10.0	10.0
	소득수준	30	10.0	10.0
합계		300	100.0	100.0%

응답자 수는 변수 1과 변수 2 둘 중의 어느 한 변수라도 입력되어 있는 모든 변수값의 빈도수를 나타낸 것이다. 주거환경을 선택된 수가 30명이라는 것이다.

반응 백분율은 응답자 수를 기준으로 한 백분율로 합계에서 보면 합계 300개를 100%로 보았을 때 각각의 비율을 나타낸다. 주거환경을 선택한 수가 30명인데 이는 전체 응답자 수 300개 중 10.0%라는 뜻이다.

사례 백분율은 합계를 보면 유효한 응답자 300명을 100.0%로 보았을 때 각 응답수의 비율을 나타낸다. 주거환경을 선택한 소비자는 30명이며 응답자 300명 중에서 10.0%이라는 의미이다.

3. 이분형 자료분석

1) 이분형 다중응답의 변수군 정의

이분형 자료는 '설문지를 읽고 해당되는 것을 모두 고르라'는 형태의 자료로 6개의 문항이라면 6개의 질문을 한 것과 같다. 이 경우의 코딩은 각 항목의 응답마다 선택하면 1, 미선택이면 0을 입력해야 한다.

6개 항목을 모두 중요하다고 선택했다면, 코딩북에는 111111이라고 1을 6개 코딩하고, 5번만 중요하다고 응답했다면 000010으로 코딩해야 한다. 이렇게 코딩된 자료는 다중응답분석의 이분형 자료의 분석을 선택하여 처리해야 한다.[그림 12-14]

[그림 12-14] 이분형 다중응답분석 : 변수군 정의

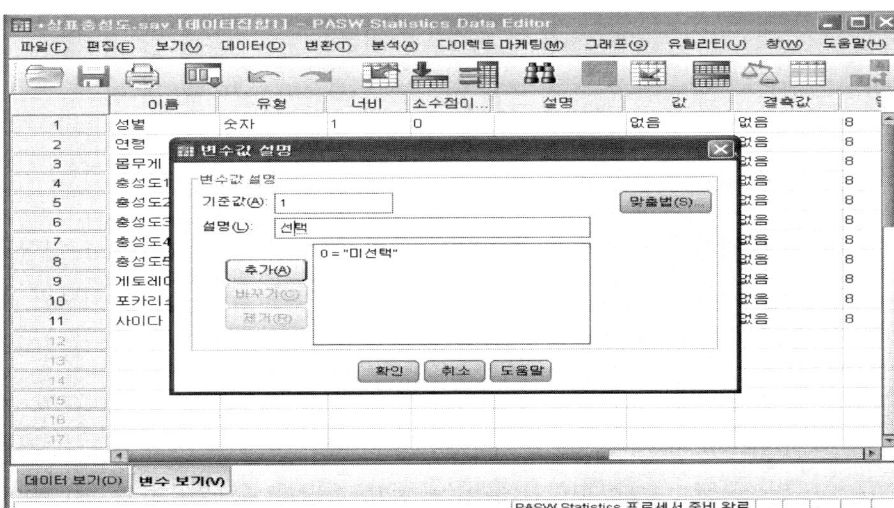

이어 변수군 정의와 설명을 붙이고 변수보기로 이동하여 변수설명

은 학습능력 프로그램이며, 변수값 설명은 0은 미선택, 1은 선택이라고 정의한다.

2) 이분형 다중응답분석의 실행

이분형 다중응답분석의 모든 과정은 변수들의 코딩 형식만 다르고 범주형과 동일하다[그림 12-15].

[그림 12-15] 이분형 다중응답분석의 실행

이분형을 선택하고 나서 다중응답에 사용될 변수값에서 선택에 해당하는 1을 입력한다. 그리고 다중응답으로 구하고자 하는 새로운 변수의 이름과 설명을 입력한 후 추가를 선택하고, 닫기를 선택하면 다중응답으로의 변환작업이 완료된다.

실행에서는 분석메뉴(A)에서 분석을 선택하고, 다중응답분석을 선택하며 빈도분석으로 이동한다. 이동 후 대화창이 나타나면 빈도분석을 할 다중응답 변수를 이동한 후 확인을 선택하면 된다.

3) 이분형 다중응답분석의 결과 해석

실행 결과 다음 〈표 12-9〉와 같은 표가 나타난다. 해석방법은 범주형 자료의 결과해석과 동일하다.

〈표 12-9〉 이분형 응답분석의 해석

		응답자		사례의 %
		N	%	
마케팅전략에서 수용할 것(a)	주거환경	10	27.8	83.3
	입지문제	4	11.1	33.3
	문화시설	6	16.7	50.0
	경제환경	6	16.7	50.0
	소득수준	4	11.1	33.3
	교육수준	6	16.7	50.0
합계		36	100.0	300.0%

(a) Dichotomy group tabulated at value 1.

(a) Dichotomy group tabulated at value 1은 이분형 다중응답분석에서 선택된 변수값이 1이라는 의미이다. 응답자 수에서 다중응답은 12명이 36개를 응답하였기 때문에 응답률은 300%, 즉 1인당 평균 3개씩이며, 주거환경은 10명, 입지문제는 4명이 응답했다. 반응 백분율은 주거문제는 36개중 10개로 27.8%를 의미하고, 사례 백분율은 주거환경은 총 응답자 12명 중 10명이 선택하였으므로 83.3%가 응답한 것이다.

4. 다중응답에 대한 교차분석

1) 다중응답에 대한 교차분석의 실행

다중응답이 있는 메뉴로 이동하면 [그림 12-16]과 같은 대화창이 나타난다. 교차분석과 유사하지만, 다중응답의 교차분석을 구하는데 있어서 주의해야 할 점은 T-테스트의 독립변수처럼 변수의 범위를 설정해 주어야 한다.

[그림 12-16] 다중응답의 교차분석 실행

성별에 따라 마케팅전략에서 수용해야 할 것에 대한 다중응답을 교차분석을 수행할 경우 다중응답으로 만들어진 변수의 경우 범위를 지정할 필요가 없으나, 일반 변수인 성별의 변수값 1, 2를 범위의 지정에서 최소값과 최대값으로 지정해야 한다. 중복응답 변수를 행으로 이동하고, 성별을 열로 이동한다. 그리고 범위지정을 선택한다.

2) 최소값과 최대값의 입력

범위 지정에서 일반 변수의 범위를 지정할 때 그 변수가 가지고 있는 변수값의 최소값과 최대값을 각각 입력해 주면 된다. [그림 12-17]과 같이 성별은 남성 1, 여성 2를 각각 입력하면 된다.

[그림 12-17] 다중응답에 대한 교차분석 : 범위지정

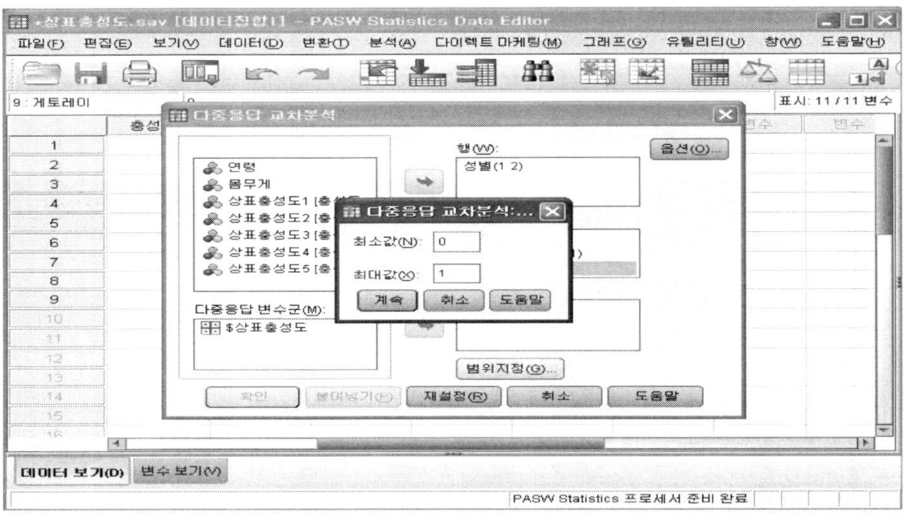

3) 옵션의 선택

옵션의 선택에서 셀 퍼센트는 각 셀의 행과 열, 전체에 해당하는 백분율을 지정할 수 있다. 이 경우 모든 종류의 백분율을 선택할 수 있으나, 보통 독립변수에 해당하는 성별이 있는 열의 백분율을 선택하면 좋다.

[그림 12-18]에서 보듯이 옵션에서 퍼센트를 지정할 경우 퍼센트 계산에서 사례수와 응답자 수 중 어느 것을 기준으로 백분율을 계산해서 제시해 주는지를 선택한다. 사례 수를 기준으로 선택한다면 교차분석표에서 합계는 유효한 응답자 수인 300명으로 나타날 것이며, 응

답자 수를 기준으로 선택하였다면 총 응답수인 300명이 된다. 계속을 선택한 후 교차분석표로 돌아와 확인을 선택하면 실행된다.

[그림 12-18] 다중응답에 대한 교차분석 : 옵션

4) 다중응답에 대한 교차분석의 결과의 해석

다중응답에 대한 교차분석의 결과는 〈표 12-10〉과 같다.

다중응답에 대한 교차분석의 해석은 일반 교차분석의 해석과 동일하다. 사례 요약을 보면 350명이 유효 사례수이며, 결측값은 없다. 근무년수는 5년 이하의 경우 남성이 70명중 19명으로 27.1%이고, 여성이 70명 중 51명으로 72.9%이다. 5년 이하를 선택한 소비자는 총 70명으로 전체 응답자 350명의 20.0%로 나타났다.

〈표 12-10〉 다중응답에 대한 교차분석의 결과

근무년수		교육수준		합계
		고졸 이하	대졸 이상	
5년 이하	남성	5(7.1)	14(20.0)	19(27.1)
	여성	32(45.7)	19(27.1)	51(72.9)
	전체	37(52.9)	33(47.1)	70(100.0)
5-10년	남성	7(5.2)	13(9.6)	20(14.8)
	여성	60(44.4)	55(40.7)	115(85.2)
	전체	67(49.6)	68(50.4)	135(100.0)
11-15년	남성	0(0.0)	39(33.9)	39(33.9)
	여성	11(9.6)	65(56.5)	76(66.1)
	전체	11(9.6)	104(90.4)	115(100.0)
16년 이상	남성	0(0.0)	4(13.3)	4(13.3)
	여성	2(6.7)	24(80.0)	26(86.7)
	전체	2(6.7)	28(93.3)	30(100.0)

제13장 집단 간 차이분석: 비모수 통계검정, T-분석, 카이자승검정, 분산분석

제 1 절 비모수 통계검정

비모수 통계는 종속변수가 서열척도로 측정되었거나 등간성이 의심되거나 정규분포 가정을 충족하지 못할 때 순위를 통하여 독립변수 내의 집단 간 차이를 비교할 수 있는 통계기법이다. 그러나 이것은 평균의 차이가 아닌 분포의 차이를 나타낸다.

이들 기법은 맨 위트니 유 검정(Mann-Whitney U Test), 윌콕슨의 결합-조 기호-순위 검정(Wilcoxon Matched Pairs Signed Ranks Test), 크루스칼-윌리스의 순위 일원분산분석(Kruskal Wallis One Way ANOVA) 등의 방법이 있다. 이들은 최소의 가정을 전제로 하기 때문에 오류를 최소화할 수 있고, 상대적 순위를 이용하여 검정 통계량을 유도함으로써 순위 척도의 검정에 유용하여 단순한 통계적 의미를 이해함으로 통계에 대한 깊은 지식을 필요로 하지 않는다는 특징이 있다.

1. 맨 위트니 유 검정

1) 맨 위트니 유 검정의 의의

두 집단의 평균값이 동일한지를 검정하는 데는 T검정이나 분산분석을 많이 사용하지만, 자료가 서열척도의 성격을 지니고 있거나 정규분포 가정이 확보되지 않을 때는 비모수 통계기법을 사용해야 한다.

비모수 통계기법 중에서 맨 위트니 유 검정(Mann-Whitney U Test)은 서열척도로 측정된 두 독립 표본의 집단 간 차이를 검정하는 기법이다. 이 기법은 순위 비교를 통하여 두 집단 간 차이를 검정하기 때문에 산술 평균처럼 서로 비교할 수 있는 값이 아니라, 상대적인 값을 가지게 되므로 해석의 수준이 다소 애매한 경우가 있다는 점에 유의해야 한다.

따라서 이 기법은 데이터가 서열척도로 측정되었거나 등간 척도로 측정되었다 하더라도 표본 수가 적어서 정규분포 가정에 만족스럽지 못할 경우, 즉 모수검정의 사용이 적절하지 못한 경우에 이용하는 것이 좋다.

2) 맨 위트니 유 검정의 적용 사례

흡연자와 비흡연자 사이의 학업 성과에 차이가 있는지를 알고자 한다면, 흡연이 학업 성과에 미치는 영향을 평가하기 위하여 5년 이상 흡연한 대학생을 무작위로 추출하여 이들의 성적, 집중력 등을 점수화하여 순위를 정해야 한다.

〈표 13-1〉 흡연자와 비흡연자의 성적 점수

흡연여부	성적
1	93
2	90
1	99
2	95
1	80
1	86
2	92
2	82
2	88
1	89
1	93
1	90
2	99
2	95
1	80
1	86
1	92
2	82
2	87
2	89

3) 맨 위트니 유 검정의 실행 과정

이러한 데이터를 바탕으로 맨 위트니 유 검정을 실행하기 위해서는 분석메뉴(A)에서 비모수 검정(N)을 선택하고, 독립 2-표본(2)를 선택하면 [그림 13-1]과 같이 대화상자가 나타난다.

[그림 13-1] 맨-휘트니 유 검정 대화상자

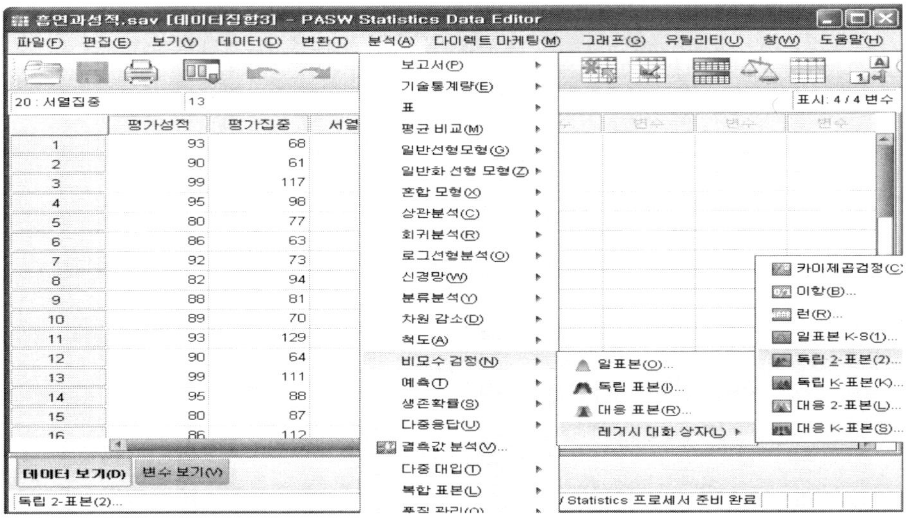

여기서 [그림 13-2]와 같이 대화상자에서 '성적 점수' 변수를 선택하여 이를 오른쪽 검정변수(T) 상자 안으로 이동시킨다. '흡연여부' 변수를 선택하여 이를 오른쪽 집단변수(G) 상자 안으로 이동시킨다.

[그림 13-2] 독립 2-표본2 비모수 검정 : 변수이동

그러면 집단변수에 '흡연여부(??)'가 나타난다. 여기서 집단정의(D) 버튼을 선택하여 집단정의 대화상자의 집단 1: 안에 1을, 집단 2: 안에 2를 입력한다. 계속 버튼을 선택하고, 옵션(Q) 버튼을 선택하여 통계량에서 기술통계나 사분위수를 선택하고, 결측값은 분석별 결측값 제외가 기본적으로 설정되어 있다. 계속 버튼을 선택하고 확인 버튼을 선택하면 실행된다.

4) 맨 위트니 유 검정의 결과 해석

성적 점수를 종속변수로 흡연 여부를 독립변수로 검정하였을 경우 검정 결과 중 순위를 알려 주는데, 이는 각 집단별 개별 분포의 절대값이 낮은 순으로 순위를 말한다.

〈표 13-2〉 맨 휘트니 유 검정 순위

	성별	N	평균 순위	순위 합
성적점수	흡연자	10	9.90	99.0
	비흡연자	10	11.10	111.0
	합 계	20		

〈표 13-2〉에서 보면 흡연자는 10명, 비흡연자는 10명을 분석하였으며, 모든 개별 값의 순위를 합한 순위의 합이 흡연자는 99.0, 비흡연자는 111.0으로 나타났다. 이것을 순위 수로 나눈 것이 평균 순위인데 이는 흡연자가 9.90, 비흡연자가 11.10으로 흡연자가 더 낮게 나타났다. 평균 순위가 낮은 것은 빈도가 더 많은 것을 의미한다.

〈표 13-3〉에서 보듯이 맨 위트니 유 통계값은 귀무가설을 채택할 것인지 기각할 것인지를 검정하는데 기준이 된다. 윌콕슨의 통계값은 평균 순위가 실제값에서 더 낮은 값을 갖는 집단의 순위의 총합으로 윌콕슨 나누기 사례수가 평균 순위가 된다.

〈표 13-3〉 검정 통계량(a)

	성적 점수
맨 위트니 U	44.000
윌콕슨 W	99.000
Z	-.455
유의도(양측)	.649

a: 집단변수 : 흡연 여부

Z값은 정규분포 곡선상의 위치하는 값(-.455)이고, 유의도 값이 0.649로 0.05보다 큼으로 귀무가설이 채택되어 흡연 여부에 따라 성적 점수 정도는 차이가 없는 것으로 판단할 수 있다.

2. 윌콕슨 결합-조 기호-순위 검정

1) 윌콕슨 결합-조 기호-순위 검정

윌콕슨 결합-조 기호-순위 검정(Wilcoxon Matched-Pairs Signed-Ranks Test)은 맨 휘트니 유 검정과 유사하지만, 두 표본 집단이 상호 관련을 맺고 있거나 짝을 지어 시험하는 점에서 두 집단의 독립성을 가정하고 있는 맨 휘트니 유 검정과 다르다.

이 기법 역시 서열척도로 측정된 경우 사용할 수 있고, 등간이나 비율척도로 측정되었다 하더라도 정규분포 가정에 미흡하면 이용할 수 있다. 즉, 고객과 대리점에 대한 조사를 수행한 다음에 품질보증 전략을 변경하여 대리점에 대한 만족에 변화가 있는지를 알고자 할 때 이용한다.

2) 윌콕슨 결합-조 기호-순위 검정의 적용 사례

동일한 대리점에 설문을 보내 응답하도록 하고, 품질보증전략을 변경하기 전·후의 만족도를 측정하여 〈표 13-4〉와 같은 자료를 얻은 경우 이 방법을 사용할 수 있다.

〈표 13-4〉 품질보증전략에 대한 대리점의 만족도

대리점	전략변경 전	전략변경 후
1	82	72
2	32	39
3	44	48
4	49	50
5	73	64
6	20	25
7	24	30
8	52	50
9	29	32
10	39	35
11	22	33
12	42	48
13	17	25
14	71	66
15	58	60
16	48	47
17	56	59
18	15	27
19	36	40
20	55	58

귀무가설 : 품질보증전략을 변경한 후에 이에 대한 대리점들의 만족도에 차이가 없을 것이다.

3) 윌콕슨 결합-조 기호-순위 검정의 실행 과정

윌콕슨 결합-조 기호-순위 검정을 실행하기 위해서는 분석메뉴(A)에서 비모수 검정(N)을 선택하고, 대응 2-표본(L)을 선택하면 [그림 13-3]과 같이 대화상자가 나타난다.

[그림 13-3] 부호검정 대화상자

여기서 [그림 13-4]와 같이 대화 상자에서 대응 비교할 두 변수를 차례로 선택하여 이를 오른쪽 검정-대응 변수(T) 상자 안으로 이동시킨다.

[그림 13-4] 부호검정 변수이동

옵션(Q) 버튼을 선택하여 통계량을 선택한 후, 결측값은 분석별 결측값 제외가 기본적으로 설정되어 있다. 계속 버튼을 선택하고 확인 버튼을 선택하면 실행된다.

4) 결과 해석

〈표 13-5〉는 전략변경 후의 만족도에서 전략변경 전의 만족도를 뺀 검정 결과를 보여주고 있다. 음수(-) 차는 선행변수가 후행변수보다 점수가 작은 경우이다. 양수(+) 차는 선행변수가 후행변수보다 점수가 큰 경우이다. 동률은 선행변수와 후행변수의 점수가 같은 경우이다. 여기서 유의해야 할 것은 점수가 낮을수록 자주 빌리는 것이다. 즉, + 부호가 8개이고, -부호가 12개이며 동률은 없는 것으로 나타났다.

〈표 13-5〉 윌콕슨 결합-조 기호-순위 검정

	성별	N	평균 순위	순위 합
전략변경 후 -전략변경 전	음수(-) 차	6(a)	10.08	60.50
	양수(+) 차	14(b)	10.68	149.50
	동 률	0(c)	0.00	
	합 계	20		

a: 전략변경 후 < 전략변경 전
b: 전략변경 후 > 전략변경 전
c: 전략변경 전 = 전략변경 후

〈표 13-6〉에서 보듯이 Z값은 정규분포 곡선상의 위치하는 값(-1.663)이고, (a)는 양수 차에 기초하여 분석한 것을 의미하고, 전략변경 후보다 전략변경 전의 점수가 더 크다는 것을 의미한다. -값을 가지는 것은 전략변경 전의 만족도가 전략변경 후의 만족도보다 더 점수가 높다는 것을 의미한다. 유의도 값이 0.109로 0.05보다 큼으로 귀무가설이 채택되어 유의미한 차이가 없는 것으로 판단할 수 있다.

〈표 13-6〉 검정 통계량(b)

	전략변경 후 - 전략변경 전
Z	-1.663(a)
유의도(양측)	.096

a: 이항분포 사용함
b: 윌콕슨 부호 순위 검정

3. 크루스칼-윌리스의 순위 일원분산분석

1) 크루스칼-윌리스의 순위 일원분산분석

크루스칼-윌리스의 순위 일원분산분석(Kruskal-Wallis One-Way ANOVA)은 H검정이라 하며, 2개 이상의 상호 독립적인 표본 집단을 비교하는데 용이하다. 모집단에서 상호 독립적인 표본 집단을 무작위로 추출하여 모집단이 모두 동일하다는 귀무가설을 검정하는 기법으로 종속변수가 연속적 분포이며, 서열척도로 측정된 경우 사용할 수 있다. 이 검정방법은 표본 집단들을 모두 합하여 표본 분포를 만들고, 각 표본의 순위를 정하며 부여된 순위를 표본 집단별로 합하는 방법이다.

2) 크루스칼-윌리스의 순위 일원분산분석의 적용 사례

어느 자동차 회사에서 특정 지역에 있는 대리점의 서비스에 대하여 소비자들이 어느 정도 만족하고 있는지를 조사하려고 한다. 20명의 고객을 표본으로 선정하여 세 개의 대리점이 제공하는 서비스에 대한 만족도를 평가하여 〈표 13-7〉과 같은 자료를 얻었다. 세 대리점에 대한 소비자들의 평가 점수와 평가점수를 순위 번호를 부여한 것이다.

〈표 13-7〉 대리점 서비스에 대한 고객들의 평가

원래의 평가점수			합계 순위		
A	B	C	A	B	C
122	68	129	4	27	2
105	61	64	11	30	28
133	117	111	1	6	9
124	98	88	3	14	18
84	77	87	20	24	19
93	63	112	16	29	8
114	73	79	1	25	22
91	94	121	17	15	5
100	81	107	13	21	10
101	70	78	12	26	23
122	68	129	4	27	2
105	61	64	11	30	28
133	117	111	1	6	9
124	98	88	3	14	18
84	77	87	20	24	19
93	63	112	16	29	8
114	73	79	7	25	22
91	94	121	17	15	5
100	81	107	13	21	10
101	70	78	12	26	23

3) 크루스칼-월리스의 순위 일원분산분석의 실행 과정

크루스칼-월리스의 순위 일원분산분석을 실행하기 위해서는 분석메뉴(A)에서 비모수 검정(N)을 선택하고, 독립 K-표본(K)을 선택하면 [그림 13-5]와 같이 대화상자가 나타난다.

[그림 13-5] 독립 K-표본(K) 검정 대화상자

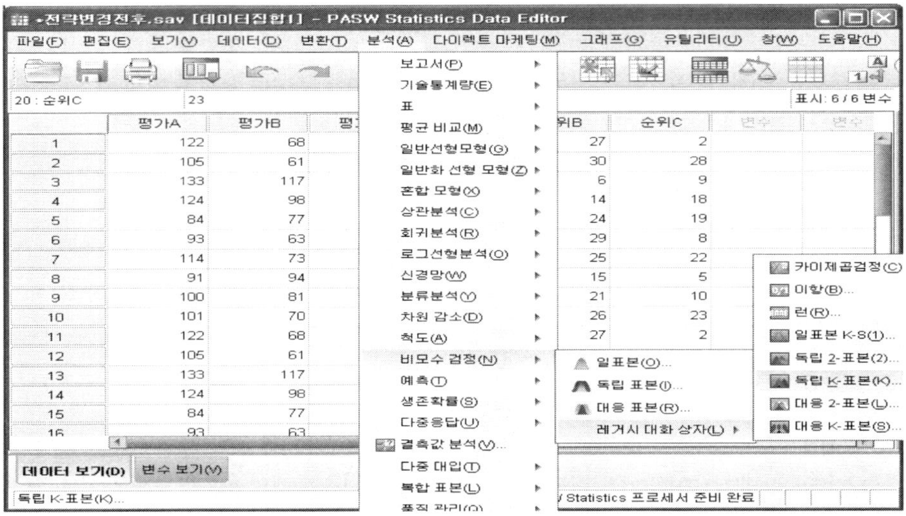

여기서 [그림 13-6]과 같이 대화상자에서 대응 비교할 두 변수를 차례로 선택하여 이를 오른쪽 검정변수(T) 상자 안으로 이동시킨다.

[그림 13-6] 독립 K-표본(K) 검정 변수이동

그러면 집단변수에 자료(??)가 나타난다. 여기서 범위의 지정(D)

버튼을 선택하여 범위 지정 대화상자의 최소값: 안에 1을, 최대값: 안에 3을 입력하고 계속 버튼을 선택한다.

옵션(Q) 버튼을 선택하여 통계량을 선택한 후, 결측값은 분석별 결측값 제외가 기본적으로 설정되어 있다. 계속 버튼을 선택하고 확인 버튼을 선택하면 실행된다.

4) 크루스칼-월리스의 순위 일원분산분석의 결과 해석

〈표 13-8〉은 독립표본의 각 집단별 사례 수와 평균 순위를 나타낸다. 평균 순위를 보면 평가 1의 점수가 40.70으로 가장 높고, 평가 2의 점수가 18.10으로 낮으며, 평가 3의 점수가 32.70으로 중간이다. 따라서 평가 점수를 평가 1가 가장 높으며, 평가 2의 점수는 가장 낮은 것으로 나타났다.

〈표 13-8〉 크루스칼-월리스의 순위 일원분산분석

	평가	N	평균 순위
평가점수	평가 1	20	40.70
	평가 2	20	18.10
	평가 3	20	32.70
	합 계	60	

〈표 13-9〉에서 보듯이 χ^2값은 정규분포 곡선상의 위치하는 값(17.237)이고, 자유도는 독립 표본의 집단이 모두 3개이므로 3-1=2이다. 유의확률이 0.000로 유의수준 0.05보다 작음으로 귀무가설이 기각되어 유의미한 차이가 있는 것으로 판단할 수 있다. 따라서 평가에 따라 평가점수의 정도는 차이가 있다고 판단할 수 있다.

〈표 13-9〉 검정 통계량(a, b)

	신제품 매출액
카이 자승	17.237
자유도	2
유의확률	.000

a: 크루스칼-월리스 검정
b: 집단변수: 신제품 종류

제2절 집단 간 차이 검정: T-검정

1. 두 집단 간 평균차이 검정

1) T-test의 개요

두 집단 간 평균 차이의 검정은 T-test를 사용한다. T-검정(t-test)은 표본이 작은 관계로 인하여 분포가 정규분포를 이루고 있지 않을 경우에 사용할 수 있으며, t분포를 기준으로 하여 모수값의 추정과 가설을 검정하는 방법이다. 즉, 표본의 크기가 작은 경우 정규분포곡선의 Z점수에 기초하여 모집단의 값인 모수값을 추정하기에는 부적당함으로 t분포의 원리에 기초하여 t값을 계산하여 가설검정과 추리통계를 하는 것이다.

여기서 t분포에 대해 이해할 필요가 있다. t분포의 모양은 정규분포의 모양과 유사하다. t 분포의 모양을 결정하는 것은 자유도(degrees of freedom)이다. 일반적으로 자유도는 표본크기 n에서 1을 뺀 것이다. 이 자유도에 따른 t 분포의 모양을 그려보면 [그림 13-7]과 같다. t 분포는 정규분포보다 퍼져 있음을 알 수 있는데, 이는 표본의 표준편차가 모집단의 표준편차보다 불확실성이 크기 때문이다. 표본의 수가 커질수록 정규분포와 비슷한 형태를 이루게 된다.

[그림 13-7] t분포

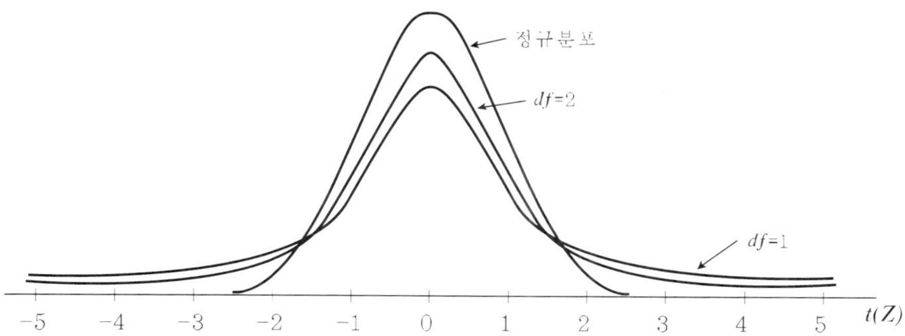

T-검정은 하나의 변수에 대해 두 집단 간 평균의 차이가 통계적으로 유의한지를 파악할 때 이용하는 통계기법이다. 또한 두 집단인 경우에는 분산분석을 이용해도 t분석과 동일한 결과를 얻을 수 있다. 즉, 판매실적의 남자와 여자 사이의 차이를 검정할 때 이용할 수 있다. 예를 들면, 남자와 여자 중 누가 더 열심히 판매하였는지를 파악할 때 이용할 수 있다.

T-검정은 표본의 평균값이 모수값과의 유의도 검정에 사용할 수 있다. 이는 표본의 평균값의 차이가 모수값에서도 나타나는 차이에 의한 것인지, 아니면 표본에서 발생한 우연한 차이에 의한 것인지를 검정할 수 있다. 따라서 가설검정에서 t값으로 통계값의 유의도를 검정할 수 있다.

T-검정의 논리구조는 각 표본의 분산과 두 표본의 분산을 합한 전체 집단의 분산을 이용하여 두 집단 사이의 평균의 차이를 통계적으로 유의한지를 검정하는 것이다. 이러한 T-검정을 이용하여 가설 검정하는 절차는 다음과 같다.

· 귀무가설과 대립가설을 설정한다.
· 귀무가설을 검정하기 위한 유의수준을 결정한다.
· 귀무가설의 유의수준이 설정된 유의수준보다 작게 나타났다면 기각하고, 유의수준보다 크게 나타났다면 귀무가설을 채택하게 된다.
· 마케팅조사 문제와 관련하여 t 검정의 결론을 도출한다.

2) T-검정의 적용 사례

1. 다음은 소비자들에게 특정 TV 홈쇼핑을 보고 구매하려는 의도가 어느 정도인가를 1점 척도에서 5점 척도로 물었다. 즉, "당신은 TV 홈쇼핑을 보고 구매할 의도가 어느 정도입니까?"

전혀 없다 ─── 보통 ─── 매우 강하다

1 ─ 2 ─ 3 ─ 4 ─ 5

2. 귀하의 성별은?
   ① 남성 (　　) 　　② 여성 (　　)

이 질문을 남자 25명, 여자 25명의 표본을 추출하여 조사하였다고 하자.

[표 13-10] 요약 통계량

통 계 량	남 성	여 성
평 균	4.224	1.784
표준편차	0.389	0.369
표 본 수	25	25

가설을 검정하는 절차는 다음과 같다.

① 귀무가설 : 남자와 여자 사이에 TV 홈쇼핑 구매의도에서 차이가 없다.

② 유의수준 : α=0.05

③ 자유도는 48이고, 유의수준은 0.05이므로 양측 검정인 경우 T값은 2.021이다.

④ 계산된 T값은 22.75이고, 기준이 되는 T값은 2.021이므로 계산된 T값이 훨씬 크다.

⑤ 따라서 귀무가설을 채택된다.

⑥ TV 홈쇼핑의 구매의도에 있어 남성과 여성의 차이는 통계적으로 유의미한 차이가 없다고 판단한다.

3) 독립표본 T-검정

독립표본 T-검정(independent sample t-test)은 두 집단의 평균값의 t검정을 할 수 있으며, 독립변수 내의 두 개의 집단의 평균점수의 차이가 유의미한지를 검정할 수 있다. 독립표본 T-검정을 실행하기 위해서는 분석메뉴(A)에서 평균비교(M)를 선택하고, 독립표본 T-검정(T)을 선택하면 [그림 13-8]과 같이 대화상자가 나타난다.

[그림 13-8] 독립표본 T검정 대화상자

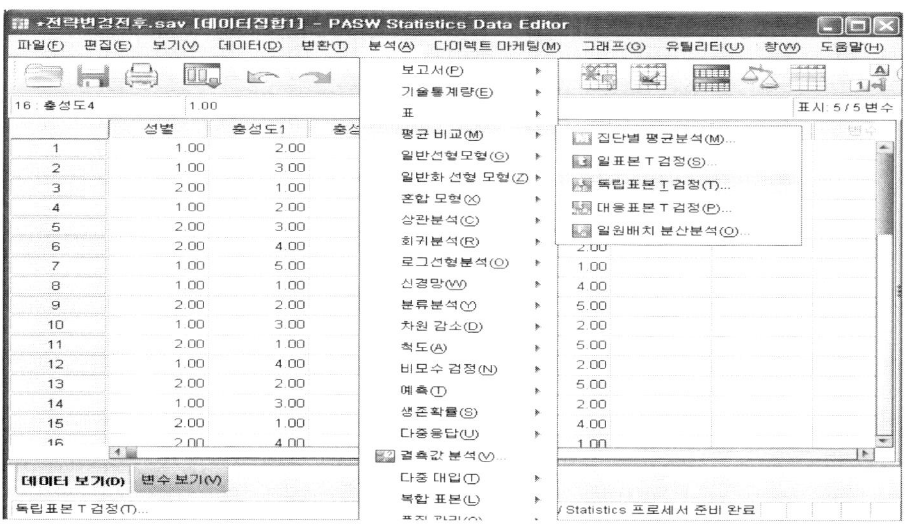

여기서 [그림 13-9]와 같이 독립표본 T-검정 대화 상자에서 '상표 충성도' 변수를 선택하여 이를 오른쪽 검정변수(T) 상자 안으로 이동시킨다. '성별' 변수를 선택하여 이를 오른쪽 집단변수(G) 상자 안으로 이동시킨다.

[그림 13-9] 독립표본 T검정 : 변수이동

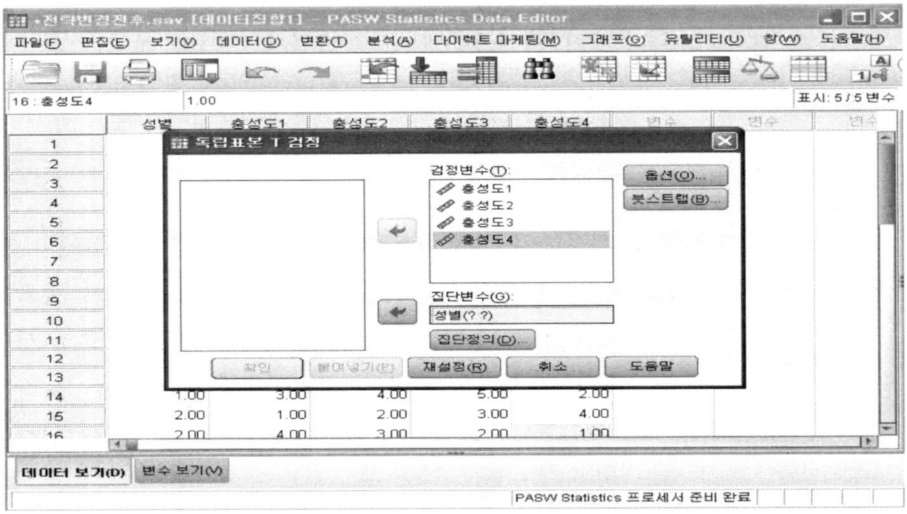

[그림 13-10]과 같이 집단변수에 (??)가 나타난다. 여기서 집단정의(D) 버튼을 선택하여 집단정의 대화상자의 지정값 사용(U)에서 집단 1: 안에 1을, 집단 2: 안에 2를 입력한다. 계속 버튼을 선택하고, 옵션(Q) 버튼을 선택하면 대화상자가 나타난다.

[그림 13-10] 독립표본 T검정 : 집단정의

[그림 13-11]에서 보듯이 옵션(O) 대화상자는 독립표본 T-검정에서 신뢰구간(C)에 95%가 기본적으로 설정되어 있다. 결측값은 분석별 결측값 제외(A)가 기본적으로 설정되어 있다.

[그림 13-11] 독립표본 T검정 : 옵션

· 신뢰구간(C) : 디폴트로 평균과 가정된 검정값과의 차이에 대해 95% 신뢰구간이 표시된다. 다른 신뢰수준을 원하면 1부터 99 사이의 값을 입력할 수 있다.
· 결측값은 여러 변수를 검정하고 한 개 이상의 변수에 대한 데이터가 없을 경우 어떤 케이스를 포함할 것인지(또는 제외할 것인지)를 프로시저에 알려주는 것이다.
· 분석별 결측값 제외(A) : 각 T-검정에서는 검정된 변수의 데이터가 유효한 모든 케이스를 사용한다. 표본 크기는 검정마다 다를 수 있다.
· 목록별 결측값 제외(L) : 각 T-검정은 요청된 T-검정에 사용된 모든 변수의 데이터가 유효한 케이스만 사용한다. 표본 크기는 여러 검정에서 일정하다.

계속 버튼을 선택하면 [그림 13-8]로 돌아가는데 여기서 '확인 버튼'을 선택하면 독립표본 T검정이 실행된다.

4) 독립표본 T-검정의 해석

〈표 13-11〉은 독립변수 남자와 여자는 각각 집단별로 응답자수, 평균, 표준편차, 표준오차 등이 얼마인지를 나타낸다. 남자는 평균 3.85, 여자는 3.82이다.

[표 13-11] 집단 통계량

		N	평균(mean)	표준편차(SD)	표준오차
상표충성도	남자	98	3.85	0.71	7.16
	여자	151	3.82	0.74	7.62

〈표 13-12〉에서 보듯이 집단 사이의 평균차이 검정에서는 두 모집단의 분산이 같다는 가정 하에 T-검정을 이용한다. Levene의 F-검정은 분산의 동일성을 검정하는 것으로 두 독립집단 사이의 분산이

동일한지를 사전에 검사하는 것이다. 따라서 이는 두 집단의 분산이 동일할 확률을 알려준다.

〈표 13-12〉 독립표본 테스트

		levene의 등분산 검정		평균들의 동일성에 대한 t검정						
		F	유의확률	t	자유도	유의확률(양측)	평균차	차이표준오차	평균의 95% 신뢰구간	
									하한	상한
상표충성도	등분산이 가정됨	0.881	0.349	0.273	247	0.785	2.57	9.44	-0.16	0.21
	등분산이 가정되지 않음			0.275	213	0.783	2.57	9.44	-0.16	0.21

여기서 Levene의 등분산 검정결과 유의확률이 0.349로서 α=0.05에서 집단 사이의 차이가 없다는 귀무가설은 기각하지 못한다. 따라서 등분산 가정에 문제가 없음을 알 수 있다. 등분산이 가정될 경우 양측검정에서 유의확률은 0.785로 나타나고 있어서 집단 사이의 차이가 없다는 귀무가설은 α=0.05수준에서 기각되지 않는다.

Levene의 F-검정을 하는 이유는 표본이 충분히 크기 때문이며, T-검정의 대상이 소집단의 경우가 많으므로 두 집단의 분산이 동일한지, 아니면 다른지에 따라 T-검정의 방법이 달라지기 때문이다. 즉, 등분산일 때와 등분산이 가정되지 않을 경우를 알려준다.

2. 대응되는 두 집단 사이의 평균검정

1) 대응표본 T-검정의 개요

대응표본 T-검정(paired-sample t-test)은 동일표본 또는 동일집단에서의 두 변수 간 평균의 차이가 있는지를 분석할 때 이용하는 통계기법이다. 정해진 표본 내에서 두 변수의 차이를 알고자 할 때 이용한다. 즉, 경영학과 3학년 남자 중에서 소비자행동과 마케팅조사론 중에서 어떤 과목을 더 열심히 공부하였는가 알고자 할 때 이용할 수 있다.

2) 대응표본의 실행

대응표본 T-검정을 실행하기 위해서는 분석메뉴(A)에서 평균비교(M)을 선택하고, 대응표본 T-검정(P)을 선택하면 [그림 13-12]와 같이 대화상자가 나타난다.

[그림 13-12] 대응표본 T검정 대화상자

여기서 대응표본 T-검정 대화상자에서 '상표충성도1' 및 '상표충성도2' 변수를 선택한다. 그러면 현재 선택 상자 안의 변수1: '상표충성도'로 이동된다. 푸쉬(▶) 버튼을 선택하면 대응 변수(V) 대화상자 안으로 이동시킨다. 옵션(O) 버튼을 선택하면 [그림 13-13]과 같이 대화상자가 나타난다.

[그림 13-13] 대응표본 T검정 변수이동

여기서 [그림 13-14]와 같이 독립표본 T-검정에서 옵션 대화상자의 신뢰구간(C)에 95%가 기본적으로 설정되어 있다. 원하는 신뢰구간을 입력할 수 있다. 결측값에서 분석별 결측값 제외(A)가 기본적으로 설정되어 있다. 이는 독립표본 T-검정과 동일하다.

[그림 13-14] 대응표본 T검정 : 옵션

여기서 계속 버튼을 선택하면 [그림 13-12]로 돌아가고, '확인 버튼'을 선택하면 대응표본 T-검정이 실행된다.

3) 대응표본 T-검정의 해석

〈표 13-13〉은 충성도1과 충성도2에 대한 응답자수, 평균, 표준편차, 표준오차 등이 얼마인지를 나타낸다.

〈표 13-13〉 집단 통계량

		N	평균(mean)	표준편차(SD)	표준오차
대응 1	상표충성도 1	249	3.18	1.01	6.40
	상표충성도 2	249	3.83	0.73	4.60

대응비교는 독립표본의 T-검정처럼 전체 평균을 비교하는 것이 아니라 개별 값의 차이를 비교하는 것이다. 우선 평균(mean)은 개별 충성도 2에서 개별 충성도 1을 뺀 각각의 차이 값의 평균을 말한다.

〈표 13-14〉 대응표본 검정

		대응차					t	자유도	유의확률(양측)
		평균	표준편차	표준오차 평균	차이의 95% 신뢰구간				
					하한	상한			
대응 1	충성도1 - 충성도2	-0.65	1.41	8.93	-0.83	-0.47	-7.284	248	0.000

〈표 13-14〉에서 보면, t값 -7.284로 양측검정을 한 결과 유의확률이 0.000으로써 0.05보다 작으므로 충성도 1과 충성도 2의 평균차이가 없다는 귀무가설이 발생할 확률이 5% 미만이기 때문에 기각되어 평균간 차이가 있다고 말할 수 있다. 따라서 두 변수 사이의 평균이 동일하다는 귀무가설은 기각된다.

제3절 집단 간 독립성 검정 : χ^2독립성 검정

1. χ^2검정의 의의

χ^2검정은 성별, 연령별, 지역별로 선호하는 상표나 제품이 차이가 있는지를 알아보는 통계기법이다. 즉, 집단별로 어떤 특성에서 차이가 있는지를 파악하고자 할 때 이용하며, 명목척도로 측정된 두 변수 사이의 관계를 분석할 수 있으며 다음과 같은 경우에 사용할 수 있다.

1) 적합성 검정: 단일 표본의 χ^2검정

3개 이상의 질적 범주로 구성되어 있는 명목변수에 있어서 각 범주의 관찰빈도(counted frequency)와 귀무가설에 의한 기대빈도 사이에 통계적으로 의미 있는 차이가 있는지를 검정하는 적합성 기법이다.

2) 독립성 검정 : 두 독립표본의 χ^2검정

주어진 자료가 명목척도로 측정된 비연속적 범주로 구성되어 있는 경우 두 독립표본 사이의 분포차이의 유의수준을 결정할 때 사용하는 비모수적 추리통계 방법이다. 성별에 따라 종교의 차이가 의미가 있는지를 검정할 경우에 사용된다.

2. χ^2검정의 고려사항

1) 자유도가 1인 경우

사례수가 30보다 크면서 각 셀의 빈도가 5이상이어야 적용이 가능하다. 따라서 사례수가 30보다 적다면 2×2 유관표로 코딩을 변경한 후 피셔의 정확확률 검정법(Fisher's Exact Test)을 사용하거나 척도에 따라 명목척도 또는 서열척도에 있는 독립성 검정을 사용하는 것이 좋다.

2) 자유도가 1보다 큰 경우

사례수가 30보다 크면서 5미만의 기대빈도의 셀이 전체 칸의 20%보다 적고, 모든 셀에 1 이상의 기대빈도가 있다면 척도에 관계없이 χ^2검정을 사용할 수 있다.

3) 각 셀의 기대빈도가 5보다 작을 경우

각 셀의 기대빈도가 5보다 작을 경우는 χ^2검정을 사용하기 어려움으로 변수들의 범주를 다시 묶거나, 묶을 수 없는 질적 변수인 경우는 이항검정법(binominal test)을 사용해야 한다.

4) 비율척도에서 범하는 실수

비율척도나 등간척도로 측정된 자료를 χ^2검정을 사용하여 변수 사이의 차이를 검정할 경우 주의해야 한다. 이 경우 연령, 경력 등과 같은 비율척도를 교차분석으로 분석하고, χ^2검정을 사용하여 검정하는 실수를 자주 범하기 때문이다. 연령이 20세에서 60세까지인 소비자들을 대상으로 설문조사를 한 경우 변수값의 범위가 40이나 되기 때문에 χ^2의 교차분석표의 셀이 40×다른 변수의 범위가 된다.

3. χ^2검정의 적용 사례

1) 적합성 검정사례

어느 제과점에서 케이크를 대 · 중 · 소 크기로 만들어 판매하려고 한다. 이들은 그간 1:3:2의 비율로 판매되었다. 5일간 시험 판매한 결과 150, 360, 220개를 팔았다면, 케이크 크기별 판매량에 변화가 발생했다고 볼 수 있는지를 χ^2검정을 이용하여 적합도 검정을 할 수 있다.

2) 독립성 검정사례

냉장고에 대한 소비자들의 선호도를 조사하는 문제를 생각해 보자. 일반적으로 소가족은 소형 냉장고를 원하고, 대가족은 대형 냉장고를 선호할 것이라고 생각할 수 있다. 소비자 500명을 대상으로 가족 규모와 냉장고 크기를 조사하였다. 문제는 과연 가족 규모가 냉장고 크기에 영향을 미칠 것인지의 여부이다. 이 경우에 χ^2검정을 이용하여 독립성 검정을 수행할 수 있다.

4. χ^2의 실행 과정

두 변수의 교차분석을 하고 독립변수에 따른 종속변수의 분포의 차이를 검정하기 위하여 χ^2검정을 사용한다. 메뉴의 이동은 교차분석과 동일하다.

1) χ^2의 실행

[그림 13-15]와 같이 좌측에서 독립변수를 선택하여 열로 이동하고, 종속변수를 선택하여 행으로 이동시킨다. 성별에 따라 학력 분포를 보고 싶을 경우 성별을 열로 이동시키고, 학력을 행으로 이동시킨다. 이 경우 열이나 행에는 72개 이상의 변수가 동시에 들어가 통계처리 될 수 있기 때문에 여러 변수를 동시에 보내어 실행해도 무방하다.

[그림 13-15] χ^2 검정의 대화상자

2) 통계량

[그림 13-16]과 같이 대화창 하단에 있는 통계량을 선택하여 필요한 통계를 선택하면 되는데 여기서는 χ^2검정을 선택한 후 계속을 선택한다.

[그림 13-16] χ^2 검정의 통계량

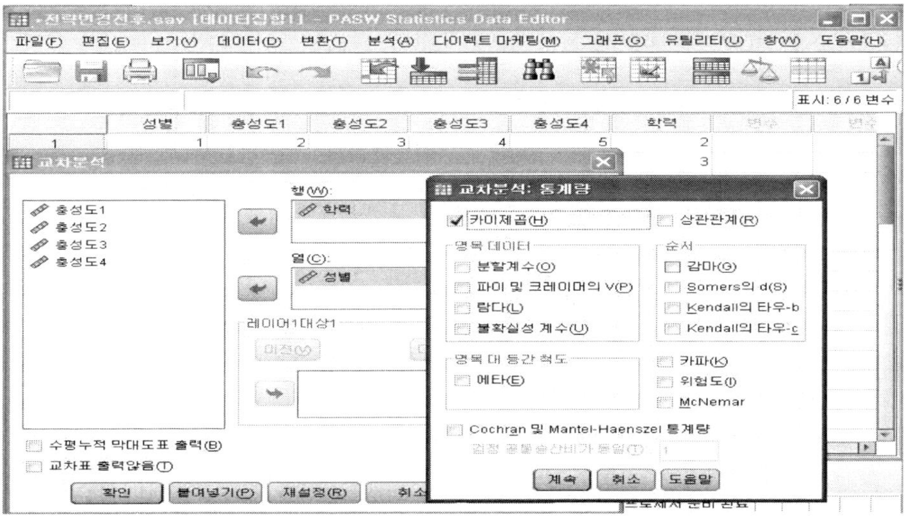

· χ^2은 피어슨의 χ^2의 검정과 라이클리후드 비율 등의 χ^2값을 구한다.
· 상관관계는 등간 · 비율척도의 피어슨 상관계수와 서열척도의 스피어만 상관계수를 구한다.
· 명목척도는 명목척도로 측정된 변수들 사이의 독립성 검증을 수행한다. 분하계수나 상황계수를 산출하고, 파이 및 크래머 V계수를 산출하며, 람다계수를 산출하며, 독립변수에 의하여 종속변수의 불확실성을 어느 정도 감소시킬 수 있는지 대칭 · 비대칭 불확실성 계수를 산출한다.
· 서열척도는 서열척도로 측정된 변수들 사이의 독립성 검정을 수행한다. χ^2값을 기초로 서열척도의 일치성을 검정하고(감마), 대칭과 비대칭의 소머스의 D계수를 산출하며, 캔달의 타우 b계수를 산출하며, 캔달 타우 c계수를 산출한다.
· 등간척도에 의한 명목척도는 등간척도에 의한 명목척도의 독립성 차이를 알아보기 위하여 사용한다. 즉 비교대상은 명목척도이고, 두 개의 에타값이 산출되는데 각각 투입된 행과 열의 명목척도인 경우에 에타값이 산출된다.

3) 셀의 선택

[그림 13-17]과 같이 셀은 각 교차분석 표에서 종속변수의 각 개별 값과 종속변수의 각 개별 값이 만나는 모든 네모 칸들 하나하나를 의미한다. 통계량 옆에 셀이 있는데 셀을 선택한 후 퍼센트를 선택하여 행과 열, 전체의 퍼센트를 선택한다. 기대빈도 등은 필요시 선택하며, 계속과 확인버튼을 선택하면 실행된다.

[그림 13-17] χ^2 검정의 셀

5. χ^2검정의 결과 해석

χ^2검정은 χ^2의 값과 자유도를 산출한 후 산출된 χ^2의 값이 귀무가설 하에서 일어날 수 있는 확률을 확인하여 채택할 것인지, 기각할 것인지를 결정해야 한다. 이러한 독립성 검정은 종속변수의 분포 차이의 비교를 통하여 귀무가설의 기각역(rejection region)을 결정하는 것이다.

1) 교차분석표

〈표 13-15〉와 같이 성별에 따라 학력의 분포 또는 성별과 학력의 교차분석에 사용된 자료는 350명으로 이중 유의미한 자료는 350명이며 무응답은 없다.

〈표 13-15〉 사례진행과정 요약표

	케이스					
	Valid		Missing		Total	
	N	%	N	%	N	%
학력*성별	350	100.0	0	0.0	350	100.0

〈표 13-16〉은 성별에 따라 학력의 분포를 나타내고 있다.

〈표 13-16〉 성별*학력 교차분석표

			성별		합계
			남성	여성	
학력	고졸	명 (%)	12 (3.4%)	70 (20.0%)	82 (23.4%)
	대졸	명 (%)	105 (30.0%)	163 (46.6%)	268 (76.6%)
합계		명 (%)	82 (33.4%)	233 (66.6%)	350 (100.0%)

2) 교차분석표

〈표 13-17〉에서 보듯이 표의 세로축은 행으로 옮겼던 변수인 학력이 있고, 가로축은 열로 옮겼던 변수인 성별이 나타났다. 하단과 우측엔 합계가 나타났다.

3) 가설검정

〈표 13-17〉에서 보듯이 피어슨 χ^2은 χ^2검정 결과를 나타낸다. χ^2의 통계값이 21.591이고, 자유도는 4이다.

〈표 13-17〉 χ^2검정 결과

	값	자유도	유의수준(양측)
피어슨 χ^2	16.998(a)	1	.000
라이클리후드 비율	15.919	1	.000
사례 수	350		

(a) 1 셀(10.0%) 기대빈도가 5이하의 셀
최소 기대빈도가 4.24

(a)는 기대빈도가 5보다 작은 셀이 1개이며, 이는 전체 셀의 10.0%에 해당하는 비율이라는 것을 나타낸다. 따라서 χ^2의 결과는 신뢰할 수 있는 수준이다. 미니멈..은 최소 기대빈도의 값이 27.41라는 것을 나타낸다. 라이클리후드 비율은 유의수준 $p<0.001$로 독립변수에 따라 종속변수의 분포는 독립적이라는 것을 나타낸다.

3) 유의성 검정

산출된 χ^2통계량이 임계값보다 작으면 두 변수가 독립적이라는 귀무가설이 채택되며, 산출된 통계량이 임계값보다 크면 대립가설이 채택된다.

부록의 χ^2분포도에서 자유도 1, 유의수준 0.05에서의 χ^2임계값은 3.84이다. 여기서 산출된 χ^2통계량이 1로 임계값보다 크므로 두 변수가 독립적이라는 귀무가설은 기각된다. 결론적으로 독립변수에 따라 종속변수에서 차이가 있다고 판단할 수 있다.

〈표 13-17〉에서 보면, 유의수준이 0.000으로 나타났다. 이는 귀무가설이 발생할 확률이 0.000이므로 귀무가설이 나오지 않는 것으로 볼 수 있다. 따라서 귀무가설이 기각되어 독립변수에 따라 종속변수의 분포 차이가 있다고 판단할 수 있다.

제4절 분산분석

1. 분산분석

1) 분산분석의 의의

분산분석은 명목척도로 측정된 독립변수와 등간척도나 비율척도로 측정된 종속변수 사이의 관계를 분석하는 통계기법이다. 즉, 집단 간 차이를 분산을 중심으로 분석하는 것이 분산분석(Analysis of Variance : ANOVA)이다.

분산분석에서는 항상 귀무가설이 집단 간 차이가 없다는 가정 하에서 통계가 성립된다. 그러므로 집단 간 분산이 크면 클수록 F값이 커져 F분포에서 오른쪽으로 치우친다.

오른쪽으로 치우치면 칠수록 집단 간 차이가 없다는 귀무가설을 기각하게 되고, 집단 간 차이가 있다는 대립가설을 받아들일 가능성이 많아진다. 여기서 집단 내 분산은 각 집단의 평균값을 중심으로 집단 요소들의 측정값이 얼마나 퍼져 있는지를 측정하게 된다.

F비율에서 집단 내 분산은 분모로 되어 있어 F비율이 크게 나타나고, 작으면 작을수록 기각역에 속해 집단 간 차이가 없다는 귀무가설을 기각하고 차이가 있다는 대립가설을 채택할 가능성이 있다. 이 경우 집단 내 분산이 작으면 작을수록 집단 간 분산이 결정력을 가지게 된다.

[그림 13-18] F분포

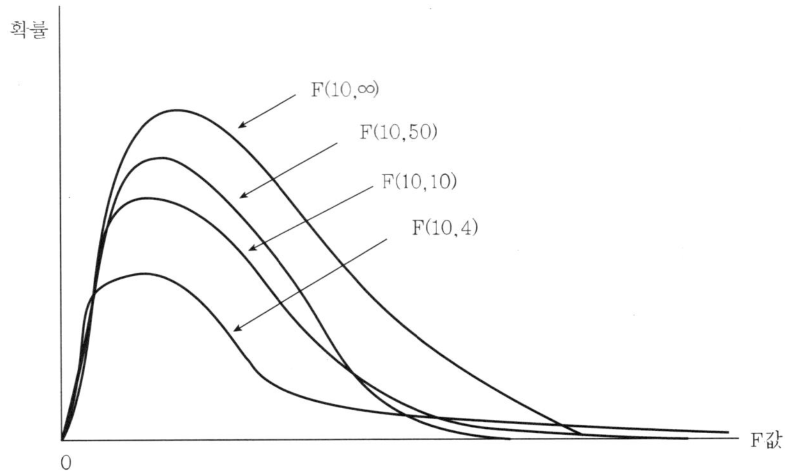

F값이 기각역에 속하는지 아니면 채택역에 속하는지는 의사결정자가 유의수준을 어떻게 잡느냐에 따라 달라질 수 있다. 유의수준 p<0.05로 할 것인지, p<0.10으로 할 것인지에 따라 F값을 임계값(critical value)이 달라진다.[그림 13-18] 임계값은 유의수준에서 귀무가설의 채택과 기각에 관련된 의사결정을 할 때, 그 기준이 되는 점이다. 이 임계값을 중심으로 귀무가설의 기각영역(rejection region)과 채택영역(acceptance region)이 결정된다.

[그림 13-19] 유의수준 0.05의 채택역

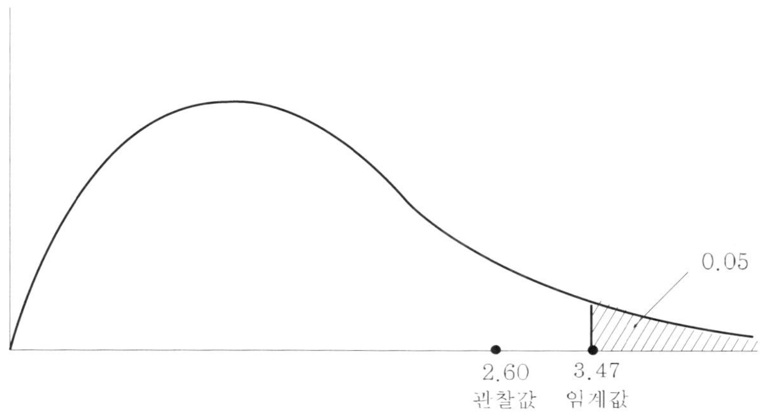

p〈0.05에서는 2.60이 채택역에 속하여 차이가 없다는 귀무가설을 채택한다.[그림 13-19]

[그림 13-20] 유의수준 0.01의 채택역

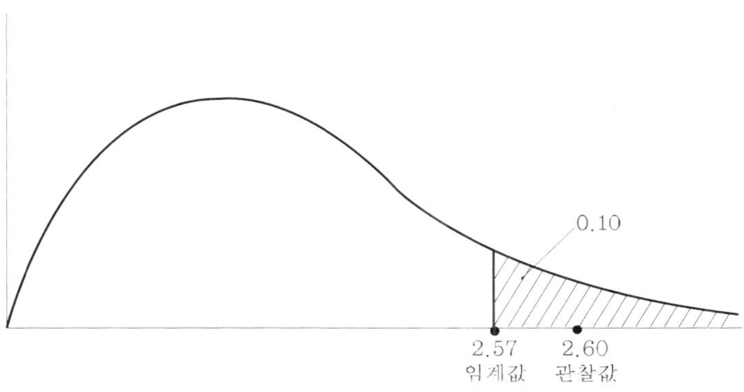

p〈0.10에서는 2.60이 기각역에 속하여 차이가 없다는 귀무가설은 기각하고, 차이가 있다는 대립가설을 받아들이게 된다. 즉, 유의수준 p〈0.05일 경우는 차이가 없다고 받아들이지만, 유의수준 p〈0.10일 경우는 차이가 있다고 받아들인다.[그림 13-20]

2) 분산분석의 적용 사례

롯데리아와 같은 체인점의 전국 가맹점 중에서 마케팅믹스 변수의 차이를 두어 세 가지 방법으로 8개씩 3개 집단의 가맹점을 분석한다고 하자. 첫 번째 8개 가맹점은 가격을 할인하여 주고 판매액을 측정한 집단이고, 두 번째 8개 가맹점은 가격을 그대로 두고, 판매촉진 수단으로서 사은품을 제공하여 판매액을 측정한 집단이며, 세 번째 8개 가맹점은 가격할인과 판매촉진을 하지 않고, 판매액을 측정한 집단이라고 하자.

이들 세 집단 사이에 나타나는 판매액이 통계적으로 유의미한 차이가 있는지를 분석할 필요가 있다. 만약, 이 세 집단의 판매액이 통계적으로 유의미한 차이가 나타나고, 가격할인과 판매촉진을 한 경우의 판매액이 아무런 마케팅을 하지 않는 집단의 판매액보다 높다면, 마케팅믹스의 효과가 나타났다고 있다고 볼 수 있다. 그러나 차이가 나타나지 않는다면, 기업은 지나친 마케팅 비용을 지출했다고 판단할 수 있다. 이를 〈표 13-18〉의 구체적인 예를 들어 분석해 보자.

〈표 13-18〉 분산분석의 예

집단 1	집단 2	집단 3	
가격 인하한 가맹점의 판매액	사은품 제공한 가맹점의 판매액	통제집단	
40	24	34	
36	20	28	
30	14	26	
22	16	20	
34	36	22	
28	32	18	
26	30	16	
24	28	12	
집단 1의 평균 30	집단 2의 평균 25	집단 3의 평균 22	전체 평균 25.67

분산분석에서 사용하는 분산의 개념은 평균과 관찰값과의 차이의 제곱을 말한다. 위 사례에서 집단 1의 평균은 30, 집단 2의 평균은 25, 집단 3의 평균은 22이고, 이 세 집단 전체의 평균은 25.67이다. 이 경우 집단 사이의 차이가 보인다. 그러나 통계적으로 이 정도의 차이를 유의미한 차이로 볼 수 있는지는 분산분석을 해 보아야 한다.

분산분석의 통계적 가설검증은 다음의 순서로 이루어진다.

① 가설설정

귀무가설 : 마케팅믹스 변수에 따라 매출액에 차이가 없을 것이다.

대립가설 : 마케팅믹스 변수에 따라 매출액에 차이가 있을 것이다.

② 통계량 산출

분산분석에서 가설검증을 위해 사용되는 검증통계량은 F값이다.

③ 유의성 검증

산출된 F값이 F임계값보다 작으면 귀무가설이 채택되고 임계값보다 크면 귀무가설이 기각된다. 그러면 대립가설이 채택되어 마케팅믹스 변수에 따라 매출액에 차이가 있다고 판단한다.

3) 분산분석의 실행

본 절에서는 분산분석의 종류 중에서 세 가지를 다루고자 한다. 분산분석(one way ANOVA), 2개의 독립변수와 1개의 종속변수 사이의 상호작용효과를 검정하는 이원배치 분산분석(two way ANOVA), 그리고 2개의 종속변수를 다루는 다변량 분산분석(multivariate ANOVA)을 SPSS 상에서 실행을 보여주고자 한다.

일원배치 분산분석(One Way ANOVA)은 두 집단 이상 사이의 종속변수에 대한 평균의 차이가 통계적으로 유의한지를 검정하는데 이용한다. 즉, 일원배치 분산분석의 조건은 종속변수가 하나이며, 독립변수가 하나이어야 한다.

일원배치 분산분석을 실행하기 위해서는 분석메뉴(A)에서 평균비교(M)를 선택하고, 일원배치 분산분석(O)을 선택하면 [그림 13-21]

와 같이 대화상자가 나타난다.

[그림 13-21] 일원배치 분산분석 대화상자

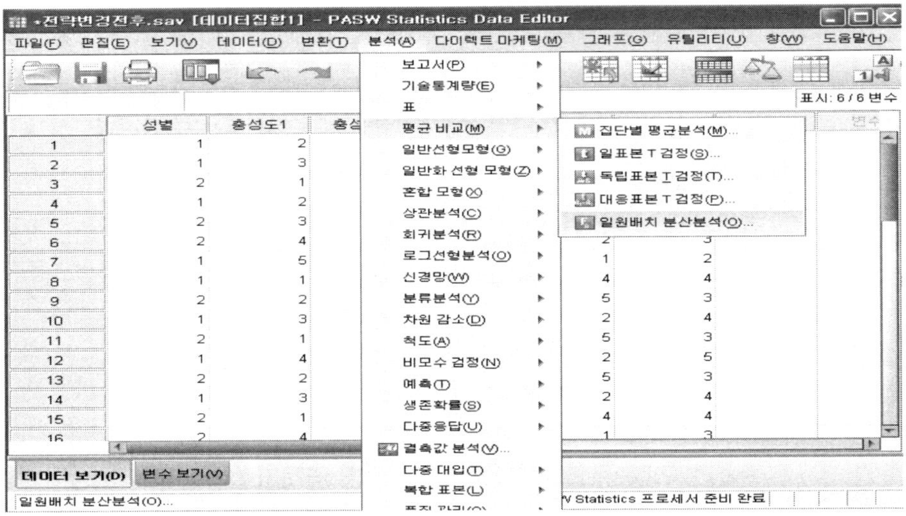

일원배치분산분석(O)의 변수이동을 선택하면, [그림 13-22]와 같은 대화상자가 나타난다. 여기서 왼쪽 변수 상자에서 '상표자산'을 선택하여 이를 종속변수(D) 상자 안으로 옮기는 변수를 이동시키고, '상표충성도'를 독립변수(I) 상자 안으로 이동시킨다.

[그림 13-22] 일원배치 분산분석 : 변수이동

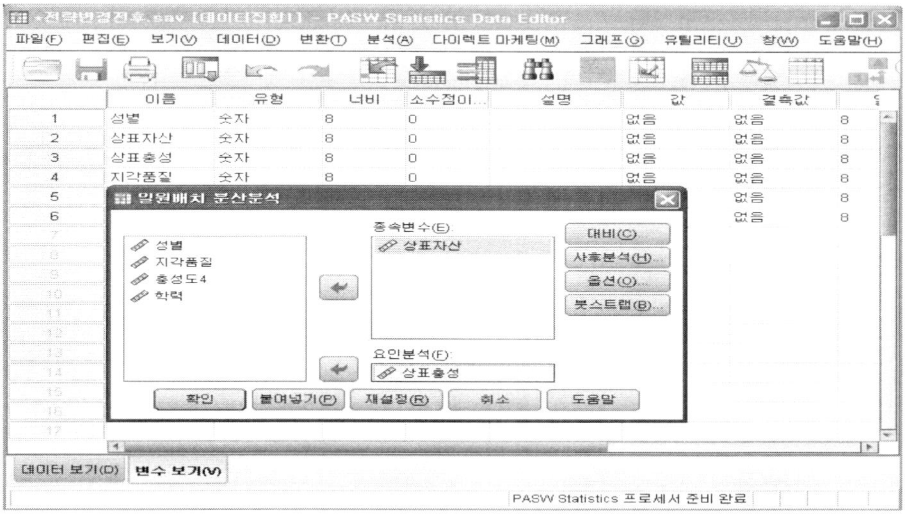

그리고 대비(C) 버튼을 선택하면 [그림 13-23]과 같은 대화상자가 나타난다.

[그림 13-23] 일원배치 분산분석 : 대비

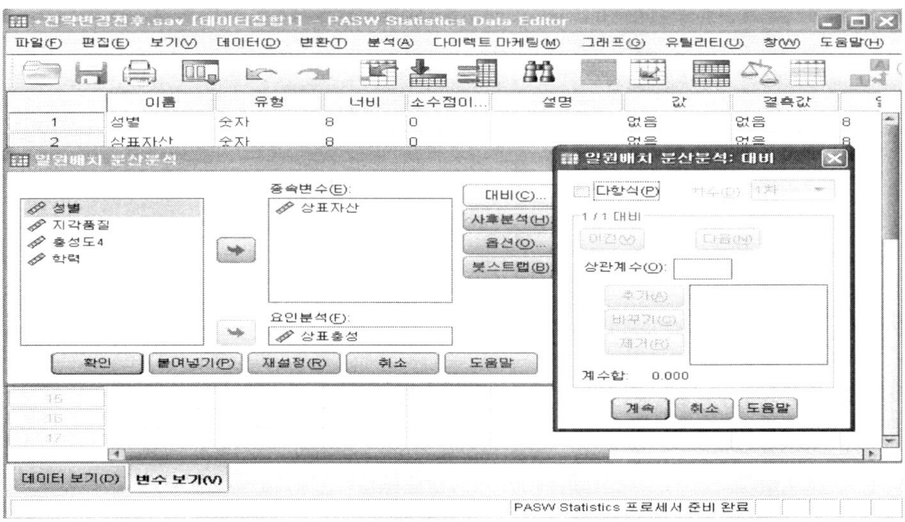

여기서 다항식(P)을 선택한다. 이는 집단 간 자승합을 추세성분으로 분할하거나 사전 대비를 지정할 수 있다. 이를 선택하면 다항식의 차수(D)인 1차 다항식이 기본으로 설정되어 있다.

· 다항식(P) : 집단 간 제곱합을 추세 요소로 나눈다. 이는 요인변수의 순서 수준을 통해 종속변수의 추세에 대해 검정할 수 있다.
· 차수(D) : 1차, 2차, 3차, 4차, 5차 다항식을 선택할 수 있다.
· 계수(O) : t 통계량으로 검정할 사전 대비를 사용자 지정한다. 이는 요인변수의 각 집단에 대한 계수를 입력한 후에 추가를 누르면, 각 새로운 값은 계수 목록의 하단에 추가된다. 추가 대비 변수군을 지정하려면 다음을 누른다.
· 계수의 순서는 요인변수의 범주 값에 대한 오름차순에 해당함으로 중요하다. 목록에서 첫 번째 계수는 요인변수의 가장 낮은 집단 값에 해당하고, 마지막 계수는 가장 높은 값에 해당한다.

계속 버튼을 선택하고, 옵션(O) 버튼을 선택하면 [그림 13-24]와 같은 대화상자가 나타난다. 옵션의 통계량은 기술통계와 분산의 동질성이 있고, 결측값의 처리가 나타난다.

[그림 13-24] 일원배치 분산분석 : 옵션

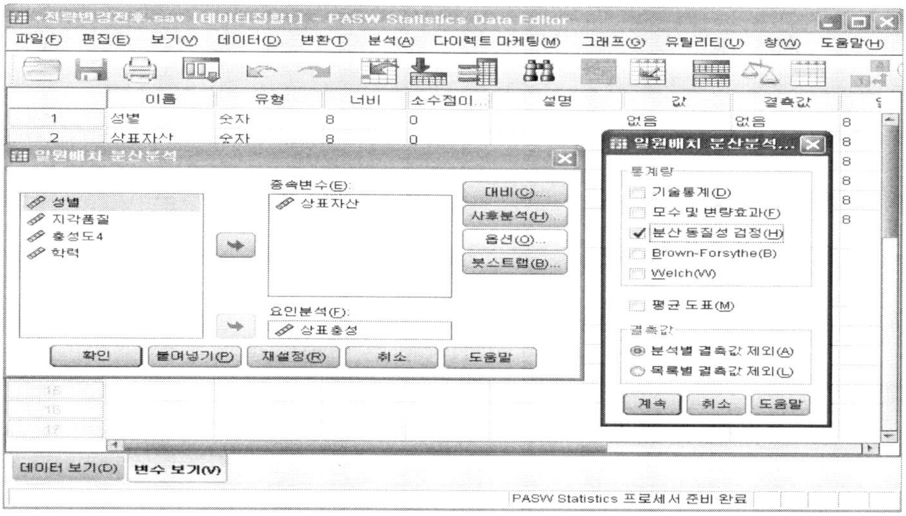

통계량에서 기술통계(D)를 선택하고, 분산의 동질성(H)을 선택한다. 평균도표(M)을 선택하고, 결측값은 분석별 결측값 제외(A)를 선택한다.

- 기술통계(D) : 경우의 수, 평균, 표준편차, 평균의 표준오차, 최소값, 최대값, 각 집단의 종속변수에 대한 95% 신뢰구간 등을 계산한다.
- 분산의 동질성(H) : Levene 통계량을 계산하여 집단 분산의 동일성을 확인한다. 이러한 검정은 정규분포 가정과 별개이다. 따라서 분산분석의 가정을 충족하고 있는지를 알아보기 위한 것으로 Levene통계량을 이용할 수 있다.
- 평균 도표(M) : 부집단 평균을 도표화한 도표를 표시한다. 즉, 각 집단의 평균은 요인변수 값으로 정의한다.
- 분석별 결측값 제외(A) : 분석에서 종속변수나 요인변수에 대한 결측값이 있는 케이스는 해당 분석에서 사용하지 않는다.
- 목록별 결측값 제외(L) : 기본 대화상자에서 종속변수 목록에

있는 종속변수나 요인변수에 대한 결측값이 있는 케이스는 모든 분석에서 제외된다.

- 결측값은 해당 검정과 관련된 변수에 대해 결측값이 있는 케이스를 분석에서 제외시키는 분석별 결측값 제외(A)와 결측값이 있는 케이스는 모든 분석에서 제외시키는 목록별 결측값 제외(L)를 선택할 수 있다.

계속 버튼을 선택하면 [그림 13-21]로 돌아가는데 여기서 확인 버튼을 선택하면 일원배치 분산분석이 실행된다.

4) 사후분석과 대비분석

사후분석(H) 버튼을 선택하면 대화상자가 나타난다. 여기서 등분산을 가정함에 있어서 Scheffe(C), Duncan(D) 등 필요한 방법을 선택할 수 있다. 사후분석-다중비교의 방법은 Bo YFerroni(B), Sidak(I), Scheffe(C), Tukey(T) 등이 있다.

- 검정 : 평균 간에 차이가 있다고 판단되면 사후분석 범위 검정과 대응별 다중비교를 수행하여 차이가 나는 평균을 판별할 수 있다. 범위 검정으로 평균의 차이가 없는 평균의 동일 집단군을 구분하고, 대응별 다중비교는 각 평균 간에 차이를 검정하고 유의수준 0.05에서 다른 집단 평균이 유의하다는 것을 별표로 표시하는 행렬을 나타낸다.
- Tukey의 유의차 검정(T), Hochberg의 GT2(H), Gabriel의 검정(G), Scheff의 검정(C) 등은 다중비교 검정과 범위 검정이다.
- Tukey의 b(K), S-N-K(S), Duncan(D), R-E-G-W의 F(RyanEinot-Gabriel-Welsch의 F검정), R-E-G-W의 Q(Ryan-EinotGabriel-Welsch의 범위검정), Waller-Duncan(W) 등의 범위 검정을 사용할 수도 있다.

· 사용할 수 있는 다중비교 검정은 Bo YFerroni, Tukey의 유의차 검정, Sidak, Gabriel, Hochberg, Dunnett, Scheff__, LSD(최소유의차) 등이 있다.
· 등분산을 가정하지 않는 다중비교 검정은 Tamhane의 T2(M), Dunnett의 T3(3), Games-Howell(A), Dunnett의 C(U) 등이 있다.

5) 분산분석의 결과 해석

분산분석은 모집단의 분산이 같다는 가정 하에 실시된다. 즉, 독립변수의 각 집단별 평균차이가 유의한지의 결과를 나타낸다.

〈표 13-23〉 일원배치 분산분석

분산원	자승합	자유도	평균자승	F값	유의확률
집단간 분산	0.530	4	0.133		
집단내 분산	130.385	244	0.534	0.248	0.911
전체 분산	130.916	248			

〈표 13-23〉에서 집단 간 분산(between groups)은 체계적 분산을 의미하고, 집단 내 분산(within groups)은 오차분산을 의미한다. F값은 집단 간 분산을 집단 내 분산의 비율로 나타낸다.

분산분석표에서 F값의 통계치는 0.248이다. 조사론 책 부록의 F분포 표를 보면, 자유도가 두 개가 나온다. 가로축은 집단 간 분산의 자유도이고, 세로축은 집단 내 분산의 자유도이다. 즉, 자유도 가로축 4와 세로축 244의 값은 유의수준 0.01 수준에서 3.32로 나와 있기 때문에 위의 결과에 의해 나타난 F값은 0.248로 더 작다. 따라서 F값은 유의수준 α=0.01에서 귀무가설을 부정할 수 없다. 즉, 집단 간의 차이가 없다는 귀무가설이 발생할 확률은 크기 때문에 귀무가설을 부정하면 오류가 91%나 된다. 따라서 귀무가설은 기각하지 못한다. 즉, 종교에 따른 상표충성도의 평균의 차이는 없다고 할 수 있다.

위 표에서 SPSS 상에서 관찰 자료의 F값이 0.248이라는 것이며,

F값이 0.248일 때, F분포의 그 값의 오른쪽 전체면적이 0.911이라는 뜻이다.

[그림 13-25] 유의수준과 F값의 관계

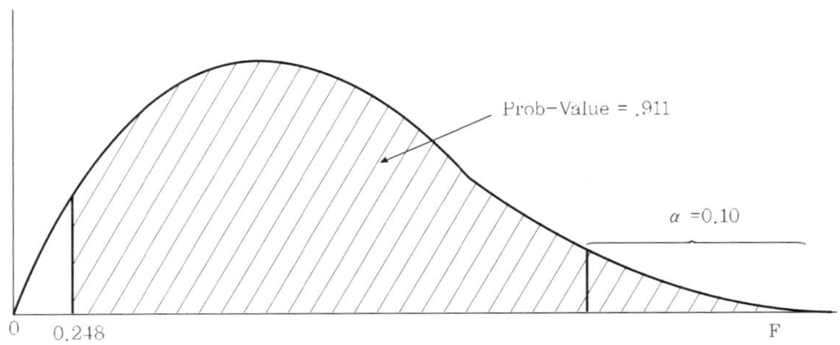

이 경우 유의수준 α=0.10에서까지 채택역에 속하게 되어 귀무가설을 채택하는 결정을 하게 된다. 즉, 〈표 13-23〉에서 일원배치 분산분석의 유의값(significance values)을 보면 0.911로 나와 있다. 이 같은 결과는 값이 0.10보다 큼으로, 유의수준 α=0.10 수준뿐만 아니라 α=0.05, α=0.01 수준 전체에서 채택역에 속하게 된다. 따라서 종교에 따른 상표충성도에 대한 평가가 통계적으로 유의적인 차이가 없음을 나타낸다. 다시 말해 종교에 따라 상표충성도는 달라진다고 결론 내릴 수 없다.

2. 일변량분석

1) 일변량 분석의 개요

독립변수가 종속변수에 미치는 순수한 효과를 조사하기 위해서는 종속변수에 영향을 미칠 수 있는 외생변수를 통제해야 한다. 이러한 외생변수의 영향을 통제하기 위한 방법으로 외생변수를 일변량(covariate)으로 처리하여 그 효과를 제거하는 방법으로 종속변수의 차이를 검정하는 방법이다.

예를 들면, 대리점에 따라 매출액에 차이가 있는지를 검정하는 경우, 대리점별 매출액에 광고가 많은 영향을 미칠 것으로 예상할 수 있다. 따라서 광고횟수를 적절히 통제해야 순수한 대리점별 매출액의 차이를 분석할 수 있다. 이 때 종속변수에 체계적으로 영향을 미칠 수 있는 외생변수들을 일변량으로 사용하여 이들의 영향력을 통제하는 분산분석 방법이 일변량 분석(ANCOVA: Analysis of Covariance)이다.

2) 일변량 분석의 가설설정

일변량 분석에서 가설 설정은 분석대상이 되는 집단 간에 종속변수의 평균이 동일한지를 확인하는 부분과 일변량의 유의성에 대한 가설 부분이 있다. 예를 들면, 매출액이 광고수준 간에 상당한 상관관계가 있을 것으로 보고, 광고횟수를 일변량으로 처리하는 경우의 귀무가설과 대립가설은 다음과 같다.

귀무가설 : 광고횟수에 따라 매출액의 차이가 없을 것이다.
대립가설 : 광고횟수에 따라 매출액의 차이가 있을 것이다.

3) 일변량 분석의 실행

일변량 분석을 실행하기 위해서는 분석메뉴(A)에서 일반선형모형(G)을 선택하고, 일변량(U)을 선택하면 [그림 13-26]과 같이 대화상자가 나타난다.

[그림 13-26] 일변량분석 : 변수이동

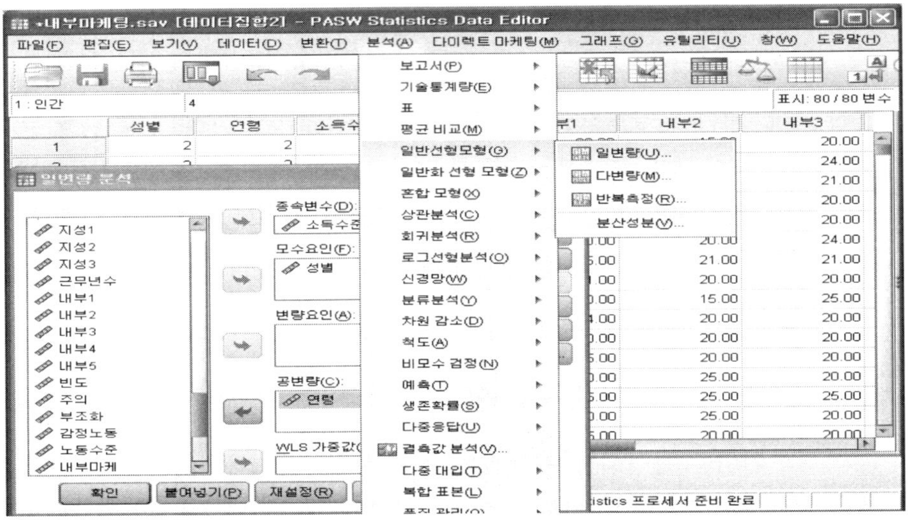

대화상자에서 변수들 중 독립변수인 집단변수(a2)를 모수요인(F) 상자로 이동하고, 종속변수를 종속변수(D) 상자로 이동하며, 일변량 변수(d6)를 일변량 분석 대화 상자로 이동하고, 오른쪽의 모형을 선택하면 [그림 13-27]의 대화 상자가 나타난다.

[그림 13-27] 일변량분석 : 모형

이 대화상자에서 사용자 정의를 선택하고, 항 설정상자에서는 변수들 사이의 상호작용효과를 고려하지 않는 주효과를 선택한다. 요인 및 일변량 대화 상자에서 변수를 오른편 모형으로 이동시키고 계속을 누르고 확인을 누르면 일변량 분석이 실행된다. 나머지는 일원배치 분산분석과 동일한 기능이 수행된다.

4) 일변량 분석의 결과 해석

일변량 분석결과에서 연구자의 관심은 종속변수에서 집단별로 차이가 있는지 하는 것이다. 〈표 13-24〉에 보듯이 F값은 39.919이고, 유의수준이 0.000으로 나타나 성별에 따라 소득수준에는 차이가 있는 것으로 나타났다. 또 일변량인 연령에 대한 가설검증 결과에서 F값은 59.108이고, 유의수준이 0.000으로 나타나 통계적으로 유의성이 있는 것으로 나타났다.

〈표 13-24〉 일변량 분석의 결과
종속변수 : 소득수준

소스	제Ⅲ유형 제곱합	자유도	평균제곱	F값	유의확률
수정모형	14.569a	2	7.284	39.919	.000
절편	58.395	1	58.395	320.011	.000
연령	10.786	1	10.786	59.108	.000
성별	3.719	1	3.719	20.378	.000
오차	63.320	347	.182		
합계	2565.000	350			
수정합계	77.889	349			

a: R제곱=.187(수정된 R제곱=.182)

3. 이원배치분산분석

1) 이원배치분산분석의 개요

이원배치 분산분석(Two Way ANOVA)은 둘 이상의 독립변수와 하나의 종속변수에 대해 평균의 차이를 검정한다. 예를 들면, 마케팅 관리자는 제품판매량이 광고수준(상, 중, 하)과 기타 판매촉진의 정도(상, 중, 하)에 따라 어떠한 영향이 있는지에 관심이 있을 수 있다. 이 경우는 독립변수가 2개이며, 이들 독립변수와 종속변수 사이의 상호작용효과(interaction effects)를 검정할 수 있다. 이처럼 두 집단 간 두 개의 독립변수들이 하나의 검정변수에 대한 평균의 차이가 통계적으로 유의한지를 검정하고자 할 때 이용하는 통계기법이다.

2) 가설 설정

이원배치 분산분석에서의 가설 검정은 독립변수 각각의 주효과와 독립변수들 사이의 상호작용 효과에 의해 결정된다. 앞의 예에서 보면, 광고수준(상, 중, 하)은 특정 브랜드의 매출액에 영향을 미칠 수 있어 가격수준(상, 중, 하)과 어떠한 상호작용을 하는지에 관심을 가질 수 있다.

① 광고수준에 대한 가설

귀무가설 : 광고수준별로 매출액에 차이가 없다.

대립가설 : 광고수준별로 매출액에 차이가 있다.

② 가격수준에 대한 가설

귀무가설 : 가격수준별 매출액에 차이가 없다.

대립가설 : 가격수준별 매출액에 차이가 있다.

③ 상호작용에 대한 가설

귀무가설 : 광고수준과 가격수준 사이의 상호작용은 없다.

대립가설 : 광고수준과 가격수준 사이의 상호작용은 있다.

3) 이원배치 분산분석의 실행

이원배치 분산분석을 실행하기 위해서는 분석메뉴(A)에서 일반선형모형(G)을 선택하고, 일변량(U)을 선택하면 [그림 13-28]과 같이 대화상자가 나타난다.

[그림 13-28] 이원배치 분산분석 : 대화상자

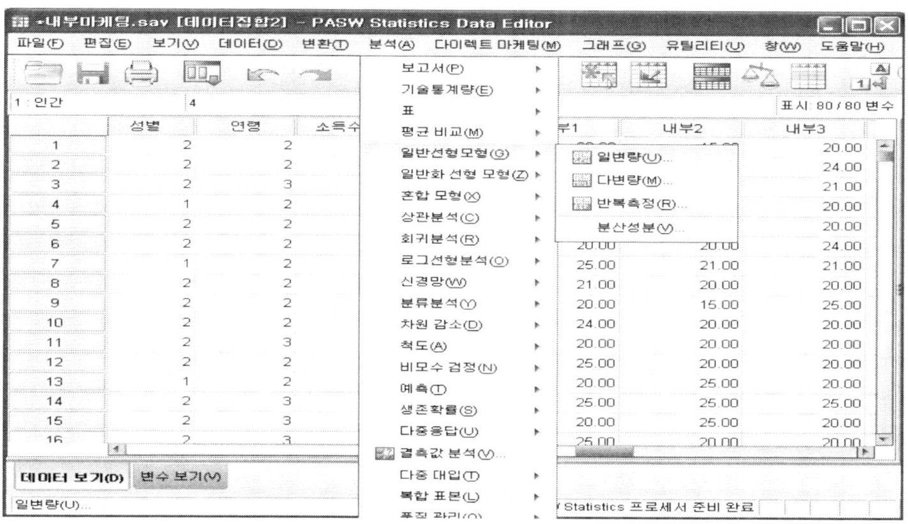

[그림 13-29]에서 왼쪽 변수 상자에서 '상표자산'을 선택하여 이를 종속변수(D) 상자 안으로 이동시킨다. 상표충성도, 지각된 품질, 상표이미지, 상표연상, 기타 상표자산 변수를 선택하여 이를 모수요인(F) 상자 안으로 이동시킨다.

[그림 13-29] 이원배치 분산분석 : 변수이동

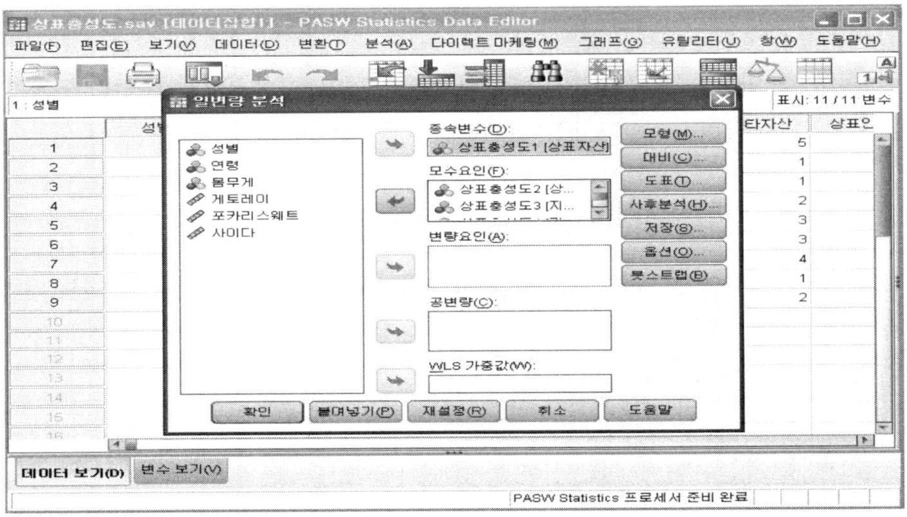

모형(M) 버튼을 선택하면 [그림 13-30]과 같은 대화상자가 나타난다.

- 모형설정에는 완전요인모형(A)이 기본으로 설정되어 있는데, 이는 주효과나 상호작용효과를 나타낸다.
- 완전요인모형에는 모든 요인 주효과, 모든 공분산 주효과, 모든 요인-대-요인 상호작용이 포함된다. 일변량 상호작용은 포함되지 않는다. 사용자 정의를 선택하여 하나의 상호작용 집단군만 지정하거나 요인-대-일변량 상호작용을 지정한다.
- 요인과 일변량(covariate)은 모수요인(Fixed Factor)에 대해서는 (F), 일변량에 대해서는 (C)와 함께 나열된다. 일변량 분석에

서 (R)은 변량요인을 나타낸다.

[그림 13-30] 이원배치 분산분석 : 모형

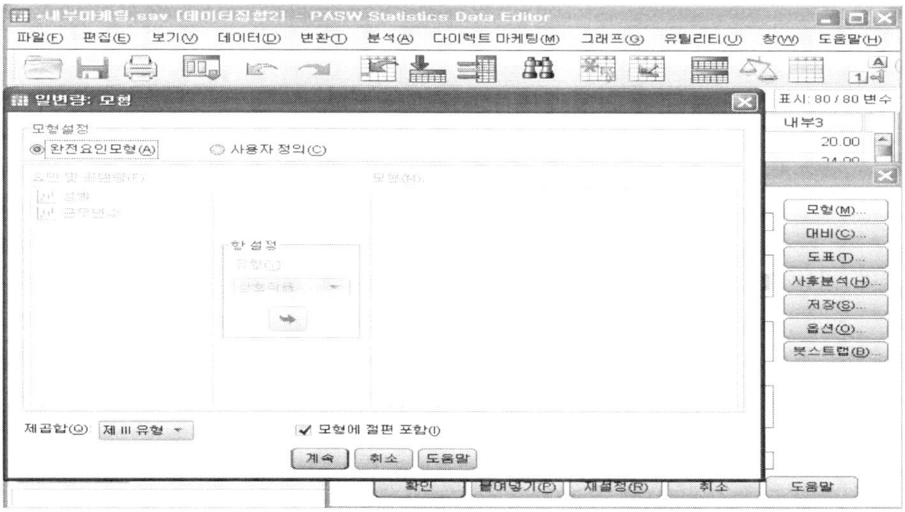

· 제곱합(Q)은 계산방법에 있어서 결측값이 없는 균형 모형이나 비균형 모형의 경우 제 III 유형 제곱합 방법이 가장 일반적으로 사용된다. 따라서 계산방법에 있어 제Ⅲ유형이 기본으로 설정되어 있다.

계속 버튼을 선택하고, 대비(N) 버튼을 선택하면 [그림 13-31]과 같은 대화상자가 나타난다.

[그림 13-31] 이원배치 분산분석 : 대비선택

· 대비 바꾸기(C)에서 대비(N) 칸에 편차를 선택하면 참조범주는 마지막(L)이 기본으로 설정되어 있다.

계속 버튼을 선택하고, 도표(T) 버튼을 선택하면 [그림 13-32]와 같은 대화상자가 나타난다.

[그림 13-32] 이원배치 분산분석 : 프로파일 도표 선택

'상표충성도'를 선택하여 수평축 변수(H) 상자 안으로 이동시키고, '상표인지도'를 선택하여 선구분 변수(S) 상자 안으로 이동시킨다. 그리고 도표(T)에서 추가(A) 버튼을 선택하면, 상표충성도*상표인지로 나타난다. 계속 버튼을 선택하고, 사후분석(H)을 선택하면 [그림 13-33]과 같은 대화상자가 나타난다.

[그림 13-33] 이원배치 분산분석 : 사후분석

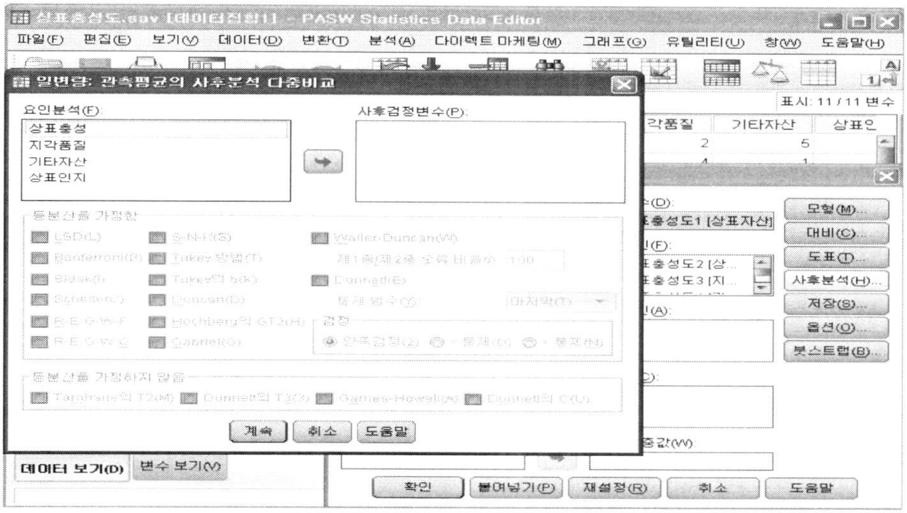

여기서 관측평균의 사후검정 대화상자로서 변수의 범주가 2개이면 선택할 필요가 없다. 계속 버튼을 선택하고, 저장(S)을 선택하면 [그림 13-34]가 나타난다.

[그림 13-34] 이원배치 분산분석 : 저장 선택

저장(S) 대화상자의 예측값에서 표준오차를 선택하고, 진단, 잔차 등에서 필요한 기능을 선택하여 이용할 수 있다. 이는 연구의 방향에 따라 선택여부를 결정해야 한다.

- 예측값은 각 케이스에 대한 모형 예측값으로 표준화하지 않은 예측값과 예측값의 표준오차를 사용할 수 있다. WLS 변수를 선택한 경우에는 표준화하지 않은 가중 예측값을 사용할 수 있다.
- 진단은 독립변수 값의 특수 조합을 포함하는 케이스와 모형에 큰 영향력을 미칠 수 있는 케이스를 구분하기 위한 측도이다.
- 표준화하지 않은 잔차는 종속변수의 실제 값에서 모형에 의해 예측된 값을 뺀 것이다. 표준화, 스튜던트화, 삭제된 잔차도 사용할 수 있다. WLS 변수가 선택된 경우 표준화하지 않은 가중 잔차를 사용할 수 있다.
- 새 파일로 저장은 모형의 모수 추정값에 대한 분산-공분산 행렬을 포함하는 SPSS 데이터 파일을 기록한다. 또한 각 종속변수에 대해 모수 추정값이 포함된 한 행과 모수 추정값에 해당하는 t

통계량의 유의수준 값이 포함된 한 행, 잔차 자유도로 구성된 한 행이 있다.

계속 버튼을 선택하고, 옵션(O) 버튼을 선택하면 [그림 13-35]와 같은 대화상자가 나타난다.

[그림 13-35] 이원배치 분산분석 : 옵션

일변량 : 옵션(O)은 주변평균 추정, 출력, 평균출력 기준, 유의수준 등으로 구성되어 있다.

· 주변평균 추정 : 셀 내의 모집단 주변 평균들의 추정값이 필요한 경우 해당 요인과 요인 상호작용(F)을 선택한다. 이들 평균은 일변량에 따라 수정된다.
· 주효과 비교 : 개체 간 요인과 개체 내 요인 모두에 모형 내 주효과의 추정된 주변 평균 간 수정되지 않은 대응별 비교를 제공한다. 이 항목은 평균 출력 기준 목록에서 주효과를 선택한 경우에만 사용할 수 있다.
· 신뢰구간 조정 : 신뢰구간과 유의확률에 최소유의차(LSD), Bo

조정을 선택할 수 있다. 이 항목은 주효과 비교가 선택되어 있을 경우에만 사용 가능하다.

· 출력 : 전체 셀의 모든 종속변수에 대한 관측 평균, 표준편차, 빈도를 나타내려면 '기술통계량'을 선택할 수 있다.

· 효과 크기 추정값 : 각 효과와 각 모수 추정값에 대한 부분 에타-제곱값을 제공한다. 에타-제곱 통계량은 요인에서 기인하는 전체 변동의 비율에 대해 설명한다.

· 대립가설을 관측값 기준으로 설정한 경우에 검정력을 구하려면 '관측 검정력(B)'을 선택할 수 있다.

· 모수 추정값, 표준오차, t 검정, 신뢰구간, 각 검정에 대한 관측 검정력을 표시하려면 '모수 추정값(T)'을 선택할 수 있다.

· L행렬을 얻으려면 '대비 계수 행렬(O)'을 선택할 수 있다.

· 동질성 검정(H) : 이는 개체 간 요인에 대해서만 개체 간 요인 수준의 모든 조합에서 각 종속변수에 대해 분산의 동질성에 대한 Levene의 검정을 수행한다.

· 평균-산포 도표(P) : 이는 데이터에 대한 가정을 진단하는데 유용하다. 이 항목은 요인이 없을 경우에는 사용할 수 없다.

· 잔차 도표(R) : 잔차 도표를 선택하여 각 종속변수에 대한 관측-예측-표준화 잔차 도표를 작성할 수 있다. 이들 도표는 동일한 분산에 대한 가정을 조사하는데 유용하다.

· 적합 결여 검정(L) : 종속변수와 독립변수 사이의 관계를 해당 모형으로 충분히 설명할 수 있는지 확인하려면 적합결여 검정을 선택한다.

· 일반 추정가능 함수(G) : 이를 사용하여 일반 추정가능 함수를 기준으로 사용자 정의 가설 검정을 수행할 수 있다. 대비 계수 행렬의 행은 일반 추정가능 함수의 선형 결합이다.

· 유의수준(V) : 이는 사후분석 검정에 사용되는 유의수준과 신뢰구간 형성에 사용되는 신뢰수준을 조정할 수 있다. 지정된 값은

해당 검정에 대한 관측 검정력을 계산하는 데에도 사용할 수 있다. 유의수준을 지정할 경우 신뢰구간의 관련된 수준이 대화상자에 출력된다.

계속 버튼을 선택하고, 확인버튼을 선택하면 이원배치 분산분석이 실행된다.

4) 이원배치 분산분석의 결과 해석

〈표 13-25〉의 이원배치 분산분석 결과에서 독립변수의 주효과는 유의수준이 각각 0.115, 0.006과 0.001로 95%의 유의수준에서 의미가 연령은 없고, 성별과 근무년수는 있는 것으로 나타났다. 상호작용 효과의 유의수준은 0.510으로 나타나 두 변수 간에 상호작용이 유의하지 않은 것으로 나타났다.

〈표 13-25〉 이원배치 분산분석의 결과
종속변수 : 소득수준

소스	제Ⅲ유형 제곱합	자유도	평균제곱	F값	유의확률
수정모형	18.221	8	2.278	13.016	.000
절편	37.795	1	37.795	215.995	.000
연령	.438	1	.438	2.500	.115
성별	1.355	1	1.355	7.744	.006
근무년수	2.822	3	.941	5.376	.001
성별*근무년수	.406	3	.135	.773	.510
오차	59.668	341	.135	.773	
합계	2565.000	350	.175		
수정합계	77.889	349			

a: R제곱=.234(수정된 R제곱=.216)

4. 다변량 분산분석

1) 다변량 분산분석의 개요

다변량 분산분석(Multivariate Analysis of Variance)은 분산분석을 확장한 통계기법으로 두 집단 또는 그 이상 간 두 개의 종속변수에 대한 평균의 차이가 통계적으로 유의한지를 검정하는 기법이다. 판매원들의 학력수준에 따라 월급액과 소비지출에 차이가 있는지를 검정할 수 있다.

2) 가설설정

다변량 분산분석에서의 가설은 각 종속변수에 대한 주효과와 이들 사이의 상호작용에 대해 설정할 수 있다. 마케팅관리자는 연령대에 따라 상표충성도에 차이가 있는지에 관심을 가질 수 있다. 즉, 둘 이상의 종속변수에 걸쳐 집단 간의 차이를 동시에 검정하며, 귀무가설은 다수의 종속변수에 대한 평균벡터가 집단 간에 동일하다고 설정된다.

귀무가설 : 연령대별로 스마트폰에 대한 상표충성도에는 차이가 없다.

3) 다변량 분산분석의 실행

다변량 분산분석을 실행하기 위해서는 분석메뉴(A)에서 일반선형모형(G)을 선택하고, 다변량(M)을 선택하면 [그림 13-36]과 같이 대화상자가 나타난다.

[그림 13-36] 다변량 분산분석 : 대화상자

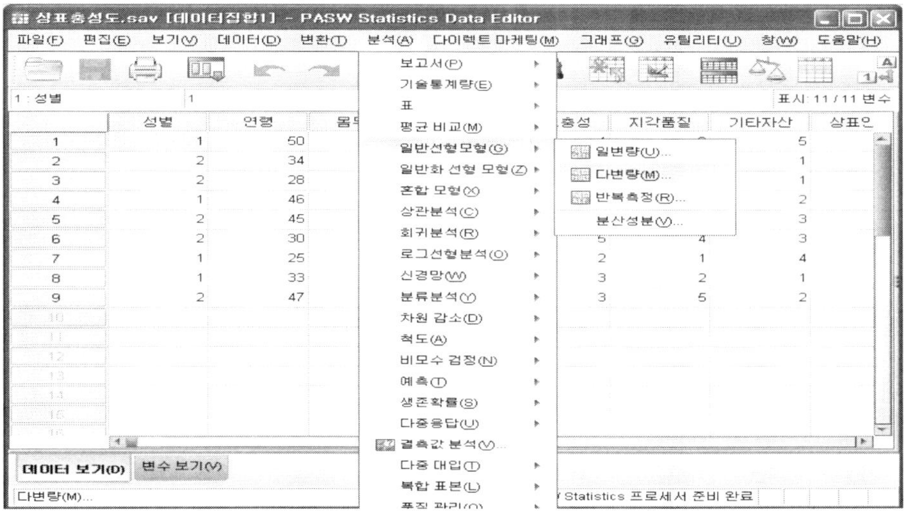

[그림 13-37]에서 왼쪽 변수 상자에서 '상표자산'과 '상표충성도''상표인지도'를 선택하여 이를 종속변수(D) 상자 안으로 이동시킨다. 성별 변수를 선택하여 이를 모수요인(F) 상자 안으로 이동시킨다.

[그림 13-37] 다변량 분산분석 : 변수이동

여기서 모형(M), 대비(N), 도표(T), 사후분석(H), 저장(S) 및 옵션(O) 등의 설정은 앞에서 논의한 일변량 분산분석에서와 동일하다. 확인 버튼을 선택하면 다변량 분산분석이 실행된다.

4) 다변량 분산분석의 결과해석

〈표 13-26〉의 다변량 분산분석 결과에서 보면, 상표충성도에 대해서는 유의수준이 0.000으로 집단별로 차이가 있는 것으로 나타났다. 반면에 지각된 품질, 상표인지, 상표여낭, 기타 자산에서서는 유의수준이 각각 0.302, 0.247, 0.103, 0.684로 집단별로 차이가 없는 것으로 나타났다.

〈표 13-26〉 다변량 분산분석의 결과

소스		제Ⅲ유형 제곱합	자유도	평균제곱	F값	유의확률
수정모형	상표충성도	59.518a	1	59.518	12.435	.000
	지각된 품질	5.342b	1	5.342	1.067	.302
	상표연상	7.104c	1	7.104	1.347	.247
	상표인지	15.260d	1	15.260	2.670	.103
	기타 상표자산	.816e	1	.816	.166	.684
절편	상표충성도	126745.004	1	126745.004	26480.183	.000
	지각된 품질	114646.485	1	114646.485	22889.632	.000
	상표연상	116860.018	1	116860.018	22156.745	.000
	상표인지	123423.832	1	123423.832	21591.728	.000
	기타 상표자산	114478.554	1	114478.554	23220.754	.000
성별	상표충성도	59.518	1	59.518	12.435	.000
	지각된 품질	5.342	1	5.342	1.067	.302
	상표연상	7.104	1	7.104	1.347	.247
	상표인지	15.260	1	15.260	2.670	.103
	기타 상표자산	.816	1	.816	.166	.684
오차	상표충성도	1665.671	348	4.786		
	지각된 품질	1743.015	348	5.009		
	상표연상	1835.436	348	5.274		
	상표인지	1989.257	348	5.716		
	기타 상표자산	1715.644	348	4.930		

〈표 13-26〉 이어서

소스		제Ⅲ유형 제곱합	자유도	평균제곱	F값	유의확률
합계	상표충성도	174308.000	350			
	지각된 품질	162677.000	350			
	상표연상	166047.000	350			
	상표인지	171977.000	350			
	기타 상표자산	161703.000	350			
수정모형	상표충성도	1725.189	349			
	지각된 품질	1748.357	349			
	상표연상	1842.540	349			
	상표인지	2004.517	349			
	기타 상표자산	1716.460	349			

a. R 제곱=0.034(수정된 R 제곱=0.032)
a. R 제곱=0.003(수정된 R 제곱=0.000)
a. R 제곱=0.004(수정된 R 제곱=0.001)
a. R 제곱=0.008(수정된 R 제곱=0.005)
a. R 제곱=0.000(수정된 R 제곱=-0.002)

제14장 관련성분석 : 상관분석, 회귀분석

제 1 절 상관관계분석의 개요

1. 상관관계분석의 의의

상관분석(correlation analysis)은 한 변수와 다른 변수 간의 선형적 관련성이 있는지의 여부와 관련성이 있다면, 그 정도를 알고자 할 때 이용한다. 즉, 한 변수가 커지거나 작아질 때, 다른 변수가 어떻게 변하는지를 그 변동의 방향과 정도를 예측하려 할 때 이용한다.

상관관계는 인과관계(causality)를 의미하지는 않으나, 인과관계 성립에 필요조건이 된다. 상관관계를 분석하여 변수 간의 상관계수(correlation coefficient)를 살펴보면 변수 간의 연관성(association)이 어떻게 나타나는지를 알 수 있다.

두 변수가 등간 · 비율척도로 측정된 자료의 상관관계는 상관계수를 통해서 변수 사이의 연관성을 파악해 내지만, 두 변수가 명목 · 서열척도로 측정된 자료의 상관관계도 분석할 수 있다.

2. 상관분석의 적용과정

1) 단순상관분석

단순상관관계(simple correlation)는 두 변수 사이의 관련성을 알고자할 때 이용한다. 단순상관관계에 관한 가장 보편적인 측정값은 'Pearson r'이라고도 불리는 피어슨 상관계수로 나타낸다. 이러한 상관계수는 0과 1 사이의 값을 취할 수 있다.

피어슨 상관계수는 등간척도나 비율척도로 측정된 자료를 바탕으로 계산될 수 있으며, +1의 상관계수는 완전한 정의 상관관계를 나타내고, -1의 상관계수는 완전한 부의 상관관계를 나타낸다. 상관분석은 두 개 이상의 변수들 사이에 존재하는 밀접함(closeness)을 측정하는 것이므로 두 측정값 사이의 공통적인 변이(joint variation)를 다루며, 어느 변수도 독립변수나 종속변수로 규정되지 않는다.

2) 서열상관분석

서열상관관계(ordinal correlation)는 서열척도로 측정되었거나 등간성이 의심되는 변수들의 상관관계를 구하는 방법이다. 이는 단순상관과 같은 방법으로 분석하며, Kendall's Tau-b와 Spearman을 선택하면 된다.

3) 편상관분석

편상관분석(partial correlation analysis)은 어떤 변수가 두 변수에 영향을 미치는 것을 통제하고, 두 변수의 선형적 관련성의 여부와 그 정도를 알고자할 때 이용한다. 즉, 연령을 통제하고 소득과 교육수준의 관계를 알고자 할 때 이용할 수 있다. 이는 특정 변수의 영향을 제거함으로써 두 변수 사이의 영향관계를 고정시켜 정확한 상관관계를 구할 수 있다.

3. 상관분석의 적용 사례

1) 단순상관분석

광고횟수에 따른 판매액을 등간 · 비율 · 서열 · 명목 척도로 분석하여 〈표 14-1〉을 만들었다.

〈표 14-1〉 척도와 상관관계분석

등간 · 비율		서 열		명 목	
광고횟수	판매액	광고횟수	판매액	광고횟수	판매액
30	2,000	1	2	1	300
28	1,600	2	3	1	200
27	2,100	3	1	1	300
25	1,500	4	4	1	200
22	1,400	5	6	2	100
20	1,300	6	7	2	100
20	1,450	7	5	2	200
18	900	8	10	3	100
15	1,050	9	9	3	100
13	1,200	10	8	3	100

명목척도는 광고 횟수가 25회 이상은 1, 20~25회 미만은 2, 20회 이하는 3으로 하였다. 판매액은 900에서 1,400까지 100, 1,401에서 1,900까지 200, 그리고 1,901에서 2,400까지 300으로 하였다.

이 경우 등간 · 비율척도는 상관계수를 계산하여 분석하고, 서열척도는 스피어만 서열상관계수를 이용하고, 명목척도는 상황표(contingency table)를 이용한 카이자승 분석을 한다. 카이자승 분석은 광고 횟수와 판매액 사이에 독립성이 있는지, 관련성이 있는지를 보여주어 독립성 검정이라고 한다.

세 변수 이상의 관계를 알고자 할 때는 다중상관분석(multiple correlation analysis)을 해야 한다. TV광고와 매출액과의 관계, 시장 점유율과 영업능력의 크기, 소비자들이 지각하는 가격과 품질의 차이 등의 관계를 알고자 할 때 이용할 수 있다.

2) 서열상관분석

스피어만의 서열상관계수를 구해 보자. 소비자들에게 화장품의 가격과 지각된 품질 사이의 관계를 알고자 하여 10개의 화장품 상표에 대해서 가격을 조사하여 순위를 파악하고 지각된 품질의 순위를 파악하여 다음과 같은 표를 만들었다고 하자〈표 14-2〉.

〈표 14-2〉 가격과 지각된 품질의 순위표

	가격순위	지각된 품질순위	서열차이	서열차이 제곱
1	1	2	-1	1
2	2	3	-1	1
3	3	1	2	4
4	4	4	0	0
5	5	6	-1	1
6	6	7	-1	1
7	7	5	2	4
8	8	9	-1	1
9	9	10	-1	1
10	10	8	2	4
합계				18

이는 자유도 n-2의 t분포를 따르는데, SPSS를 돌리면 다음과 같은 출력표가 나온다〈표 14-3〉.

〈표 14-3〉 스피어만 서열상관관계의 출력

통계량	값	ASEI	t값	유의확률
Pearson's R	0.89091	0.3484	5.54816	0.00054
Spearman Correlation	0.89091	0.4303	5.54816	0.00054

[그림 14-1] 유의수준과 p-value의 관계

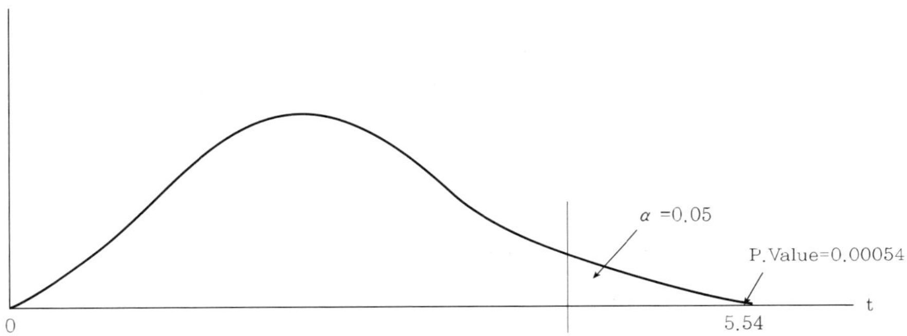

이는 유의수준 α=0.05에서 기각역에 속한다. 가격과 지각된 품질에는 상관관계가 없다는 귀무가설을 기각하고 상관관계가 있다는 대립가설이 채택된다.[그림 14-1]

4. 상관분석의 실행

상관분석은 변수와 변수 사이에 관계를 살펴보는 것이다. 마케팅조사에서 소득수준과 백화점 구매율은 서로 양의 상관관계를 가진다고 추측할 수 있다. 즉, 소득수준이 높을수록 백화점 구매율이 높아진다는 가정을 검정하는 분석이 상관분석이다.

1) 상관분석의 실행

상관분석은 분석(A)메뉴에서 상관관계(C)를 선택하고 이변량 상관계수(B)를 선택하면 [그림 14-2]의 대화상자가 나타난다.

[그림 14-2] 이변량 상관계수 : 대화상자

여기서 상관분석을 하고자 하는 변수를 왼쪽 변수상자에서 선택하여 오른쪽에 있는 변수상자(V)로 옮기고, 상관계수에서 원하는 상관계수 즉, Pearson(N), Kendall의 Tau-b(K), Spearman(S) 중에서 원하는 사항을 선택한다. 또한 유의성 검정도 양측검정(T)인지, 단측검정(L)인지를 선택하고, 유의한 상관계수 별 표시(F)를 선택한다. 그리고 아래쪽에 있는 옵션을 선택하면 [그림 14-3]과 같은 대화상자가 나타난다.

[그림 14-3] 이변량 상관계수 : 변수이동

여기서 [그림 14-4]에서 보듯이 옵션(O) 대화상자의 통계량에서 평균과 표준편차(M)를 선택하고, 결측값에서 대응별 결측값 제외(P)를 선택한다.

[그림 14-4] 이변량 상관계수 : 옵션

· 평균과 표준편차(M): 각 변수에 대해 표시된다. 결측되지 않은 값이 있는 케이스 수도 함께 표시된다. 결측값의 설정에 관계없이 변수별로 결측값을 처리할 수 있다.

· 교차곱 편차와 공분산(C): 각 대응변수가 표시된다. 편차의 교차곱은 수정된 평균 변수 곱의 합과 같다. 이 값은 Pearson 상관계수의 분자가 된다. 공분산은 두 변수 사이의 관계가 표준화되지 않은 측도이며 교차곱 편차를 N1로 나눈 값과 같다.

· 대응별 결측값 제외(P): 한 상관계수의 대응변수 하나 또는 모두에 대한 결측값이 있는 케이스는 분석 시 제외된다.

· 목록별 결측값 제외(L): 변수에 대한 결측값을 포함하는 케이스는 모든 상관계수에서 제외된다.

계속 버튼을 선택하고, 확인 버튼을 누르면 이변량 상관분석을 실행하게 된다.

2) 편상관분석의 실행

[그림 14-5]와 같이 편상관분석을 실행하기 위해서는 분석메뉴(A)에서 상관분석(C)을 선택하고, 편상관계수(R)를 선택하여 실행할 수 있다.

[그림 14-5] 편상관분석 : 대화상자

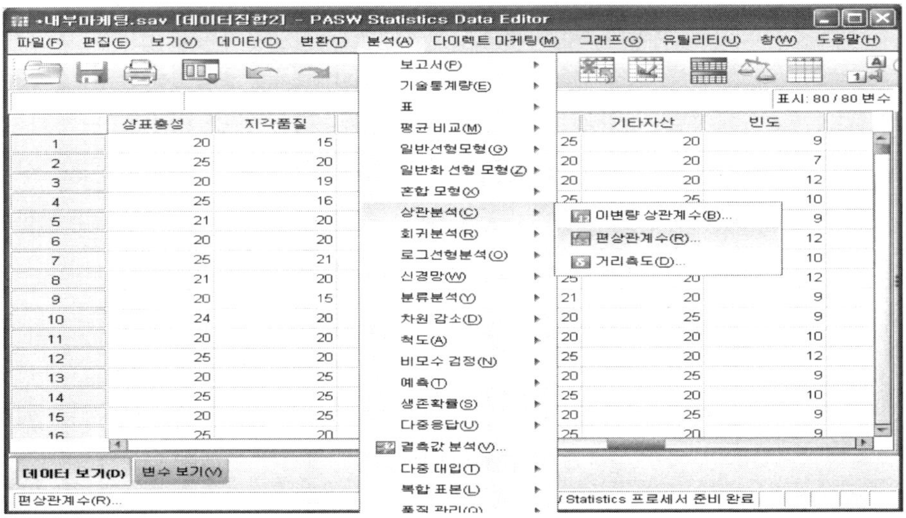

[그림 14-6]의 변수이동에서 보여주듯이 편상관분석은 통제변수(C)를 선택해야 한다. '지각된 품질'이라는 변수를 통제한 상황에서 '상표충성도'와 '상표이미지'의 관계를 규명하기 위해서 실행하는 예를 보여 주고 있다.

[그림 14-6] 편상관분석 : 변수이동

여기서 [그림 14-7]에서 보듯이 옵션(O) 대화상자의 통계량에서 평균과 표준편차(M)를 선택하고, 결측값에서 대응별 결측값 제외(P)를 선택한다. 통계량의 0차 상관은 통제변수가 없는 경우의 상관계수를 나타낸다.

[그림 14-7] 편상관분석 : 옵션

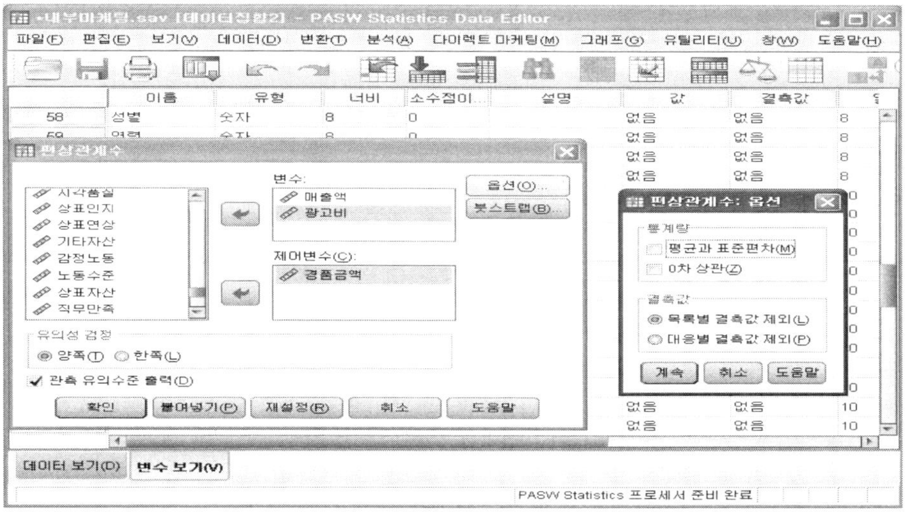

· 평균과 표준편차(M): 각 변수에 대해 평균, 표준편차, 비결측 케이스 수 등을 나타낸다.

· 0차 상관(Z): 통제변수가 없는 경우의 상관계수를 나타낸다. 상관계수 값의 범위는 -1부터 1 사이의 값을 갖는다.

· 목록별 결측값 제외(L): 통제변수를 포함하여 변수에 대한 결측값이 있는 케이스는 모든 계산에서 제외된다.

· 대응별 결측값 제외(P): 편상관계수의 기초가 되는 0차 상관계수를 계산하는 경우 대응 변수 중 하나나 모두에 대한 결측값이 있는 케이스는 모든 계산에서 제외된다.

계속 버튼을 선택하고, 확인 버튼을 누르면 편상관분석을 실행하게 된다.

5. 상관분석의 결과 해석

1) 단순상관분석의 해석

〈표 14-4〉에서 분석결과를 보면, 1.000의 숫자는 같은 변수를 가지고 상관관계를 분석한 결과이다. 즉, 상표충성도와 상표충성도가 서로 맞물린 것이니 1이라는 완전한 정의 상관관계가 나타난 것이다.

〈표 14-4〉 상관계수

	상표충성도	지각된 품질	상표인지	상표연상	기타 상표자산
상표충성도	1.000				
지각된 품질	0.299**	1.000			
상표인지	0.029	0.065	1.000		
상표연상	0.358**	0.231**	0.039	1.000	
기타 상표자산	0.384**	0.862**	0.102	0.266**	1.000

** : 상관계수는 0.01수준(양측)에서 유의함.

여기서 의미 있게 볼 숫자는 하단의 0.299이다. 숫자 옆에 **표시는 아래의 주를 보면, 0.01 수준에서 의미가 있다는 뜻임으로 99%의 신뢰수준에서 0.299의 상관관계가 있다는 의미이다.

일반적으로 0.1보다 작으면 상관관계가 없는 것으로 보고, 0.1에서 0.3은 약한 양의 상관관계, 0.3에서 0.7 사이면 뚜렷한 양의 상관관계, 0.7 이상이면 아주 강한 상관관계가 있다고 한다.

여기서 상표충성도와 기타 제품자산(0.384), 상표충성도와 상표연상(0.358), 지각된 품질과 기타 상표자산(0.862)은 뚜렷한 양의 상관관계에 있다고 해석할 수 있다.

2) 편상관분석의 해석

〈표 14-5〉에서는 광고비, 경품금액 및 매출액에 관한 무차상관계수

(zero order partials)와 유의확률을 나타내고 있다. 여기서 관심을 둘 것은 광고비와 매출액의 상관계수가 0.829이며, 유의수준 0.01(양측) 수준에서 의미가 있음으로 두 변수 사이의 강한 상관관계가 있음을 알 수 있다. 또한 매출액과 경품금액 사이의 상관계수는 0.668로 나타나 0.05수준(양측)에서 크게 영향을 미치고 있음을 알 수 있다.

〈표 14-5〉 편상관계수(무차상관)

	광고비	경품금액	매출액
광고비	1.000		
경품금액	0.799**	1.000	
매출액	0.829**	0.668*	1.000

** : 상관계수 0.01수준(양측)에서 유의함.
 * : 상관계수 0.05(양측)에서 유의함.

〈표 14-6〉에서는 경품금액을 통제변수로 설정하고, 광고비와 매출액 사이의 상관관계를 보여준다. 광고비와 매출액 사이의 편상관계수의 값(0.734, p=0.000)은 통제변수가 없는 경우에 비하여 낮으며, 0.01수준(양측)에서 유의적인 것으로 나타났다.

〈표 14-6〉 편상관계수(경품금액 통제)

	광고비	매출액
광고비	1.000	
매출액	0.734**	1.000

** : 상관계수 0.01수준(양측)에서 유의함.

제 2 절 회귀분석

1. 회귀분석의 의의

회귀분석은 어떤 변수의 변화를 관련된 다른 변수에 의해서 설명 또는 예측하고자 할 때 이용한다. 이 때 종속변수는 관심을 가지고 예측하려는 변수가 되고, 독립변수는 종속변수를 예측하기 위해 사용되는 변수가 된다. 종속변수와 독립변수는 모두 연속형 변수로서 척도가 등간·비율척도이다. 상관관계분석과는 달리 독립변수와 종속변수의 위치를 바꾸면 결과의 차이가 생긴다.

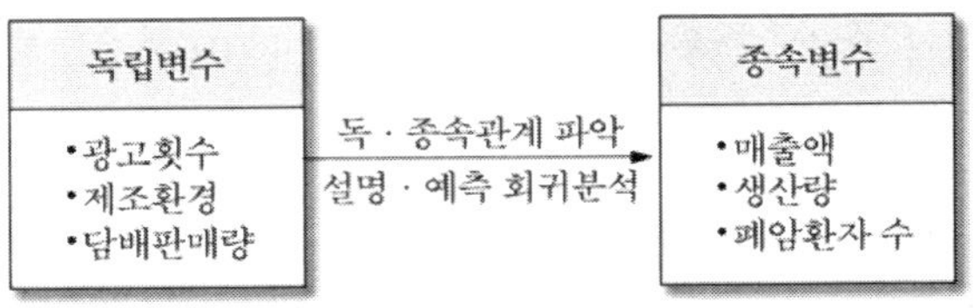

독립변수가 하나일 경우를 단순회귀분석이라고 하며, 독립변수가 두 개 이상일 때는 다중회귀분석(multiple regression analysis)이라고 한다. 매출액은 가격이라는 하나의 변수뿐 아니라 광고의 양, 소득수준, 인구, 날씨 등 다수의 변수로부터 영향을 받기 때문에 매출액이라는 종속변수의 변화를 이해하기 위해서는 여러 독립변수들과의 관계를 이해해야할 경우에 사용한다.

[그림 14-8] 변수의 수와 회귀분석 유형

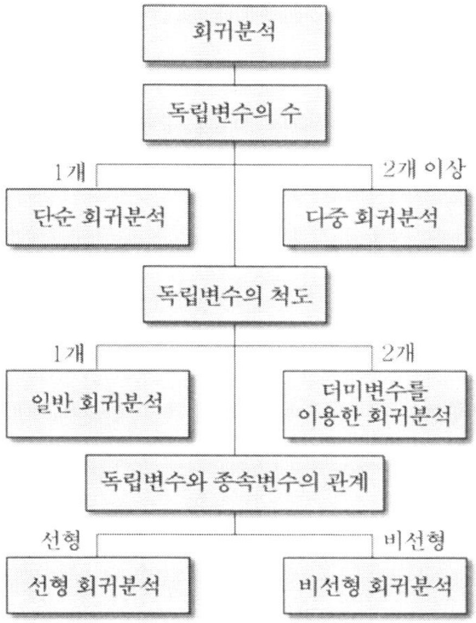

회귀분석의 목적은 하나의 종속변수와 수 개의 독립변수 사이의 관계를 분석함으로써 이미 그 값이 알려져 있는 수 개의 독립변수를 사용하여 단일의 종속적인 값을 예측하기 위한 모형을 도출하는 것이며, 일반적으로 두 변수 모두가 계량화되어야 한다.

회귀분석은 종속변수의 변동이나 분산을 설명하기 위해서 종속변수와 관련이 있는 독립변수 중 각각의 독립변수가 어느 정도 설명력을 가지고 있는지를 파악하고자 할 경우, 독립변수와 종속변수 사이의 수학적 방정식에 의해 관련성의 구조나 형태를 파악하고자 하는 경우, 종속변수의 미래 가치를 예측하고자 하는 경우에 많이 이용된다.

즉, 변동의 원인을 찾아 분석함으로써 변동의 크기를 쉽고 정확하게 예측가능하기 때문에 인과모형(causal model)에서 가장 많이 사용된다. 경제현상에서는 경기예측, 수요예측 등 예측을 하는데 많이 사용되고, 설명의 용도로는 인간심리와 사회현상에 대해서 가장 많이 사용되고 있다.

회귀분석은 독립변수가 종속변수를 예측하는데 있어서 중요한 변수들이 누락되지 않고 예측하고 있으며, 독립변수와 종속변수 사이의 관계가 선형적이며, 독립변수가 2개 이상인 다중회귀분석에서 독립변수 사이의 관계가 상호작용이나 상관관계가 없다는 등 몇 가지 주요한 가정 하에서 분석되고 있다.

2. 회귀분석의 적용과정

1) 단순회귀분석

두 변수의 관계를 이해하기 위해서는 산포도가 가장 간단한 분석도구이다. 산포도를 그려보면 두 변수 사이의 관계를 대략적으로 알 수 있다. 두 변수의 관계를 정확히 파악하기 위해서는 독립변수가 종속변수에 미치는 영향의 크기를 구체적인 수치로 나타내는 수식을 구해볼 필요가 있는데 이 수식을 회귀식(regression equation)이라고 한다.

두 변수 관계의 가장 간단한 형태는 직선적인 비례관계로 보는 것이다. 직선적인 비례관계가 아니라 곡선의 관계를 가지면 독립변수 x에 로그변환을 적용하여 직선에 가까운 모양으로 변환하여 회귀식을 구하기도 한다.

2) 다중회귀분석

(1) 기본모형

다중회귀분석(mutiple regression)은 한 개의 종속변수와 두 개 이상의 독립변수를 이용하는 경우에 이용한다. 매출액을 예측하기 위해서 광고시간뿐만 아니라 판매원의 수를 모두 독립변수로 이용하는 경우가 이에 해당된다.

(2) 회귀진단: 다중공선성

다중회귀분석에서 우선적으로 고려해야 하는 것은 독립변수 사이의 다중공선성(multicollinearity)이다. 이는 설명변수 사이의 완전한 또는 거의 완전한 선형 종속(linear dependency)의 관계를 의미한다. 여러 독립변수가 하나의 종속변수와 선형관계가 이루어지기 위해서는 독립변수 사이에 독립성 가정이 성립되어야 한다.

독립변수 사이에 상관관계(correlation)가 존재한다면, 이들 독립변수들 사이에 상호작용이 발생하여 독립변수들과 종속변수와의 정확한 관계를 파악하기가 어렵게 된다. 변수들 사이에 다중공선성이 존재하는 경우에는 이들 변수 사이의 관계를 고려하여 공선성(collinearity)이 나타나지 않도록 해야 한다.

다중공선성을 해결하는 방법은 3가지가 있다. 첫째, 다중공선성에 관여되어 있는 변수를 제거한다. 둘째, 좀 더 넓은 범위의 설명변수들의 값에서 새로운 관측값을 얻어내는 방법을 추가하는 방법으로 이는 시간과 비용이 더 든다. 셋째, 능형회귀(ride regression) 또는 주성분회귀(principle components regression) 등의 편의추정법을 사용한다. 이는 상당한 정도의 전문성을 필요로 한다.

3) 더미변수를 이용한 회귀분석

독립변수가 명목척도인 경우에 남녀와 같은 성별이나 계절에 따른 효과를 독립변수로 이용하는 경우로서 회사의 매출액이 계절에 따라 얼마나 차이가 있는지를 알고 싶을 때 이용할 수 있다. 이 경우 명목척도로 측정된 한 개의 독립변수를 변환하여 사용한다.

4) 예측변수의 상대적 중요도

변수 사이에 다중공성선(multicollinearity)이 존재할 때 예측변수들의 상대적 중요성을 평가하기 위해서는 특히 주의가 필요하다. 마케팅조사에서 이러한 예측변수들의 상대적 중요도는 의미가 있지만, 측정이 명확하지 않은 경우가 종종 있다. 이러한 경우에 예측변수의 중요도를 측정하는 방법은 다음과 같다.

· 통계적 유의성에 의해 판단하는 것이다. 이는 부분 회귀계수가 유의하지 못하다면 증분 F검정에 의해 결정할 수 있다.
· 단순 상관계수의 제곱에 의해 판단하는 것이다. 이는 이변량 관계에서 독립변수에 의해 설명되는 종속변수의 변동비율인 결정계수(r^2)를 측정하여 판단할 수 있다.
· 부분 회귀계수의 제곱에 의해 판단하는 것이다. 이는 독립변수 사이의 영향을 통제하고, 종속변수와 독립변수 사이의 결정계수($R^2_{yx1,\,xjxk}$)를 측정하여 판단할 수 있다.
· 편상관계수의 제곱에 의해 판단하는 것이다. 이는 다른 독립변수에 이미 포함된 변수가 회귀방정식에 투입될 때 결정계수(R^2)의 증가를 나타내는지에 의해 판단할 수 있다.
· 표준계수나 베타 가중치에 기초하여 판단하는 것이다. 이는 가장 일반적으로 사용되는 방법으로 베타 가중치의 절대값이나 베타계수의 제곱을 활용하여 판단하는 것이다. 베타 가중치를 활용하는 것은 부분 회귀계수이기 때문에 다른 독립변수의 영향을 계산하기 위해서이다.
· 단계별 투입에 의한 회귀분석을 하는 것이다. 이는 회귀방정식에서 순서대로 독립변수를 투입하거나 제거함으로써 독립변수의 상대적 중요성을 판단하는 것이다.

3. 회귀분석의 적용 사례

1) 단순상관분석 사례

어느 회사의 지난 10년 사이의 매출액은 다음과 같이 나타났다.

연도	1991	1992	1993	1994	1995	1996	1997	1998	1999	2000
매출액(억원)	982	923	800	891	835	689	692	671	583	612

[그림 14-9] 매출액 회귀식

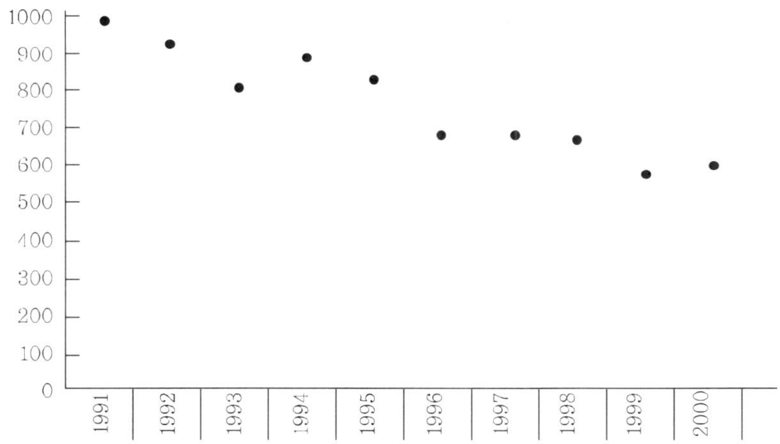

산포도를 그려보고 관계가 나타나면, 두 변수 사이의 관계를 나타내는 회귀식을 결정하기 위하여 최소자승법을 사용한다. 회귀분석에서 사용하는 최소자승법(ordinary least squares)은 많은 가정에 의해 모형을 단순화시킨 기본 모형이며, 이 가정을 하나씩 제거해 나가는 방법에 따라 좀더 복잡한 회귀분석 모형이 된다.

표본으로부터 회귀식을 도출한 다음에는 반드시 그 회귀식이 얼마나 적합한지를 보아야 한다. 구성원이 서로 다른 두 개의 표본을 뽑아서 최소자승법에 의해 각각의 회귀식을 도출한 결과, 두 회귀식이 동일하게 나타났다고 하더라도 그 적합도에는 차이가 있다.

표본의 상관계수를 제곱하면 표본의 결정계수가 된다. 따라서 두 개의 변수를 독립변수와 종속변수로 분류하여 생각할 수 있다면 상관관계분석에서 표본 상관계수의 제곱으로 나타내어지는 결정계수는 회귀분석에서의 표본회귀식의 결정계수와 같게 나타난다.

2) 더미변수를 이용한 회귀분석의 예

각 계절별 변수는 〈표 14-7〉과 같다. 이 때 각 더미1(dummy 1), 더미2(dummy 2), 더미3(dummy 3) 변수를 X1, X2, X3로 놓았을 때의 회귀모형은 $Y = \alpha + \beta_1 \cdot X1 + \beta_2 \cdot X2 + \beta_3 \cdot X3$이다.

〈표 14-7〉 더미변수

계절	더미1	더미2	더미3
봄	0	0	0
여름	1	0	0
가을	0	1	0
겨울	0	0	1

주어진 독립변수가 봄일 경우, X1, X2, X3 모두에 0을 대입하고, 여름이면 X1에만 1의 값을 주고, 나머지 X2, X3에는 0을 대입하는 식으로 하면, 명목척도인 계절의 효과를 일반적인 최소자승법 회귀분석으로 그 효과를 측정할 수 있다.

4. 회귀분석의 실행

1) 단순회귀분석의 실행

GLM 다변량은 하나 이상의 요인변수나 일변량별로 다중 종속변수에 대한 회귀분석과 분산분석을 제공한다. 이러한 일반선형모형을 사용하여 다양한 집단의 종속변수 결합 분포의 평균에 미치는 요인변수의 효과에 관한 귀무가설을 검정할 수 있다. 개별 요인들의 효과뿐만 아니라, 요인 사이의 상호작용을 조사할 수 있다. 또한 요인에 미치는 일변량의 효과와 일변량의 상호작용을 함께 검토할 수 있다.

균형 모형과 비균형 모형을 모두 검정할 수 있다. 모형의 각 셀이 같은 수의 케이스를 포함하는 경우에는 계획을 수행하는 것이 적절하다. 다변량 모형에서 모형 내의 효과로 인한 제곱합과 오차 제곱합은 일변량 분석에서 도출한 스칼라식보다는 행렬식으로 나타난다. 이들 행렬을 제곱합과 교차곱 행렬이라 한다.

둘 이상의 종속변수가 지정되면 각 종속변수에 대한 일변량 분산분석이 제공될 뿐만 아니라 근사 F 통계량과 함께 Pillai의 트레이스, Wilks의 람다, Hotelling의 트레이스, Roy의 최대근 기준을 사용하는 다변량 분산분석 등이 제공된다. GLM 다변량은 가설검정과 더불어 모수 추정값을 생성한다.

[그림 14-10]과 같이 단순회귀분석을 실행하기 위해서는 분석메뉴(A)에서 회귀분석(R)을 선택하고 선형회귀분석을 선택한다.

[그림 14-10] 단순회귀분석 : 대화상자

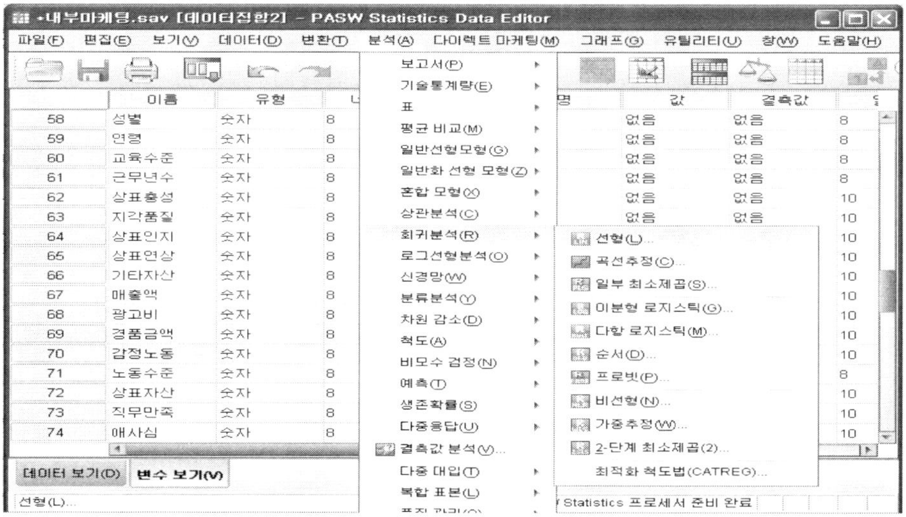

선형(L)을 선택하면, [그림 14-11]과 같은 대화상자가 나타난다. 여기서 먼저 왼쪽 변수 상자에서 '상표자산'을 선택하여 이를 종속변수(D) 상자 안으로 옮기는 변수이동을 해야 한다. 따라서 '상표자산'을 종속변수(D) 상자 안으로 이동시키고, '상표충성도'를 독립변수(I) 상자 안으로 이동시킨다.

[그림 14-11] 단순회귀분석 : 변수이동

그리고 통계량 버튼을 선택하면 [그림 14-12]와 같은 대화상자가 나타난다.

[그림 14-12] 단순회귀분석 : 통계량

여기서 통계량(S) 선택을 해야 한다. 선형 회귀분석에서 쓰이는 통계량은 추정값(E), 신뢰구간(N), 공분산행렬(V), 모형적합(M), R^2 변화량(S), 기술통계(D) 및 공선성 진단(L) 등이 있다.

· 추정값(E) : 이는 회귀계수의 추정치를 나타낸다. 즉, 회귀계수, 베타, 표준오차, t 값, 유의수준 등을 나타낸다.

· 신뢰구간(N) : 이는 회귀계수에 대한 95% 신뢰구간을 표시한다.

· 공분산행렬(V) : 이는 공분산 및 상관행렬을 나타낸다. 대각선에는 분산이 표시되고 대각선의 위와 아래에는 공분산을 나타낸다.

· 모형적합(M) : 이는 다중 R, R^2, 수정된 R^2, 표준오차 등을 나타낸다. 또한 분산분석표에는 자유도, 제곱합, 평균제곱, F값 등이 나타난다.

· R^2변화량(s)L 이는 변수를 추가하거나 삭제하는데 따른 R^2의 변화 정도를 의미한다.

· 기술통계(D) : 이는 각 변수의 평균과 표준편차 및 모든 입력변

수 사이의 상관관계를 나타낸다.

· 공선성진단(L): 이는 개별 변수에 대한 공차한계(tolerance)와 그 밖의 공선성 문제 진단을 위한 다양한 통계량을 나타낸다.

회귀계수에서 추정값(E), 신뢰구간(N), 모형적합(M) 및 기술통계(D) 등 필요한 계수를 선택하고, 잔차에서는 Durbin-Watson(U)을 선택한다. 계속 버튼을 선택하고 도표(L) 버튼을 선택하면 [그림 14-13]과 같이 대화상자가 나타난다.

[그림 14-13] 단순회귀분석 : 도표선택

여기서 우선 표준 예측값(*ZPRED)를 선택한 후, 이를 Y: 상자 안으로 이동시킨다. 다음은 표준 잔차(*ZRESID)를 선택한 후, 이를 X: 상자 안으로 이동시킨다. 표준화 잔차 도표에서 히스토그램(H)이나 정규확률도표(R)를 선택한다. 그리고 계속 버튼을 선택한다. 다음은 저장(A)를 선택하면 [그림 14-14]와 같은 대화상자가 나타난다.

[그림 14-14] 단순회귀분석 : 저장

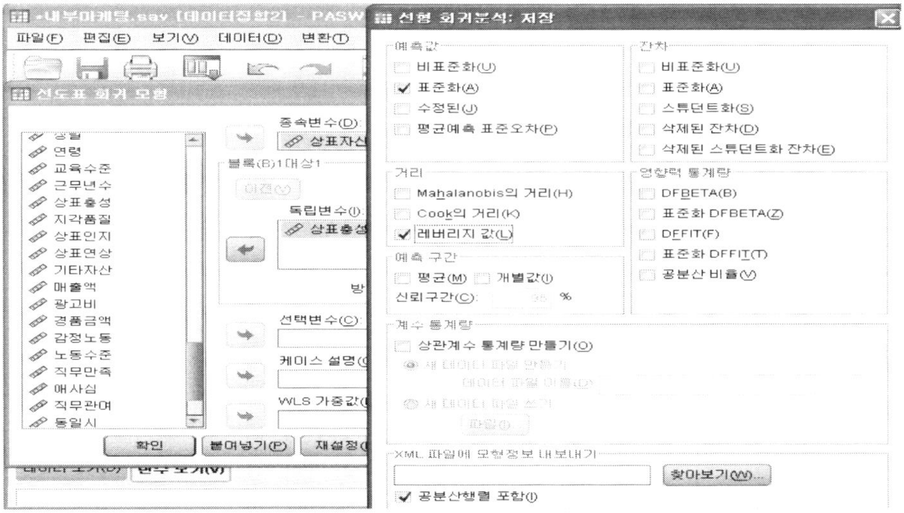

여기서 저장 대화상자로 본 분석에서는 이들을 선택하지 않았음을 보여 주고 있으나, 예측값, 거리, 예측구간 및 잔차 등을 선택하여 이용할 수 있다.

- 예측값: 각 케이스를 예측하는 회귀 모형 값을 말한다.
- 거리: 회귀분석 모형에 큰 영향을 줄 수 있는 독립변수나 케이스에 대한 특수값 조합으로 케이스를 식별하는 측도가 된다.
- 예측 구간: 평균과 개별 예측구간에 대한 상한 및 하한 경계를 말한다.
- 잔차: 종속변수의 실제값에서 회귀 방정식을 통해 예측값을 뺀 것을 말한다.
- 영향력 통계량: 회귀 계수(DfBeta)의 변경 사항과 특수 케이스를 제외함으로써 생기는 예측값(DfFit)이다.
- 새 파일로 저장: 회귀계수를 지정한 파일에 저장한다.
- XML파일에 모형정보 내보내기: 지정한 파일에 모형정보를 보냄.

계속 버튼을 선택하고, 옵션(O) 버튼을 선택하면 [그림 14-15]와 같은 대화상자가 나타난다.

[그림 14-15] 단순회귀분석 : 옵션

옵션 대화상자에서 선택법 기준에 있어 F-확률 사용(O)이 기본으로 설정되어 있고, 방정식에 상수항 포함(I)이 기본으로 설정되어 있으며, 결측값에서 목록별 결측값 제외(L)가 기본으로 설정되어 있다.

- 선택법 기준: 이러한 옵션은 전진, 후진, 단계별 변수 선택법을 지정할 때 적용된다.
- 방정식에 상수항 포함: 디폴트에 따라 회귀 모형에는 상수항이 들어 있다.
- 목록별 결측값 제외: 모든 변수에 대한 유효값이 있는 케이스만 분석에 포함된다.
- 대응별 케이스 제외: 상관된 대응 변수의 전체 데이터를 포함하고 있는 케이스는 회귀 분석을 기초로 하는 상관계수를 계산할

때 사용된다.

· 평균으로 대체: 계산에는 모든 케이스가 사용되며 변수의 평균이 결측값을 대체한다.

계속 버튼을 선택한 후 대화 상자에서 '확인 버튼'을 선택하면 선형 회귀분석이 실행된다.

2) 다중회귀분석 실행

다중회귀분석(multiple regression analysis)은 회귀모형에 추가되는 독립변수가 2개 이상일 때 사용한다. 이 분석에서는 독립변수가 2개 이상임으로 독립변수 사이의 독립성(independence), 상호작용효과(interaction effects) 및 상관관계(correlation) 등을 고려해야 한다.

다중회귀분석을 실행하기 위해서는 분석메뉴(A)에서 회귀분석(R)을 선택하고 선형회귀분석을 선택하면 [그림 14-16]과 같은 변수이동 대화상자가 나타난다.

[그림 14-16] 다중회귀분석 : 변수이동

여기서 왼쪽 변수 상자에서 '상표자산'을 선택하여 이를 종속변수(D) 상자 안으로 이동시키고, '상표충성도', '지각된 품질', '상표인지도', '상표연상' 및 기타 '상표자산' 등을 독립변수(I) 상자 안으로 이동시킨다. 방법(M)에서 입력(▼)방법이 기본적으로 설정되어 있다. 통계량(S) 버튼을 선택하면 회귀계수에서 추정값(E), 신뢰구간(N), 모형적합(M), R제곱 변화량(S), 기술통계(D) 및 공선성 진단(L) 등 필요한 계수를 선택한다. 여기서는 앞에서 설명한 것 외에 추가로 설명할 것은 공선성진단을 설명하고자 한다.

· 공선성 진단(L): 이는 개별 변수에 대한 공차한계(tolerance)와 그 밖의 공선성 문제 진단을 위한 다양한 통계량을 나타낸다. 이는 다중회귀분석을 수행할 때 지정하는 기능으로써 한 독립변수가 다른 독립변수와 선형관계를 갖고 있을 때 발생하는 다중 공선성의 문제를 검정하기 위한 것이다.
· 잔차: 이는 Durbin-Watson(U)와 케이스별 진단이 있다.
· Durbin-Watson(U): 이는 시계열자료(time series data)를 회귀분석하는 경우, 오차항(error term)의 값들이 서로 상관관계가 있는지를 조사하는데 사용한다.
· 케이스별 진단(C): 이는 분석의 대상이 된 케이스의 회귀식에 의한 예측값, 예측값과 실제값의 차이 값을 나타낸다.

계속 버튼을 선택한 후 대화상자에서 확인 버튼을 선택하면 다중회귀분석이 실행된다.

5. 회귀분석의 결과 해석

1) 단순회귀분석의 해석

단순선형 회귀분석(simple Linear Regression)은 두 변수 사이의 인과관계를 분석할 때 사용한다.

〈표 14-8〉에는 종속변수가 상표자산이고, 독립변수는 상표충성도이며, 방법은 입력방법을 사용했음이 나타나 있다.

〈표 14-8〉 진입/제거된 변수[b]

모형	진입된 변수	제거된 변수	방법
1	상표충성도[a]	.	입력

a. 요청된 모든 변수가 입력되었습니다.
b. 종속변수 : 상표자산

〈표 14-9〉에서 독립변수와 종속변수의 적률상관관계(R)는 0.706으로 높게 나타났고, 결정계수(R Square)는 0.499로 종속변수를 49.9% 설명하고 있다. 수정된 R^2값(Ajusted R Square)으로 자유도를 고려하여 모집단의 결정계수를 추정할 경우 0.496으로 사회과학에서는 높은 편이다.

〈표 14-9〉 모형요약

모형	R	R 제곱	수정된 R 제곱	추정값의 표준오차
1	0.706[a]	0.499	0.496	1.3740

a. 예측값 : (상수), 상표충성도

제곱합에는 종속변수를 평균값으로 추정하는 경우의 전체 분산을 나타내는 합계의 제곱합(total SS), 종속변수를 회귀식으로 추정하는 경우에 설명되는 분산을 나타내는 선형회귀분석의 제곱합(SSR), 종속변수를 회귀식으로 추정하는 경우 설명되지 않는 분산을 나타내는 잔차의 제곱합(SSE) 등이 있다.

〈표 14-10〉에서 모집단의 회귀선의 기울기가 0이라는 가설에 대한 검정을 F값으로 알아본다. F값이 244.533, 유의확률이 0.000으로 독립변수의 기울기가 0이라는 귀무가설은 기각됨으로 회귀선의 모형이 적합한 것으로 인정된다. 회귀모형을 더 정확하게 파악하기 위해서는

잔차(residual)를 분석해야 한다.

〈표 14-10〉 분산분석[b]

모 형		제곱합	자유도	평균 제곱	F	유의확률
1	선형회귀분석	461.646	1	461.646	244.533	0.000[a]
	잔차	464.415	246	1.888		
	합계	926.060	247			

a. 예측값 : (상수), 상표충성도
b. 종속변수 : 상표자산

회귀분석은 상표자산을 종속변수로 하는 회귀계수가 얼마인지 알려준다. 회귀선은 $Y=B_x+A$라는 직선의 방정식이다. 위 표에서 보면, 표준화되지 않은 계수(unstandardized coefficients)의 B를 보아야 한다.

〈표 14-11〉 계수[a]

모 형		표준화되지 않은 계수		표준화된 계수	t	유의확률
		B	표준오차	베타		
1	(constant)	12.810	0.288		44.413	0.000
	1 상표충성도	1.353	0.087	0.706	15.638	0.000

a. 종속변수 : 상표자산

〈표 14-11〉에서 상수는 Y식에서 A에 해당한다. B는 각 독립변수의 기울기(B)에 해당한다. 모수추정에 대한 결과로 기울기에 대한 추정값은 1.353, 기울기 표준오차는 0.087로 나타났다. t분포는 15.638로 나타났고, 유의확률이 0.000으로 나타나 유의수준 0.05로 볼 때, 통계적 유의성이 있는 것으로 볼 수 있다. 따라서 '소비자들의 상표충성도는 기업의 상표자산에 영향을 미친다'는 연구가설이 채택되며, 두 변수는 선형관계를 갖는다고 말할 수 있다.

2) 다중회귀분석의 해석

중다선형 회귀분석(Multiple Linear Regression)은 여러 독립변수

가 동시에 한 종속변수에 미치는 영향을 분석할 때 사용한다.

〈표 14-12〉에는 종속변수가 상표자산이고, 독립변수는 지각된 품질, 상표연상, 기타 상표자산이며, 방법은 입력방법을 사용했음이 나타나 있다.

〈표 14-12〉 진입/제거된 변수[b]

모형	진입된 변수	제거된 변수	방법
1	지각된 품질[a] 상표연상[a] 기타 상표자산[a]	.	입력

a. 요청된 모든 변수가 입력되었습니다.
b. 종속변수 : 상표자산

〈표 14-13〉에서 지각된 품질, 상표연상 및 기타 상표자산 등의 독립변수가 투입된 결과, 결정계수(R Square)는 0.691로서 상표자산을 68.7% 설명하고 있다. 수정된 R^2값(Ajusted R Square)으로 자유도를 반영하여 모집단의 결정계수를 추정할 경우 0.687로 나타났다.

〈표 14-13〉 모형요약

모형	R	R 제곱	수정된 R 제곱	추정값의 표준오차
1	0.831[a]	0.691	0.687	1.083

a. 예측값 : (상수), 지각된 품질, 상표연상, 기타 상표자산

〈표 14-14〉를 보면, 회귀식에 의해 설명되는 분산(SSR)은 639.580이며, 설명되지 않는 분산(SSE)은 286.481이다. 이 값들을 자유도로 나눈 평균제곱은 213.193과 1.174로 설명된 부분이 훨씬 크다. 두 값의 비율을 나타내는 F값은 181.580이고, 자유도가 3, 244인 F 분포 값은 0.05수준에서 3.78임으로 유의확률이 0.000으로 독립변수의 기울기가 0이라는 귀무가설은 기각됨을 알 수 있다.

〈표 14-14〉 분산분석[b]

모형		제곱합	자유도	평균 제곱	F	유의확률
1	선형회귀분석	639.580	3	213.193	181.580	0.000[a]
	잔차	286.481	244	1.174		
	합계	926.060	247			

a. 예측값 : (상수), 지각된 품질, 상표연상, 기타 상표자산
b. 종속변수 : 상표자산

회귀분석은 상표자산을 종속변수로 하는 회귀계수가 얼마인지 알려준다. 다중회귀선은 $Y = Bx + B'x' + B''x'' + A$이라는 직선의 방정식이다. 〈표 14-15〉에서 보면, 상수는 Y식에서 A에 해당하고, B는 각 독립변수의 기울기(B, B', B")에 해당하며, 베타(Beta)는 지각된 품질이 0.527로 가장 크고, 상표연상이 0.441, 기타 상표자산이 0.326으로 나타났다. 각 상수와 기울기에 대한 t검정을 통하여 유의확률을 검정하는데 모든 독립변수가 통계적으로 유의한 것으로 나타났다. 따라서 상표자산(Y)은 1.009(지각된 품질) + 0.743(상표연상) + 0.698(기타 상표자산) + 9.304로 예측될 수 있다.

〈표 14-15〉 계수[a]

모형		표준화되지 않은 계수		표준화된 계수	t	유의확률
		B	표준오차	베타		
1	(constant)	9.304	0.365		25.498	0.000
	지각된 품질	1.009	0.134	0.527	7.519	0.000
	상표연상	0.743	0.062	0.441	11.933	0.000
	기타 상표자산	0.698	0.151	0.326	4.617	0.000

a. 종속변수 : 상표자산

3) 더미변수의 결과 해석

종속변수가 상표자산이고, 독립변수는 지각된 품질, 상표연상, 기타 상표자산이며, 방법은 입력방법을 사용했음이 나타나 있다.

〈표 14-16〉에서 독립변수와 종속변수와의 상관관계는 0.677이며,

결정계수(R Square)는 0.458로서 상표자산을 45.8% 설명하고 있다. 수정된 R^2값(Ajusted R Square)으로 자유도를 반영하여 모집단의 결정계수를 추정할 경우 0.437로 나타났다.

〈표 14-16〉 모형요약

모형	R	R 제곱	수정된 R 제곱	추정값의 표준오차
1	0.677a	0.458	.437	.538

a. 예측값 : (상수), v15all 프로그램 평가, 더미 성별 여자 유무, 더미변수 기혼 유무, 더미변수 사별 유무

〈표 14-17〉을 보면, 유의수준이 p〈0.001의 기준을 충족함으로 회귀선은 유효하다.

〈표 14-17〉 분산분석[b]

모형		제곱합	자유도	평균 제곱	F	유의확률
1	선형회귀분석	39.580	4	6.325	21.777	0.000a
	잔차	86.481	103	.290		
	합계	26.060	107			

a. 예측값 : (상수), v15all 프로그램 평가, 더미 성별 여자 유무, 더미변수 기혼 유무, 더미변수 사별 유무
b. 종속변수 : 상표자산

〈표 14-18〉에서 보면, 상표자산을 종속변수로 하여 분석된 더미변수들과 기타 상표자산과의 회귀분석 결과이다. 여기서 모든 더미변수들은 유의미한 영향을 미치지 않는 것으로 나타났다. 기타 상표자산만이 유의미한 영향력을 미치는 것으로 나타났다. 만약 기혼 유무가 영향력을 미친다고 가정하면 -값을 가지므로 기혼이 아닌 경우 더 많이 도움 되었다는 것을 의미한다.

〈표 14-18〉 계수[a]

모형		표준화되지 않은 계수		표준화된 계수	t	유의확률
		B	표준오차	베타		
1	(constant)	9.304	0.365		25.498	0.000
	더미변수 지각된 품질	1.009	0.134	0.527	7.519	0.000
	더미변수 상표연상	0.743	0.062	0.441	11.933	0.000
	기타 상표자산	0.698	0.151	0.326	4.617	0.000

a. 종속변수 : 상표자산

제15장 요인설계: 요인 · 군집 · 판별 분석

제 1 절 요인분석

1. 요인분석의 의의

마케팅 관리자들은 소비자들이 제품을 선택할 때에 중요하게 생각하는 속성들을 정확하게 알아야 한다. 이러한 자료는 방대하여 마케팅 의사결정을 하는데 어려움을 느낀다. 이러한 경우 방대한 자료를 필요한 정보들로 축약해야 할 필요성을 느낀다.

요인분석(factor analysis)은 다수의 변수들을 정보 손실을 최소화하면서 유사한 특성을 가진 항목끼리 묶어 적은 수의 요인으로 축소하는 기법이다. 요인분석은 모든 변수들 사이의 관계를 분석함으로써 변수들의 토대를 이루는 요인을 발견하는 것이다.

이러한 요인분석은 특정 제품이나 기관을 선호하는 소비자들의 특성을 발견하고, 기업이미지를 평가하는데 이용할 수 있다. 또한 소비자들이 인쇄 광고물을 접하게 되는데 어떠한 특성들이 가장 큰 영향을 미치게 되는지를 발견하는데 이용되고, 직업에 대한 판매원들의 만족도를 평가할 때 회귀분석을 하기 전에 독립변수 사이의 상관관계를 제거하거나 최소로 감소시키기 위하여 변수들을 선별할 때 등 마케팅 분야에서 광범위하게 사용되고 있다.

2. 요인분석의 적용원리

1) 원천자료

요인분석을 하기 위해서는 변수가 등간척도나 비율척도로 측정되어야 한다. 표본의 크기는 100개 이상이 되어야 하지만, 최소 50개 이상은 되어야 한다. 우선 상관관계 행렬이 요인분석을 위한 입력 자료가 된다.

2) 요인추출법

요인추출법은 주성분 분석법과 공통요인 분석법이 있으나, 변수들의 분산 중 가급적 많은 부분을 설명하는 소수의 요인을 추출하는 주성분 분석법을 가장 많이 사용한다.

3) 요인의 회전

요인행렬은 기초 자료를 축소시켜 보여주지만, 어떤 변수들이 어떤 요인에 높게 관계되는지 명확하게 알기 어렵기 때문에 추출된 요인을 회전하게 되며, 요인을 회전함으로써 이러한 것을 명확하게 알 수 있다.

회전방법은 직각요인 회전법과 사각요인 회전법이 있다. 전자는 직각을 유지하면서 요인구조가 가장 뚜렷할 때까지 요인을 회전시키고, 후자는 직각을 유지하지 않고 요인구조가 뚜렷할 때까지 요인을 회전시키는 방법이다.

〈표 15-1〉 회전이전 요인 적재값과 회전된 요인 적재값

변수	회전이전 요인 적재값		회전된 요인 적재값	
	Ⅰ	Ⅱ	Ⅰ	Ⅱ
1	.50	.80	.03	.94
2	.60	.70	.16	.90
3	.90	-.25	.95	.24
4	.80	-.30	.84	.15
5	.60	-.50	.76	-.13

〈표 15-1〉에서 보면 5개의 변수들이 회전 이전에는 어느 변수가 어느 요인에 높게 관계되는지 뚜렷하지 않다. 그러나 요인을 직각 회전함으로써 변수 1과 2는 요인 Ⅱ에 높게 관계되고, 변수 3, 4, 5는 요인 Ⅰ에 높게 관계됨을 알 수 있다.

이러한 직각 회전법에는 요인행렬의 열의 분산 합계를 최대화함으로써 열을 단순화하는 베리맥스(varimax), 행을 중심으로 하는데 한 변수가 한 요인에는 가급적 높게, 다른 요인에는 가급적 낮게 적재되도록 함으로써 변수를 단순화하는 쿼타맥스(quartimax), 베리멕스와 쿼티멕스를 절충한 이쿼맥스(equimax) 등이 있고, 베리맥스방식이 가장 많이 쓰인다.

4) 요인명의 결정

마케팅 조사자는 추출된 요인에 명칭을 부여해야 한다. 요인행렬표에서 각 요인과 높은 상관관계를 갖는 변수를 고려하여 적절한 명칭을 부여하면 된다.

3. 요인분석의 적용사례

여러 도시에 있는 백화점의 이미지를 비교하기 위하여 조사를 수행하였다. 자료는 어의차이법을 이용하여 수집하였다. 다음은 백화점의

이미지를 측정하기 위한 문항이다〈표 15-2〉.

〈표 15-2〉 백화점 이미지를 측정하기 위하여 이용된 문항

1. 위치가 불편하다	1	2	3	4	5	편리하다
2. 점포가 불결하다	1	2	3	4	5	청결하다
3. 대금계산이 느리다	1	2	3	4	5	빠르다
4. 점포가 조직화 되지 않음	1	2	3	4	5	잘 조직화 됨
5. 영업시간이 불편하다	1	2	3	4	5	편리하다
6. 점포가 어수선하다	1	2	3	4	5	잘 정돈됨
7. 점포가 멀다	1	2	3	4	5	가깝다
8. 점포분위기가 나쁘다	1	2	3	4	5	분위기가 좋다
9. 내부가 촌스럽다	1	2	3	4	5	매력적이다
10. 점포공간이 비좁다	1	2	3	4	5	넓다

4. 요인분석의 실행

본 절에서는 요인분석을 실행하기 위해서는 분석메뉴(A)에서 데이터 축소(D)를 선택하고, 요인분석(F)을 선택하면 [그림 15-1]과 같이 대화상자가 나타난다.

[그림 15-1] 요인분석 : 대화상자

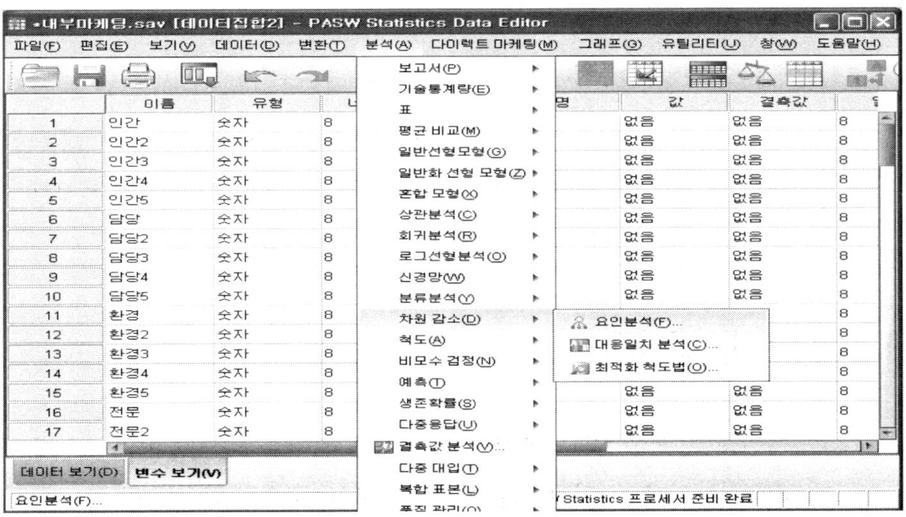

여기서 [그림 15-2]의 왼쪽 변수상자에서 '상표충성 1'에서 '기타자산 5'까지의 변수를 선택하여 이를 오른쪽 변수(V)상자 안으로 이동시킨다.

기술통계(D) 버튼을 선택하면 [그림 15-2]와 같은 대화상자가 나타난다.

[그림 15-2] 요인분석 : 기술통계

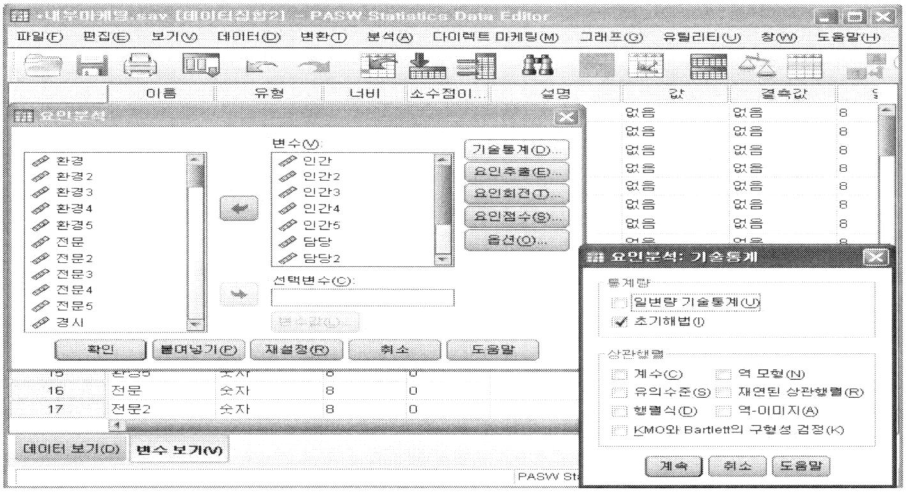

통계량에서 일변량 기술통계(U)와 초기해법(I)을 선택할 수 있으며, 분석에서 포함된 모든 변수의 쌍 간의 단순상관관계(r)를 보여주는 상관행렬에서 상관계수(C), 유의수준(S), 행렬식(D), KMO와 Bartlett의 구형성 점검(K)을 선택할 수 있다.

· 일변량 기술통계(U): 각 변수의 유효 관측값 수, 표준편차 등을 나타낸다.
· 초기해법(I): 초기 공통성, 고유값, 설명된 분산의 퍼센트 등을 나타낸다.
· 상관계수(C): 요인분석 시 지정된 변수에 대한 상관행렬을 나타낸다.

· 유의수준(S): 상관행렬에서 계수의 단측 유의수준을 나타낸다.
· KMO와 Bartlett의 구형성 점검(K): 변수들이 모집단에서 상관관계가 없다는 가설을 설명하기 위하여 사용되는 검정통계량이다.

계속 버튼을 선택하고, 여기서 요인추출(E) 버튼을 선택하면 [그림 15-3]과 같은 대화상자가 나타난다.

[그림 15-3] 요인분석 : 요인추출

방법(M)에서 주성분 방식으로 기본적으로 설정되어 있고, 분석에서 상관행렬(R)을 선택한다. 출력에서 회전하지 않은 요인해법(F), 스크리 도표(S)를 선택할 수 있으며, 추출에서 고유값 기준(E) 1을 선택한다.

· 주성분 방식: 이는 일반적으로 가장 많이 사용되는 방법으로 변수들을 요인들의 선형결합으로 가정하는 방법이다.
· 상관행렬(R): 변수들 사이의 상관관계 행렬을 나타낸다.
· 공분산행렬(V): 변수들 사이의 공분산행렬을 나타낸다.
· 회전하지 않은 요인해법(F): 요인해법에 대한 회전하지 않는 요

인 적재값, 공통성, 고유값 등을 나타낸다.

· 스크리도표(S): 내림차순의 고유치 그래프로서 각 요인과 관련된 분산도표로 그대로 유지할 요인의 수를 결정하는 데 사용된다.

· 고유값 기준(E) 1: 고유값(eigen value)이 1보다 큰 요인들만 추출된다.

· 요인의 수(N): 고유값과 관계없이 사용자가 지정한 요인의 수에 따라 요인을 추출한다.

· 수렴에 대한 최대 반복 계산 수(X): 요인추출에 대해 25회의 최대 반복 계산을 수행하는데, 기본적으로 양의 정수가 설정되어 있다.

계속 버튼을 선택하고, 요인회전(T) 버튼을 선택하면 [그림 15-4]와 같은 대화상자가 나타난다.

[그림 15-4] 요인분석 : 요인회전

방법에서 여러 방법을 선택할 수 있다. 본 예에서는 베리멕스(V)를 선택하고, 출력에서 회전해법(R)을 선택하였다.

· 지정하지 않음(N): 추출된 요인들을 회전시키지 않는 것으로서 기본 설정 상태이다.
· 베리멕스(V): 요인행렬의 열의 분산 합계를 최대화함으로써 열을 단순화하는 방법이다. 열의 분산 합계를 최대화하는 것은 적재값을 +1, -1 또는 0에 가깝게 하도록 함으로써 가능하다.
· 직접 오블리민(O): SPSS에서 제공하는 사각 요인회전방법이다.
· 쿼티멕스(Q): 행을 중심으로 하는데 한 변수가 한 요인에는 가급적 높게, 다른 요인에는 가급적 낮게 적재되도록 함으로써 변수를 단순화하는 방법이다.
· 이쿼멕스(E): 베리멕스와 쿼티멕스를 절충한 회전방법이다.
· 회전해법(R): 회전된 요인행렬을 나타내 준다.

계속 버튼을 선택하고, 여기서 요인점수(S)를 선택하면 [그림 15-5]와 같은 대화상자가 나타난다.

[그림 15-5] 요인분석 : 요인점수

변수로 저장(S)을 선택하고, 방법에서 회귀분석(R), Bartlett(B), Anderson-Rubin 방법(A)을 선택할 수 있고, 요인점수 계수행렬 출력(D)을 선택할 수 있다.

· 변수로 저장(S): 요인점수를 변수로 저장한다. 각 요인에 해당하는 변수가 하나씩 생성된다. 이 때 요인점수를 계산하는 방법은 회귀분석(R)을 선택할 수 있다.
· 요인점수 계수행렬 출력(D): 요인점수 계수 행렬과 요인점수 공분산 행렬이 표시된다.

계속 버튼을 선택하고 옵션(O)을 선택하면 [그림 15-6]과 같은 대화상자가 나타난다.

[그림 15-6] 요인분석 : 옵션

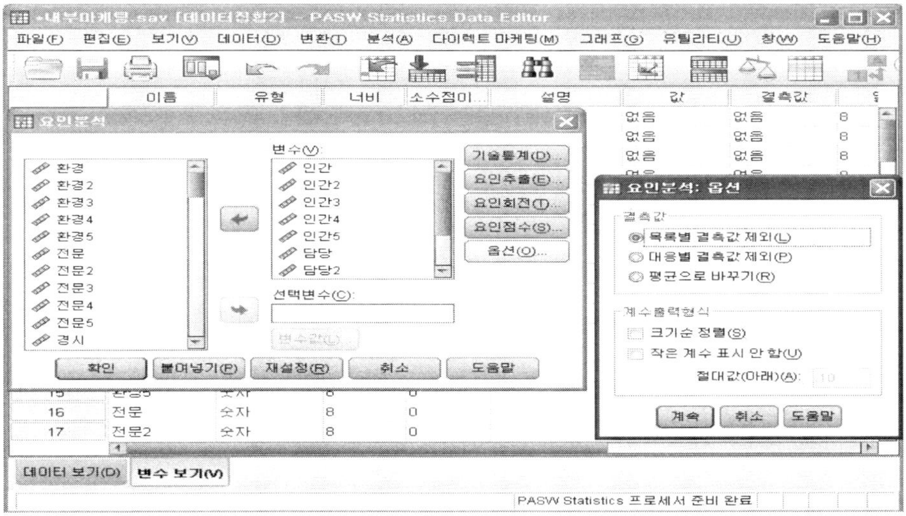

결측값에서 목록별 결측값 제외(L), 대응별 결측값 제외(P), 평균으로 바꾸기(R)를 선택할 수 있고, 계수출력형식에서 크기순 정렬(S)을 선택할 수 있다.

· 목록별 결측값 제외(L): 결측값이 있는 케이스를 모든 분석에서 제외시킬 수 있다.
· 대응별 결측값 제외(P): 해당 검정과 관련된 변수에 대해 결측값이 있는 케이스를 분석에서 제외시킬 수 있다.
· 평균으로 바꾸기(R): 결측값을 변수 평균으로 대체한다.
· 크기순 정렬(S): 요인 적재값 행렬과 구조 행렬을 정렬하여 동일한 요인에 대해 높은 적재값을 가지는 변수로부터 순차적으로 나타나게 한다.
· 다음 값보다 작은 적재값 출력 않음(U): 절대값이 지정한 값보다 작은 계수는 출력되지 않게 하는 조건이다.

계속 버튼을 선택하고, 확인 버튼을 선택하면 요인분석이 실행된다.

5. 요인분석의 결과 해석

1) 공통성 추출

공통성(communality)은 추출된 요인들에 의해서 각 변수가 얼마나 설명되고 있는지를 나타낸다. 한 변수의 공통성은 그 변수의 분산이 추출된 요인들에 의해 어느 정도 설명되고 있는지를 나타내며 0과 1 사이에 존재한다.

〈표 15-3〉에서 보면, 추출된 요인들에 의해서 고품질이라는 변수는 99.2%가 설명됨을 알 수 있다. 7개 변수의 공통성은 모두 0.7보다 크기 때문에 분석을 진행하는데 문제가 없다는 것을 보여주고 있다.

〈표 15-3〉 공통성

	초 기	추 출
고품질	1.000	0.992
광고제품과 일치성	1.000	0.943
시간의 절약성	1.000	0.786
구매의 편리성	1.000	0.709
배달의 신속성	1.000	0.913
교환의 용이성	1.000	0.909
제품의 기치성	1.000	0.914

〈표 15-4〉는 설명된 총 분산을 나타내고 있는데, 초기 고유값은 7개 변수로부터 처음에 7개 요인이 추출된 경우의 각 요인의 아이겐 값(eigen value)과 각 요인의 설명력을 나타내고 있다.

2) 요인수의 결정

〈표 15-4〉에서 보면, 요인추출 개수를 지정하기 위하여 아이겐 값 1을 이용하였는데, 요인 4의 아이겐 값이 0.620임으로 3개의 요인이 추출되었다. 추출 제곱합 적재값은 추출된 요인의 회전 이전의 아이겐 값과 설명력을 나타내고 있다. 여기서 아이겐 값은 그 요인이 설명하는 분산의 양을 나타내는 것으로 아이겐 값이 커질수록 중요한 요인으로 판단할 수 있다

〈표 15-4〉 설명된 총분산

	초기고유값			추출 제곱합 적재값		
성분	전체	분산(%)	누적(%)	잔체	분산(%)	누적(%)
1	3.100	44.289	44.289	3.100	44.289	44.289
2	1.831	26.151	70.440	1.831	26.151	70.440
3	1.236	17.656	88.096	1.236	17.656	88.096
4	0.620	8.857	96.953			
5	0.133	1.896	98.849			
6	0.121	1.063	99.913			
7	0.109	0.746	100.000			

추출방법 : 주 성분분석

3) 요인회전

〈표 15-5〉에서 보면, X1은 요인 1과 상관관계가 높게 나타나지만 요인 2와도 상관관계가 높게 나타나 각 요인 사이의 명확한 구분이 되지 않고 있다.

〈표 15-5〉 초기 요인행렬표

	요인 1	요인 2
X1	.6782	-.5782
X2	.5482	.6582
X3	.6622	-.4782
X4	.5772	.6282
X5	.6582	-.5782
X6	.5892	.5782
X7	.7362	-.4782

따라서 요인분석에서는 하나의 변수가 가능한 하나의 요인과 높은 상관관계가 나타나도록 요인을 조정하는 회전과정을 수행하게 된다. 회전 후 요인행렬표는 〈표 15-6〉과 같다.

〈표 15-6〉 회전 후 요인행렬표

	요인 1	요인 2
X1	.8782	.0782
X2	.0482	.8582
X3	.8622	.1782
X4	.1772	.8882
X5	.8582	.0782
X6	.1892	.8782
X7	.8362	.2782

4) 요인명의 결정

〈표 15-5〉에서 보면 요인 1은 X1, X3, X5와 관련된 요인이고, 요

인 2는 X2, X4, X6과 관련된 요인으로 공통적인 새로운 명칭을 부여할 수 있다.

제 2 절 군집분석

1. 군집분석의 의의

군집분석(cluster analysis)은 다양한 특성을 지닌 대상을 동질적인 집단으로 분류하는데 이용되는 기법이다. 군집분석의 핵심은 군집 내의 구성원은 가급적 유사하게 그리고 군집 간에는 가급적 상이하게 대상을 군집화하는 데 있다.

마케팅에서 군집분석은 소비자의 효용을 분석하는 대표적인 방법으로 제품 자체를 평가함으로써 제품이 가지고 있는 속성 하나 하나에 소비자의 효용을 추정하여 소비자가 선택할 제품을 예측할 수 있는 기법이다.

마케팅에서 포지셔닝전략의 중요성이 대두되면서 군집분석이 폭넓게 사용되어 왔다. 현대 마케팅은 표적시장을 선정하고, 그 시장의 욕구에 맞는 제품을 개발하여 마케팅믹스를 통하여 마케팅 효율성을 높이는데 목적을 두고 있기 때문에 시장을 세분화하는 군집분석이 자주 사용되고 있다.

2. 군집분석의 적용 원리

1) 원천 자료

군집분석을 실행하기 위해 가장 흔히 사용하는 자료는 등간척도나 비율척도로 측정된 값이다.

2) 군집의 추출방식

군집의 추출방식은 계층적 군집화와 비계층적 군집화 방식이 있다.

(1) 계층적 군집화

계층적 군집화는 각 대상이 독립 군집으로 출발하는데 거리가 가장 가까운 두 대상이 군집을 이루기 시작하여 가까운 군집들끼리 계속적인 군집화가 이루어지는 방법이다.

이 방법에는 거리 계산방식에 따라 최단거리를 기준으로 하는 단일결합법, 형성된 군집과 다른 군집의 거리를 계산할 때 최장거리를 기준으로 하는 완전결합법, 형성된 군집과 다른 군집의 거리를 계산할 때 한 군집의 모든 구성원들로부터 다른 군집의 모든 구성원들까지 거리의 평균을 기준으로 하는 평균결합법, 최단거리를 기준으로 군집화하지만 군집 사이의 거리를 계산하는 Ward법 등이 있다.

(2) 비계층적 군집화

비계층적 군집화는 군집의 수가 한 개씩 감소하는 것이 아니라 사전에 정해진 군집의 숫자에 따라 대상들이 군집에 할당되는 것이다. 이러한 군집방법은 응답자 수가 많은 경우에 주로 사용되는데, 이는 각 응답자들 사이의 거리를 모두 계산하는 과정을 대상이 하나씩 합쳐질 때마다 반복해야 하므로 많은 시간이 소요되고 출력자료가 많기 때문에 주로 사용된다.

3. 군집분석의 적용 사례

한국에서 판매되고 있는 맥주의 칼로리 함량, 염분 함량, 알코올 농도, 생산원가, 판매가 등의 변수를 기준으로 〈표 15-7〉과 같은 자료를 수집하였다고 가정하고 군집분석 과정을 이해해 보자.

〈표 15-7〉 맥주 데이터 입력 형식

맥주명	칼로리	염분	알코올	원가	판매가
1	640	2.2	4.4	545	800
2	700	2.7	4.9	555	810
3	655	2.2	4.9	512	790
4	645	2.6	5.2	545	810
5	700	3.0	5.2	509	785
6	650	2.9	3.7	530	795
7	645	2.2	4.5	560	820
8	630	2.3	4.1	545	800
9	700	2.1	4.2	530	795
10	690	2.0	5.0	525	780

4. 군집분석의 실행

1) 계층적 군집분석의 실행

군집분석을 수행하기 위해서는 분석메뉴(A)에서 분류분석(Y)을 선택하고, 계층적 군집분석(H)을 선택하면 [그림 15-8]과 같은 대화상자가 나타난다.

[그림 15-8] 군집분석 : 대화상자

여기서 [그림 15-9]와 같이 왼쪽에서 5개 변수를 변수상자(V)로 이동하고, '케이스 설명 기준'에 맥주 이름을 지정한다.

[그림 15-9] 군집분석 : 변수이동

여기서 군집분석 대화상자에서 통계량 버튼을 선택하면 [그림 15-10]과 같이 통계량 대화상자가 나타난다. 여기서 거리행렬을 구하려면 '근접행렬' 항목을 선택하면 된다.

[그림 15-10] 군집분석 : 통계량

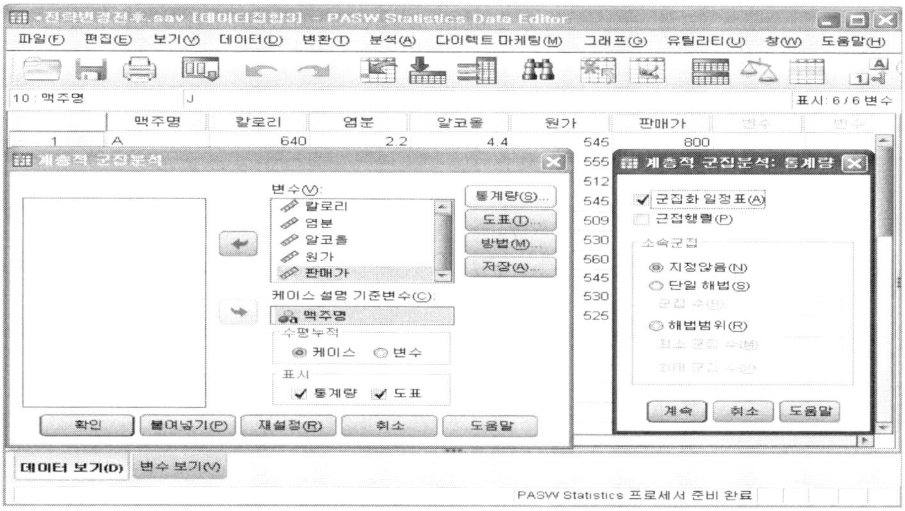

각 맥주의 칼로리 함량, 염분 함량, 알코올 농도, 생산 원가, 판매가격 등 설명변수가 각기 다른 측정단위를 가지고 있으므로 동일한 중요도를 갖게 하기 위해 표준화해야 한다. 이렇게 각 변수의 표준화를 지정하기 위하여 대화상자에서 방법 버튼을 선택하면 [그림 15-11]과 같은 대화상자가 나타난다.

[그림 15-11] 군집분석 : 방법선택

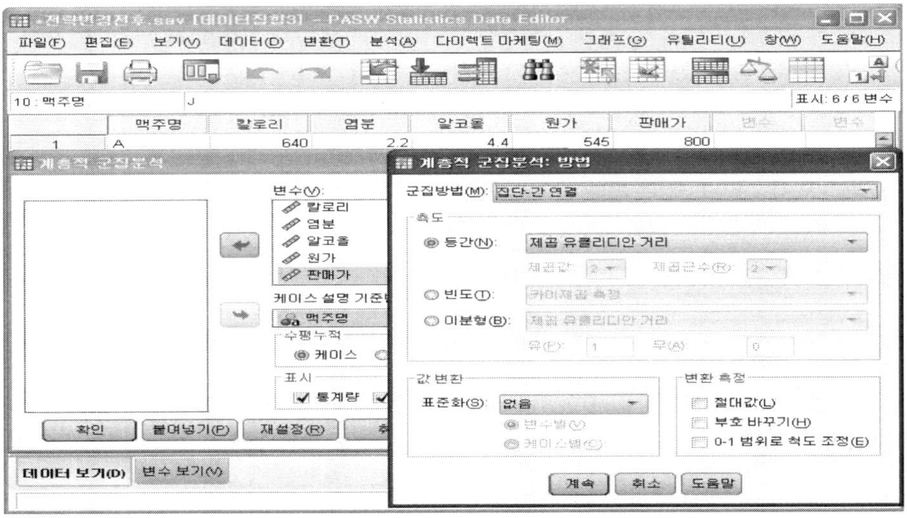

여기서 'z점수'를 지정하여 반드시 변수를 기준으로 표준화해야 한다. 집단 간 연결은 평균 연결법을 의미한다.

2) 비계층적 군집분석 실행

비계층적 군집분석을 수행하기 위해서는 분석메뉴(A)에서 분류분석(Y)을 선택하고, K-평균군집분석(K)을 선택하면 [그림 15-12]와 같은 대화상자가 나타난다.

[그림 15-12] 비계층 군집분석 : 대화상자

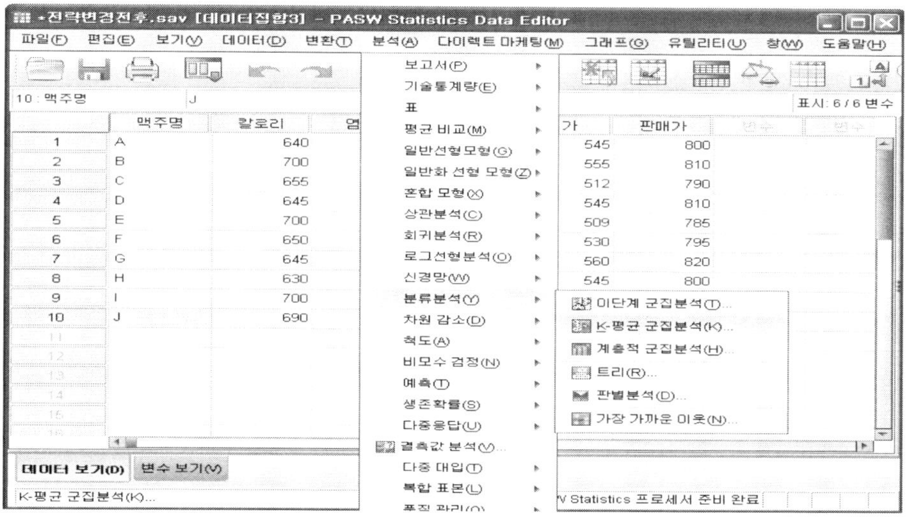

여기서 [그림 15-13]과 같이 왼쪽에서 변수를 변수상자(V)로 이동하고, 군집의수(U)를 선택하고, 확인 버튼을 선택하면 K-평균 군집분석이 실행된다.

[그림 15-13] 비계층 군집분석 : 변수이동

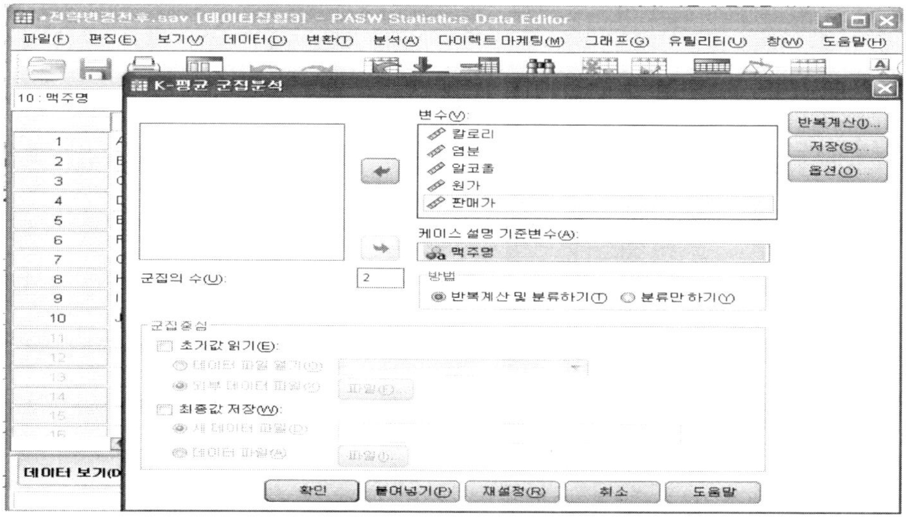

· 방법란에는 각 집단별 중심값을 새로 계산해 주는 옵션인 반복계산 및 분류하기(T)를 선택한다.

· 중심(C)부분에는 계산된 중심값을 별도의 파일에 저장할 수 있도록 해부며, 반복계산은 횟수를 지정해 주는데, 기본값을 이용한다.

· 저장(S)기능은 각 응답자가 할당된 집단번호를 새로운 변수로 만들어 데이터파일의 오른편에 추가해 준다.

여기서 K-평균 군집분석 대화상자에서 옵션 버튼을 선택하면 [그림 15-14]와 같이 옵션 대화상자가 나타난다. 여기서 군집중심 초기값(I)을 선택하고, 각 케이스의 군집정보(C)를 선택하면 된다.

[그림 15-14] 비계층 군집분석 : 옵션

· 옵션(O): 군집중심 초기값(I)을 선택해 군집별 초기 중심값에 대한 정보를 얻고, 각 케이스의 군집정보(C)를 선택해 각 케이스별 군집할당 정보를 출력할 수 있게 해준다.

5. 군집분석의 결과 해석

1) 계층적 군집분석 결과

〈표 15-8〉에서 보듯이 1단계로 대상 1과 8이 하나로 군집화 되고, 2단계에서 1번과 4번이 군집화되고 있다. 계수의 수치가 클수록 군집 간의 거리가 멀어짐으로 군집화가 늦어지게 된다. 마지막 단계인 9단계에서는 1번과 2번이 군집화 되고 있다.

〈표 15-8〉 계층군집 분석의 결과

단계	조합된 군집		계수	최초 출현 군집단계		다음단계
	군집1	군집2		군집1	군집2	
1	1	8	100.100	0	0	2
2	1	4	220.000	1	0	6
3	9	10	350.650	0	0	5
4	3	6	375.930	0	0	7
5	5	9	462.425	0	3	8
6	1	7	608.610	2	0	7
7	1	3	1390.035	6	4	9
8	2	5	1830.843	0	5	9
9	1	2	3848.924	7	8	0

2) 비계층적 군집분석 결과

〈표 15-9〉에서 보듯이 집단별 초기 중심값에 대한 정보가 제시된다. 즉, 각 응답자가 어떤 집단으로 할당되었는지, 각 집단에 할당된 응답자 수에 대한 정보가 나타난다. 각 변수의 초기 2개의 군집에 대한 중심값이 나타나 있다. 이러한 중심의 값은 케이스 할당을 위한 임시적인 값이다.

이러한 초기 군집 중심값을 기준으로 각 케이스의 각 군집의 중심점 간의 거리를 계산하여 거리가 가장 가까운 군집에 회답자를 할당한다.

〈표 15-9〉 비계층군집 분석의 결과(초기 군집중심)

계수	군집	
	1	2
칼로리	630	700
염분	2.3	2.1
알코올	4.1	4.2
원가	545	530
판매가	800	795

최종결과에서 각 군집별 중심값이 나타나는데 〈표 15-10〉에서는 초기 중심값이 많은 변화가 있음을 알 수 있다.

〈표 15-10〉 비계층군집 분석의 결과(최종 군집중심)

계수	군집	
	1	2
칼로리	644	698
염분	2.4	2.5
알코올	4.5	4.8
원가	540	530
판매가	803	793

초기의 중심점을 이용하여 군집분석을 하는 과정에서 새로운 케이스가 포함되기 때문에 평균이 변화하게 되어 군집의 중심도 변하게 된다. 이러한 과정은 모든 케이스가 2개의 군집 중 어느 한 곳이라도 포함되어야 종료된다.

제3절 판별분석

1. 판별분석의 의의

판별분석(discriminant analysis)은 분류된 집단 사이의 차이를 의미 있게 설명해 줄 수 있는 독립변수들로 이루어진 최적 판별식을 찾아내는 통계기법이다. 즉, 특정 제품을 많이 사용하는 사람과 적게 사용하는 사람, 자사 상표를 구매하는 사람과 경쟁자의 상표를 구매하는 사람, 상표에 대하여 애착심을 가지고 있는 사람과 그렇지 않은 사람, 특정 형태의 소매점을 애호하는 사람과 다른 형태의 점포를 애호하는 사람, 업적이 우수한 판매원, 보통인 판매원 및 업적이 불량한 판매원 등을 발견하고자 할 때 사용할 수 있다.

마케팅 관리자는 자사에 축적된 인구통계적 특성 자료를 이용하여 자사 상표를 항상 구매하는 소비자 집단과 가끔 구매하거나 전혀 구매하지 않는 소비자 집단을 구분해 주는 특성을 파악하기를 원한다. 이와 같이 집단 사이의 차이를 판별해 주는 변수들을 파악하는 데 이용되는 방법이 판별분석이다.

따라서 마케팅 관리자는 판별분석을 이용하여 측정 대상을 소속집단으로 분류하는데 의미 있는 독립변수를 알 수 있으며, 이러한 집단을 구분하는데 있어 각 변수의 기여도를 파악하며, 향후 새로운 측정 대상이 소속될 집단을 예측할 수 있다.

2. 판별분석의 적용원리

1) 원천 자료

판별분석은 독립변수는 등간척도나 비율척도로 측정되고, 종속변수는 명목척도로 측정된 경우 독립변수와 종속변수의 관계를 조사하는 분석방법이다.

2) 판별함수의 수와 적정 표본 수

판별분석에서는 집단의 수가 많아지면 명확한 집단구분을 위하여 많은 수의 판별식이 이용되는데, 종속변수 집단의 수에서 1을 뺀 수와 독립변수 중에서 작은 값만큼의 판별함수가 만들어진다.

판별분석을 하기 위해서는 표본 수가 독립변수의 20배 이상이 되는 것이 요구되며, 종속변수의 각 범주에 최소 20개의 표본 수가 요구된다. 이러한 판별함수의 수를 결정하는 기준은 다음과 같다.

(1) 고유값의 비율

각 판별함수에 대한 고유값이 클수록 판별함수의 기여도가 커지므로 각 판별함수의 중요도를 판단하는 기준이 된다. 이 값은 모든 판별함수들의 고유값의 합으로 나눈 값으로 특정 판별함수의 상대적인 기여도로 볼 수 있다.

(2) 정준상관계수

이는 고유값과 비슷한 의미를 가지는데 정준상관계수의 제곱은 집단들에 의하여 설명될 수 있는 판별함수의 분산 비율을 말한다.

(3) 유의성 검정

판별함수에 의해 반영되지 못한 정보의 양이 얼마나 통계적으로 유의한지를 검정하는 방법으로 검정결과 유의하다면 판별함수를 더 도출하여야 할 필요성이 생기며, 유의하지 않다면 판별함수를 더 도출하여도 별 도움이 되지 않을 것이다.

3) 판별식 도출방식 및 적합도 평가

판별분석은 독립변수를 적절히 조합한 새로운 판별식을 만들어 대상들에 대한 집단구분이 보다 명확히 이루어질 수 있도록 하는 통계 기법이다.

판별분석은 집단 사이의 차이를 가장 잘 판별할 수 있는 판별식을 찾아내는 기법으로 판별식에서 각 독립변수의 계수를 추정하는 것이다.

$$Y = W_1X_1 + W_2X_2 + \cdots + W_nX_n$$

Y : 판별점수

X_i : 독립변수

W_i : 판별분석에 의해 추정되어야 할 판별계수

각 응답별 판별점수는 그 응답자의 독립변수에 대한 원천자료를 추정된 판별식에 대입하여 얻어지게 된다.

4) 판별식의 유의성 검정

둘 이상의 판별식이 추정되면 조사자는 각 식에 대하여 유의성을 검정하여 의미 없는 식은 분석에서 제거해야 한다. 이러한 판단은 0에서 1 사이의 값을 갖는 윌크스 람다(Wilk's Lamda) 값에 따라한다. 여기서 람다값이 작을수록 판별식의 집단 사이의 판별력이 높다고 판단하면 된다.

5) 집단 중심값과 조사 대상에 대한 집단판별

각 집단구성원들의 판별점수의 평균을 집단 중심값(centroid)이라고 하는데, 응답자의 판별점수가 집단 1의 집단 중심값에 보다 가까우면 그 응답자는 집단 1에 소속되는 것으로 분류한다.

6) 판별식의 설명력

조사자는 판별식이 각 응답자의 소속집단을 얼마나 정확히 설명하는지를 검토해야 하는데, 도출된 분류표를 이용하여 파악해야 한다. 여기서 이용되는 분류 성공률(hit ratio)은 정확히 분류된 표본 수를 전체 표본 수로 나누어 산출한다.

3. 판별분석의 적용사례

1) 두 집단의 경우

노트북을 소유하고 있는 소비자와 소유하지 않은 소비자들을 구별할 수 있는 특성이 무엇인지를 결정하려고 한다. 노트북을 소유하고 있는 소비자와 소유하지 않은 소비자들을 표본으로 선정하여 〈표

〈표 15-11〉 PC 소유자 및 비소유자의 소득과 활동성

		연소득(백만원): X1	활동성(7점): X2
노트북 소유자	1	30.9	5
	2	43.3	6
	3	49.5	4
	4	56.2	7
	5	37.9	6
	6	50.4	6
	7	27.2	5
	8	54.6	7
	9	74.3	5
	10	37.0	4
노트북 비소유자	1	40.9	5
	2	33.3	5
	3	39.5	6
	4	46.2	4
	5	27.9	4
	6	40.4	3
	7	32.2	4
	8	44.6	5
	9	54.3	4
	10	27.0	3

15-11〉과 같은 자료를 수집하였다. 이를 위해 집단 사이의 차이를 잘 설명해 줄 수 있는 독립변수로 소득과 활동성을 선정하였다.

2) 세 집단의 경우

세 집단의 경우 크게 다른 것은 판별함수가 한 개 이상이라는 것이다. 신용카드를 취급하고 있는 회사에서 카드를 이용하고자 하는 고객들의 신용도를 심사하려고 한다.

〈표 15-12〉 신용카드 신청자들의 표본을 기초로 한 정보

		연소득 (백만원)	카드 보유수	연령	자녀수
높은 위험	1	30.9	2	25	0
	2	33.3	3	24	0
	3	39.5	1	32	1
	4	46.2	1	29	1
	5	27.9	2	31	2
	6	40.4	4	29	1
	7	27.2	3	30	1
	8	44.6	0	27	0
	9	44.3	5	30	1
	10	27.0	4	27	0
위험 보통	1	40.9	4	34	2
	2	33.3	7	35	2
	3	39.5	3	41	3
	4	46.2	1	37	2
	5	27.9	6	39	2
	6	40.4	5	37	3
	7	32.2	4	36	2
	8	44.6	2	35	2
	9	54.3	8	40	2
	10	27.0	3	29	0
낮은 위험	1	40.9	7	42	3
	2	53.3	6	47	5
	3	49.5	4	41	2
	4	56.2	5	39	1
	5	47.9	1	43	0
	6	40.4	7	46	2
	7	52.2	6	42	3
	8	44.6	5	48	4
	9	54.3	4	50	2
	10	47.0	7	52	4
					3

〈표 15-12〉와 같이 과거 자료를 표본으로 추출하여 작성한 것으로 이 자료를 바탕으로 미래 고객들에게 카드 발급 여부를 결정하는데

이용하고자 한다. 표에서는 고객들을 위험도에 따라 고 · 중 · 저 세 집단으로 분류하여 판별함수가 결정될 변수의 수는 4개이다.

4. 판별분석의 실행

판별분석을 수행하기 위해서는 분석메뉴(A)에서 분류분석(Y)을 선택하고 판별분석(D)을 선택하면 [그림 15-15]와 같은 대화상자가 나타난다.

[그림 15-15] 판별분석 : 대화상자

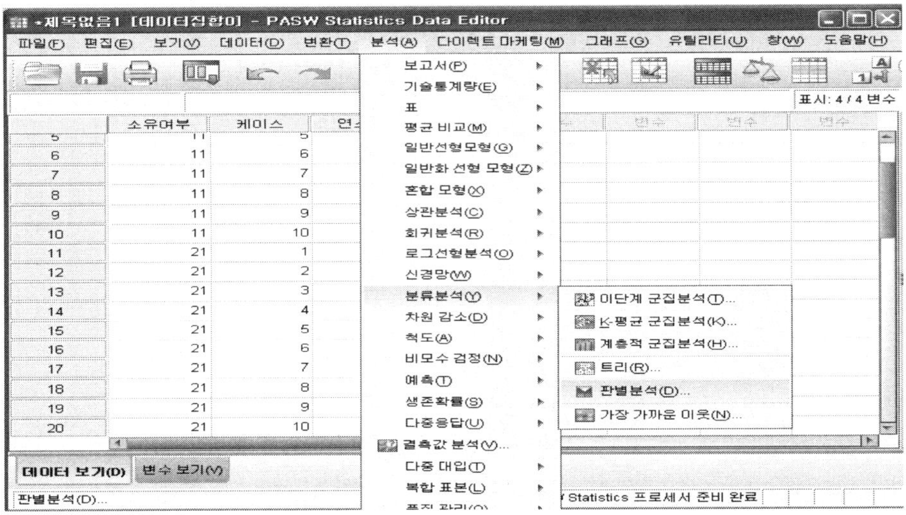

[그림 15-16]의 변수이동 대화상자에서 변수목록 상자에서 응답자가 속한 집단을 나타내는 종속변수를 선택하여 집단변수(G) 상자로 이동시키고, 범위지정을 선택하여 최소값과 최대값을 지정해 주고 통계량을 선택하면 [그림 15-17]과 같이 나타난다.

[그림 15-16] 판별분석 : 변수이동

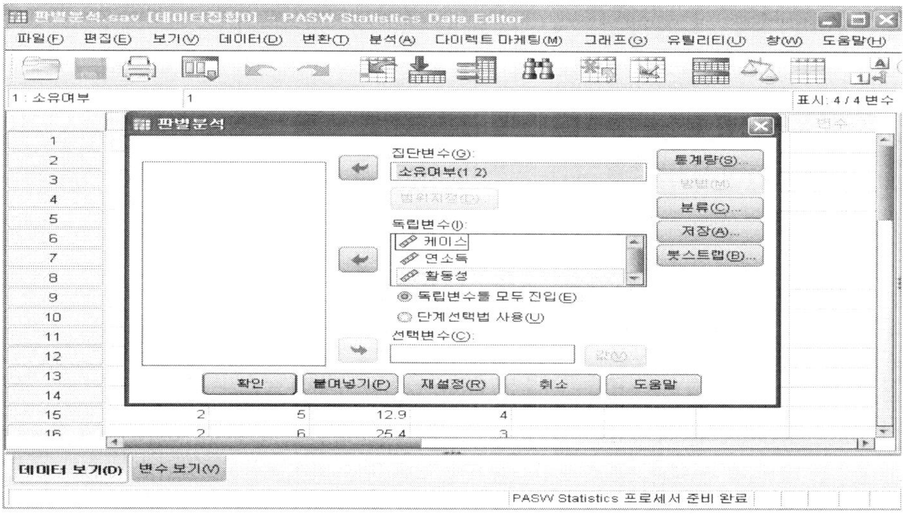

[그림 15-17] 판별분석 : 통계량

5. 판별분석의 결과 해석

판별분석의 결과는 도출된 판별식이 유의한지를 검토하는 Wilks의 람다값을 이용한 χ^2검정 결과를 제시하고 있다. 〈표 15-13〉에서 보면 유의확률이 0.001로 얻어진 식이 매우 의미 있는 것으로 나타났다.

〈표 15-13〉 정준 판별함수 요약

함수	고유값	분산의 %	누적 %	정준상관
1	.448a	100.0	100.0	.556

a : 첫 번째 1 정준 판별함수가 분석에 사용되었습니다.

Wilks의 람다

함수의 검정	Wilks의 람다	카이제곱	자유도	유의확률
1	.691	6.105	3	.001

도출된 판별식을 보면, 케이스, 연소득 및 활동성이 유의한 변수로 판별식에 포함되고 있으며, 산출된 판별식은 Y= 0.317*케이스+ 0.155*연소득+ 0.993*활동성으로 나타낼 수 있다.

표준화 정준 판별함수 계수

	함수
	1
케이스	.317
연소득	.155
활동성	.993

구조행렬에서는 상관관계가 높을수록 판별점수도 높아지기 때문에 여기서는 케이스의 상관계수(0.930)이 가장 커서 영향력이 큰 변수라고 할 수 있다.

구조행렬

	함수
	1
케이스	.930
연소득	.493
활동성	.000

판별변수와 표준화 정준 판별함수 간의 집단-내 통합 상관행렬. 변수는 함수 내 상관행렬의 절대 크기별로 정렬되어 있습니다.

집단중심점이 집단 1의 평균 판별점수가 0.635이고, 집단2의 평균 판별점수는 -0.635이다. 분류기준은 이 두 집단 중심점의 평균이므로 0.635+(-0.635)/2=0이다. 여기서 0보다 큰 값을 갖는 경우는 집단 1에 분류되고, 0보다 작은 값을 가지면 집단 2에 분류된다.

함수의 집단 중심점

소유여부	함수
	1
소유	.635
비소유	-.635

표준화하지 않은 정준 판별함수가 집단평균에 대해 계산하였습니다.

제16장 마케팅의사결정기법: 다차원척도법

제 1 절　다차원척도법

1. 다차원척도법의 의의

다차원척도법(multidimensional scaling)은 각 대상에 대한 종합적인 순위 평가에 의해서 얻어진 자료를 이용하여 평가 기준이 되는 차원을 찾아내고, 각 차원에서의 평가 대상들의 위치를 규명하여 심리적 거리를 알아내고자 하는 기법이다.

다차원척도법의 목적은 대상들 사이의 유사성이나 선호도에 대한 소비자들의 지각을 다차원 공간상에서 거리로 표현하는데 있다. 즉, 지각도(perception map)와 같은 다차원 공간에서 유사성이 큰 대상들은 상대적으로 가깝게 위치시키고, 유사성이 작은 대상들은 상대적으로 멀게 위치시킨 결과를 얻을 수 있다.

마케팅의 포지셔닝전략에 이용되는 다차원척도법은 소비자들의 지각 공간에 마케팅 대상을 위치시키기 위하여 사용되는 기법이다. 마케팅에서 포지셔닝 전략이 중요하게 대두되면서 많은 마케터들은 포지셔닝 문제에 관심을 갖게 되었고, 이러한 문제를 해결하기 위하여 다차원척도법을 이용하게 되었다.

본 장에서는 대표적인 기법으로 상표들 사이의 유사성 자료를 이용하여 상표의 위치를 제시하는 KYST기법, 상표별 선호도 자료를 이용하여 소비자의 이상점을 표현하는 PREFMAP기법을 소개하고자 한다.

다차원척도법은 [그림 16-1]과 같은 접근법이 있다. 이것은 입력데이터는 어떤 유형인지, 어떠한 가정을 하고 있는지, 어떤 관점을 생각하고 있는지 등에 따라 다르게 사용되어야 한다.

[그림 16-1] 다차원척도법의 접근법

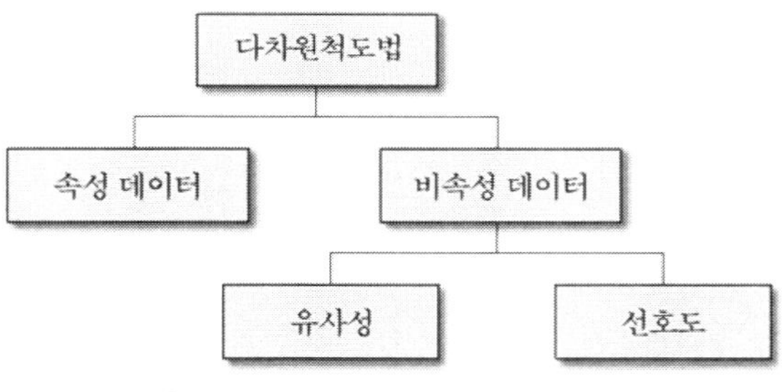

1) 속성 데이터

속성을 기초로 하는 다차원척도법(MDS)에서 가장 중요한 것은 대상에 대한 개인의 지각에 기초하고 있는 속성의 식별이 가능하다는 가정이다. 그러나 속성의 수가 너무 많으면 지각에서 오류를 가져올 수 있음으로 요인분석과 판별분석을 이용하여 속성의 수를 줄여야 한다. 여기서 요인분석은 해석 가능성을 극대화하면서 분산을 가지고 설명되는 차원을 만들어 내는 반면에 판별분석은 가능한 대상을 판별하여 분리시키면서 차원을 만들어 낸다는 차이점이 있다.

2) 비속성 데이터

속성데이터를 바탕으로 하는 다차원척도법은 차원이 속성과 상관관계를 나타내기 때문에 해석이 용이하다는 이점이 있지만, 속성리스트가 정확하지 않은 경우 소비자들이 지각의 차이를 표현하기 어렵고, 대상을 지각하거나 평가하지 않고 있는 경우에는 대상을 전체로 지각하는 경우가 많으며, 많은 차원을 표현하기 어렵다는 단점이 있다.

이러한 단점을 보완하기 위해 마케터는 비속성 데이터인 유사성이나 선호도 데이터를 이용할 수 있다.

(1) 유사성 데이터

이 척도는 응답자에게 지각된 2개 대상의 유사성을 반영하는 것이다. 즉, 소비자들이 각 대상의 유사성 정도를 평가하도록 하는 것이다.

(2) 선호도 데이터

이 척도는 응답자에게 순위에 의한 선호도를 반영하는 것이다. 즉, 선호도 데이터는 유사성 척도와 지각 맵을 위한 기초 자료로 이용할 수 있다. 이러한 선호도 데이터를 이용하는 것은 중요하지만, 소비자들이 다양한 대상에 관한 개인의 다양한 지각은 유사성이나 속성과의 관련성보다는 선호도와 관련성이 다를 수도 있다.

2. 다차원척도법의 적용원리

1) 원천 자료

응답자들이 대상을 어느 정도 유사하게 지각하는지에 대한 자료를 수집하여 지각도(perception map)를 작성할 수 있다. 이 경우 응답은 서열척도와 등간척도로 측정하여 사용할 수 있다.

또한 응답자들에게 각 대상에 대해 속성별로 평가하도록 한 자료를 이용하여 지각도를 작성할 수 있다. 이 경우 응답은 등간척도로 측정하여야 사용할 수 있다.

2) 시장의 경쟁구조 파악

포지셔닝 맵(positioning map)은 기업의 상표 관리자들에게 어떤 상표가 자사 상표와 경쟁관계에 있는지를 파악하는데 활용할 수 있다. 상표들 사이의 경쟁관계는 포지셔닝 맵 상에 표시된 이상적 제품을 이용해서 설명될 수 있는데 이상점은 소비자들이 가장 선호하는 제품 개념을 말한다.

3) 소비자 욕구파악 및 시장세분화

포지셔닝 맵 상에서 이상적 제품의 위치를 파악함으로써 소비자가 원하는 제품 특성이 무엇인지를 알 수 있으며, 이를 통해 소비자 욕구를 파악할 수 있다. 또한 소비자들의 이상점 분포를 이용하여 전체 시장을 몇 개의 세분시장으로 나누고 각 세분시장에 맞는 마케팅전략을 수립할 수 있다.

4) 시장기회의 포착

마케팅 관리자는 포지셔닝 맵 상에서 소비자들이 생각하는 이상점과 경쟁 상표의 상대적 위치를 분석함으로써 시장기회를 파악하고 이를 근거로 경쟁적 마케팅전략을 수립할 수 있다.

3. 다차원척도법의 적용사례

1) 유사성 측정자료

KYST기법을 이용하기 위해서는 유사성 자료를 수집해야 한다. 다음에 제시된 각 쌍의 상표에 대하여 다음 기준을 이용하여 상표 사이의 유사성의 정도를 표시하여 주시기 바랍니다.

두 상표가 전혀 다르다					두 상표가 매우 유사하다
1	2	3	4	5	6

① (　)그랜저 – 쉐보레(　)　② (　)그랜저 – SM 7(　)
③ (　)그랜저 – K 7(　)　④ (　)그랜저 – 체어맨(　)

① (　)쉐보레 – SM 7(　)　② (　)쉐보레 – K 7(　)
③ (　)쉐보레 – 체어맨(　)

① (　)SM 7 – K 7(　)　② (　)SM 7 – 체어맨 (　)

① (　)K7 – 체어맨 (　)

2) 선호도 자료

PREFMAP 기법을 이용하기 위해서는 선호도 자료를 수집해야 한다. 다음에 제시된 상표들을 귀하가 얼마나 좋아하는지를 다음 기준을 이용하여 선호도를 표시하여 주시기 바랍니다.

아주 싫다 절대 안 사겠다			중간		매우 좋다 꼭 사고 싶다
1	2	3	4	5	6

① 그랜저 ( )　　② K 7 ( )
③ SM 7 ( )　　④ 체어맨 ( )

제 2 절 다차원척도법의 실행

다차원척도법을 이용하여 한국에서 도시 간의 거리를 이용하여 포지셔닝 맵을 작성해 보자. 여기서 사용된 도시 간의 거리는 [표 16-1]과 같이 가정하자.

〈표 16-1〉 도시 간의 거리

도시	서울	부산	대구	인천	광주	대전	울산
서울	0						
부산	393	0					
대구	287	105	0				
인천	46	405	309	0			
광주	295	259	215	315	0		
대전	160	258	126	173	167	0	
울산	395	67	113	407	310	260	0

다차원척도법을 수행하기 위해서는 분석메뉴(A)에서 척도화분석(A)을 선택하고, 다차원척도법을 선택하면 [그림 16-2]와 같은 대화상자가 나타난다.

[그림 16-2] 다차원척도법 : 대화상자

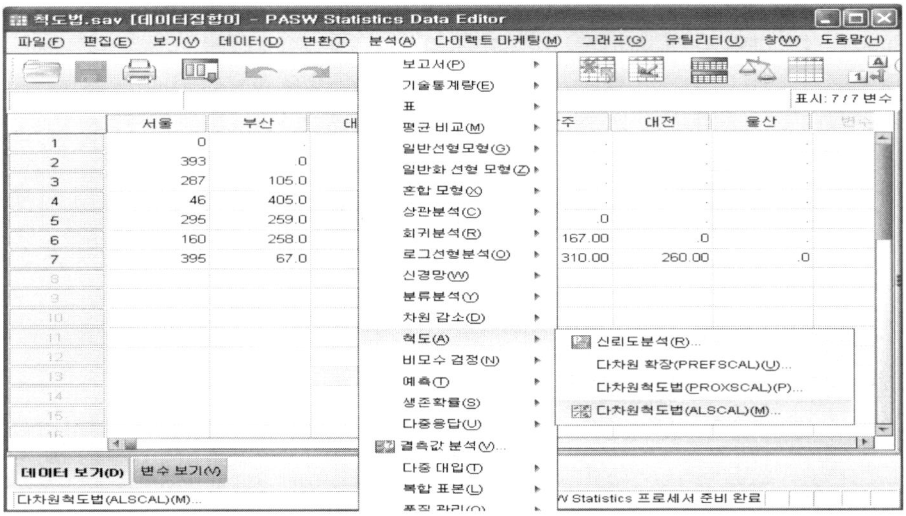

왼쪽에서 7개 변수를 변수상자(V)로 이동하고, 개별행렬 구분변수에 모형을 지정하고, 자료거리를 지정하는 부분에서는 유사성 자료가 이용되는 경우 데이터 자체가 거리행렬(A)를, 기본적인 자료형태는 정방대칭형, 자료가 대칭이 아니거나 정사각형이 아닌 경우 행렬모양(S)를 선택하고, 확인 버튼을 선택하면 다차원척도법이 실행된다.[그림 16-3]

[그림 16-3] 다차원척도법 : 변수이동

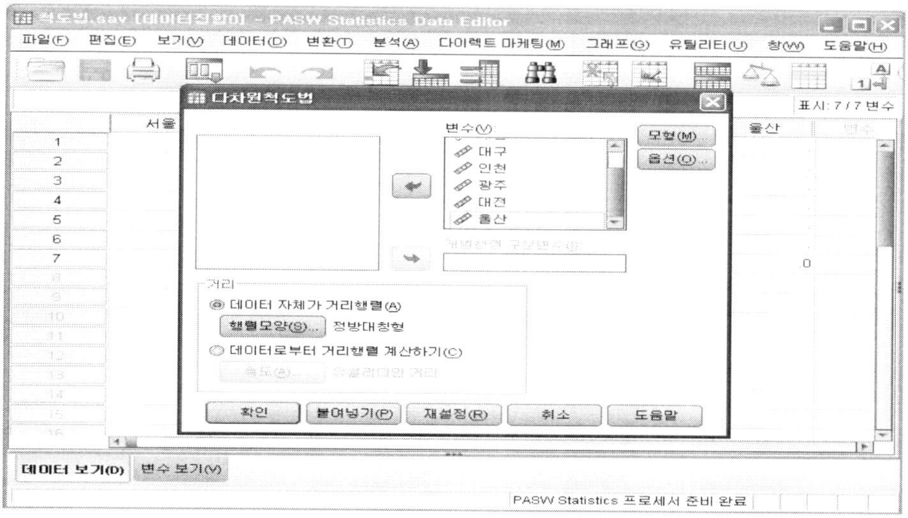

다차원척도법 대화상자에서 모형을 선택하면 [그림 16-4]와 같은 대화상자의 모형이 나타난다. 여기서 측정수준, 조건부 및 척도화 모형을 선택하면 된다.

[그림 16-4] 다차원척도법 : 모형

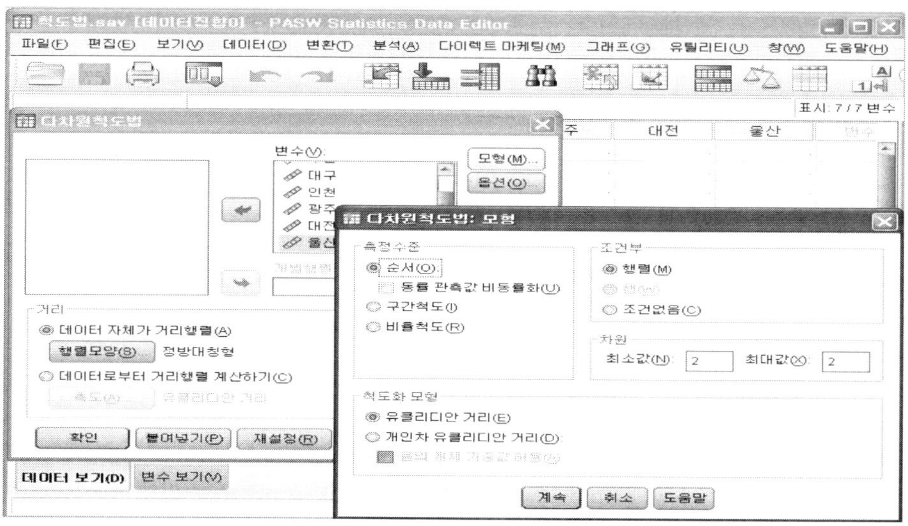

다차원척도법 대화상자에서 옵션을 선택하면 [그림 16-5]와 같은 대화상자 옵션이 나타난다. 여기서 표시와 기준에 해당사항을 선택하고 계속을 누르면 된다.

[그림 16-5] 다차원척도법 : 옵션

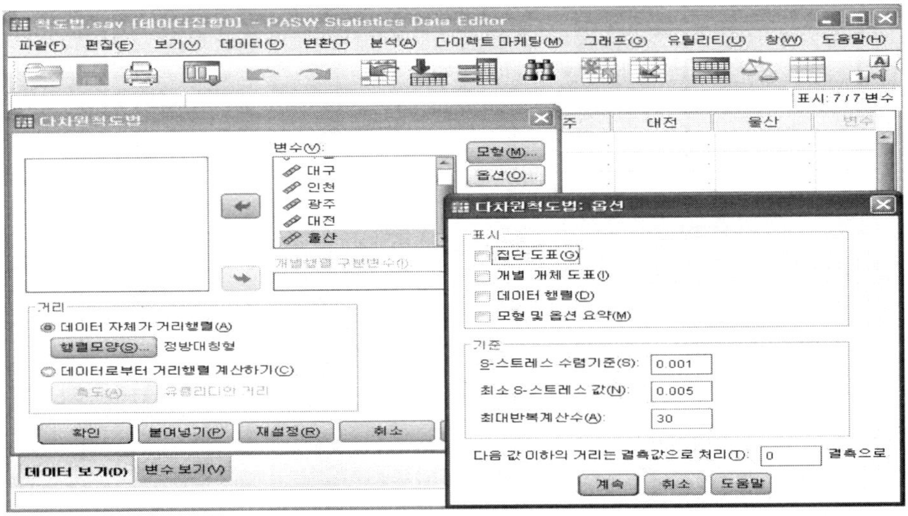

제 3 절 다차원척도법의 결과 해석

1. 반복과정

출력 결과에서 각 차원 수별로 추정된 포지셔닝 맵과 유사성 자료와의 적합도를 측정하는 스트레스 값을 산출한다. 조사자는 이러한 스트레스 값을 보고 산출된 포지셔닝 맵의 적합도를 판정하게 된다.

[그림 16-6] 반복과정

```
Iteration history for the 2 dimensional solution (in squared distances)

              Young's S-stress formula 1 is used.

             Iteration     S-stress      Improvement

                1            .02406
                2            .02364         .00042

                  Iterations stopped because
             S-stress improvement is less than   .001000


                            Stress and squared correlation (RSQ) in distances

                  RSQ values are the proportion of variance of the scaled data (disparities)
                            in the partition (row, matrix, or entire data) which
                             is accounted for by their corresponding distances.
                              Stress values are Kruskal's stress formula 1.


             For  matrix
    Stress  =   .03016      RSQ =  .99510
```

[그림 16-6]은 반복적인 실행과정을 나타내고 있다. 모두 1회의 반복이 이루어졌으며, 스트레스 값의 향상이 1회에 0.02406, 2회에 0.02364, 0.00042로 개선되어 0.05보다 작게 되어 종료되었음을 보여주고 있다. 현재 스트레스 값은 0.03016으로서 매우 적합함을 보여주고 있다. RSQ는 0.99510으로 0.6이상의 값을 나타내고 있어 모형이 적합하다는 것을 확인시켜 주고 있다.

2. 좌표값

[표 16-7]은 2차원 평면에서 각 도시의 좌표값을 나타내고 있다. 예를 들어, 서울은 1.6459, 0.2933의 값을 보이고 있다.

[그림 16-7] 좌표값

Stimulus Coordinates

Stimulus Number	Stimulus Name	Dimension 1	Dimension 2
1	서울	1.6459	.2933
2	부산	-1.5519	.0755
3	대구	-.7066	.1708
4	인천	1.7559	.4122
5	광주	-.0416	-1.4192
6	대전	.4519	-.1316
7	울산	-1.5535	.5990

3. 포지셔닝 맵

2차원의 포지셔닝 맵에서 각 차원에 대한 축을 해석할 때 일반적으로 요인분석(factor analysis)의 적재값 도표를 이용할 수 있다. [그림 16-8]에서는 우리나라 거대 도시를 거리별로 입력하여 다차원척도법을 이용하여 지도를 작성하였다. 이 도표는 (2)의 좌표값을 2차원 평면상에 나타낸 것이다. 이것을 통하여 각 도시의 위치와 거리관계를 알 수 있다.

[그림 16-8] 포지셔닝 맵

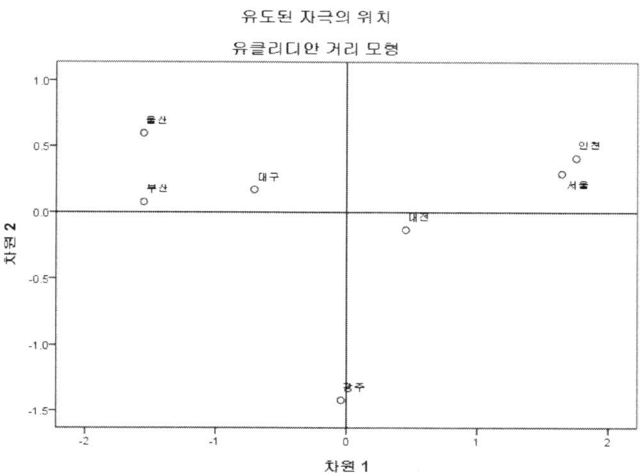

4. 유클리드 모형에 의한 적합성 산점도

[그림 16-9]의 산점도에서 각 도시들을 유클리디안 거리로 나타내고 있다. 이 도시들은 대각선상에 선형적으로 위치하고 있어 모형이 적합함을 말해 주고 있다. 도시들 간의 거리가 2차원 평면상에 정보의 손실 없이 얼마나 잘 위치했는지를 판단하는데 선형 적합도의 산점도를 이용할 수 있다.

[그림 16-9] 유클리드 모형에 의한 선형 적합성 산정도

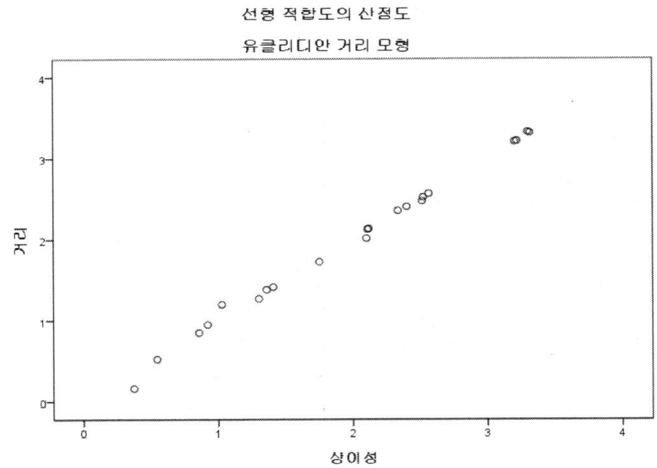

제7부

마케팅조사 보고서

제17장 마케팅조사보고서 작성

제17장 마케팅조사보고서 작성

마케팅조사에 있어서 조사보고서는 조사결과를 경영자에게 의사결정의 자료를 제공하는 것으로, 조사보고서의 작성은 마케팅조사의 최종단계에 해당한다. 따라서 마케팅조사 보고서를 작성할 때에는 경영자의 의사결정 상황을 염두에 두고 다음 사항을 확인하여 작성하여야 한다. 즉 조사의 목적이 무엇인가? 목적에 맞는 정보를 적절하게 조사하여 분석하였는가? 결론과 제언을 적절하게 유도할 수 있는가?

제 1 절 조사보고서 작성

경영자는 기업 전반에 걸쳐서 처리해야 하는 업무가 대단히 많고, 그 범위도 광범위하다. 그러므로 조사자는 조사를 의뢰한 경영자를 고려하여 그들이 필요로 하는 정보를 판단의 객관적인 기준이 될 수 있도록 간결하고 완벽하며, 보기 쉽고 간단하며, 정확하고 논리적으로 작성해야 한다. 이러한 보고서를 작성할 때에 고려해야 하는 사항은 다음과 같다.

첫째, 보고서는 조사를 의뢰한 경영자를 고려하여 작성되어야 한다. 이는 보고서가 의사결정자에게 정보를 제공하는 것이기 때문에 그들의 요구에 맞도록 정보가 수집·정리되고 체계를 갖추어야 한다. 마케팅 조사자는 경영자가 필요로 하는 정보에 초점을 두고 분명하고 세밀하게 작성해야 함으로 조사 목적에 충실하여 경영자들의 의사결정 단계에서 필요한 정보와 관련된 조사 결과를 제시하도록 노력해야 한다.

둘째, 보고서는 간결하면서도 완벽하게 작성되어야 한다. 이는 세부적인 조사 계획을 모두 보고서 내용에 포함시키는 것보다는 연구 목적에 맞는 중요한 점에 대해서 집중적으로 다루어야 한다. 왜냐하면, 경영자는 보고서 전체를 읽을 시간이 없다. 따라서 보고서의 윤곽을 파악한 다음 중요한 부분에 대해서 충분한 정보를 요구하기 때문에 표나 그래프를 사용하여 정확한 상황이나 추세를 파악할 수 있도록 해야 한다.

셋째, 보고서는 객관적이면서 효율적이어야 한다. 이는 보고 서식이 간결하면서도 핵심적이어야 하고, 경영자에게 적절한 용어를 선택하여 사용하여야 한다. 마케팅 조사자는 조사 결과가 경영자들에 의하여 쉽게 받아들여지지 않는 상황을 예상하여야 한다. 조사 결과는 경영자의 경험이나 판단과 다를 수도 있기 때문에 객관적인 태도로 조사 결과를 제시하고 설명할 의무가 있으며, 조사 결과가 매우 유용한 것이라는 사실을 경영자에게 인식시켜야 한다.

넷째, 보고서는 구두보고의 지침이 된다. 이는 서면보고를 보충하기 위해 자주 이용되는 것으로서 서면보고와 다르다. 구두보고는 경영자가 도중에 질문을 할 수 있으므로 요점을 명백히 할 수 있고, 경영자가 여러 사람일 경우에는 조사 결과에 대한 해석과 관련 내용에 대한 의견을 상호 교환할 수 있다는 점에서 차이가 있다.

다섯째, 조사의 오류와 원천에 대한 관리이다. 이는 조사보고서의 내용을 얼마나 믿을 수 있는지? 과연 과학적인 방법을 이용하여 오차를 극소화시켰는가? 이것에 대해서 보고서를 이용하는 사람에게 조사 과정에서 있을 수 있는 모든 오류의 유형과 원천에 대해서 철저한 관리가 이루어졌다는 점을 강조해야 한다.

제 2 절 마케팅조사 보고서 양식

마케팅 조사자가 보고서를 작성하는데 있어서 조사보고서의 내용과 분량은 조사 의뢰자의 사정에 따라 형식을 정해야 한다. 이러한 조사 보고서를 작성할 때에는 조사를 의뢰한 경영자에 대한 이해, 문장 흐름의 용이성, 전문성을 갖춘 보고서 작성, 객관성의 유지, 분석표와 그래프의 이용, 간결성에 중점을 두고 작성되어야 한다. 이러한 마케팅 조사 보고서에 포함되는 일반적인 내용과 순서는 〈표 17-1〉과 같다.

〈표 17-1〉 조사보고서 양식

Ⅰ. 표제(title page)
Ⅱ. 목차(table of Contents)
·주제별 제목과 페이지 번호
·표 번호
·그림 번호
·부록 번호
Ⅲ. 결과요약(summary)
·조사의 목적
·자료수집 및 분석방법
·결론 요약
·제안사항
Ⅳ. 본문(body of report)
·서론
·조사의 방법
·조사의 결과
·조사의 한계
·참여자

Ⅴ. 결론과 제언(conclusion and recommendation)
Ⅵ. 부록(appendix)
·설문지, 관찰 기록지
·세밀한 표와 그림
·참고문헌
·컴퓨터출력물

이러한 마케팅조사 보고서의 유형은 마케팅조사과정과 유사한 형태를 가지고 있다. 이들을 상세히 보면 다음과 같은 내용이 포함되어 작성되어야 한다.

1. 표 제

표제는 조사 제목, 조사 일자, 조사기관 명 등이 포함되어야 하며, 조사보고서가 어떤 의뢰 고객을 위해 작성되었는지 그리고 보고서 작성 연도가 기재되어야 한다. 그러나 조사보고서의 내용이 기밀사항인 경우에는 보고서 인수자의 이름도 명시해야 한다.

2. 목 차

목차는 보고서를 읽는 사람의 요구에 맞는 부분을 선정하기 편리하도록 기록되어야 한다. 대부분의 조사보고서들은 주요 표제어와 부제들을 포함하여 작성된다. 즉, 주제별 제목과 페이지 번호, 표 목차와 페이지 번호, 그림 목차와 페이지 번호, 부록과 페이지 번호 등을 함께 기록하는 것이 좋다.

3. 결과 요약

경영자들은 간결한 요약을 요구한다. 대부분의 경영자들은 이 부분을 읽고 필요한 부분을 선정하여 읽게 됨으로 경영자에 관련된 핵심적인 조사 결과를 제공하여 주는 역할을 한다. 이 부분은 조사의 목적, 조사 설계, 자료 수집 및 분석 방법, 결론 요약 및 제안 사항 등을 상세하게 밝혀야 한다. 이러한 결과에 대한 요약은 전체 내용을 총괄적으로 이해하고 쓸 수 있도록 보고서 작성이 끝난 다음에 작성하는 것이 바람직하다.

4. 본 문

본문은 서론, 조사의 방법, 조사의 결과, 조사의 한계 및 참여자 등으로 구성해야 한다.

첫째, 서론은 보고서를 이해하는데 필요한 배경적 지식을 제공하여야 한다. 이는 조사문제를 어떤 배경에서 기획하고 시작하였는지 그 배경을 제시해 주는 부분이다.

둘째, 조사의 방법은 정보의 질을 평가할 수 있도록 조사방법에 대한 설명을 해야 한다. 이는 조사의 가이드라인이 되는 이론적 배경이나 공식화된 분석 모형, 조사 문제, 가설 및 조사 설계에 영향을 미치는 요소 등을 포함하는 내용을 설명해 주는 부분이다.

셋째, 조사의 결과는 보고서에서 가장 많은 분량을 차지하는 부분이며, 몇 개의 장으로 구성되는 특징이 있다. 이는 전체적으로 보고서의 총괄적인 수준이면서 여러 하위 부문에 대한 내용을 포함해야 한다.

마지막으로 조사의 한계 및 참여자를 제시하는 부분이다. 이는 마케팅조사 상의 한계점을 명확히 해야 하고, 마케팅조사에 참여한 참여자에 대한 인적사항을 포함해야 한다.

5. 결론과 제언

이는 조사결과로부터 이론적으로 도출되는 것으로 결과와 정보요구를 연계시키는 것이다. 이 부분에서 조사자의 행동과 판단에 대한 의견을 제시할 수 있다. 이 때 제언은 조사자가 의사결정 문제에 초점을 두고 판단과 행동을 염두에 둔 사고를 전개하고, 의사결정 과정에서 이 조사의 역할과 폭넓은 경영 문제를 이해하도록 한다. 또한 제언은 제시하는 조사 결과 및 조사 결과에 대한 조사자의 평가를 기술하는 부분이다. 이는 조사자가 조사 결과에 기초하여 가시적이고 실질적이며, 실행 가능한 전략적 대안을 제시해야 한다.

6. 부 록

본문의 수록에 반드시 필요하지는 않지만, 참고가 되는 자료를 수록하는 부분으로서 전문적이며, 복잡하고 기술적인 면에서 관심이 있는 사람을 위한 자료가 여기에 기록된다. 즉, 설문지나 관찰 기록, 세밀한 표와 그림, 참고 문헌 및 컴퓨터 출력물 등이 이에 해당된다.

제3절 구두보고

마케팅조사가 종결되기 위해서는 의뢰 고객에게 구두보고를 실시해야 한다. 이는 의뢰 고객이 보고서를 이해하는데 도움을 줄 뿐만 아니라 보고서를 수행할 것인지에 대한 최종적인 결론에 도달하기 위한 과정이다.

성공적인 구두보고를 위해서는 사전 준비를 철저히 해야 한다. 보고서에서 중요한 부분을 부각시켜 사전에 준비해야 한다. 또한 구두보고는 청중에 대한 이해가 중요하며, 이는 조사 문제와 관련한 배경이나 관심사항과 그들에게 영향을 줄 수 있는 보고 내용의 선택 등을 사전에 준비해야 한다.

구두보고는 분석표나 그래프를 이용하여 시각적인 이해를 도와주는 방향으로 이루어져야 하며, 이를 위해 다양한 미디어 매체를 활용할 수 있다. 따라서 파워포인트나 OHP 등의 기자재를 활용할 수 있도록 슬라이드를 준비해야 한다. 또한 구두보고에서는 관심을 끌 수 있는 음향효과나 바디 랭귀지(body language)를 적절히 사용하는 것이 효과적이다. 적절한 바디 랭귀지는 언어를 통한 의사소통을 보다 명확하게 해주는 특성이 있다.

참고문헌

김재수 · 오장균(2011), 『인터넷마케팅전략』, 형지사.
윤훈현 · 오장균(2008), 『글로벌마케팅』, 서울, 형지사.
윤훈현 · 김재수 · 오장균(2012), 『마케팅원론』, 청목출판사.

http://www.bestreits.com
http://www.gallup.co.kr
http://www.kma.re.kr
http://www.marketingpower.com
http://www.nso.go.kr
http://www.sas.com/offices/asiapacific/korea
http://www.spss.co.kr

Blackwell, R. D., Panl W. Miniard, and J.F. Engel(2006), *Consumer Behavior*, 12th ed. Harcourt College Publishers.

Briggs, Rex and Nigel Hollis(1997), Advertising on the Web : Is There Response Before Click Through?, *Journal of Advertising Research*, March/April.

Campbell, D. T., and J. C. Stanley(1963), *Experimental and Quasi-Experimental Designs for Research*, Rand McNally.

Cap Gemini Ernst & Young: CGE&Y, 2002. 5. 5.

Churchill, Gilbert A. Jr.(1987), *Marketing Research : Methodological Foundations*, 4th., Dryden.

Chaffey, David., Richard Mayer, Kevin Johnston and Finoa, Ellis-Chadwick(2000), *Internet Marketing: Strategy*, Implementation and Practice, Prentice-Hall.

Craig, C. Samual, and Susan P. Douglas(2000), *International Marketing Research*, 2rd ed. John Wiley & Sons, Ltd.

Darrell Huff(1954), *How to Lie with Statistics*, W.W. Norton & Company Inc., New-York.

Kinnear, T. C. and Taylor, J. R.(1996), *Marketing Research: An Applied Research*, New York, McGraw-Hall.

Kotler, Philip(2000), *Marketing Management: Analysis, Planning, Implementation and Control*, Prentice-Hall International Editions.

Kotler, philip(2000), *Marketing Management*, The Millennium edition, Prentice Hall.

Kotler, philip, Gary Armstrong(2007), *Principles of Marketing*, 12th edition, amazon.com.

Kotler Philip(1999), *Kotler on Marketing : How to Create, Win, and Dominate Markets*, The Free Press.

Malhatra, Naresh K.(1999), *Marketing Research : An Applied Orientation*, 3rd ed., Prentice-Hall.

Mohmmed, R.A., R.J. Fisher, B.J. Jaworski, and G.J. Paddison(2002), *Internet Marketing*,

2rd ed., McGaw-Hill.
Strauss, J., R. Frost(1999), *Marketing on the Internet*, Prentice-Hall.
Urban, G. L. and J. R. Hauser(1993), *Design and Marketing of New Products*, Prentice Hall International editions.
Zimmerman, Jan(2000), *Marketing on the Internet*, 4th., Maximum Press.

부 록

1. 정규분포표
2. χ^2-분포표
3. t-분포표
4. f-분포표

1. 정규분포표

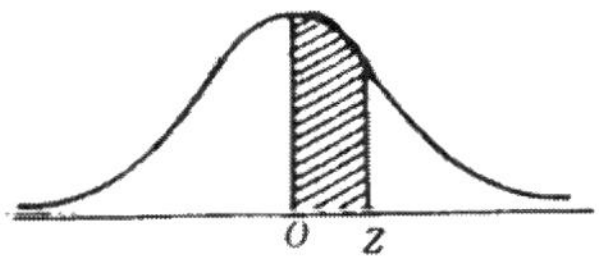

Z	0.00	0.01	0.02	0.03	0.04	0.05	0.06	0.07	0.08	0.09
0.0	.0000	.0040	.0080	.0120	.0160	.0199	.0239	.0279	.0319	.0319
0.1	.0398	.0438	.0478	.0517	.0557	.0596	.0636	.0675	.0714	.0753
0.2	.0793	.0832	.0871	.0910	.0948	.0987	.1026	.1064	.1103	.1141
0.3	.1179	.1217	.1255	.1293	.1331	.1368	.1406	.1443	.1480	.1517
0.4	.1554	.1591	.1628	.1664	.1700	.1736	.1772	.1808	.1844	.1879
0.5	.1915	.1950	.1985	.2019	.2054	.2088	.2123	.2157	.2190	.2224
0.6	.2257	.2291	.2324	.2357	.2389	.2422	.2454	.2486	.2517	.2549
0.7	.2580	.2611	.2642	.2673	.2703	.2734	.2764	.2794	.2823	.2852
0.8	.2881	.2910	.2939	.2967	.2995	.3023	.3051	.3078	.3106	.3133
0.9	.3159	.3186	.3212	.3238	.3264	.3289	.3315	.3340	.3365	.3389
1.0	.3413	.3438	.3461	.3485	.3508	.3531	.3554	.3577	.3599	.3621
1.1	.3643	.3665	.3686	.3708	.3729	.3749	.3770	.3790	.3810	.3830
1.2	.3849	.3869	.3888	.3907	.3925	.3944	.3962	.3980	.3997	.4015
1.3	.4032	.4849	.4066	.4082	.4099	.4115	.4131	.4147	.4162	.4177
1.4	.4192	.4207	.4222	.4236	.4251	.4265	.4279	.4292	.4306	.4319
1.5	.4332	.4345	.4357	.4370	.4382	.4394	.4406	.4418	.4429	.4441
1.6	.4452	.4463	.4474	.4484	.4495	.4505	.4515	.4525	.4535	.4545
1.7	.4554	.4564	.4573	.4582	.4591	.4599	.4608	.4616	.4625	.4633
1.8	.4641	.4649	.4656	.4664	.4671	.4678	.4686	.4693	.4699	.4706
1.9	.4713	.4719	.4726	.4732	.4738	.4744	.4750	.4756	.4761	.4767
2.0	.4772	.4778	.4783	.4788	.4793	.4798	.4803	.4808	.4812	.4817
2.1	.4821	.4826	.4830	.4834	.4838	.4842	.4846	.4850	.4854	.4857
2.2	.4861	.4864	.4868	.4871	.4875	.4878	.4881	.4884	.4887	.4890
2.3	.4893	.4896	.4898	.4901	.4904	.4906	.4909	.4911	.4913	.4916
2.4	.4918	.4920	.4922	.4925	.4927	.4929	.4931	.4932	.4934	.4936
2.5	.4938	.4940	.4941	.4943	.4945	.4946	.4948	.4949	.4951	.4952
2.6	.4953	.4955	.4956	.4957	.4959	.4960	.4961	.4962	.4963	.4964
2.7	.4965	.4966	.4967	.4968	.4969	.4970	.4971	.4972	.4973	.4974
2.8	.4974	.4975	.4976	.4977	.4977	.4978	.4979	.4979	.4980	.4981
2.9	.4981	.4982	.4982	.4983	.4984	.4984	.4985	.4985	.4986	.4986
3.0	.4987	.4987	.4987	.4988	.4988	.4989	.4989	.4989	.4990	.4990

2. χ^2분포표

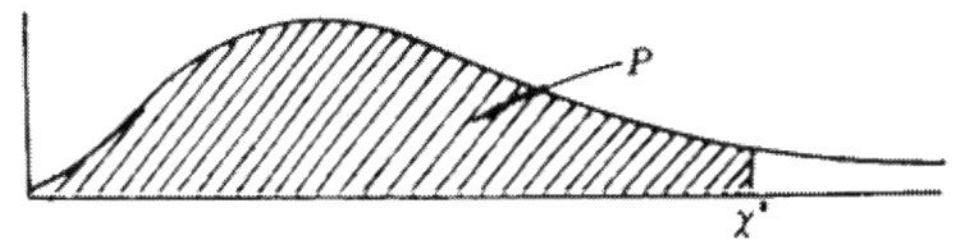

P에 관련된 χ^2의 값

v	$\chi^2_{0.005}$	$\chi^2_{0.01}$	$\chi^2_{0.025}$	$\chi^2_{0.05}$	$\chi^2_{0.10}$	$\chi^2_{0.90}$	$\chi^2_{0.95}$	$\chi^2_{0.975}$	$\chi^2_{0.99}$	$\chi^2_{0.995}$
1	0.000039	0.00016	0.00098	0.0039	0.0158	2.71	3.84	5.02	6.63	7.88
2	0.0100	0.0201	0.0506	0.1026	0.2107	4.61	5.99	7.38	9.21	10.60
3	0.0717	0.115	0.216	0.352	0.584	6.25	7.81	9.35	11.34	12.84
4	0.207	0.297	0.484	0.711	1.064	7.78	9.49	11.14	13.28	14.86
5	0.412	0.554	0.831	1.15	1.61	9.24	11.07	12.83	15.09	16.75
6	0.676	0.872	1.24	1.64	2.20	10.64	12.59	14.45	16.81	18.55
7	0.989	1.24	1.69	2.17	2.83	12.02	14.07	16.01	18.48	20.28
8	1.34	1.65	2.18	2.73	3.49	13.36	15.51	17.53	20.09	21.96
9	1.73	2.09	2.70	3.33	4.17	14.68	16.92	19.02	21.67	23.59
10	2.16	2.56	3.25	3.94	4.87	15.99	18.31	20.48	23.21	25.19
11	2.60	3.05	3.82	4.57	5.58	17.28	19.68	21.92	24.73	26.76
12	3.07	3.57	4.40	5.23	6.30	18.55	21.03	23.34	26.22	28.30
13	3.57	4.11	5.01	5.89	7.04	19.81	22.36	24.74	27.69	29.82
14	4.07	4.66	5.63	6.57	7.79	21.06	23.68	26.12	29.14	31.32
15	4.60	5.23	6.26	7.26	8.55	22.31	25.00	27.49	30.58	32.80
16	5.14	5.81	6.91	7.96	9.31	23.54	26.30	28.85	32.00	34.27
18	6.26	7.01	8.23	9.39	10.86	25.99	28.87	31.53	34.81	37.16
20	7.43	8.26	9.59	10.85	12.44	28.41	31.41	34.17	37.57	40.00
24	9.89	10.86	12.40	13.85	15.66	33.20	36.42	39.36	42.98	45.56
30	13.79	14.95	16.79	18.49	20.60	40.26	43.77	46.98	50.89	53.67
40	20.71	22.16	24.43	26.51	29.05	51.81	55.76	59.34	63.69	66.77
60	35.53	37.48	40.48	43.19	46.46	74.40	79.08	83.30	88.38	91.95
120	83.85	86.92	91.58	95.70	100.62	140.23	146.57	152.21	158.95	163.64

3. t 분포표

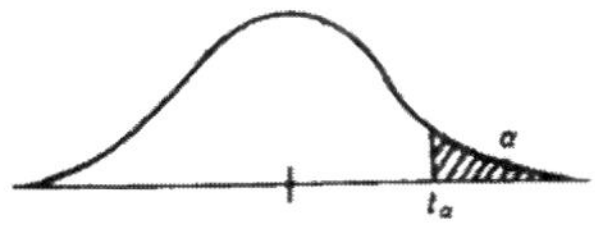

$1-\alpha$ / v (v = 자유도)	0.75	0.90	0.95	0.975	0.99	0.995	0.9995
1	1.000	3.078	6.314	12.706	31.821	63.657	636.619
2	0.816	1.886	2.920	4.303	6.965	9.925	31.598
3	0.765	1.638	2.353	3.182	4.541	5.841	12.941
4	0.741	1.533	2.132	2.776	3.747	4.604	8.610
5	0.727	1.476	2.015	2.571	3.365	4.032	6.859
6	0.718	1.440	1.943	2.447	3.143	3.707	5.959
7	0.711	1.415	1.895	2.365	2.998	3.499	5.405
8	0.706	1.397	1.860	2.306	2.896	3.355	5.041
9	0.703	1.383	1.833	2.262	2.821	3.250	4.781
10	0.700	1.372	1.812	2.228	2.764	3.169	4.587
11	0.697	1.363	1.796	2.201	2.718	3.106	4.437
12	0.695	1.356	1.782	2.179	2.681	3.055	4.318
13	0.694	1.350	1.771	2.160	2.650	3.012	4.221
14	0.692	1.345	1.761	2.145	2.624	2.977	4.140
15	0.691	1.341	1.753	2.131	2.602	2.947	4.073
16	0.690	1.337	1.746	2.120	2.583	2.921	4.015
17	0.689	1.333	1.740	2.110	2.567	2.898	3.965
18	0.688	1.330	1.734	2.101	2.552	2.878	3.922
19	0.688	1.328	1.729	2.093	2.339	2.861	3.883
20	0.687	1.325	1.725	2.086	2.528	2.845	3.850
21	0.686	1.323	1.721	2.080	2.518	2.831	3.819
22	0.686	1.321	1.717	2.074	2.508	2.819	3.792
23	0.685	1.319	1.714	2.069	2.500	2.807	3.767
24	0.685	1.318	1.711	2.064	2.492	2.797	3.745
25	0.684	1.316	1.708	2.060	2.485	2.787	3.725
26	0.684	1.315	1.706	2.056	2.479	2.779	3.707
27	0.684	1.314	1.703	2.052	2.473	2.771	3.690
28	0.683	1.313	1.701	2.048	2.467	2.763	3.674
29	0.683	1.311	1.699	2.045	2.462	2.756	3.659
30	0.683	1.310	1.697	2.042	2.457	2.750	3.646
40	0.681	1.303	1.684	2.021	2.423	2.704	3.551
60	0.679	1.296	1.671	2.000	2.390	2.660	3.460
120	0.677	1.289	1.658	1.980	2.358	2.617	3.373
∞	0.674	1.282	1.645	1.960	2.326	2.576	3.291

4. f 분포표(1)

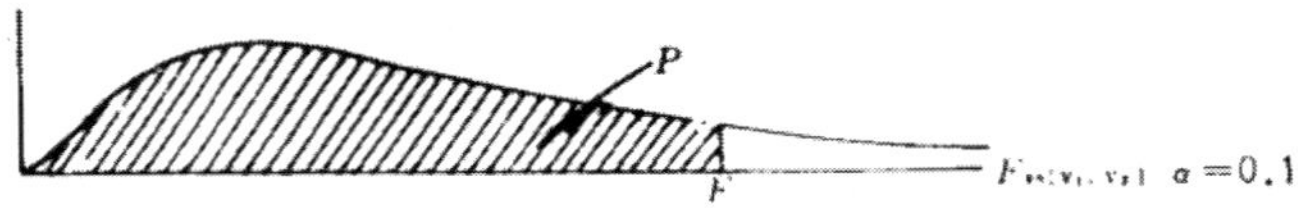

v_1=분자의 자유도, v_2=분모의 자유도

v_2 \ v_1	1	2	3	4	5	6	7	8	9	10
1	39.86	49.50	53.59	55.83	57.24	58.20	58.91	59.44	59.86	60.19
2	8.53	9.00	9.16	9.24	9.29	9.33	9.35	9.37	9.38	9.39
3	5.54	5.46	5.39	5.34	5.31	5.28	5.27	5.25	5.24	5.23
4	4.54	4.32	4.19	4.11	4.05	4.01	3.98	3.95	3.94	3.92
5	4.06	3.78	3.62	3.52	3.45	3.40	3.37	3.34	3.32	3.30
6	3.78	3.46	3.29	3.18	3.11	3.05	3.01	2.98	2.96	2.94
7	3.59	3.26	3.07	2.96	2.88	2.83	2.78	2.75	2.72	2.70
8	3.46	3.11	2.92	2.81	2.73	2.67	2.62	2.59	2.56	2.50
9	3.36	3.01	2.81	2.69	2.61	2.55	2.51	2.47	2.44	2.42
10	3.29	2.92	2.73	2.61	2.52	2.46	2.41	2.38	2.35	2.32
11	3.23	2.86	2.66	2.54	2.45	2.39	2.34	2.30	2.27	2.25
12	3.18	2.81	2.61	2.48	2.39	2.33	2.28	2.24	2.21	2.19
13	3.14	2.76	2.56	2.43	2.35	2.28	2.23	2.20	2.16	2.14
14	3.10	2.73	2.52	2.39	2.31	2.24	2.19	2.15	2.12	2.10
15	3.07	2.70	2.49	2.36	2.27	2.21	2.16	2.12	2.09	2.06
16	3.05	2.67	2.46	2.33	2.24	2.18	2.13	2.09	2.06	2.03
17	3.03	2.64	2.44	2.31	2.22	2.15	2.10	2.06	2.03	2.00
18	3.01	2.62	2.42	2.29	2.20	2.13	2.08	2.04	2.00	1.98
19	2.99	2.61	2.40	2.27	2.18	2.11	2.06	2.02	1.98	1.96
20	2.97	2.59	2.38	2.25	2.16	2.09	2.04	2.00	1.96	1.94
21	2.96	2.57	2.36	2.23	2.14	2.08	2.02	1.98	1.95	1.92
22	2.95	2.56	2.35	2.22	2.13	2.06	2.01	1.97	1.93	1.90
23	2.94	2.55	2.34	2.21	2.11	2.05	1.99	1.95	1.92	1.89
24	2.93	2.54	2.33	2.19	2.10	2.04	1.98	1.94	1.91	1.88
25	2.92	2.53	2.32	2.18	2.09	2.02	1.97	1.93	1.89	1.87
26	2.91	2.52	2.31	2.17	2.08	2.01	1.96	1.92	1.88	1.86
27	2.90	2.51	2.30	2.17	2.07	2.00	1.95	1.91	1.87	1.85
28	2.89	2.50	2.29	2.16	2.06	2.00	1.94	1.90	1.87	1.84
29	2.89	2.50	2.28	2.15	2.06	1.99	1.93	1.89	1.86	1.83
30	2.88	2.49	2.28	2.14	2.05	1.98	1.93	1.88	1.85	1.82
40	2.84	2.44	2.23	2.09	2.00	1.93	1.87	1.83	1.79	1.76
60	2.79	2.39	2.18	2.04	1.95	1.87	1.82	1.77	1.74	1.71
120	2.75	2.35	2.13	1.99	1.90	1.82	1.77	1.72	1.68	1.65
∞	2.71	2.30	2.08	1.94	1.85	1.77	1.72	1.67	1.63	1.60

12	15	20	24	30	40	60	120	∞
60.71	61.22	61.74	62.00	62.26	62.53	62.79	63.06	63.33
9.41	9.42	9.44	9.45	9.46	9.47	9.47	9.48	9.49
5.22	5.20	5.18	5.18	5.17	5.16	5.15	5.14	5.13
3.90	3.87	3.84	3.83	3.82	3.80	3.79	3.78	3.76
3.27	3.24	3.21	3.19	3.17	3.16	3.14	3.12	3.10
2.90	2.87	2.84	2.82	2.80	2.78	2.76	2.74	2.72
2.67	2.63	2.59	2.58	2.56	2.54	2.51	2.49	2.47
2.50	2.46	2.42	2.40	2.38	2.36	2.34	2.32	2.29
2.38	2.34	2.30	2.28	2.25	2.23	2.21	2.18	2.16
2.28	2.24	2.20	2.18	2.16	2.13	2.11	2.08	2.05
2.21	2.17	2.12	2.10	2.08	2.05	2.03	2.00	1.97
2.15	2.10	2.06	2.04	2.01	1.99	1.96	1.93	1.90
2.10	2.05	2.01	1.98	1.96	1.93	1.90	1.88	1.85
2.05	2.01	1.96	1.94	1.91	1.89	1.86	1.83	1.80
2.02	1.97	1.92	1.90	1.87	1.85	1.82	1.79	1.76
1.99	1.94	1.89	1.87	1.84	1.81	1.78	1.75	1.72
1.96	1.91	1.86	1.84	1.81	1.78	1.75	1.72	1.69
1.93	1.89	1.84	1.81	1.78	1.75	1.72	1.69	1.66
1.91	1.86	1.81	1.79	1.76	1.73	1.70	1.67	1.63
1.89	1.84	1.79	1.77	1.74	1.71	1.68	1.64	1.61
1.87	1.83	1.78	1.75	1.72	1.69	1.66	1.62	1.59
1.86	1.81	1.76	1.73	1.70	1.67	1.64	1.60	1.57
1.84	1.80	1.74	1.72	1.69	1.66	1.62	1.59	1.55
1.83	1.78	1.73	1.70	1.67	1.64	1.61	1.57	1.53
1.82	1.77	1.72	1.69	1.66	1.63	1.59	1.56	1.52
1.81	1.76	1.71	1.68	1.65	1.61	1.58	1.54	1.50
1.80	1.75	1.70	1.67	1.64	1.60	1.57	1.53	1.49
1.79	1.74	1.69	1.66	1.63	1.59	1.56	1.52	1.48
1.78	1.73	1.68	1.65	1.62	1.58	1.55	1.51	1.47
1.77	1.72	1.67	1.64	1.61	1.57	1.54	1.50	1.46
1.71	1.66	1.61	1.57	1.54	1.51	1.47	1.42	1.38
1.66	1.60	1.54	1.51	1.48	1.44	1.40	1.35	1.29
1.60	1.55	1.48	1.45	1.41	1.37	1.32	1.26	1.19
1.55	1.49	1.42	1.38	1.34	1.30	1.24	1.17	1.00

f 분포표(2)

v_1=분자의 자유도, v_2=분모의 자유도 $F_{0.95}(v_1, v_2)$

v_2 \ v_1	1	2	3	4	5	6	7	8	9	10
1	161.4	199.5	215.7	224.6	230.2	234.0	236.8	238.9	240.5	241.9
2	18.51	19.00	19.16	19.25	19.30	19.33	19.35	19.37	19.38	19.40
3	10.13	9.55	9.28	9.12	9.01	8.94	8.89	8.85	8.81	8.79
4	7.71	6.94	6.59	6.39	6.26	6.16	6.09	6.04	6.00	5.96
5	6.61	5.79	5.41	5.19	5.05	4.95	4.88	4.82	4.77	4.74
6	5.99	5.14	4.76	4.53	4.39	4.28	4.21	4.15	4.10	4.06
7	5.59	4.74	4.35	4.12	3.97	3.87	3.79	3.73	3.68	3.64
8	5.32	4.46	4.07	3.84	3.69	3.58	3.50	3.44	3.39	3.35
9	5.12	4.26	3.86	3.63	3.48	3.37	3.29	3.23	3.18	3.14
10	4.96	4.10	3.71	3.48	3.33	3.22	3.14	3.07	3.02	2.98
11	4.84	3.98	3.59	3.36	3.20	3.09	3.01	2.95	2.90	2.85
12	4.75	3.89	3.49	3.26	3.11	3.00	2.91	2.85	2.80	2.75
13	4.67	3.81	3.41	3.18	3.03	2.92	2.83	2.77	2.71	2.67
14	4.60	3.74	3.34	3.11	2.96	2.85	2.76	2.70	2.65	2.60
15	4.54	3.68	3.29	3.06	2.90	2.79	2.71	2.64	2.59	2.54
16	4.49	3.63	3.24	3.01	2.85	2.74	2.66	2.59	2.54	2.49
17	4.45	3.59	3.20	2.96	2.81	2.70	2.61	2.55	2.49	2.45
18	4.41	3.55	3.16	2.93	2.77	2.66	2.58	2.51	2.46	2.41
19	4.38	3.52	3.13	2.90	2.74	2.63	2.54	2.48	2.42	2.38
20	4.35	3.49	3.10	2.87	2.71	2.60	2.51	2.45	2.39	2.35
21	4.32	3.47	3.07	2.84	2.68	2.57	2.49	2.42	2.37	2.32
22	4.30	3.44	3.05	2.82	2.66	2.55	2.46	2.40	2.34	2.30
23	4.28	3.42	3.03	2.80	2.64	2.53	2.44	2.37	2.32	2.27
24	4.26	3.40	3.01	2.78	2.62	2.51	2.42	2.36	2.30	2.25
25	4.24	3.39	2.99	2.76	2.60	2.49	2.40	2.34	2.28	2.24
26	4.23	3.37	2.98	2.74	2.59	2.47	2.39	2.32	2.27	2.22
27	4.21	3.35	2.96	2.73	2.57	2.46	2.37	2.31	2.25	2.20
28	4.20	3.34	2.95	2.71	2.56	2.45	2.36	2.29	2.24	2.19
29	4.18	3.33	2.93	2.70	2.55	2.43	2.35	2.28	2.22	2.18
30	4.17	3.32	2.92	2.69	2.53	2.42	2.33	2.27	2.21	2.16
40	4.08	3.23	2.84	2.61	2.45	2.34	2.25	2.18	2.12	2.08
60	4.00	3.15	2.76	2.53	2.37	2.25	2.17	2.10	2.04	1.99
120	3.92	3.07	2.68	2.45	2.29	2.17	2.09	2.02	1.96	1.91
∞	3.84	3.00	2.60	2.37	2.21	2.10	2.01	1.94	1.88	1.83

$\alpha = 0.05$

12	15	20	24	30	40	60	120	∞
243.9	245.9	248.0	249.1	250.1	251.1	252.2	253.3	254.3
19.41	19.43	19.45	19.45	19.46	19.47	19.48	19.49	19.50
8.74	8.70	8.66	8.64	8.62	8.59	8.57	8.55	8.53
5.91	5.86	5.80	5.77	5.75	5.72	5.69	5.66	5.63
4.68	4.62	4.56	4.53	4.50	4.46	4.43	4.40	4.36
4.00	3.94	3.87	3.84	3.81	3.77	3.74	3.70	3.67
3.57	3.51	3.44	3.41	3.38	3.34	3.30	3.27	3.23
3.28	3.22	3.15	3.12	3.08	3.04	3.01	2.97	2.93
3.07	3.01	2.94	2.90	2.86	2.83	2.79	2.75	2.71
2.91	2.85	2.77	2.74	2.70	2.66	2.62	2.58	2.54
2.79	2.72	2.65	2.61	2.57	2.53	2.49	2.45	2.40
2.69	2.62	2.54	2.51	2.47	2.43	2.38	2.34	2.30
2.60	2.53	2.46	2.42	2.38	2.34	2.30	2.25	2.21
2.53	2.46	2.39	2.35	2.31	2.27	2.22	2.18	2.13
2.48	2.40	2.33	2.29	2.25	2.20	2.16	2.11	2.07
2.42	2.35	2.28	2.24	2.19	2.15	2.11	2.06	2.01
2.38	2.31	2.23	2.19	2.15	2.10	2.06	2.01	1.96
2.34	2.27	2.19	2.15	2.11	2.06	2.02	1.97	1.92
2.31	2.23	2.16	2.11	2.07	2.03	1.98	1.93	1.88
2.28	2.20	2.12	2.08	2.04	1.99	1.95	1.90	1.84
2.25	2.18	2.10	2.05	2.01	1.96	1.92	1.87	1.81
2.23	2.15	2.07	2.03	1.98	1.94	1.89	1.84	1.78
2.20	2.13	2.05	2.01	1.96	1.91	1.86	1.81	1.76
2.18	2.11	2.03	1.98	1.94	1.89	1.84	1.79	1.73
2.16	2.09	2.01	1.96	1.92	1.87	1.82	1.77	1.71
2.15	2.07	1.99	1.95	1.90	1.85	1.80	1.75	1.69
2.13	2.06	1.97	1.93	1.88	1.84	1.79	1.73	1.67
2.12	2.04	1.96	1.91	1.87	1.82	1.77	1.71	1.65
2.10	2.03	1.94	1.90	1.85	1.81	1.75	1.70	1.64
2.09	2.01	1.93	1.89	1.84	1.79	1.74	1.68	1.62
2.00	1.92	1.84	1.79	1.74	1.69	1.64	1.58	1.51
1.92	1.84	1.75	1.70	1.65	1.59	1.53	1.47	1.39
1.83	1.75	1.66	1.61	1.55	1.50	1.43	1.35	1.25
1.75	1.67	1.57	1.52	1.46	1.39	1.32	1.22	1.00

f 분포표(3)

v_1=분자의 자유도, v_2=분모의 자유도 $F_{0.99}(v_1, v_2)$

v_2 \ v_1	1	2	3	4	5	6	7	8	9	10
1	4052	4999.5	5403	5625	5764	5859	5928	5982	6022	6056
2	98.50	99.00	99.17	99.25	99.30	99.33	99.36	99.37	99.39	99.40
3	34.12	30.82	29.46	28.71	28.24	27.91	27.67	27.49	27.35	27.23
4	21.20	18.00	16.69	15.98	15.52	15.21	14.98	14.80	14.66	14.55
5	16.26	13.27	12.06	11.39	10.97	10.67	10.46	10.29	10.16	10.05
6	13.75	10.92	9.78	9.15	8.75	8.47	8.26	8.10	7.98	7.87
7	12.25	9.55	8.45	7.85	7.46	7.19	6.99	6.84	6.72	6.62
8	11.26	8.65	7.59	7.01	6.63	6.37	6.18	6.03	5.91	5.81
9	10.56	8.02	6.99	6.42	6.06	5.80	5.61	5.47	5.35	5.26
10	10.04	7.56	6.55	5.99	5.64	5.39	5.20	5.06	4.94	4.85
11	9.65	7.21	6.22	5.67	5.32	5.07	4.89	4.74	4.63	4.54
12	9.33	6.93	5.95	5.41	5.06	4.82	4.64	4.50	4.39	4.30
13	9.07	6.70	5.74	5.21	4.86	4.62	4.44	4.30	4.19	4.10
14	8.86	6.51	5.56	5.04	4.69	4.46	4.28	4.14	4.03	3.94
15	8.68	6.36	5.42	4.89	4.56	4.32	4.14	4.00	3.89	3.80
16	8.53	6.23	5.29	4.77	4.44	4.20	4.03	3.89	3.78	3.69
17	8.40	6.11	5.18	4.67	4.34	4.10	3.93	3.79	3.68	3.59
18	8.29	6.01	5.09	4.58	4.25	4.01	3.84	3.71	3.60	3.51
19	8.18	5.93	5.01	4.50	4.17	3.94	3.77	3.63	3.52	3.43
20	8.10	5.85	4.94	4.43	4.10	3.87	3.70	3.56	3.46	3.37
21	8.02	5.78	4.87	4.37	4.04	3.81	3.64	3.51	3.40	3.31
22	7.95	5.72	4.82	4.31	3.99	3.76	3.59	3.45	3.35	3.26
23	7.88	5.66	4.76	4.26	3.94	3.71	3.54	3.41	3.30	3.21
24	7.82	5.61	4.72	4.22	3.90	3.67	3.50	3.36	3.26	3.17
25	7.77	5.57	4.68	4.18	3.85	3.63	3.46	3.32	3.22	3.13
26	7.72	5.53	4.64	4.14	3.82	3.59	3.42	3.29	3.18	3.09
27	7.68	5.49	4.60	4.11	3.78	3.56	3.39	3.26	3.15	3.06
28	7.64	5.45	4.57	4.07	3.75	3.53	3.36	3.23	3.12	3.03
29	7.60	5.42	4.54	4.04	3.73	3.50	3.33	3.20	3.09	3.00
30	7.56	5.39	4.51	4.02	3.70	3.47	3.30	3.17	3.07	2.98
40	7.31	5.18	4.31	3.83	3.51	3.29	3.12	2.99	2.89	2.80
60	7.08	4.98	4.13	3.65	3.34	3.12	2.95	2.82	2.72	2.63
120	6.85	4.79	3.95	3.48	3.17	2.96	2.79	2.66	2.56	2.47
∞	6.63	4.61	3.78	3.32	3.02	2.80	2.64	2.51	2.41	2.32

$\alpha=0.01$

12	15	20	24	30	40	60	120	∞
6106	6157	6209	6235	6261	6287	6313	6339	6366
99.42	99.43	99.45	99.46	99.47	99.47	99.48	99.49	99.50
27.05	26.87	26.69	26.60	26.50	26.41	26.32	26.22	26.13
14.37	14.20	14.02	13.93	13.84	13.75	13.65	13.56	13.46
9.89	9.72	9.55	9.47	9.38	9.29	9.20	9.11	9.02
7.72	7.56	7.40	7.31	7.23	7.14	7.06	6.97	6.88
6.47	6.31	6.16	6.07	5.99	5.91	5.82	5.74	5.65
5.67	5.52	5.36	5.28	5.20	5.12	5.03	4.95	4.86
5.11	4.96	4.81	4.73	4.65	4.57	4.48	4.40	4.31
4.71	4.56	4.41	4.33	4.25	4.17	4.08	4.00	3.91
4.40	4.25	4.10	4.02	3.94	3.86	3.78	3.69	3.60
4.16	4.01	3.86	3.78	3.70	3.62	3.54	3.45	3.36
3.96	3.82	3.66	3.59	3.51	3.43	3.34	3.25	3.17
3.80	3.66	3.51	3.43	3.35	3.27	3.18	3.09	3.00
3.67	3.52	3.37	3.29	3.21	3.13	3.05	2.96	2.87
3.55	3.41	3.26	3.18	3.10	3.02	2.93	2.84	2.75
3.46	3.31	3.16	3.08	3.00	2.92	2.83	2.75	2.65
3.37	3.23	3.08	3.00	2.92	2.84	2.75	2.66	2.57
3.30	3.15	3.00	2.92	2.84	2.76	2.67	2.58	2.49
3.23	3.09	2.94	2.86	2.78	2.69	2.61	2.52	2.42
3.17	3.03	2.88	2.80	2.72	2.64	2.55	2.46	2.36
3.12	2.98	2.83	2.75	2.67	2.58	2.50	2.40	2.31
3.07	2.93	2.78	2.70	2.62	2.54	2.45	2.35	2.26
3.03	2.89	2.74	2.66	2.58	2.49	2.40	2.31	2.21
2.99	2.85	2.70	2.62	2.54	2.45	2.36	2.27	2.17
2.96	2.81	2.66	2.58	2.50	2.42	2.33	2.23	2.13
2.93	2.78	2.63	2.55	2.47	2.38	2.29	2.20	2.10
2.90	2.75	2.60	2.52	2.44	2.35	2.26	2.17	2.06
2.87	2.73	2.57	2.49	2.41	2.33	2.23	2.14	2.03
2.84	2.70	2.55	2.47	2.39	2.30	2.21	2.11	2.01
2.66	2.52	2.37	2.29	2.20	2.11	2.02	1.92	1.80
2.50	2.35	2.20	2.12	2.03	1.94	1.84	1.73	1.60
2.34	2.19	2.03	1.95	1.86	1.76	1.66	1.53	1.38
2.18	2.04	1.88	1.79	1.70	1.59	1.47	1.32	1.00

창조적 마케팅전략 수립을 위한
마케팅조사

2014년 1월 15일 초판인쇄
2014년 1월 20일 초판발행

저 자 김재수 · 오장균
발행인 유 성 열
발행처 청 목 출 판 사
서울특별시 영등포구 신길로 40길 20
전화 (02) 833-6090 · 6091
FAX (02) 849-0817
등록 제318-2005-000030호

파본은 바꾸어 드립니다. 값 26,000원

http : //www.chongmok.co.kr

ISBN 978-89-92938-79-2